창조경제

한국경제의 미래를 열어갈 새로운 경제 패러다임

창조경제

초판 1쇄 2014년 11월 30일
2쇄 2015년 1월 20일

지은이 이호수
펴낸이 전호림 **편집총괄** 고원상 **담당PD** 권병규 **펴낸곳** 매경출판㈜
등 록 2003년 4월 24일(No. 2 – 3759)
주 소 우)100 – 728 서울특별시 중구 퇴계로 190 (필동 1가) 매경미디어센터 9층
홈페이지 www.mkbook.co.kr
전 화 02)2000 – 2610(기획편집) 02)2000 – 2636(마케팅)
팩 스 02)2000 – 2609 **이메일** publish@mk.co.kr
인쇄·제본 ㈜M – print 031)8071 – 0961

ISBN 979 – 11 – 5542 – 188 – 8(03320)
값 18,000원

한국경제의 미래를 열어갈 새로운 경제 패러다임

창조경제

이효수 지음

매일경제신문사

창조경제: Why, How & What?
왜 누구를 위해 이 책을 쓰는가?

우리는 현재 산업경제에서 창조경제로의 '패러다임 전환기'에 살고 있다. 패러다임 전환기에 있다는 것은 경쟁질서의 전면적 변화가 진행되고 있다는 것을 의미한다. 우리가 살고 있는 세상이 우리도 모르는 사이에 점차 새로운 세상으로 변모해가고 있는 것이다. 과거 농업경제시대로 시간여행을 떠나보면 우리가 현재 과거에 비해 얼마나 다른 세상에 살고 있는가를 알 수 있을 것이다. 그런데 지금까지 경험한 것보다 더 큰 변화가 앞으로 일어날 것이다. 경쟁질서, 게임의 룰, 삶의 방식, 사회가 필요로 하는 인재, 부의 축적방식 등 모든 것이 바뀌고 있는 것이다.

그래서 산업경제 패러다임에 젖어 있는 기업은 글로벌 마켓에서 빠른 속도로 경쟁력을 잃게 될 것이다. 정형화되고 표준화된 X형인재들은 더 이상 좋은 일자리를 잡기 어려울 것이다. X형인재 양성패러다임을 갖고 있는 대학도 경쟁력을 유지하기 어려울 것이다. 국가도 창조경제로의 이행시기를 놓치면 장기적으로 저성장 고실업의 질곡에서 벗어나기 어려울 것이다. 그래서 개인,

대학, 기업, 국가, 모두가 창조경제를 바르게 이해하고, 창조경제로의 이행을 서둘러야 하는데도 불구하고 이에 대한 이해가 부족하다. 이것이 이 책을 쓰는 첫 번째 이유이다.

정부가 창조경제를 국가정책기조로 내세우면서 창조경제가 국가 사회적 이슈로 부상했다. 영국 정부는 이미 1997년부터 창조산업육성을 국가의 핵심 경제 전략으로 추진해 왔고, 존 호킨스는 영국의 창조산업 성과에 주목해 2001년에 《창조경제(Creative Economy)》를 출간했다. UN도 2008년부터 《창조경제보고서(Creative Economy Report)》를 내면서 선진국은 물론 개도국에서 창조산업의 성장과 교역규모를 분석하고 있다. 그런데 한국에서는 정부의 정책설명 및 관련 도서의 출판에도 불구하고 창조경제에 대한 논란과 혼돈이 계속되고 있다.

왜 이런 현상이 발생하고 있는가? '경제 패러다임 이행의 관점'에서 창조경제를 다루고 있는 책이 없기 때문이다. 창조경제의 패러다임을 알 수 없기 때문에 창조경제가 어떤 모습인지 알 수 없고, 창조경제가 산업경제와 어떻게 다른지 그 차이점도 알 수 없다. 창조경제를 이야기하면서 혹자는 문화산업 중심으로, 혹자는 창업 중심으로, 혹자는 영국사례 중심으로, 혹자는 이스라엘사례 중심으로 이야기한다. 문화산업과 창업은 우리나라에서도 과거뿐 아니라 현재에도 존재하고 있다. 창조경제가 창의성을 기반으로 한 경제라 하지만, 인류문명사가 이미 창의성에 기반하고 있다. 그러니 혼란스러울 수밖에 없다. 그래서 창조경제를 바르게 이해하려면 '경제 패러다임 이행'의 관점에서 바라보아야 한다. 이것이 이 책을 쓰는 두 번째 이유이다.

누구를 위해 이 책을 쓰는가? 이 책은 모든 사람이 창조경제를 이해하고 스스로 창조경제의 주체로 살아가야 한다는 것을 보여주고 있다. 농경시대의 가치관, 지식 및 기술로 산업시대를 살기 어려운 것과 같이, 산업시대의 가치관과 삶의 방식으로 창조경제시대를 살아가기 어렵다. 시대마다 요구하는 인재가 다르고 살아가야 하는 환경과 삶의 방식이 다르기 때문이다.

이 책은 어떤 내용을 담고 있는가? 이 책은 경제학적 접근방법을 사용하면서도 모든 사람들이 창조경제를 쉽고 바르게 이해하고, 스스로 창조경제시대를 현명하게 살아갈 수 있는 지혜를 갖도록 하는 데 초점을 맞추고 있다.

첫째, '창조적 진화론'을 전개하고, 이에 기초해 창조경제의 출현을 설명한다. 정보통신혁명에서 시작된 지식혁명, 창조혁명이 창조경제 시대를 열고 있다. 산업경제에서 창조경제로의 이행 배경과 그 메커니즘을 설명한다. 이것을 알면 창조경제가 왜, 어떻게 출현하게 되었는가를 분명히 알 수 있다.

둘째, '경제 패러다임'을 정의하고, '경제 패러다임 이행 원리'를 알기 쉽게 설명한다. 이에 기초해 창조경제 패러다임을 설명하고 산업경제 패러다임과의 차이점을 분명히 함으로써, 누구나 창조경제 패러다임을 쉽게 이해할 수 있게 했다. 창조경제 패러다임을 이해하면 거시적, 미시적 관점에서 창조경제를 바라볼 수 있기 때문에 창조경제가 무엇인지 분명히 알 수 있다.

셋째, 창조경제의 성공적 이행을 위해 꼭 필요한 '창조경제 생태계'에 관해 서술했다. 창조경제 생태계란 무엇이며, 왜 중요하고, 어떻게 조성되어야 하는가를 설명하고 있다. 우리나라는 ICT인프라를 제외하면 창조경제의 핵심 생태계인 창의적 인재 육성 시스템, 지식재산시장, 창조금융시장, 창조도시 등이 모두 취약한 상태에 있기에 이를 적극 육성해야 한다는 점을 밝히고 있다.

넷째, 창조경제의 핵심 생산요소가 '창의적 지식'이라는 걸 강조한다. 상상력과 창의적 아이디어에 의한 창의적 지식이 돈이 되는 경제가 창조경제다. 산업경제시대 역시 창의적 지식이 돈이 되었지만, 그 기회는 극히 제한적이었다. 창조경제 생태계가 조성되면 누구나 창의적 지식을 생산하고, 그것으로 돈을 벌 수 있다.

다섯째, '누가 창의적 지식을 생산할 수 있는가?'에 대해 알아본다. 산업경제에서 대부분의 사람들은 정형화되고 표준화된 X(Xerox)형인재로 양성되어, 그들이 산업사회 핵심 생산자층인 사무직·생산직 노동자층을 형성했다. 그러나 그러한 X형인재로는 창조경제를 일으키기 어렵다. 창조경제는 스스로 가치를 창출할 수 있는 Y(Yield)형인재를 필수요건으로 한다. 모든 사람은 Y형인재가 아니지만, 모든 사람은 Y형인재가 될 수 있다. 이 책은 모든 사람이 Y형인재로 거듭 태어날 수 있는 길을 제시한다. Y형인재들이 생산현장에 들어오면, 창조경제의 핵심 생산자층인 창조계급이 된다.

여섯째, 창조경제가 번성하려면 스타트업과 창조산업이 발달해야 한다는 것을 설명했다. 이 책은 생계형 창업과 창의적 지식에 기반한 스타트업을 구분하고, 스타트업 환경조성과 스타트업 전략을 다루고 있다. 창조산업을 문화기반 창조산업과 과학기반 창조산업으로 정리하고 산업별 성격의 차이와 육성전략을 논의함으로써 창조산업이 무엇인지를 분명히 하고 있다. 그리고 창조경제시대에는 기업이 상시적 혁신체제를 구축해야 한다는 점을 분명히 하고, 기업의 경영 및 혁신전략을 제시하고 있다.

일곱째, 창조경제시대의 노동시장 특성과 창조계급의 일과 삶을 다룬다. 한국노동시장은 기본적으로 군대 계급구조와 같은 단층구조를 갖고 있다. 단층노동시장은 간판사회, 신분사회를 만들고, 노동시장과 교육시장을 심각하게 왜곡시키면서 학력병, 구조적 실업과 같은 심각한 사회병리현상들을 만들어내고 있다. 이런 사회에서는 Y형인재 양성이 어렵고, 창조계급이 역량을 발휘하기 어렵다. 그래서 창조경제를 위한 노동시장 개혁 방향을 제시하고 있다.

8

창조계급이 사무직, 생산직, 서비스직에 비해 얼마나 빠른 속도로 성장하고 있고, 그들의 직업선택관, 일과 삶의 방식이 다른 생산자층과 어떻게 다른가를 보여준다. 그들은 작업의 자유, 복장의 자유, 공간의 자유, 시간의 자유를 원한다. 그들은 평생직장을 원하는 '조직인(organized person)'이 아니고 스스로 평생직업을 개척해가는 '창의적 노마드(creative nomad)' 이다. 이것은 유능한 창조계급을 확보하기 위해 기업의 동기부여 체계를 비롯한 고용관리관행을 혁신해야 한다는 것을 의미한다. 이 책은 그 방향을 제시하고 있다.

여덟째, 창조경제는 창조경제 생태계가 잘 조성되어 있고, 창조계급이 모여드는 지역에서 발달한다는 사실을 설명한다. 산업경제에서는 노동자들이 일자리를 찾아 기업이 있는 곳으로 이동했다. 그러나 창조경제에서는 창조계급이 '살고 싶은 지역'으로 이동하고, 창조계급이 모이는 지역으로 기업이 이동한다. 그래서 창조도시의 중요성과 창조도시 조성을 위한 '바이탈 모델(VITAL model)'을 제시하고 있다.

나는 '사람중심의 경제'를 다루는 인재주의 경제학자로서 10년 단위로 독창적 이론들을 개발·발표해 왔다. 1984년에 한국 최초의 노동시장 전문서적 《노동시장구조론》을 저술해, '노동시장구조분석론'과 '단층노동시장론'을 발표하고, 그 후 단층노동시장에 관한 여러 편의 실증적 논문들을 발표해 왔다. 1994년에는

MIT에서 고용관계 분석을 위한 'PDR 시스템이론'을 개발하고, 한국, 미국, 캐나다, 독일, 이태리, 중국, 인도, 필리핀, 페루 등 여러 나라에서 이 이론에 기초한 논문들을 발표해 왔다. 2005년에는 학습-일자리-복지 연계체계 모델인 '지역경제사회선진화 파트너십(RESAP) 모델'을 개발해 OECD에 발표했다. 이러한 연구를 수행하는 과정에서 세계 여러 나라를 둘러보고, 특히 대학, 산업계, 정부가 피트너십을 형성해 세계적인 혁신클러스터를 이룬 13개국 23개 지역들을 현지 방문 조사하기도 했다. 2012년에는 《Y형인재에 투자하라》를 통해 'Y형인재론'을 전개했다.

이 책에서도 '창조적 진화론', '바이탈모델(VITAL model)' 등 이론개발을 위한 새로운 시도들이 이루어지고 있다. 그렇지만 이 책은 어디까지나 창조경제 시대를 살아가야 하는 모든 사람들이 편하게 읽을 수 있도록 복잡한 경제학적 분석기법이나 계량경제학적 분석기법을 사용하지 않았다.

이론 개발과 축적된 실증 연구, 교육자로서 인재육성 경험, 10년에 걸친 경제·인적자원개발·고용·정부혁신 관련 대통령 자문위원, 지방정부의 경제 고용 인적자원 관련 각종 위원장 활동, 최저임금위원 및 노사분쟁사건을 다루어온 20년의 노동위원회 경험, 대학총장으로서 대학경영 경험 등을 녹여 문제의 본질에 접근하면서 누구나 쉽게 이해할 수 있도록 이 책을 서술했다. 이러한 기회를 제공해준 국가와 사회에 감사한다.

그리고 멋진 일러스트를 그려주신 디자인미술대학의 김승현 교수와 통계처리를 도와준 박사과정 황준석 군에게 고마움을 표한다. 학자의 길을 갈 수 있게 지원과 가르침을 주신 부모님과 은사님에게 감사드린다. 남편의 학문연구 및 대외활동을 헌신적으로 내조해 주고, 특히 비전공자의 입장에서 원고를 꼼꼼히 읽고 누구나 쉽게 읽을 수 있도록 글을 다듬는 데 큰 도움을 준, 영원한 친구 김태경 교수에게 한없는 사랑과 감사를 전하고 싶다. 그동안 아버지의 사랑을 행동으로 보여주지 못했지만 언제나 아버지를 이해해준 원철, 영희, 호령, 너희들의 밝고 아름다운 심성에 한없는 사랑을 보낸다.

아무쪼록 이 책이 창조경제로의 성공적 이행에 필요한 국민적 이해를 높이고, 창조경제 생태계 구축과 창조도시 건설은 물론 보다 많은 사람들이 창조계급으로 창조경제시대를 성공적으로 살아가는 데 도움을 줄 수 있기를 기대한다.

이효수

목차

책을 내며   4

1부 | 창조경제의 출현

1장   변화의 법칙   17

2장   창조적 변화와 창조적 진화   36

3장   창조경제의 출현   54

2부 | 창조경제 패러다임과 창조경제 생태계

4장   창조경제 패러다임   95

5장   창조경제 기반기술: ICT   142

6장   지식재산시장   155

7장   창조금융시장   170

8장   창조경제와 정부의 선택   191

3부 | 창의적 인재육성의 길

9장   인재의 시대: Y형인재와 창조계급   215

10장   창조학습 혁명   232

11장   창조경제와 글로컬 선도대학(GIU)   251

4부 | 창업과 창조산업

12장　창업과 스타트업　269

13장　창조경제와 창조경영　297

14장　창조산업　317

5부 | 창조경제와 건강한 노동시장

15장　단층노동시장이 문제다　347

16장　창조경제와 건강한 노동시장　363

17장　창조계급의 일, 삶과 여가　382

18장　일자리 창출의 길　408

6부 | 창조도시

19장　창조도시, 왜 중요한가?　431

20장　창조도시, 누가 어떻게 조성할 것인가?　450

주　483

색인　504

창조경제의
출현

1장 변화의 법칙

세상에 변하지 않는 것은 없다 / 변화: 위기와 기회 / 변화는 왜, 어떻게 일어나는가? / 환경변화와 대응변화 / 학습적 변화와 창조적 변화 / 변화의 확산과 변화의 체인 / 변화의 확산과 동감의 물결 / 왜 변화에 둔감한가? / 왜 변화를 거부하는가? / 왜 변화의 시기를 놓치는가? / 창조적 변화가 시대를 이끌고 세상을 바꾼다

2장 창조적 변화와 창조적 진화

창의성이 무엇인가? / 창의성 융합과 창조상품 및 창조서비스 / 창의성과 창조적 변화 / 사회적 DNA와 창조적 진화 / 패러다임 전환기와 창조적 진화 / 창조적 진화와 패러다임 전환: 휴대폰 사례 / 최초 스마트폰, 사이먼 실패의 교훈 / 노키아의 성공과 실패

3장 창조경제의 출현

인류문명사는 창조적 진화과정 / 경제 패러다임 이행이론 / 창조적 진화와 경제발전단계 / 제1차 산업혁명: 농업혁명1.0과 농업혁명2.0 / 제2차 산업혁명: 산업혁명1.0과 산업혁명2.0 / 제3차 산업혁명: 정보통신혁명 / 컴퓨터의 창조적 진화 / 인터넷의 창조적 진화 / 정보통신혁명과 가상경제 / 지식혁명과 지식경제 / 창조경제의 생성 / 콘텐츠산업과 창조경제의 출현 / 선진국의 창조경제 / 개발도상국의 창조경제 / 한국의 창조경제

인류문명사는 창조적 진화과정이다. 휴먼웨어, 융합생태계, 메타기술,
개방 플랫폼의 발달로 창조혁명이 일어나고 있다.
창조혁명으로 창조경제가 출현하고 있다.

1장

변화의 법칙

세상에 변하지 않는 것은 없다

세상에 변하지 않는 것은 없다. 이것은 가장 분명한 진리다. 변화가 무엇인가? 변화는 사물이 어떤 상태에서 다른 상태로 이행하는 것이다. 세상에 존재하는 모든 사물이나 현상은 항상 변화하는 과정에 있다. 모든 생명체는 생로병사의 법칙을 따르게 되어 있다. 사람, 동물, 식물, 미생물 할 것 없이 모든 생명체는 태어나고, 성장하고, 병들고, 언젠가 죽게 된다. 죽은 후에도 여러 가지 원소로 분해된다. 바위, 광물 등과 같은 무생물도 풍화작용 등 자연현상이나 사람에 의해 끊임없이 변화한다. 정치, 경제, 사회, 문화 등과 같은 사회제도와 사회현상도 지속적으로 변화하고 있다.

그런데 우리는 일상생활에서 변화를 별로 의식하지 않고 살아가는 경우가 많다. 심지어 똑같은 환경에서 똑같은 생활을 다람쥐 쳇바퀴 돌 듯 살고 있다고 생각한다. 하지만 과거로 시간여행을 떠나 나 자신과 나 자신을 둘러싼 주변을 조금만 주의 깊게 관찰해 보면, 나 자신이 변화의 흐름 속에 있었음을 알 수 있다. 우리 스스로 성장과정을 돌이켜보면 자신이 얼마나 많은 정신적 육체적 변화를 겪어 왔고, 삶에 직간접적으로 영향을 미치는 자연환경과 사회환경이 얼마나 많이 변화해 왔는가를 알 수 있다.

사람이 100년을 산다고 해도, 그것은 우주의 긴 역사에 비추어 보면 그야말로 찰나, 순간에 불과하다. 그러나 우리가 살아오면서 경험한 자연, 정치, 경제, 사회, 문화의 변화를 보면 실로 놀라지 않을 수 없다. 링컨 대통령이 노예 해방을 선언한 것이 1863년 1월 1일이었다. 오늘날 인권제도와 민주주의가 일찍부터 잘 발달되었던 나라로 평가 받고 있는 미국이 불과 150년 전에 노예제도를 갖고 있었다. 우리나라 역시 불과 100년 전만 해도 양반과 상민 즉 반상의 법도가 엄격한 신분사회였다. 오늘의 사회문화적 시각에서 보면, 그야말로 세상이 바뀌었음을 알 수 있다.

불과 70년 전만 해도 우리 민족은 일제강점기 하에서 인권과 국토가 심각하게 유린되는 고통 속에 살고 있었다. 세계10대 경제대국으로 성장한 우리나라가 불과 50년 전만 해도 봄이면 굶어 죽는 사람이 속출할 정도로 세계에서 가장 가난한 나라 중 하나였다. 이처럼 우리가 상상할 수도 없는 변화가 우리의 생애 동안 수없이 일어나고 있는 것이다.

변화: 위기와 기회

왜 변화가 문제인가? 세상의 모든 사물이나 현상은 지속적으로 변화하는 본질적 속성을 지니고 있고, 변화는 우리에게 기회뿐 아니라 위기도 동시에 주기 때문이다. 우리가 변화에 능동적으로 잘 대응하면 위기를 예방하고 새로운 기회를 잡을 수 있지만, 변화에 적절히 대응하지 못하면 위기에 직면할 수 있다. 그래서 우리는 변화란 무엇이고, 왜, 어떻게 발생하는지를 이해하고, 이에 대응하는 방법을 터득하는 것이 필요하다.

모든 생명체는 주어진 자연환경 속에서 살아가야 한다. 사람은 특히 주어진 '자연환경'과 '사회환경' 속에서 살아가야 한다. 자연환경은 기후, 온도, 날씨, 토양, 동식물 등 모든 자연현상, 자연조건, 자연생태계를 말한다. 사회환경은 정치제도와 정치활동, 경제시스템과 경제활동, 사회, 교육, 문화, 예술 등 인간사회에 존재하는 모든 유형 및 무형의 사회제도와 사회현상을 말한다.

우리는 한 순간도 자연환경의 영향을 받지 않고 살아갈 수 없다. 우리는 공기와 물이 없으면 한순간도 살 수 없고, 지진과 해일, 태풍과 토네이도가 수십 년간 살아온 삶의 터전을 한순간에

쓸어버리기도 한다. 우리는 또한 자신이 살고 있는 사회환경을 벗어나서 살 수 없다. 그래서 '인간은 사회적 동물'이라고 한다. 경제가 장기불황에 빠지면 일자리를 잃을 확률이 높고, 물가가 상승하면 물건을 비싸게 구입할 수밖에 없으며, 살고 있는 지역에 범죄가 증가하면 위험에 처할 가능성이 높아지게 된다.

환경과 사람이 이처럼 밀접한 '상호작용 관계'에 있고, 환경이 끊임없이 변화하는 본질적 속성을 지니고 있다면, 모든 생명체는 새로운 환경에 적응할 수 있도록 스스로 변화해야 한다. 변화를 선도하거나 변화를 일찍 감지해 능동적으로 대응하면 기회를 잡을 확률이 높아지고 그만큼 성공할 가능성이 높아진다. 반대로 변화를 감지하지 못해 변화의 시기를 놓치거나 잘못된 방향으로 변화하면 경쟁력을 상실하고, 이러한 현상이 반복되면 결국 멸망하게 된다. 이것이 바로 우리가 환경변화를 중시하고, 스스로 변화능력을 확보해야 하는 이유다.

변화는 왜, 어떻게 일어나는가?

세상에 존재하는 사물이나 현상은 왜 지속적으로 변화하는 속성을 지니고 있는가? 그것은 자연이나 사회에 존재하는 모든 사물이나 현상이 '관계'로 형성되어 있기 때문이다. 관계는 둘 이상의 사람, 사물, 현상이 서로 맺어져 있는 상태이다. 관계는 유무의 경계선에 있어, 관계가 형성되면 유(有)가 되고 관계가 끊어지면 무(無)가 된다. 나는 이것을 '관계의 법칙'으로 규정하고자 한다. 우리는 '관계의 법칙'으로 '생멸의 원리'와 '변화의 원리'를 설명할 수 있다.

생명, 사물, 현상은 관계의 형성으로 생성되고, 관계의 소멸로 소멸된다. 사람을 포함한 생명체는 세포들의 관계로 구성되어 있고, 세포는 염색체(DNA), 핵, 세포질, 세포막 등의 관계로 되어 있다. 세포핵 속에 있는 염색체도 서로 다른 두 가닥이 서로 감고 돌아가는 이중나선형 구조에 의한 관계로 형성되어 있다. 두 가닥 가운데 한 가닥이 파괴되면 관계가 끊어지고, 그 결과 염색체는 파괴된다. 핵과 세포질의 관계가 끊어지면 세포는 죽게 되고, 모든 세포의 관계가 끊어지면 생명은 사라지게 된다.

시장, 인플레이션, 실업과 같은 사회현상도 수요와 공급의 관계에 의해 발생한다. 수요, 공급, 상품의 관계로 시장이 형성된다. 수요와 공급의 관계에서 수요가 공급을 크게 초과하면 인플레이션 현상이 발생하고, 공급이 상대적으로 더 크게 증가하면 디플레이션 현상이 나타나게 된다. 태풍, 해일, 황사와 같은 자연현상도 '관계'에 의해 발생한다. 황사는 바람과 모래의 관계에 의해 발생한다. 사랑과 미움, 신뢰와 불신, 희망과 절망 등 우리 마음속에 일어나는 모든 생각이나 감정도 '관계'에 의해 생성된다.

아무런 관계가 없다면, 사랑도 미움도, 신뢰도 불신도 발생하지 않을 것이다.

이처럼 자연과 사회에 존재하는 모든 생명, 사물, 현상은 관계로 형성되어 있고 관계가 끊어지면 사라지게 된다. 관계는 바로 유무의 경계선에 있는 것이다. 우리는 '관계의 법칙'으로 불교의 '색즉시공 공즉시색'과 도교의 '유무상생의 원리'를 이해할 수 있을 것이다.

변화는 관계가 바뀌는 것이다. 관계는 둘 이상으로 맺어져 있기 때문에 반드시 상호작용하게 되어 있다. 상호작용의 과정과 결과가 바로 변화이다. 즉 이 세상에 존재하는 모든 것은 관계로 형성되어 있고, 관계는 본질적으로 상호작용하게 되어 있기 때문에 끊임없이 변화할 수밖에 없다. 이것이 바로 '변화의 원리'다.

환경변화와 대응변화

사람을 포함한 모든 유기체는 한편으로 유기체 내부 다양한 물질들의 상호관계와 상호작용으로 형성되어 있다. 그리고 다른 한편으로 유기체 외부의 다양한 생명, 사물, 현상과 관계를 맺고 있는데, 우리는 이것을 '환경'이라고 한다. 사람은 자연환경 및 사회환경과 다양한 형태로 관계를 형성하고 있다. 그런데 자연환경과 사회환경도 '관계의 법칙'과 '변화의 원리'를 따르고 있다. 즉 자연환경과 사회환경 역시 수많은 생명, 사물, 현상들 간의 상호관계로 형성되어 있기 때문에, 상호작용을 통해 '자연적 변화'와 '사회적 변화'가 끊임없이 일어나고 있다.

사람은 환경변화에 대응해 변화를 할 수도 있고, 안 할 수도 있다. 즉 '대응변화'와 '무대응변화'를 선택할 수 있다. 그렇지만 사람이 환경변화에 대해 대응을 하지 않아도 환경이 변화하면 결과적으로 변화하게 된다. 이것이 바로 '무대응변화의 역설'이다. 무대응도 일종의 대응이고, 결과적으로 변화에 직면하게 된다. 예를 들어 물가가 상승하는 경우 어떤 대응변화를 하지 않으면 현상유지가 되는 것이 아니라 나의 실질구매력이 하락해 삶의 질은 떨어진다. 환경과 사람은 상호관계에 있기 때문에 내가 변화하지 않아도 환경이 변화하면 나에게는 필연적으로 변화가 일어나게 되어 있다.

우리가 변화의 흐름 속에 살아갈 수밖에 없고 환경변화가 우리의 삶에 심대한 영향을 미친다면, 우리는 변화에 잘 대응할 수 있어야 한다. 이것은 변화를 두 가지 서로 다른 차원에서 바라볼 필요가 있다는 것을 의미한다. 사람은 대응변화를 통해 환경변화에 적응하거나 환경변화를 선도할 수 있다. '환경변화'는 사람이 사는 자연환경과 사회환경에서 일어나는 자연적 변화와 사회적 변화를 의미하고, '대응변화'는 환경변화에 대응하거나 환경

변화를 시도하는 사람의 의지와 행동에 의해 일어나는 변화다. 그래서 사람을 중심으로 변화의 세계를 보면, 환경변화와 대응변화로 크게 나누어 볼 수 있다.

학습적 변화와 창조적 변화

대응변화는 다시 '학습적 변화'와 '창조적 변화'로 구분할 수 있다. '학습적 변화'는 다른 사람의 행동을 보고 배우고 모방해 변화하는 것이다. 늦잠을 자는 버릇이 있는 사람이 아침형 인간에 관한 글을 읽고 아침에 일찍 일어나는 습관을 갖게 되었다면, 이것은 개인생활습관의 변화로 창의적 행동이 아닌 의지적 행동에 의한 학습적 변화이다.

'창조적 변화'는 사람의 창조적 노력으로 자연적 변화나 사회적 변화를 예방하거나 선도하기 위해 상상력이나 새로운 아이디어로 변화를 선도하거나 창조하는 것이다. 사람은 자연자원을 이용해 수많은 새로운 상품을 만들기도 하고, 경제, 정치, 사회, 문화, 예술 등 다양한 분야에서 새로운 시스템을 만들기도 한다. 이것이 창조적 변화다.

학습적 변화와 창조적 변화의 가장 큰 차이가 무엇인가? 변화의 발생 원인이 근본적으로 다르다는 것이다. 학습적 변화는 이미 다른 사람이 하고 있는 것을 모방하거나 다른 사람의 지시에 의해 일어난다. 이에 비해 창조적 변화는 반드시 사람의 창의적 노력에 의해 일어난다. 기계를 발명하고, 공장을 세우고, 대량생산체제를 도입하는 등 산업화는 수많은 창조적 변화의 결과다.

우리가 창조적 변화를 이해하는 것이 왜 중요한가? 자연적 변화와 사회적 변화는 한순간도 멈춤 없이 일어나고 있고, 우리가 이러한 환경 변화에 능동적으로 대응하지 못하면 경쟁력을 잃고 생명을 위협 받을 수도 있기 때문이다. 또한 우리가 시장에서 경쟁우위를 유지하려고 하면 창조적 변화를 선도할 수 있어야 하기 때문이다.

변화의 확산과 변화의 체인

변화는 어떻게 진행되는가? 변화가 사물의 상호작용에 의해서든 사람의 의지적 행동이나 창의성에 의해서든 일단 시작되면, 그 다음은 어떻게 진행될 것인가? 동일한 변화가 양적으로 계속 확산될 수 있다. 우리는 이것을 '변화의 확산(diffusion of change)'이라 한다. 그리고 어떤 변화가 다른 변화를 유발하고 다른 변화가 또 다른 변화를 연쇄적으로 유발할 수 있다. 우리는 이것을 '변화의 체인(chain of change)'이라 부르고자 한다.

사람에 의한 학습적 변화와 창조적 변화는 '변화의 확산'과 '변화의 체인'을 통해 사회적 변화와 자연적 변화를 일으킨다. 변화의 확산은 '사회습관'과 '동감의 물결'을 타고 이루어진다. 변화의 체인은 '관계의 법칙'과 '변화의 원리'를 기초로 형성된다. 변화의 확산은 '변화의 복사'에 의해 이루어지고, 변화의 체인은 '변화의 변이' 현상에 의해 형성된다.

사람은 다른 사람의 행동을 따라하는 경향이 있는데, 우리는 이것을 '사회습관(social habits)'으로 규정하고자 한다. 흡연은 개인의 습관이지만, 또한 사회습관 메커니즘을 통해 확산된다. 사람의 행동은 사회습관을 통해 확산되고, 새로운 사회습관이 사회변화를 일으킨다. 사회습관에는 다른 사람의 나쁜 행동을 따라하는 '나쁜 사회습관(bad social habits)'이 있고, 다른 사람의 좋은 행동을 따라하는 '좋은 사회습관(good social habits)'이 있다. 나쁜 사회습관이 확산되면 사회는 나쁜 방향으로 변화하고 그 만큼 '사회비용(social cost)'을 치러야 한다. 좋은 사회습관이 확산되면 사회는 좋은 방향으로 변화하고, 그 만큼 '사회자본(social capital)'이 형성된다.

최근에 흡연이 건강에 대단히 유해하다는 사실이 밝혀지면서 금연운동이 크게 확산되고 있다. 금연운동으로 흡연인구가 감소한다는 것은 변화의 확산이다. 그런데 금연문화의 확산은 수많은 변화를 유발시키면서 변화의 체인을 형성한다. 흡연인구가 감소하면, 흡연으로 발생하는 각종질병 발생률이 감소하면서 건강보험기금의 건전성이 높아진다. 이처럼 어떤 변화가 일어나면 그 자체로 그치는 것이 아니라, 변화의 체인을 따라 또 다른 변화를 일으킨다.

예를 들어 인류가 창조적 변화를 통해 에너지와 자동차를 개발하였고, 변화의 확산으로 자동차 소비가 크게 증가하였고 그에 따라 탄소배출량의 증가로 지구온난화라는 자연적 변화를 유발하였다. 지구온난화가 많은 자연재해를 불러오게 되면서 사람들은 이산화탄소를 배출하지 않는 자동차 생산에 골몰하고 있다. 자연적 변화가 또 다른 창조적 변화를 불러오고 있는 것이다.

국가, 대학, 기업 등이 건강하고 지속가능한 발전을 하려면, 창조적 변화를 일으켜 사회습관 메커니즘을 통해 변화를 확산시키고, 변화의 체인을 잘 형성함으로써 창조적 변화의 시너지효과를 극대화해야 한다.

변화의 확산과 동감의 물결

민심의 바다에는 동감의 물결이 친다. 변화의 확산을 설명하는 데 '동감의 이론'에 주목할 필요가 있다. 정치, 경제, 사회, 문화는 지속적으로 변화하는 속성을 지니고 있다. 그런데 이러한 사회적 변화를 이끄는 힘 가운데 하나는 민심, 여론, 유행이다.

민심은 어떻게 형성되고 움직이는가? 위대한 경제학자 아담 스미스(A. Smith)는 그의 저서《도덕정조론》에서 사람은 다른 사람이 처한 입장과 상황을 자신의 입장에서 느끼는 본성, 즉 '동감 (sympathy)'을 지니고 있다고 하였다.[1] 동감은 어떤 사람이 처한 입장을 보고 다른 사람들이 어떻게 반응할 것이라고 생각하고 그 반응이 합리적이라고 판단되면 다른 사람과 같이 느끼는 심리적 현상이다.

사람들은 저마다 서로 다른 환경에서 태어나 성장하며 현재의 위치, 가치관, 이해관계도 서로 다르다. 즉 인간은 본질적으로 '다양성'과 '개성'을 가질 수밖에 없다. 이처럼 다양성과 개성을 지닌 사람들이 여론이나 유행을 형성할 수 있다는 것은 바로 이러한 '동감 본능'을 갖고 있기 때문이다.

우리가 여기서 '동감의 이론(theory of sympathy)'에 주목하는 이유가 무엇인가? 사람 사는 사회에 일어나는 수많은 변화를 설명하는 데 동감의 이론이 중요하기 때문이다. 동감은 흐름을 형성하는 일종의 물결이고, 동감의 물결이 민심을 움직이고 여론을 형성하고 유행을 만들어 정치, 경제, 사회, 문화의 변화를 일으킨다.

절대 권력도 민심을 잃으면 유지하기 어렵다. 민심과 여론의 변화는 정권 교체에 영향을 미치고, 법과 제도의 형성에 심대한 영향을 미칠 수 있다. 그래서 정치인들은 민심과 여론을 얻기 위해 노력하고, 심지어 여론을 조작하기도 한다. 동감의 이론을 잘 이해하면 민심과 여론을 조작하는 데 한계가 있음을 알 수 있다. 민심과 여론은 동감의 물결이고, 동감은 '역지사지'와 '합리성'에 기저를 두고 있기 때문이다. 거짓으로 여론을 조작하면 합리성을 담보할 수 없기 때문에 동감을 불러일으키기 어렵다.

한류가 동감의 물결을 타고 세계적으로 번지고 있다. 한류는 그 자체로서 변화의 물결이며, 국가 브랜드 가치를 높이고, 해외시장 확대 등에도 영향을 미친다. 동감의 물결을 타고 유행이 일어나면 시장이 확대되고, 반대로 동감의 물결을 타고 유행이 사라지면 시장은 축소된다.

왜 변화에 둔감한가?

환경변화는 이처럼 일상적이고, 우리 삶에 중요한 영향을 미친다. 그런데 우리는 놀랍게도 자연적 변화와 사회적 변화를 별로 인식하지 못한 채 살고 있는 경우가 많다. '환경변화'를 인식해도 스스로 '대응변화'를 못하거나, 심지어 변화를 거부하기도 한다. 왜 우리는 변화에 이렇게 둔감한가?

첫째, 대부분의 자연적 변화와 사회적 변화는 처음에 미세하고 서서히 진행되기 때문에 변화를 의식적으로 바라보지 않으면, 그 변화를 인지하지 못하는 경우가 많다. 마치 우리는 매일 늙어가고 있지만 노화가 미세하게 서서히 진행되기 때문에 매일매일 늙어가고 있다는 것을 인지하지 못하는 것과 같다. 물론 태풍이나 폭동과 같이 변화를 목격할 수 있는 경우도 있지만 대부분의 변화는 눈에 보이지 않게 서서히 진행되기 때문에 현시점에서 바라보면 변화를 인지하기 쉽지 않다.

둘째, 사람은 학습적 변화를 통해 자신도 모르게 변화하는 경우가 있는데, 이 경우에는 본인 스스로가 변화를 의식하지 못한다. 창조적 변화는 의식적으로 이루어지지만, 학습적 변화는 의식적으로 이루어질 수도 있고, 무의식적으로 이루어질 수도 있다. 맥도날드나 버거킹과 같은 서구식 인스턴트 식품점이 확산되면, 쉽게 인스턴트 식품을 접하게 되면서 자신도 모르게 식습관에 변화가 일어나게 된다.

특히 나쁜 사회적 습관에 의한 학습적 변화가 위험하다. 도박, 마약, 흡연 등은 다른 사람을 따라 별 생각 없이 시작하는 경우가 많다. 마약중독자가 되기 위해 마약을 시작하는 사람은 없다. 그리고 마약중독자가 될 때까지 자신이 마약중독자로 변하고 있다는 것을 의식하지 못하는 경우가 많다. 본인이 변화를 의식했을 때는 이미 마약중독자가 되어 있기 마련이다.

셋째, 변화를 일으키는 '관계의 법칙'과 '변화의 원리' 및 '변화의 효과'를 충분히 인지하지 못하는 경우가 많다. 이 경우 평소 변화의 중요성을 인식하지 못하기 때문에 변화에 둔감할 수밖에 없다. 관계의 법칙과 변화의 원리를 잘 이해하고 있으면 변화의 인지능력이 높아지고, 변화의 효과를 잘 이해하고 있으면 스스로 창조적 변화에 대해 깊은 관심을 갖고 노력하게 될 것이다.

왜 변화를 거부하는가?

변화의 필요성을 인지하고도 변화를 거부하는 경우 역시 많다. 대학, 기업, 언론계, 법조계, 공무원사회, 정치권 등에 대해 변화의 필요성이 강조되고 있지만, 변화는 기대하는 수준으로 일어나지 않는 경우가 많다. 이것은 지도자의 변화 리더십이 부족하고 구성원들이 변화를 거부하고 있기 때문이다. 왜 변화를 거부하는가?

첫째, 변화는 습관의 변화를 요구하는 경우가 많은데, 습관의 관성법칙 때문에 습관을 바꾸는 데는 상당한 고통이 따른다. 습관은 무의식적으로 나타날 정도로 자신에게 익숙해져 있어 그 습관을 바꾸는 데는 고통이 수반될 수밖에 없다.

둘째, 변화가 일어나면 기득권을 상실할 가능성이 높다. 문제는 환경변화가 일어나면 '관계의 법칙' 때문에 내가 변화하지 않으면 오히려 기득권을 지킬 수 없다는 것이다. 기득권을 유지하기 위해 변화를 거부하지만, 환경변화가 일어나는데도 그 변화를 거부하면 오히려 기득권을 잃게 되는 역설적 현상이 발생한다.

셋째, 변화는 불확실성을 수반하게 되어 있는데, 불확실성이 높다는 것은 위험에 노출될 수 있다는 것이다. 사람은 위험회피 본능을 갖고 있기 때문에 변화를 싫어한다. 이 경우노 마찬가지로 환경변화가 일어나면, 나의 의지와 관계없이 불확실성은 발생하게 되어 있다.

왜 변화의 시기를 놓치는가?

변화의 시기가 대단히 중요하다. 변화의 시기를 놓치면 경쟁력을 잃을 수 있기 때문이다. 창조적 변화를 통해 변화를 선도하면 블루오션을 개척할 수 있다. 변화를 선도하지 못하면 학습적 변화를 통해서라도 변화에 동참할 수 있어야 한다. 그런데 왜 변화의 시기를 놓치는가?

첫째, 변화를 인지하지 못해 변화의 시기를 놓치는 경우가 많다. 변화의 방향을 읽어내고 변화의 방법을 찾는 것은 대단히 어려운 과제이다. 이것이 바로 대학, 기업, 국가 등에서 VIP 리더십을 가진 지도자가 요구되는 이유이다. 변화의 방향을 제시한다는 것은 비전(Vision)을 제시하는 것이며, 변화의 방법을 찾는다는 것은 혁신(Innovation)을 해야 한다는 것이고, 변화를 실현하는 데는 열정(Passion)이 필요하다. 즉 VIP 리더십이 필요하다는 것이다.

둘째, '자만의 함정'에 빠지면 변화의 시기를 놓치게 된다. 이러한 현상은 정상에 오른 사람이나 조직에서 주로 나타난다. 정상에 올라 경쟁자가 눈에 보이지 않을 때 창조적 변화를 위한 노력을 소홀히 할 위험성이 높아지게 된다.

셋째, '기득권의 함정'에 빠지면 변화의 시기를 놓치게 된다. 창조적 변화는 언제 어디에서 누구에 의해 일어날지 모른다. 그래서 기득권을 지킬 수 있는 길은 역설적으로 스스로 먼저 기득권을 포기하고, 창조적 파괴 즉 창조적 변화를 하는 것이다. 코닥은 신기술을 개발하고도 기득권 함정에 빠져 몰락의 길을 걷게 되었다. 코닥은 1976년 미국 필름 시장의 90%, 필름 카메라 시장의 85%를 점한 절대강자의 위치에 있었다. 코닥은 1975년 세계 최초로 필름이 필요 없는 디지털 카메라를 개발해놓고도, 필름 시장을 놓치지 않으려고 소니가 디지털 카메라 '마비카'를 출시한 1981년에도 코닥은 여전히 필름 카메라에 주력했다. 결국 카메라 시장과 필름 시장 모두를 잃게 되면서 2012년에 파산신청을 하게 되었다.[2]

넷째, 창조능력이 부족하고 변화의 방법을 모르면, 변화의 시기를 놓치게 된다. 변화의 시기를 인지하고 변화의 방향을 알았을 때도 실제 변화를 실현하려면 창의성과 혁신역량이 있어야 한다.

창조적 변화가 시대를 이끌고 세상을 바꾼다

창조적 변화는 시대를 이끌고 세상을 바꾼다. 한 사람의 상상력과 아이디어가 어떻게 시대를 이끌고 세상을 바꾸는가? 그것은 '변화의 나비효과' 때문이다. '나비효과(butterfly effect)'는 나비의 날갯짓과 같은 초기의 미세한 변화가 폭풍우와 같은 큰 변화를 유발하는 현상을 말한다.[3]

우리는 '변화의 나비효과 현상'을 앞에서 논의한 '변화의 확산'과 '변화의 체인'으로 설명할 수 있다. 한 사람의 창의적 아이디어와 상상력에 의한 창조적 변화가 '변화의 확산'과 '변화의 체인'을 통해 사회적 변화를 일으킬 수 있다. 하나의 창조적 변화가 학습적 변화와 동감의 물결을 타면 '변화의 확산'이 이루어지고, '변화의 변이'가 일어나면 수많은 새로운 '창조적 변화'가 유발된다.

예를 들어 피임법의 개발은 자연적 변화가 아니라 창조적 변화이다. 한 사람의 피임법 개발이 변화의 확산과 변화의 체인을 형성해 변화의 나비효과를 일으키면서 엄청난 사회적 변화를 일으켜 왔다. 피임법의 개발은 창조적 변화이지만, 학습적 변화에 의한 변화의 확산이 일어나면서 피임을 하는 사람들이 급격하게 증가하게 되었다. 피임법의 개발은 또한 '변화의 변이'를 통해 다양한 형태의 피임법 개발과 다양한 형태의 피임약 및 피임기구의 개발이라고 하는 또 다른 '창조적 변화'를 유발하였다. 피임약과 피임기구의 개발은 피임산업의 발전, 성문화와 도덕적 잣대의 변화, 인구증가 억제 등 '변화의 체인'을 형성하면서 수많은 '사회적 변화'를 가져왔다.

인류문명사는 '창조적 변화'와 '창조적 진화'의 과정이므로, 창조적 변화가 시대를 이끌고 세상을 바꾼 사례는 수없이 많이 들 수 있다. 많은 사람들이 창의적 아이디어와 상상력을 갖고 있지만, 모든 창의적 아이디어와 상상력이 창조적 변화를 일으키는 것은 아니다. 창조적 변화가 일어나려면 창의적 아이디어와 상상력이 실현되고 가치화될 수 있어야 한다. 또한 창조적 변화가 시대를 이끌고 세상을 바꾸려면, '변화의 확산'과 '변화의 체인'을 형성할 수 있어야 한다.

2장

창조적 변화와 창조적 진화

창의성이 무엇인가?

자연적 변화와 사회적 변화는 '관계의 법칙'에 의해 일어나지만, 창조적 변화와 창조적 진화는 사람의 '창의성'에 의해 일어난다.

창의성(Creativity)이 무엇인가? 창의성은 상상력을 발휘하거나, 사물이나 현상을 보고, 듣고, 느끼면서 새로운 생각을 해낼 수 있는 능력이다. 창의성은 새로운 가치를 창출할 수 있는 원천이다. 창의력은 원리와 법칙성을 규명하거나, 합성이나 융합을 통해 새로운 것을 만들어내는 능력이다.

창조의 사전적 의미는 '전에 없던 것을 처음으로 만드는 것'이라고 정의되어 있다. 새로운 것은 어떻게 만들어지는가? 사람은 두 가지 경로를 통해 창조성을 발휘할 수 있다. 하나는 자연계와 인간계에 존재하는 원리와 법칙성을 찾아내는 것이다. 이것은 엄밀한 의미에서 창조가 아니라 위대한 발견이다. 그렇지만 원리와 법칙성을 찾아내기 위해서는 일반사람이 보지 못하는 영역을 보고, 그 원리와 법칙성을 설명하는 방법을 찾아내야 하므로 천재적 창의성을 필요로 한다. 다른 하나는 합성과 융합을 통해 새로운 것을 만들어 내는 것이다. 사람이 '합성'과 '융합'을 통하지 않고 새로운 것을 만들어 내는 것은 거의 불가능에 가깝다.

자연계 및 인간계에 존재하는 원리와 법칙성을 찾아내는 것은 소수 천재의 영역이다. 우리는 이러한 원리와 법칙성을 바탕으로 '합성'과 '융합'을 통해 새로운 것을 만들어내는 것이다. 예를 들어 찰스 다윈은 생명체의 진화 법칙을 찾아냈다. 진화의 법칙은 다윈이 만들어낸 것이 아니라, 이미 자연계에 존재하고 있는 진화의 법칙을 다윈이 찾아낸 것이다.

그런데 이 위대한 발견으로 수많은 생물학자들이 유전자 결합 즉 '합성'과 '융합'을 통해 수많은 새로운 생명체를 만들어 냈고, 만들고 있으며, 앞으로도 만들 것이다. 이것이 바로 '창의성'이다. 창의성은 천부적 측면도 있지만, 일반적으로 교육, 학습, 자기연마를 통해 길러진다.

창의성은 어디에서 나오는가? 사람은 학습, 창조, 협력 마인드와 소유와 존재본능을 갖고 태어난다. 사람은 보고, 듣고, 느끼면서 사물과 현상을 배우고 이해하려는 학습마인드와 배운 것을 보다 새롭게 개선하려는 창조마인드를 갖고 있다. 그리고 사람은 서로 다른 재능을 갖고 태어나고, 서로 다른 환경에서 서로 다른 학습과정을 경험하기 때문에 서로 다른 창의성을 갖게 된다. 창의성이 대단히 낮은 사람이 있는가 하면, 창의성이 대단히 높은 사람이 있다. 예술·문화적 창의성이 뛰어난 사람이 있는가 하면, 과학·기술적 창의성, 경제적·제도적 창의성이 뛰어난 사람이 있다.[1]

- **예술·문화적 창의성**: '예술·문화적 창의성(artistic & cultural creativity)'은 상상력과 독창적 아이디어로 사물, 현상을 새롭게 해석하거나 구상해 텍스트, 소리, 이미지로 표현하는 능력이다. 소설, 시, 음악, 미술, 춤, 뮤지컬, 디자인, 도자기, 조각, 건축설계 등에서 무수히 많은 새로운 작품들이 예술·문화적 창의성에 의해 세상에 새롭게 태어난다.

- **과학·기술적 창의성**: '과학·기술적 창의성(scientific & technological creativity)'은 독창적 아이디어와 분석력으로 자연계 및 사회계에 존재하는 원리와 법칙성을 찾아내거나 새로운 기술 및 상품을 개발해내는 능력이다. 뉴턴의 '만유인력의 법칙', 아인슈타인의 '상대성 이론', 다윈의 '진화론', 아담 스미스의 '보이지 않는 손' 등 자연계 및 사회계에 존재하는 수많은 원리와 법칙성 등이 과학적 창의성에 의해 발견

되었다. 도구, 기계, 컴퓨터, 자동차, 소프트웨어 프로그램 등은 과학적 원리와 법칙성에 기초해 기술적 창의성에 의하여 개발된 것이다.

- **경제·제도적 창의성**: '경제·제도적 창의성(economic & institutional creativity)'은 독창적 아이디어로 상품 및 서비스의 생산, 분배, 유통, 소비 과정에서 최소의 비용으로 최대의 효과를 올릴 수 있도록 새로운 소프트웨어와 시스템을 개발해내는 능력이다. 자본주의 시장경제도 경제적 창의성에 의해 창조되었다. 자본주의 시장경제에서 모든 상품은 경제성이 있어야 지속적으로 생산될 수 있다. 경제적 창의성은 바로 이 경제성을 높게 유지하고 경쟁우위를 확보할 수 있도록 새로운 전략적 선택을 할 수 있는 능력이다.

창의성 융합과 창조상품 및 창조서비스

창조상품(creative product) 및 창조서비스(creative service)가 생산, 유통, 소비되기 위해서는 '과학적 창의성', '기술적 창의성', '예술적 창의성', '경제적 창의성'이 융합되어야 한다.[2] 기술적 창의성에 의해 새로운 상품이 개발되어도, 경제성이 없으면 생산

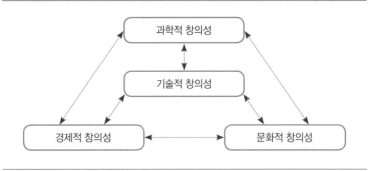

[그림 2-1] 현대경제에서 창의성

출처: KEA European Affairs(2006), p.42

될 수 없다. 새로운 상품이 생산되어 판매되려면, 소비자들의 구매 욕구를 자극할 수 있어야 한다. 소비자들은 상품의 기능, 품질, 디자인, 가격 등을 종합적으로 고려해 구매 의사결정을 한다.

기능과 품질은 과학·기술적 창의성, 디자인은 문화·예술적 창의성, 생산비와 마케팅은 경제적 창의성에 의해 결정된다. 이것이 바로 창의 상품 및 서비스를 생산하는 데 과학·기술적 창의성, 문화·예술적 창의성, 경제적 창의성이 융합되어야 하는 이유이다.

창의성과 창조적 변화

창조적 변화는 사람의 창의성에 의해 일어난다. 즉 자연적 변화와 사회적 변화의 동력이 사물의 상호작용 즉 '관계의 법칙'에 의해 일어난다면, 창조적 변화의 동력은 '사람의 창의성'이다. 사람은 동물과 달리 창의적 행동을 통해 창조적 변화를 일으킨다. 모든 생명체는 도전에 직면하게 되면 본능적 대응을 하게 된다. 생명체는 자신에게 위협이 가해지면 피신하거나 아니면 대항을 한다. 모든 동물은 배가 고프면 먹이를 찾아 나서고 목이 마르면 물을 찾아 나선다. 그런데 사람은 이러한 본능적 대응뿐 아니라 창조적 대응을 한다.

창조적 변화는 환경변화에 수동적 본능적으로 대응하는 것이 아니라, 능동적 선도적으로 대응하는 인간의 창의적 행동에 의해 일어난다. 상호작용을 선도해 변화를 일으키는 것이다. 인류문명사는 창조적 변화의 과정이다. 창조적 변화는 최근에 들어서 일어나고 있는 현상이 아니라, 원시수렵시대 불을 관리하고, 화살, 돌도끼 등 도구를 개발 사용하면서부터 시작되었다. 인간은 자연을 주어진 대로 받아들이는 것이 아니라, 자연에 창조적 변화를 가해 새로운 가치를 만들어 왔다. 인간은 도구를 개발함으로써 자신의 필요에 따라 자연자원을 개발 관리하는 효율성을 크게 증가시켰다.

창조적 변화는 역사성, 연속성, 방향성을 갖고 있어 본질적으로 진화의 속성을 지니고 있다. 생명체만 진화하는 것이 아니다. 정치, 경제, 사회, 문화, 학문, 과학, 기술, 예술 등도 모두 인간에 의해 창조되었고, 인간의 창조적 변화를 통해 끊임없이 진화해 왔다. 창조적 변화는 사람의 욕구나 요구에 의해 일어나기 때문에 반드시 방향성을 갖고 있다. 사람들은 대개의 경우 이미 존재하고 있는 지식, 기술, 정보의 결합 내지 융합을 통해 새로운 지식, 기술, 정보를 창출해 창조적 변화를 일으킨다. 즉 정치, 경제, 사회, 문화, 학문, 과학, 기술, 예술 등은 '역사성'이라는 '유전인자'를 갖고 끊임없이 진화한다.

사회적 DNA와 창조적 진화

변화와 진화의 차이가 무엇인가? 변화가 연속성을 가지면서 질적 변이가 일어날 때 우리는 그것을 진화라 한다. 진화는 분명 변화의 과정과 결과이지만, 모든 변화가 진화는 아니다. 모든 변화가 연속성과 방향성을 갖고 있지 않기 때문이다. 변화 가운데서도 진화는 역사성, 연속성, 방향성을 갖고 있다. 생명은 필요한 부분을 발전시키고, 불필요한 부분은 점차 퇴화되면서 새로운 환경에 적응해 가는 것이다. 새로운 환경 적응에 실패하게 되면 그 종은 멸종되기도 하고, 생명체의 상호작용과정에서 또한 새로운 종이 태어나기도 한다. 생명체는 유전인자(DNA)를 통해 개체의 특성과 연속성을 유지하고, 환경변화에 대한 적응과정에서 유전인자의 변이를 통해 진화한다. 생명체만 진화하는 것이 아니다. 인간에 의해 창조된 정치, 경제, 사회, 문화, 학문, 과학, 기술, 예술 등도 모두 인간의 창조적 변이를 통해 끊임없이 창조적 진화를 해왔다.

창조적 진화는 어떻게 일어나는가? 찰스 다윈(C. Darwin)은 진화론에서 진화의 요인으로서 자연선택론(Theory of natural selection)을 전개했다.[3] 우리는 사회현상에서 나타나는 각종 진화를 '사회선택가설(Hypothesis of social selection)'로 설명하고자 한다. 어떤 창조적 변화가 일어나면, 그것이 경쟁력이 높거나 그 사회환경에서 선호되면 변화의 확산이 이루어질 것이고, 그렇지 않으면 그 변화는 소멸될 것이다.

창조적 진화가 가능한 것은 '사회적 DNA'가 존재하고, '사회적 DNA의 변이'가 가능하기 때문이다. 사회적 DNA 즉 '사회적 유전인자'는 지식, 사상, 관습, 관행, 문화, 시스템 등으로 형성되어 있다. 이러한 것들은 '학습에 의한 축적, 복제'가 가능하기 때문에 '사회적 DNA'가 존재할 수 있고, 또한 '융합'이 가능하기 때문에 '사회적 DNA의 변이'가 가능하다.

패러다임 전환기와 창조적 진화

창조적 진화는 창조적 변화와 어떻게 다른가? 첫째, 창조적 진화는 새로운 패러다임을 선도할 수 있는 변화이고, 창조적 변화는 부분적인 새로운 변화이다. 둘째, 창조적 진화는 패러다임 전환기에 일어나고, 창조적 변화는 패러다임 전환기와 관계없이 일어난다. 즉 창조적 변화와 창조적 진화의 가장 큰 차이점은 인간의 창의적 행동이 '사회선택'과 '패러다임 전환'으로 이어지느냐 그렇지 않느냐의 차이다. '창조적 변화'는 '주어진 패러다임'에서 일어난 창의적 행동인 깃에 반해, '창조직 진화'는 '패러다임 전환기'에 새로운 패러다임을 선도할 수 있는 인간의 창의적 행동이다.

앞서 본 바와 같이 자연적 변화와 사회적 변화는 한 순간도 멈춤이 없이 지속적으로 일어난다. 이러한 변화가 지속되어 어느 단계를 넘어서면 환경에 본질적 변화가 일어나게 되어 새로운 환경이 조성되고, 새로운 환경은 새로운 패러다임을 요구하게 된다. 이것이 바로 '패러다임 전환기'이다.

패러다임과 패러다임 전환이 무엇인가? 미국의 과학사학자이자 철학자인 토마스 쿤(Thomas Kuhn, 1922~1996)이 그의 저서 《과학혁명의 구조》에서 처음으로 '패러다임(paradigm)'이라는 용어를 사용했다.[4] 패러다임은 '사례, 예제, 실례, 본보기' 등을 뜻하는 그리스어 '파라데이그마(paradeigma)'에서 유래했다. 토마스 쿤은 패러다임을 한 시대를 지배하는 과학적 인식, 이론, 관습, 사고, 관념, 가치관 등이 결합된 총체적인 틀 또는 개념의 집합체로 정의했다. 즉 패러다임은 그 시대 사람들의 견해나 사고를 근본적으로 규정하고 있는 보편적 인식체계로 볼 수 있다. 그래서 패러다임은 과학이나 학문의 세계뿐만 아니라, 정치, 경제, 사회, 문화, 교육, 예술 등 거의 모든 분야에 존재한다.[5]

우리는 앞서 자연적 변화, 창조적 변화가 한 순간도 멈춤이 없이 지속적으로 일어난다는 점을 강조하였다. 이러한 변화 속에 과학적 인식, 과학기술, 삶의 방식, 관습, 사고, 관념, 가치관 등이 눈에 보이지 않지만 조금씩 지속적으로 변화한다. 이러한 변화가 지속되어 어느 단계를 넘어서게 되면 사물을 바라보는 사람들의 보편적 인식체계에도 변화가 일어나게 된다. 이것이 바로 패러다임 전환기이다.

우리가 패러다임에 관심을 갖고, 그것을 중시하는 이유는 무엇인가? 패러다임은 그 시대를 지배하는 하나의 경쟁질서 원리이자 생존원리이기 때문이다. 패러다임이 전환된다는 것은 시대가 바뀌고 경쟁원리가 바뀐다는 것을 의미한다. 그래서 패러다임 전환기에는 새로운 패러다임을 선도한 자가 역사의 주인공이 된다. 패러다임 전환을 선도하려면 창조적 진화를 통해 새로운 경쟁 질서를 선도할 수 있어야 한다. 예를 들어 기술패러다임이 아날로그에서 디지털로 전환되면 아날로그시대가 가고 디지털시대가 도래하는 것이다.

창조적 진화와 패러다임 전환: 휴대폰 사례

패러다임전환기에 창조적 진화가 이루어지고, 창조적 진화가 패러다임 전환을 가져온다. 이것은 동어반복으로 들릴 수 있지만, 다른 이야기다. 패러다임전환기는 환경변화로 현재 패러다임이 한계에 부딪치고 있고, 창조적 진화가 이루어질 수 있는 환경 내지 여건이 충분히 조성된 시기를 말한다. 이에 비해 창조적 진화가 패러다임 전환을 가져온다는 이야기는 창조적 진화가 새로운 패러다임을 창출한다는 것이다.

창조적 변화와 창조적 진화를 이해하는 데 가장 좋은 사례 가운데 하나가 휴대전화의 진화과정이다. 휴대전화는 1973년 모토로라에 의해 세계 최초로 개발된 이래 지난 40년이라는 짧은 시간에 수많은 창조적 변화와 몇 단계의 창조적 진화를 거듭해 왔다. 휴대전화의 역사를 살펴보면, 창조적 진화와 창조적 변화의 실체와 위력을 생생하게 이해할 수 있다.

첫째, 창조적 변화와 창조적 진화의 원천은 사람의 창의성이다. 둘째, 창조적 진화가 이루어지면 패러다임 전환이 이루어지고 새로운 시장이 열린다. 셋째, 새로운 시장이 열리면 새로운 진입자가 증가하고 경쟁이 치열해지면서 창조적 변화가 일어난다. 기업은 창조적 변화를 통해 가격경쟁, 품질경쟁, 디자인 경쟁 등을 하게 된다. 넷째, 경쟁이 심할수록 창조적 변화가 가속화되는 경향이 있다. 다섯째, 창조적 진화를 선도한 자가 창조적 변화를 지속하지 못하면 경쟁에서 밀릴 수 있다. 여섯째, 패러다임 전환기에는 '창조적 진화'로 새로운 패러다임을 선도한 자가 역사의 주인공이 된다. 패러다임 전환이 이루어지면, 기존 패러다임에서 아무리 '창조적 변화'를 시도해도 살아남기 어렵다.

휴대전화의 창조적 진화과정을 보자. 휴대전화는 무선전화기, 피처폰(feature phone), 스마트폰으로 진화해 왔다. 모토로라 엔지니어인 마틴 쿠퍼(Martin Cooper)가 1973년 4월 3일 무선전화기를 세계 최초로 개발해 경쟁업체인 벨연구소의 연구책임자 조엘 엥겔(Joel Engel)과 시험 통화에 성공하였다.[6] 마틴 쿠퍼의 창의적 아이디어에 의해 전화통신의 창조적 진화가 시작된 것이다. 이것은 유선전화 시대에서 무선전화 시대로 패러다임 전환이 시작되었다는 신호탄이었다.

모토로라는 그로부터 10년 후인 1983년에 세계최초의 상용휴대전화 다이나 택(Dyna TAC)을 개발 시판하였다. 이것은 휴대하기에 너무 무겁고, 충전시간이 너무 길고, 가격이 지나치게 고가라서 일반인들이 사용하기에 쉽지 않았다. 모토로라는 그 후 창조적 변화를 거듭해 1989년에 주머니에 넣을 수 있는 마이크로 택(Micro TAC)을 3,000달러에 출시하였다.[7]

모토로라는 세계 최초로 휴대전화를 개발해 휴대폰 시장을 선점하면서 불과 15년 후인 1998년에는 휴대전화가 회사 매출의 3

분의 2를 차지하게 되었다. 모토로라는 이 기간에 지속적 혁신 즉 끊임없는 '창조적 변화'로 휴대전화의 디자인과 기능을 개선해 왔다.

최초 스마트폰, 사이먼 실패의 교훈

IBM은 벨사우스(Bellsouth)와 공동으로 '사이먼 퍼스널 커뮤니케이터(IBM Simon Personal Communicator)'를 개발해 1993년에 899달러에 시판하면서 휴대폰 시장에 진입했다. IBM은 이 휴대폰을 개발하면서 당시까지 통신기능만 있던 휴대전화에 주소록, 세계시간, 계산기, 메모장, 이메일, 팩스, 오락 기능과 터치스크린을 탑재하였다.[8]

사이먼은 전화기의 고유기능인 발신 및 수신 기능에 개인정보관리(PDA: Personal Digital Assistant)기능을 융합시키고 키패드 대신에 스타일러스(stylus)라는 전자펜을 사용하는 터치스크린을 탑재하면서 휴대폰의 새로운 단계의 창조적 진화의 길을 열었다. 스마트폰이라는 개념은 이로부터 5년 후인 1997년에 만들어졌지만,[9] 사실상 사이먼이 바로 세계 최초의 스마트폰인 것이다. 그런데 휴대폰 시장에 새로운 세계를 연 IBM이 사이먼을 출시해 5만 대를 판매하고 휴대폰 시장에서 사라졌다.

우리는 여기서 중대한 의문을 갖게 된다. 모토로라가 휴대전화의 제1단계 창조적 진화를 일으켰다면, IBM은 제2단계 창조적 진화의 길을 연 것이다. 나는 '패러다임 전환기에는 새로운 패러다임을 선도한 자가 역사의 주인공이 된다'는 점을 강조해 왔다.[10] 그런데 IBM은 이처럼 단순한 통신기능을 뛰어넘어 개인정보관리기능을 탑재한 새로운 기술패러다임을 선도하고도 왜 휴대폰시장에서 실패하였는가?

우리는 여기서 '패러다임 전환기'라는 개념을 깊이 있게 성찰할 필요가 있다. 패러다임 전환기라는 의미는 패러다임 전환이 이루어질 수 있는 환경적 요건이 갖추어졌다는 것을 의미한다. 이것은 만약 패러다임 전환을 위한 환경이 성숙되어 있지 않으면, 창조적 진화를 통해 패러다임 전환을 선도해도 실패할 수 있다는 것을 의미한다.

IBM이 스마트폰 개념의 휴대폰 사이먼을 개발했을 당시에는 스마트폰 환경 즉 스마트폰 생태계가 조성되어 있지 않았다. 스마트폰이 제대로 기능하려면 빠른 인터넷 네트워크, 웹 브라우저,[11] 인터넷과 연동될 수 있는 많은 앱(apps) 등이 개발되어 있어야 하는데, 1990년대 초에는 이러한 환경이 조성되어 있지 않았다. 웹 브라우즈는 1991년에 세계 최초로 등장하였고, 사이먼 이후인 1994년에 상용화되었다.[12] 당시에 폰 네트워크들은 대부분 목소리로 전송하도록 되어 있고, 데이터를 전송하도록 되어 있지 않았다. 결국 IBM은 사이먼을 개발하고 출시하기까지의 1991년에서 1993년 사이에 160억 달러의 손실을 보았고, 10만 명 이상을 해고했다. 사이먼은 결국 창조적 진화의 기회도 갖지 못하고 시장에서 사라지게 되었다.[13]

사이먼(Simon) 스토리는 우리에게 중요한 교훈을 준다. 첫째, '훌륭한 아이디어(big idea)'로 창조적 진화를 선도해도 그 창조적 진화물이 잘 발아하고 꽃필 수 있는 생태계가 조성되어 있지 않으면 피어보지도 못하고 사라질 수 있다는 것이다.

둘째, 창조적 진화가 성공적으로 이루어지려면, 끊임없는 창조적 변화를 통해 새로운 패러다임을 구축해야 한다. 사이먼은 분명 통신기능에 PDA기능을 결합한 획기적 상품이었지만, 그것이 휴대폰시장의 새로운 패러다임으로 자리 잡기도 전에 무너져 버린 것이다.

노키아의 성공과 실패

세계 휴대폰시장의 절대강자였던 노키아가 몰락하였다. 그 원인이 무엇일까? 노키아는 혁신의 상징이었고, 무려 14년간 세계 휴대폰시장의 50%를 점유하고 있었기 때문에 누구도 노키아가 무너지리라고 예상하지 못하였다. 그런데 세계 최대 소프트웨어

기업인 마이크로소프트사(MS)가 2013년 9월에 세계 2위의 휴대폰 제조사인 노키아를 인수한 것이다.

노키아는 끊임없는 창조적 변화를 통해 휴대폰시장에서 14년간 절대강자로 군림하였으나, 패러다임 전환기에 창조적 진화에 실패하면서 몰락의 길을 걷게 되었다. 사이먼 실패 스토리가 패러다임 전환기를 앞선 창조적 진화는 성공하기 어렵다는 것을 보여주는 좋은 사례라면, 반대로 노키아는 패러다임 전환기에 창조적 진화를 선도하거나 적어도 동참하지 못하면 절대강자도 무너질 수 있다는 것을 잘 보여주는 사례다.

노키아는 1865년 핀란드에서 제지회사로 출발해, 펄프, 고무, 타이어, 전자 등 다양한 제품을 생산하는 핀란드 최대기업으로 성장하였지만, 1988년에 최고경영자가 자살하는 사태가 발생할 정도로 심각한 경영위기에 직면하게 되었다. 그런데 노키아는 1992년에 VIP 리더십을 겸비한 최고경영자 요르마 올릴라가 취임하면서 창조적 진화를 하게 된다. 요르마 올릴라는 기존 사업을 매각해 정보기술(IT) 분야에 집중하면서 불과 5년만에 노키아를 세계에서 가장 혁신적인 IT기업으로 성장시켰다. 노키아는 1992년에 휴대폰시장에 진입한 후 불과 5년만인 1998년에 '노키아 5110'을 출시하면서 모토로라를 제치고, 세계 휴대폰 시장 점유율 1위에 올랐고, 그 후 2011년까지 14년 동안 그 자리를 지켰다.[14]

노키아의 새로운 몰락은 언제 어떻게 시작되었는가? 노키아의 몰락은 세계시장 점유율이 50%를 넘어선 최고 전성기였던 2007년에 시작되었다. 이 시기는 애플의 스티브 잡스가 당시 노키아의 주력상품인 피처폰(feature phone)과 대비될 수 있는 스마트폰(smart phone)인 '아이폰'을 발표한 시점이었다. 아이폰은 휴대폰 역사상 처음으로 휴대전화 안에 들어가는 소프트웨어 즉 범용운영체계(iOS)을 장착해 폰, 아이팟, 인터넷을 통합한 스마트폰이다. 이것은 IBM의 사이먼의 경우와 달리 스마트폰 환경이 성숙되면서 창조적 진화를 일으킬 수 있었다.

문제는 휴대폰시장에 새로운 창조적 진화가 일어나고 패러다임 전환이 시작되었는데도, 노키아는 제1장에서 본 '자만의 덫'과 '기득권 함정'에 빠져 있었다. 올릴라의 뒤를 이어 2006년에 CEO가 된 올리페카 칼라스부오는 IT시장의 변화를 정확하게 읽어내지 못해 시장변화에 맞는 비전을 제시하지 못하였고, 그에 따라 당연히 새로운 시장변화를 선도하거나 심지어 시장변화에 맞는 혁신을 시도할 수 없었다.

애플의 스티브 잡스가 VIP 리더십으로 2007년에 아이폰을 출시하면서 휴대폰 시장에 창조적 진화를 일으킬 때도 그는 비용절감을 통한 가격경쟁 전략을 고수하고 있었다. 노키아가 정신을 차려 스마트폰 시장에 뛰어들었을 때는 이미 선두자리를 내준 상태였다. 스티브 잡스가 2007년에 아이폰을 발표했을 때는 이미 휴대폰시장의 패러다임을 바꿀 수 있는 새로운 창조적 진화가 시작되었다. 그러나 노키아는 그것을 인식하지 못한 것이다.

창조적 진화는 다양한 기술의 결합을 통해 새로운 상품이나 서비스를 개발할 때 일어난다. 그리고 그 상품은 끊임없는 창조적 변화를 통해 디자인, 기능, 성능이 향상된다. 모든 시장에는 이윤이 발생하면 새로운 기업이 진입하게 된다. 진입기업은 선도기업에게 특허기술료도 지불해야 하고 시장도 개척해야 하므로 거의 필사적으로 창조적 변화를 시도하게 된다. 이 과정에서 디자인, 기능, 가격, 품질, 생산, 마케팅 등 광범위한 분야에서 창조적 변화가 가속적으로 일어나게 되고, 누가 더 창조적 변화를 더 크게 더 빨리 일으킬 수 있느냐에 따라 시장의 판도가 변하게 된다.

물론 선도 기업이 특허와 시장을 선점하고 있기 때문에 후발기업이 선도기업을 따라 잡는 것은 쉬운 일이 아니다. 그런데 휴대폰 시장을 보면 불과 30년 사이에 세계시장의 절대강자였던 모토로라, 노키아가 차례로 무너지고 이제는 삼성과 애플이 치열한 경쟁을 벌이고 있다. 왜 이런 현상이 발생할까? 창조적 진화를 선도했던 기업이 새로운 창조적 진화를 선도하는 기회를 놓쳤기 때문이다.

3장

창조경제의 출현

인류문명사는 창조적 진화과정

인류문명사는 창조적 변화와 창조적 진화의 과정이다. 그리고 창조적 변화와 창조적 진화는 과학기술에서만 일어나는 것이 아니라, 경제, 사회, 정치, 문화, 예술 등 인간 삶과 관련된 광범위한 분야에서 일어난다. 인류는 상상력으로 미래를 꿈꾸고, 창의력에 의한 창조적 변화를 통해 그 꿈을 실현해 왔고, 이 과정에서 창조적 진화가 이루어져 왔다.

우리가 역사를 공부하거나 박물관에 가 보면, 인류문명사가 창조적 진화의 과정임을 한 눈에 확인할 수 있다. 인류의 조상들은 석기시대에 돌, 흙, 나무, 동물의 뼈 등을 이용해 화살, 칼, 돌도끼 등 도구를 만들었다. 인류는 동물과 달리 도구를 발명하고 제작하면서 창조적 진화과정에 들어서게 되었다.

인류는 광석에서 구리를 추출한 후 주석, 아연, 납 등을 배합해 청동기를 주조하는 기술을 개발, 청동기 시대를 열었다. 야철 기술이 개발되면서 다양한 농기구와 무기를 철로 만들 수 있게 되었다. 철기의 생산으로 농업생산력과 전쟁능력이 크게 향상되면서 고대국가들이 형성되고 국토의 확장을 위한 전쟁이 끊임없이 일어났다. 인류는 도구와 경작법을 개발해 농업혁명을 일으키면서 수렵경제에서 농업경제로의 이행이라는 제1차 인류문명사적 대전환을 가져왔다.

그 후 인류는 창조적 변화와 창조적 진화를 거듭해 단순한 도구의 제작과 사용을 넘어 증기기관 및 기계를 발명하면서 산업혁명이 일어나게 되었고, 그 결과 농경사회를 넘어 산업시대가 열리게 되었다. 이것이 바로 제2차 인류문명사적 대전환이다.

그리고 20세기 후반에 시작된 정보통신혁명이 지식혁명을 일으키면서 제3차 인류문명사적 대전환을 일으키고 있다. 즉 농업혁명, 산업혁명, 정보통신혁명 등이 인류문명사적 대전환을 이끌어 왔다. 새로운 과학기술의 발명은 그 이전의 축적된 다양한 지식과 기술을 바탕으로 하고 있다. 즉 과학기술은 앞서 논의한 '과학기술적 창조성'을 바탕으로 인류가 도구를 발명한 이래 끊임없이 창조적 진화를 거듭해 왔다.

경제, 정치, 사회도 창조적 변화를 거듭해 왔다. 인간은 일찍부터 원하는 것을 얻기 위해 물물교환을 시작하였고, 물물교환의 불편을 해소하기 위해 화폐를 개발했다. 화폐에 의한 거래가 활성화되면서 시장이 형성되었다. 시장의 형성으로 내가 잘 생산할 수 있는 것을 특화해 생산하고, 그것을 팔아서 내가 원하는 것을 소비할 수 있게 되면서 축적이 가능하게 되었다. 오늘날은 상품시장은 물론 금융시장, 증권시장, 외환시장, 노동시장, 지식재산시장 등 다양한 시장 및 경제시스템이 복잡하게 얽혀 있다. 생산, 분배, 유통, 소비에 이르는 이러한 모든 경제시스템은 사람에 의해 개발된 것이다. 생산시스템도 수공업에서 공장제 수공업, 공장제 기계공업, 대량생산체제, 유연생산체제 등으로 효율성과 생산성을 높이는 방향으로 끊임없이 진화해 왔다.

민주주의 정치제도도 정치제도와 권력구조에 대한 창조적 변화를 통해 발전되어 왔다. 다양한 사회복지제도, 노사관계, 소비자보호제도 등도 약자를 보호하고자 하는 창조적 진화의 결과이다. 이처럼 경제, 정치, 사회제도도 '경제·제도적 창조성'을 기초로 한 창조적 변화를 통해 진화해 왔고 앞으로도 진화해 갈 것이다.

문화 예술도 '문화·예술적 창조성'을 기반으로 한 창조적 변화를 통해 발전되고 다양화되어 왔다. 문화 예술인들은 새로운 가사, 새로운 곡, 새로운 창법으로 새로운 노래를 만들어낸다. 문화 예술적 상상력을 표현하는 방법이 창조적 변화를 일으키면서 새로운 장르가 탄생하고, 이 과정에서 문화 및 예술의 창조적 진화가 일어난다.

우리는 인류문명사를 보면서 몇 가지 중요한 사실을 발견할 수 있다. 첫째, 인류문명사는 창조의 역사이다. 인류문명사를 형성해 온 지식과 기술, 수많은 재화와 서비스, 시장 및 금융과 같은 수많은 경제시스템, 민주주의와 같은 정치제도, 아름다운 문화예술 등은 누군가의 상상력과 창의성에 의해 창조되었다.

둘째, 창조는 지식과 기술의 축적과 융합의 결과이다. 창조는 무(無)에서 유(有)를 만드는 것이 아니라, 다양한 유를 결합해 새로운 유를 만드는 것이다.

셋째, 인류역사와 더불어 가속적으로 창조의 종류가 증가하고, 창조의 속도가 빨라졌다. 지식의 종류와 축적이 많아지고, 문자, 인쇄술, 정보통신기술이 점차 개발되면서 지식과 기술의 보급이 시공을 초월해 가속적으로 확산되었기 때문이다.

경제 패러다임 이행이론

우리는 인류문명사의 창조적 진화과정을 보다 체계적으로 이해하기 위해 경제 패러다임 이행이론을 전개하고 이에 기초해 새로운 경제발전단계설을 제시하고자 한다. 그리고 이러한 새로운 경제발전단계설에 기초해서 '창조경제'의 출현을 이론적으로 규명하고자 한다.

경제 패러다임이 무엇인가? 경제는 경제주체가 생산요소를 투입해 재화(goods)와 서비스(services)를 생산, 분배, 소비하는 모든 경제활동과 그 과정에서 형성되는 경제시스템 및 사회적 관계를 의미한다. 경제 패러다임은 어떤 경제주체들이 주로 어떤 생산요소를 투입해, 주로 어떤 재화 및 서비스를 생산, 유통, 소비하고, 이러한 경제활동이 어떤 경제시스템에서 어떤 방식으로 이루어지고, 이런 경제활동과 경제시스템에 대한 사람들의 가치인식체계 즉 '경제의식(economic consciousness)'이 어떻게 형성되어 있는가를 나타내고 있다.

따라서 경제 패러다임은 ① 경제주체, ② 생산요소, ③ 재화 및 서비스, ④ 생산, 분배, 소비 등 경제활동방식 및 경제시스템, ⑤ 경제원리 및 경쟁전략, ⑥ 경제의식 즉 경제에 대한 사람들의 인식체계 등으로 구성되어 있다. 우리는 이것을 '경제 패러다임 6대 구성요소'로 규정하고자 한다. '경제 패러다임 6대 구성요소'는 경제 패러다임을 분석하거나 경제 패러다임의 이행을 논의할 때 기본적 분석 틀이 될 것이다. 그래서 우리는 제4장에서 '경제 패러다임 6대 구성요소'를 기준으로 산업경제에서 창조경제로의 이행, 창조경제의 특성 등을 논의하고, 산업경제 패러다임과 창조경제 패러다임을 비교분석할 것이다.

경제 패러다임의 이행은 무엇을 의미하고, 이에 대한 이해가 왜 중요한가? 경제 패러다임이 이행되고 있다는 것은 '경제 패러다임 6대 구성요소'가 질적으로 변화하고 있다는 것을 의미한다. 즉 경제 패러다임이 이행되면, 핵심 경제주체, 핵심 생산요소, 주요 재화 및 서비스, 경제주체의 경제활동 방식 및 경제시스템, 그리고 사람들의 경제의식 등이 변화하게 되고 새로운 경제원리 및 경쟁전략이 나타나게 된다. 이것은 경제사회에서 경쟁질서의 변화를 의미한다.

경쟁질서, 즉 게임의 법칙이 변하고 있는데, 여전히 낡은 방식을 유지하면 경쟁에서 살아남기 어렵다. 그래서 패러다임 이행기에는 새로운 패러다임을 선도한 자가 역사의 주인공이 된다. 미국은 대량생산체제를 선도하면서 산업혁명을 선도한 선진국 영국을 제치고 20세기 산업사회에서 경쟁우위를 확보할 수 있었다. 이는 경제 패러다임의 이행을 잘 인식하고 새로운 전략적 선택을 하는 것이 얼마나 중요한가를 잘 보여주는 것이다.

경제 패러다임은 왜 이행하고, 우리는 그것을 어떻게 진단할 수 있는가? 경제 패러다임이 이행하게 되는 것은 제1장과 제2장에서 다룬 '변화의 법칙'과 '창조적 진화'에 의한 것이다. 제1장에서 본 바와 같이, 관계의 법칙과 상호작용원리에 의해 자연적 변화와 사회적 변화가 끊임없이 일어나면서 경제 환경이 지속적으로 변화한다. 그리고 제2장의 '창조적 변화와 창조적 진화'에서 다룬 바와 같이 새로운 환경에 적응하기 위해, 또한 새로운 변화

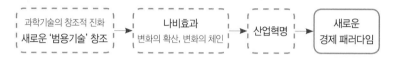

[그림 3-1] 경제 패러다임 이행이론

과학기술의 창조적 진화
새로운 '범용기술' 창조 → 나비효과
변화의 확산, 변화의 체인 → 산업혁명 → 새로운
경제 패러다임

를 선도하기 위해 사람들은 끊임없이 '창조직 변화'를 일으킨다.
이 과정에서 창조적 진화가 일어나게 되고, 그 결과 경제 패러다
임이 변화하게 된다. 여기서 경제 패러다임 이행 메커니즘을 보
다 체계적으로 설명할 수 있는 '경제 패러다임 이행이론'([그림
3-1])을 제시하고자 한다.

경제 패러다임 이행이론은 경제 패러다임 이행의 원인, 과정,
결과를 설명할 수 있어야 한다. 과학기술의 '창조적 진화'로 '새
로운 범용기술(new versatile technology)' 내지 메타기술(meta
technology)이 나타나면, '변화의 확산'과 '변화의 체인'을 통해
경제전반으로 확산되면서 '산업혁명'이 일어난다. 산업혁명이
일어나고 있다는 것은 창조적 진화가 미시적 차원을 넘어 나비
효과를 일으키면서 거시적으로 확산되고 있다는 것을 의미한다.
이 과정에서 경제시스템과 사람들의 경제의식에 혁명적 변화가
일어나면서 경제 패러다임의 전환이 이루어진다.[1] 경제 패러다
임이 전환되고 있다는 것은 새로운 경제원리가 작동하면서 경쟁

질서와 경쟁우위전략이 변화하고 있다는 것을 의미한다.

창조적 진화와 경제발전단계

역사에 남을 몇몇 위대한 경제학자들이 자신들이 설정한 기준에 의해 경제발전단계를 구분해 왔다. 독일의 역사학파 리스트(F. List, 1789~1846)는 어떠한 생산물이 중심을 이루고 있는가를 기준으로 경제발전과정을 '야만→목축→농업→농공→농공상'의 5단계로 분류하였다.[2] 힐데브란트(B. Hildebrand, 1812~1878)는 유통수단의 변천을 기준으로 '자연경제→화폐경제→신용경제'의 3단계로 나누었다. 한편 마르크스(K. Marx, 1818~1883)는 유물사관에 입각해 생산력과 생산관계를 중심으로 한 생산양식의 차이에 따라 '원시공산제→고대노예제→중세봉건제→근대자본주의→공산주의'의 5단계로 구분하였다. 로스토우(W. W. Rostow, 1916~2003)는 경제성장의 관점에서 '전통사회→도약을 위한 선행조건시기→도약기→성숙기→고도대중소비사회' 단계로 구분했다.[3]

우리는 '창조적 진화론'과 '경제 패러다임 이행이론'에 기초한 새로운 경제발전단계설을 제시하고자 한다. 경제발전단계가 존재한다는 것은 두 가지 의미를 지니고 있다. 하나는 패러다임이 다른 경제가 존재한다는 것이다. 다른 하나는 새로운 경제 패러다임이 기존 경제 패러다임에 비해 생산력과 시장에서 상대적으로 경쟁우위에 있다는 것이다. 만약 경제 패러다임에 차이가 없다면 경제발전단계를 구분할 필요가 없으며, 새로운 경제 패러다임이 경쟁우위에 없다면 새로운 경제로 발전하지 않을 것이다. 따라서 경제발전단계가 존재한다는 것은 경제 패러다임이 이행하고 있다는 것을 의미한다.

'경제 패러다임 이행이론'에 기초해 경제발전과정을 들여다보면, [표 3-1]과 같이 요약 정리할 수 있다. 즉 경제발전과정은 크

[표 3-1] 창조적 진화와 경제 패러다임의 이행

창조적 진화	산업혁명		경제 패러다임
- 도구개발 - 곡물재배, 가축사육	제1차 산업혁명 농업혁명1.0	신석기, 중세	농업경제
- 윤작법, 신 농법	농업혁명2.0	영국선도, 17세기	
- 증기기관 - 기계발명	제2차 산업혁명 산업혁명1.0	영국선도 1760-1830	산업경제
- 대량생산체제	산업혁명2.0	미국선도, 20세기 초	
- 컴퓨터 - 인터넷	제3차 산업혁명 정보통신혁명	미국선도 20세기 후반	가상경제
	지식혁명		지식경제
- 융합생태계 - 메타기술, 나노기술 - 개방플랫폼	제4차 산업혁명 창조혁명	미국선도 21세기 초반	창조경제

게 수렵경제, 농업경제, 산업경제, 지식경제, 창조경제로 구분할 수 있다. 이것은 리스트의 경제발전단계설과 비슷한 것 같지만 근본적으로 다르다. 리스트는 '산업생산비중'을 기준으로 목축, 농업, 공업, 농공상 단계로 구분했다. 이효수의 경제발전단계설은 산업생산비중이 아니라 경제 패러다임을 기준으로 경제발전단계를 구분하고, 경제 패러다임의 이행을 '창조적 진화'에 의한 산업혁명으로 설명하고 있는 동태적 이론이다. 경제 패러다임이 이행하면 부가가치가 높은 새로운 산업이 나타나거나 생산성을 획기적으로 높일 수 있는 기술이 개발되고, 그 결과 산업 생산의 비중에 변화가 일어나게 된다.

제1차 산업혁명: 농업혁명1.0과 농업혁명2.0

인류는 오랜 세월 자연에서 물고기와 동물을 잡아먹고 식물을 채취해 살아왔다. 즉 수렵경제시대를 살아왔다. 그러다가 불을 관리하고 도구를 개발하면서 곡물을 재배하고 가축을 사육하는 방법을 찾아내었다. 생존에 필요한 먹거리를 확보하는 방법에 있어 놀라운 창조적 진화가 일어나게 된 것이다. 곡물재배법과 가축사육법은 수렵과 비교할 수 없을 정도로 높은 생산성을 나타내게 되었는데, 이로 인해 제1차 산업혁명, 즉 농업혁명이 일어나게 된 것이다. 농업혁명에 의해 인류역사에 처음으로 농업이라는 산업이 나타나게 되었고, 수렵경제에서 농업경제로 경제발전단계가 이행되었다.

그런데 17세기에 영국에서 같은 농장에 계절에 따라 다른 작물을 재배하는 이른바 윤작법이 개발되고, 인클로저운동이 일어나면서 농축산업 생산력에 또 다른 획기적 변화가 일어나게 되었다. 또 다른 창조적 진화가 일어난 것이다. 그래시 우리는 이깃을 '농업혁명2.0'으로 규정해, 신석기시대의 '농업혁명1.0'과 구분하고자 한다. 수렵경제에서 농업경제로 이행했다는 것은 정착과 축적이 가능한 시대가 열렸다는 것을 의미한다.

제2차 산업혁명: 산업혁명1.0과 산업혁명2.0

농업의 정착과 자본축적을 바탕으로 과학기술의 창조적 진화가 빨라지면서, 18세기에 증기기관과 방적기의 새로운 '범용기술'이 개발되었다. 에너지 동력과 기계는 이전의 도구와는 차원이 다른 생산력을 발휘할 수 있었고, 그것들은 거의 모든 생산 활동에 적용할 수 있는 '새로운 범용기술(new versatile technology)'이었다. 즉 와트의 증기기관의 발명이 '변화의 확산'과 '변화의 체인' 현상을 통한 나비효과를 일으키면서 제2차 산업혁명을 불러일으킨 것이다. 제2차 산업혁명을 일반적으로 산업혁명이라고 부른다. 산업혁명에 의해 농업경제가 산업경제로 이행하게 된 것이다.

우리는 산업혁명을 세분해 18세기 및 19세기 영국에서 일어난 '산업혁명1.0'과 20세기 초 미국에서 일어난 '산업혁명2.0'으로 구분하고자 한다. 미국 포드자동차 회사가 20세기 초에 대량생산체제를 개발해 생산시스템의 창조적 진화를 통해 생산력에 혁명적 변화를 일으키면서 경쟁 질서를 바꾸는 현상이 나타났는데, 이것을 '산업혁명2.0'으로 규정하고자 한다. 대량생산체제는 컨베이어 벨트를 이용한 기술적 통제방식과 피라미드 조직에 의한 관료적 통제방식을 기반으로 생산성 향상과 생산비 절감에 혁명적 변화를 가져왔다. 대량생산체제는 점차 자동차산업을 넘어 전 산업으로 확산되면서 산업경제 패러다임 형성에 결정적인 기여를 하였고, 또한 20세기에 영국을 제치고 미국이 세계경제의 주도권을 쥐게 한 계기를 제공했다.

제3차 산업혁명: 정보통신혁명

제2차 세계대전 당시 군사용으로 개발된 컴퓨터[4]가 창조적 변화를 거듭해 1974년에 미국 MITS사 에드 로버츠에 의해 '알테어

(Altair) 8800'이라는 '개인용 컴퓨터(PC, Personal Computer)'로 창조적 진화를 하게 된다.[5] 그리고 미국 국방부가 1969년에 군사용으로 개발한 '아르파넷(ARPAnet: Advanced Research Projects Agency Networking)'은 인터넷으로 창조적 진화를 하게 되었다.[6]

1970년대 미국에서 일어난 이 두 가지 사건은 개인용 컴퓨터와 인터넷의 창조적 진화의 첫 날갯짓이었다. '알테어'와 '아르파넷'을 바탕으로 1980년대에 컴퓨터와 인터넷의 창조적 진화가 거듭되면서 수많은 관련 기술들이 새롭게 생성되었다. 컴퓨터와 인터넷의 창조적 진화가 정보통신혁명과 지식혁명을 불러일으킨 것이다.

컴퓨터의 창조적 진화

세계 최초의 개인용 컴퓨터 '알테어'가 〈파퓰러 일렉트로닉스〉 1975년 1월호 표지에 소개되었는데, 이것은 컴퓨터광들에게 새로운 시대의 도래를 알리는 혁명적 사건이었다. 이 뉴스는 정보통신혁명을 불러일으킨 창의적 리더, 빌 게이츠와 폴 앨런, 스티브 잡스와 워즈니악, 무어 등에게 강력한 영향을 미치게 된다.[7]

하버드대 학생이었던 빌 게이츠와 폴 앨런이 이 소식을 접하고 알테어를 위한 베이식(BASIC)[8] 개발에 착수하였는데[9] 이 베이식의 성공으로 '마이크로소프트'가 출범하게 된다. 그리고 1975년 3월 5일 샌프란시스코만의 멘로파크(Menlo Park)의 한 차고에서 컴퓨터 취미 생활자 동호인 모임인 '홈브루 컴퓨터 클럽(Homebrew Computer Club)'이 첫모임을 가졌고, 여기에서 알테어의 시연회도 있었다.[10] 이 클럽은 인텔의 공동설립자이고 무어의 법칙으로 유명한 무어(Gordon Earle Moore) 등에 의해서 출범되었고, 부품, 회로, 컴퓨터 장치를 스스로 조립하는 데 필요한 정보를 교환하는 일종의 상호학습 동호인 모임이었다.

이 첫모임에 참석한 워즈니악이 마이크로프로세서 사양서를 보고 영감을 얻어, 키보드, 모니터, 컴퓨터가 하나의 개인용 패키지로 통합된 컴퓨터를 종이에 스케치하기 시작했다. 휴렛팩커드(HP)에 다니던 워즈니악은 1975년 6월 29일, 역사상 처음으로 키보드의 글자를 쳐서 그것을 눈앞에 있는 화면에 띄우면서 PC 역사에 한 획을 긋게 된다. 비즈니스 감각이 뛰어난 스티브 잡스가 이 소식을 접하면서 공학적 천재성을 지닌 워즈니악을 설득해 자신의 차고에서 '애플 I'을 만들게 된다. 그들은 1977년 1월 3일 애플 컴퓨터 주식회사를 공식 설립하고, 같은 해 4월 샌프란시스코에서 열린 제1회 서부연안 컴퓨터 박람회에서 '애플 II'를 발표하게 된다.[11] 이 컴퓨터가 PC업계를 탄생시킨 시발점이 되었다.

이에 충격을 받은 빌 게이츠가 IBM을 찾아가 개인용 컴퓨터 운영체제를 제안하고, 마이크로소프트사를 설립해 'MS-DOS(Microsoft-Disk Operating System)'를 제작 공급한다. 그래서 1981년 8월 IBM PC가 출시되면서 본격적인 개인용 컴퓨터 시대가 열리게 되었다. IBM은 2년 만에 컴퓨터시장의 26%를 장악했다.

애플은 컴퓨터의 또 다른 창조적 진화로 1984년 매킨토시를 출시한다. 매킨토시는 도스 명령어 입력 방식에서 벗어나 화면에 동시에 여러 개의 파일을 띄어놓고 마우스로 누구나 쉽게 작업할 수 있는 사용자 친화적인 '그래픽 유저 인터페이스(GUI)'를 사용하는 새로운 개념의 컴퓨터였다. 사실 이 기술은 제록스에서 1981년에 개발해 제록스 스타라는 컴퓨터로 출시되었지만 처리속도 및 가격 등의 문제로 상업화에 실패한 것이었다. 이 컴퓨터는 GUI, 마우스, 비트맵 디스플레이, 창 기반방식, 데스크톱 메타포 등을 통합한 제품이었다. 잡스는 제록스의 애플에 대한 투자를 받아들이는 조건으로 제록스의 '팔로알토연구센터(PARC)'의 신기술 공개를 요청했고, 잡스 일행은 PARC를 방문해 GUI와 비트맵 방식의 핵심기술을 접하게 된다. 이것이 IT 업계 역사상 가장 의미심장한 도둑질로 간주되곤 한다.[12]

게이츠는 잡스의 요청으로 매킨토시용 엑셀을 개발했다. 그리고 곧바로 GUI 기술을 이용해 IBM PC를 위한 마이크로소프트 윈도우를 개발했다. 이로 인해 잡스와 게이츠 사이에 도둑질 논쟁이 일어나면서[13] 둘의 사이가 극도로 악화되었지만, 결과적으로는 모든 PC가 사용하기 불편한 'DOS체제'에서 누구나 쉽게 사용할 수 있는 '그래픽 유저 인터페이스(GUI) 체제'로 진화하게 되었고 그 결과 개인용 컴퓨터시장은 급속도로 성장하게 되었다.

인터넷의 창조적 진화

정보통신혁명의 또 하나의 축인 '인터넷'은 개인용 컴퓨터보다 조금 늦은 1990년 이후에 상업화, 일반화되기 시작했다. UCLA의 레오나드 클라인록(Leonard Kleinrock) 교수팀이 1969년 아르파넷에 기존 '회로연결교환방식(circuit switching)'의 통신방법에서 '패킷교환방식(packet switching)'으로의 전환을 이뤄내면서 길을 열었다.[14] 아르파넷(ARPANet)은 처음 군사용으로 개발되고 발전되었으나 민간 요구가 높아지자 1983년에 군사용 네트워크인 밀넷(MILNET, Military Network)과 민간용 아르파넷으로 나누어졌다.

미국 국립과학재단(NSF, National Science Foundation)은 1986년에 일리노이대의 NCSA(National Center for Supercomputing Applications)를 포함해 5개 대학에 슈퍼컴퓨터센터를 설립했다. 전 세계 과학자들의 협업을 통한 과학발전을 도모하기 위해 이센터들을 중심으로 NSFNET이 구축되었다. NCSA는 멀리 떨어져 있는 컴퓨터와 원활하게 통신하기 위한 텔넷, 파일 전송 전용 서비스인 FTP(File Transfer Protocol), 그래픽 기반의 웹 브라우저인 모자이크 웹 브라우저 등 공익 프로그램들을 개발했다.[15]

그러나 NSFNET은 정부 지원으로 운영되기 때문에 학술 연구 및 교육 분야 외에는 이용이 제한되었다. 이에 따라 인터넷 사업자들이 1992년에 협회를 구성해 '상업용 인터넷 교환망(CIX, Commercial Internet eXchange)'을 구축하면서 인터넷 상업화가 본격화되었다.[16]

스위스 제네바에 있는 유럽입자물리연구소(CERN)의 팀 버너스 리(Tim Berners-Lee, 영국)의 제안으로 '월드와이드웹(WWW, World Wide Web)'이 개발되어 1991년 8월 6일 서비스를 시작하면서 인터넷은 또 다른 차원으로 창조적 진화를 하게 된다. 인터넷의 대명사처럼 되어 버린 월드와이드웹은 전 세계적인 하이퍼텍스트 시스템으로서 일반적인 인터넷 서비스와는 구별되는 독특한 특징들을 갖고 있다.[17]

첫째, 웹은 통일된 하나의 인터페이스(interface)[18]로 매우 직관적이고 일관성이 있어서, 초보자도 쉽게 익힐 수 있고 모든 자원에 접근할 수 있다. 기존의 인터넷은 파일전송, 원격접속, 전자우편, 뉴스 등 서비스마다 인터페이스 사용법이 달라 사용하기 어렵고 불편해 초보자나 일반인에게는 부담스러웠다.

둘째, 문서는 하이퍼텍스트(Hyper Text)로 구성되어, 특정 단어와 관련된 다른 문서들이 포인터(pointer)[19]로 서로 연결되어 있다. 그래서 사용자는 하이퍼텍스트를 이용해 한 정보와 연결된 다른 자세한 정보에 쉽게 접근할 수 있다.

셋째, 정보와 지식의 사용자가 동시에 공급자가 될 수 있다. 웹 이전의 인터넷은 대학, 연구소, 기업 등이 지식과 정보를 제공하고, 사용자는 단지 그것을 사용하기만 했다. 그러나 웹의 보급으로 모든 사람들이 자신의 홈페이지를 가질 수 있게 되고, 다른 사람의 지식과 정보를 공유할 수 있을 뿐만 아니라, 자신의 지식과 정보를 다른 사람에게 제공할 수 있게 되었다.

넷째, 웹은 인터넷에서의 분산된 정보의 저장소 역할을 한다. 웹 이전의 인터넷은 중앙 집중식 서비스였다. 서비스를 제공하는 서버에 모든 데이터가 집중됨으로 말미암아 서버의 부담이 증가하고, 많은 사용자가 동시에 서버에 접근할 수가 없었다. 그러나 웹은 각종 정보들이 기본적으로 분산 저장되어 관리되고 있어, 정보 제공 서버의 과부하를 방지할 수 있다.

다섯째, 웹은 인터넷에 존재하는 일반 텍스트 형태의 문서, 그림, 음성, 동영상 등의 각종 자료들을 인터넷 주소(URL)를 이용해서 하나의 문서 형태로 통합적으로 관리, 제공해 준다.

현재 일반인들이 생각하는 '인터넷'의 형태, 즉 웹 브라우저(web browser, HTML 문서를 화면에 표시하는 프로그램)를 구동해 각종 인터넷 문서를 읽고 검색하는 모습이 이때부터 자리를 잡았다고 할 수 있다.[20] 인터넷은 1990년대 중반 이후로 전자 메일, 인스턴트 메신저, 음성인터넷, 전화, 화상통화뿐 아니라, 토론 포럼, 블로그, 소셜 네트워크, 온라인 쇼핑사이트 등 다양한 창조적 변화를 일으키며, 문화와 상업에 막대한 영향을 미치면서 정보통신혁명을 일으켰다.

정보통신혁명과 가상경제

1980년대 후반에 컴퓨터가 '그래픽 유저 인터페이스(GUI)'로 그리고 1990년대에 인터넷이 '월드와이드웹(WWW)'으로 창조적 진화를 하면서, 정보통신 관련 재화와 서비스의 창조적 변화와 창조적 진화가 폭발적으로 일어나기 시작했다. 정보통신혁명이 일어나고 정보통신산업이 급속하게 성장하기 시작한 것이다.

그래픽 유저 인터페이스(GUI)와 월드와이드웹(WWW)이 발달하면서 자연스럽게 '사이버공간(cyber space)'[21] 즉 사이버 세계가 나타나게 되었고, '가상계급(virtual class)'과 '가상경제(virtual economy)'가 출현하게 되었다. 사이버 세계는 컴퓨터망에 존재하는 세계이다. 아서 크로커와 마이클 와인슈타인(Arthur Kroker & Michael A. Weinstein, 1994)은 《가상계급론(Theory of Virtual Class)》에서 '인지과학자, 엔지니어, 컴퓨터 과학자, 비디오게임 개발자, 기타 모든 커뮤니케이션 전문가 등 기술 인텔리겐치아들'을 '가상계급'이라고 지칭했다. 바브룩과 카메론(Barbrook & Cameron, 1996)은 가상 계급이 미국 서안, 특히 실리콘밸리의 하이테크 기업가와 숙련 노동자들의 결합으로 형성되어 있다고 했다.[22]

사이버공간에서 '가상재화(virtual goods)'가 생산, 분배, 소비되면서 현실경제와 다른 가상경제가 발달하고 있다. 가상재화는 게임, 아바타, 앱 등과 같이 무형의 디지털 형태로 생산되고, 인터넷상에서 유통되며, 스마트기기(smart device)에서 소비된다. 월드와이드웹에 존재하는 가상재화 시장은 본질적으로 국경이 없기 때문에 관세나 수송비가 없다. 그래서 가상재화의 유통과정에서 가격은 형성되지만, 거래비용은 거의 발생되지 않는다.

아바타 등 가상재화는 가상화폐로 거래되는 경우가 많다. '가상화폐(cyber money)'는 중앙은행이 발행하는 일반 화폐와 달리 처음 고안한 사람이 정한 규칙에 따라 가치가 매겨지고, 사이버공간에서 온라인 쇼핑을 하거나 온라인 게임에서 아이템 구매를 할 때 실제 화폐처럼 사용된다. 가상화폐는 화폐 발행비용이 전혀 들지 않고 거래비용이나 보관비용도 거의 들지 않는다. 거래의 비밀성이 보장되기 때문에 마약 거래나 도박, 비자금 조성을 위한 돈세탁이나 탈세수단으로 악용될 수도 있다. 그러나 가상화폐는 해킹에 의한 도난이나 가치폭락으로 그 기능을 잃을 수도 있다.

가상경제의 하나의 축은 '가상현실(virtual reality)'이다. 가상현실은 가상공간에서 특정한 환경이나 상황을 만들어서, 그것을 사용하는 사람이 마치 실제 환경이나 상황과 상호작용을 하고 있는 것처럼 만들어 주는 인간-컴퓨터 사이의 인터페이스를 말한다. 사람들이 일상적으로 경험하기 어려운 환경을 직접 체험하지 않고서도 그 환경에 들어와 있는 것처럼 보여주고 조작할 수 있게 해주는 것이다. 구체적인 예로 항공기 조종훈련, 가구의 배치 설계, 수술 실습, 게임 등 다양하다. 가상현실 시스템에서는 참여자와 가상 작업공간이 하드웨어로 상호 연결된다. 또 가상환경에서 일어나는 일을 참여자의 시각으로 느끼도록 하며, 청각 및 촉각 등으로 느낄 수 있는 쪽으로 발달하고 있다.[23]

가상경제가 현실경제와 상호작용하는 방향으로 발전해 가고 있다. 가상재화는 가상공간에서만 거래가 이루어진다. 그런데 가상현실은 현실과 동일한 환경이나 상황을 만들어 교육과 훈련에 활용함으로써 현실적으로 훈련비용을 크게 절감하거나 위험도를 줄일 수 있다. '증강현실(augmented reality)'은 현실세계에 가상물체를 겹쳐 보여줌으로써 부가정보를 제공해 준다. 가상현실에서는 사용자가 가상환경에서만 활동하는 것이어서 실제 환경을 볼 수는 없지만, 증강현실에서는 실제 환경과 가상의 객체가 혼합되어 있어 사용자는 실제 환경에서 활동하지만 보다 나은 현실감과 부가정보를 얻을 수 있다. 증강현실기술은 방송, 원격의료진료, 웨어러블 컴퓨터 등에서 많이 활용될 것이다.

가상경제는 현실경제와 다른 경제 패러다임이므로 경제발전 단계로 이해하는 것은 무리가 있다. 그러나 가상경제는 창의적 지식을 바탕으로 하고 있기 때문에 다음에 논의할 지식경제와 창조경제의 한 부분으로 이해할 수 있다.

지식혁명과 지식경제

컴퓨터가 발전하면서 '천문학적 양의 지식과 정보'의 저장 관리가 가능하게 되었고, 인터넷이 발달하면서 지식과 정보를 빛의 속도로 교환할 수 있게 되었다. 그리고 컴퓨터와 인터넷이 결합하면서 지식과 정보의 생성, 저장, 유통의 무한 순환 확대가 가능하게 되었고, 스마트 디바이스가 발전하면서 언제 어디서나 필요한 지식과 정보를 쉽게 이용할 수 있게 되었다. 지식혁명이 일어나게 된 것이다.

'검색엔진(search engine)'의 발달로 누구나 필요한 지식을 쉽게 찾아서 활용할 수 있게 되었다. 불과 20년 전만 해도 필요한 지식을 찾으려면 도서관에서 관련된 책이나 문헌을 찾아보거나 그 지식을 알고 있는 사람을 찾아가야 했다. 몇날 며칠을 찾아도 못 찾을 수도 있었다. 지금은 누구나 검색엔진을 이용해 관련 키워드로 검색하면 관련된 수많은 정보들을 문서 동영상 등 다양한 형태로 몇 초, 몇 분 이내에 입수할 수 있다. 그뿐 아니라, 내가 갖고 있는 지식, 정보, 경험 등을 쉽게 전 세계의 사람들과 공유할 수 있다. 지식과 정보를 수집 분석해 새로운 지식과 정보를 생산할 수 있는 가능성이 크게 높아지면서 지식과 정보가 폭발적으로 증가하고 있다. 이것이 바로 지식혁명이다.

지식혁명이 일어나면서 경제활동에서 지식이 핵심적인 투입물(input)과 산출물(output)이 되는 지식경제 시대가 열리게 된 것이다. 지식이 생산, 분배, 유통, 소비 등 모든 경제활동에 일상적으로 활용되고 있다. 선진국뿐만 아니라 개도국도 선진국의 지식을 빠른 속도로 습득 활용할 수 있게 되었다. 대부분의 기업들은 지식경영체제를 도입하고, 대부분의 근로자들은 컴퓨터와 인터넷을 활용 생산, 인사, 마케팅을 하고 있다. 지식은 이제 대학이나 기업에서만 생산되고 활용되는 것이 아니다. 가정주부가 검색엔진을 이용해 필요한 식재료, 조리방법 등 필요한 지식을 바로 습득해 요리를 한다. 내비게이션을 이용하면 어디든지 찾아갈 수 있다. 지식재산권 시장이 발달하면서 내가 생산한 지식을 판매할 수도 있고, 그것을 활용해 새로운 재화나 서비스를 개발할 수도 있다.

창조경제의 생성

창조적 진화와 경제발전단계의 관점에서 보면, 현재 창조혁명이 일어나고 있고, 그 과정에서 경제 패러다임은 창조경제로 이행되고 있다. 이에 대한 구체적인 논의는 제4장에서 다루어진다. '농업혁명에서 지식혁명에 이르는 모든 산업혁명'과 '농업경제에서 지식경제에 이르는 모든 경제발전단계'는 사전적으로 계획된 것이 아니라, 사후적으로 학자들에 의해 구명되고 규정된 것이다. 즉 산업혁명과 경제 패러다임은 창조적 진화와 나비효과에 의해서 경제원리에 따라 형성되는 것이다. 초기에 창조적 변이를 일으킨 사람도 그것이 산업혁명을 일으키고, 어떤 새로운 패러다임의 경제를 출현시킬 지는 알지 못한다.

직관력과 분석력이 뛰어난 학자가 창조적 진화과정과 새로운 경제현상을 관찰해 그 현상을 가장 잘 반영할 수 있는 용어를 부여한다. 그리고 그 용어의 개념을 정의하고, 새로운 경제 패러다임의 작동원리를 설명할 수 있는 이론적 틀을 제시하면서 산업혁명과 경제 패러다임이 모습을 드러내는 것이다. 그렇게 되면 많은 학자들, 정책입안자들, 기업가들은 새로운 경제 패러다임과 경제원리를 반영한 관련 이론 및 정책개발, 경영전략 수립에 치중하면서 경제 패러다임의 이행이 가속화된다. 따라서 농업경제, 산업경제, 지식경제 등은 그 용어가 부여되기 이전에 이미 그

초기적 현상들이 나타난 것이다. 태어난 아이에게 이름을 부여하는 것과 같은 원리이다. 작명을 해서 아이가 태어난 것이 아니라, 아이가 태어나니까 작명을 하는 것이다. 그리고 아이에게 이름을 부여하면, 아이의 정체성이 보다 분명해지는 것이다. 창조경제도 창조경제라는 용어가 나타나기 이전에 이미 창조경제의 초기현상들이 나타나고 있었다. 그래서 여기서는 먼저 창조경제의 초기현상들은 어떻게 나타났고, 창조경세라는 용어가 어떻게 생성되었고, 창조경제가 무엇인지에 대한 논의를 하고자 한다.

콘텐츠산업과 창조경제의 출현

창조경제(Creative Economy)라는 용어가 언제부터 어떻게 사용되게 되었는가? '창조경제'라는 용어 자체는 1829년 영국에서 발간된 잡지에 처음 등장하지만,[24] 현재 우리가 사용하는 의미의 창조경제는 미국 경제주간지 〈비즈니스 위크〉의 경제 편집자인 피터 코이(Peter Coy)가 2000년 8월 28일자 사설에서 처음 사용한 것으로 알려져 있다. 그는 이 사설에서 "산업경제는 이제 창조경제에 길을 내주고 있고, 기업들은 또 다른 갈림길에 서게 되었다"고 했다.[25] 그는 전통적인 제조업의 비중이 급속도로 낮아지고 있고, 데이터, 소프트웨어, 뉴스, 엔터테인먼트, 광고 등의 추상적 재화 생산이 크게 증가하며, 마이크로소프트사, 야후 등과 같은 아이디어에 기반한 기업들이 빠르게 성장하는 것을 주의 깊게 관찰한 자료를 제시하면서 창조경제의 도래를 주장했다. 하버드대학 경제학교수 케이브스(Richard E. Caves)도 2000년에 출간한 《창조산업(Creative Industries)》에서 문화의 상업화 즉 창조상품의 생산과 상업화를 다루고 있다.[26]

그리고 영국의 존 호킨스(John Howkins)가 2001년에 《창조경제》라는 책을 출판했다.[27] 존 호킨스는 영국의 창조산업정책에 영향을 많이 받은 것으로 보인다. 영국의 토니 블레어(Tony Blair) 노동당 정부가 1997년에 집권하면서 문화예술을 관장하던 '문화유산부(Department of National Heritage)'를 '문화미디어스포츠부(DCMS, Department for Culture, Media & Sport)'로 확대 개편하였고, DCMS는 '창조산업 태스크포스(CITF, Creative Industries Task Force)'를 구성했다. 창조산업 태스크포스(CITF)는 창조산업의 기준을 설정해 기존 산업 가운데 이 기준에 부합하는 산업을 창조산업으로 분류하고, 창조산업의 규모를 측정해 1998년에 '창조산업매핑문서(creative industry mapping document)'를 발표했다.[28]

DCMS는 이 문서에서 '창조산업을 개인의 창의성과 재능에 기초한 지식재산의 생산과 활용을 통해 부와 일자리를 창출할 수 있는 산업'으로 정의하고, 광고(advertising), 건축(architecture),

예술 및 골동품(arts and antique markets), 공예품(crafts), 디자인(design), 패션(designer fashion), 영화 및 비디오(film and video), 양방향레저소프트웨어(interactive leisure software), 음악(music), 행위예술(performing arts), 출판(publishing), 소프트웨어(software and computer services), TV 및 라디오(television and radio) 등 13개 업종을 창조산업으로 분류했다. 1998년 이 분류기준에 의해 측정한 창조산업의 규모는 영국 GDP의 5%에 달하였고, 성장률(1997~98)도 16%로 경제전체 성장율인 6%의 두 배를 상회했다. 또한 고용도 133만 명에 달했고, 무역수지 개선에도 크게 기여한 것으로 나타났다.[29]

창조산업의 개념화는 초기에는 문화예술의 경제적 가치에 대한 논쟁에서 시작되었지만, '창조산업 매핑 문서'에 의해서 다른 산업에 비해 오히려 고용효과가 크고 성장률이 배 이상 빠르다는 사실이 밝혀지면서 영국의 핵심 전략산업으로 육성되기 시작했다. 토니 블레어는 1999년에 "우리의 목표는 힘이 아니라 머리로 경쟁하는 국가, 모든 국민의 창의적 재능으로 21세기 진정한 기업경제를 건설할 수 있는 국가를 창조하는 것"이라고 했다.[30] 창조산업이 다른 산업에 비해 성장률이 높고 경제사회에 미치는 영향이 크다는 사실이 인식되면서, 영국 정부는 2006년부터 공식적으로 '창조경제(creative economy)'라는 용어를 사용하기 시작했다. 고든 브라운은 2008년에 "창조산업은 국가번영은 물론

문화와 창의성을 국민 삶의 중심에 둘 수 있는 영국을 만든다는 면에서 중요하다"고 했다.[31]

영국에 앞서 호주의 폴 키팅(Paul Keating) 정부는 1994년 10월에 〈창조국가(creative nation)〉 보고서를 내고, 문화정책을 경제정책의 일환으로 접근하기 시작했다. 보고서는 '문화는 자기표현 및 창조성의 결과로 국가, 공동체, 개인의 정체성을 나타낼 뿐만 아니라, 부와 일자리를 창출하고, 혁신, 마케팅, 디자인 등에 대단히 중요한 영향을 미친다는 점'을 강조했다. 그리고 창의성의 수준이 새로운 경제에 대한 적응능력을 결정한다고 보고, 개인의 창의성을 개발하고 남의 창의성을 인정할 권리, 문화적 지적 유산에 접근할 권리, 지적 예술적 작업에 참여할 권리, 문화적 지적 삶을 위한 공동체 참여권 등 이른바 '문화권 헌장'을 강조했다.[32]

'유엔무역개발회의(UNCTAD)'는 2004년 상파울루 회의에서 '창조산업과 개발'이라는 주제를 다루게 된다. 이 회의 자료에서 창조산업은 세계 GDP의 7%를 차지하고 있고, 앞으로 매년 연평균 10% 이상 성장할 것으로 전망되었다. 창조산업은 기본적으로 문화산업에 기초하고 있고 개도국도 각자의 풍부한 문화를 갖고 있기 때문에 개도국의 경제발전과 무역증진에 창조산업 육성이 가장 효과적인 전략이 될 수 있음을 강조하고 있다.[33] UNCTAD는 2008년 유엔개발계획(UNDP)과 함께 〈창조경제 보고서 2008〉, 〈창조경제 보고서 2010〉을 발간해 각 국에서 창조산업의 육성을 촉구하면서 창조경제가 전 세계적으로 확산되고 있다.

우리는 여기서 몇 가지 중요한 사실을 발견할 수 있다. 첫째, 1990년대 선진 각국에서 정보통신혁명으로 콘텐츠산업이 발전하면서 현실경제에서 창조산업 현상이 나타나기 시작했다. 미국에서는 마이크로소프트, 야후 등 소프트웨어산업이 빠르게 성장하기 시작했다. 호주, 영국 등에서는 문화의 경제적 가치 및 산업화에 대한 인식이 높아지면서, 전통적인 문화에 미디어, 디자인, 광고 등을 포함시켜 창조산업으로 규정해 집중육성하기 시작했다. 유럽연합(EU)에서도 '문화 창조산업(CCIs, Cultural and Creative Industries)'이라는 용어를 사용하면서 성장선도 산업으로 육성되고 있다.

둘째, 2000년대에 들어오면서 피터 코이, 존 호킨스 등이 창의성이나 아이디어에 기반한 창조산업의 성장을 '창조경제'라는 용어로 설명하고, UN에서 창조경제 보고서를 내면서 '창조경제'라는 말이 널리 확산되기 시작했다. 그리고 댄 세노르(Dan senor)와 사울 싱어(Saul Singer)가 2010년에 이스라엘의 경제기적을 다룬 책《창업국가(Startup Nation)》를 발행하면서[34] 이스라엘의 창업이 창조경제로 주목받게 되었다.

셋째, 창조경제의 생성원인과 패러다임에 대한 논의가 부족하고, 창조경제가 창조산업과 같은 의미로 사용되면서 개념적 혼란을 불러일으켰다. 창조경제와 창조산업이 어떻게 다르고, 창조산업과 문화산업의 차이가 무엇인지도 분명하지 않다. 이러한 혼란은 창조산업이라는 용어를 처음 사용한 호주, 영국 등이 '매핑 접근법'으로 문화, 예술, 콘텐츠 등을 창조산업으로 분류하고, 창조산업의 고용율과 성장률이 높게 나타나면서 다시 창조경제라는 용어를 사용했기 때문이다.

우리는 이러한 혼란을 극복하기 위해 제4장에서 '창조적 진화론에 기초한 경제발전단계론'에 입각해 창조경제의 생성원인과 생성과정을 설명한다. 그리고 창조경제 패러다임을 구명하고, 그것을 산업경제 패러다임과 비교함으로써 창조경제에 대한 이해도를 높이고, 창조경제와 창조산업을 구분하고자 한다.

선진국의 창조경제

호주와 영국이 가장 먼저 정부정책 차원에서 창조산업을 규정하고 육성해 왔기 때문에 창조경제하면 영국을 먼저 떠 올린다. 그러나 창조경제를 '창조적 진화론에 기초한 경제발전단계론'에 입각해 보면 창조경제는 미국이 선도하고 있다고 볼 수 있다. 앞서 본 바와 같이, 창조경제는 창조혁명에 의해 일어나고, 창조혁명은 정보통신혁명과 지식혁명에 기초하고 있다. 미국의 창조경제는 정부가 주도한 것이 아니라 민간주도로 기업 및 창조계급들에 의해서 일어나고 있다. 리처드 플로리다(Richard Florida) 교수는《창조계급의 부상》에서 이러한 현상을 잘 설명하고 있다.[35]

미국의 경우, 할리우드 영화산업과 콘텐츠산업에서 보는 바와 같이 민간주도로 창조산업이 발달되어 왔다. 정부는 다만 '바이-돌 법(Bayh-Dole Act)' 등 지식재산의 생산과 활용을 활성화하는 법을 제정하고[36], 콘텐츠 등 지식재산의 불법복제 및 유포 등에 엄격히 대응한 지식재산권 보호제도를 잘 정착시킴으로써[37] 지식재산 생산 환경을 조성했다.

미국의 GDP 대비 제조업 비중은 1960년 20%대에서 2011년 11.5%까지 하락했고, 제조업 고용자 수도 1979년 1,940만 명을 정점으로 그 이후 감소세를 보여 왔다. 이에 비해 창의적 지식을 기반으로 하는 정보기술, 소프트웨어, 인터넷 서비스, 디지털 엔터테인먼트, 3D 프린터, 사물인터넷, 생명과학, 청정기술, 신소재, 파생금융 등의 새로운 산업들이 급성장하고 있다.[38] 스티브 잡스의 애플, 빌 게이츠의 마이크로 소프트, 세르게이 브린과 래리 페이지가 창업한 구글, 마크 저커버그의 페이스북, 에반 윌리암스 등이 창업한 트위터, 제프 베조스의 아마존 등 창조경제의 상징이라고 볼 수 있는 세계적 기업들은 주로 미국에서 창업되었다.

미국에서는 영국의 창조산업에 해당하는 광고, 출판, 영화, 비디오, 애니메이션, 음악, 게임, 방송, 지식정보, 콘텐츠 관련 산업 등을 '엔터테인먼트 및 미디어 산업(Entertainment & Media Industry)'으로 분류한다. 이러한 산업도 미국이 선도해 왔고 세계시장에서 지배적 위치에 있다.

일본도 창조산업의 중심을 이루고 있는 콘텐츠산업의 규모는 미국에 이어 세계 2위이다. 일본 정부는 일찍부터 전통문화와 문화 콘텐츠 산업을 육성해 왔기 때문에 창조산업의 풍부한 자산과 토양을 갖고 있다. 일본인들은 독서를 많이 한다. 일본은 1차 콘텐츠산업인 출판 산업이 크게 발달되어 있고 그 규모 또한 크다. 동경에 만화박물관이 있을 정도로 애니메이션 산업이 일찍부터 발달되어 있다.

일본 정부는 2001년 'e-Japan' 전략수립과 '문화예술진흥기본법' 제정으로 콘텐츠산업육성의 기본 토대를 마련했다. 그리고 2003년에 '지적재산기본법'을 제정하고 '지적재산전략본부'를 설치해 'e-Japan Ⅱ'를 수립해, 콘텐츠 자산의 온라인 이용 촉진, 인터넷 관련제도 정비, 콘텐츠 제작기반 강화, 미국식 바이-돌법 제도의 도입,[39] 정부 콘텐츠의 디지털 아카이브 구축과 일반인 이용 확대 등을 추진했다. 경제산업성은 2004년에 '콘텐츠의 창조, 보호 및 활용의 촉진에 관한 법률'을 제정하고, '신산업창조전략'을 수립 추진했다. 일본 정부는 2010년 지식재산분야 3대

국가전략의 하나로 '콘텐츠 강화를 핵심으로 하는 성장 전략'을 추진하였고, 2012년에 '쿨 재팬(Cool Japan)' 추진을 통한 소프트 파워 강화에 역점을 두기 시작했다.[40] 쿨 재팬은 문화수출로 일본 브랜드를 회복하고, 이를 바탕으로 패션, 콘텐츠, 스시 등 일본음식 문화, 관광 산업 등을 육성한다는 전략이다. 쿨 재팬은 일본식 창조산업 육성 전략이다.

유럽은 영국의 창조산업과 비슷한 개념으로 '문화 창조산업(CCIs: Cultural and Creative Industries)'이라는 개념으로 2003년 문화 창조산업의 규모를 측정했다. 당시 유럽의 문화 창조산업은 유럽 GDP의 2.6%를 차지했는데, 이것은 자동차산업의 2배를 넘고 ICT 제조업의 규모를 뛰어넘는 규모였다. 그리고 2004년 EU 27개국에서 문화 창조산업에 종사하고 있는 사람은 600만 명인데, 이것은 EU 총고용의 3.1%에 해당한다. 특히 문화 창조산업의 성장률은 다른 부문에 비해 무려 12.3%나 더 높게 나타났다.[41]

개발도상국의 창조경제

선진국에 비해 창조경제 생태계가 취약한 개도국에서도 창조경제가 크게 주목받고 있다. 그것은 창조상품과 창조서비스가 문화에 기반을 두고 있는 경우가 많은데, 많은 개도국에서 풍부한 문화유산을 갖고 있기 때문이다. 많은 개발도상국이 고용과 무역, 사회경제적 성장을 위해 창조경제를 강화하는 방안을 찾고 있다. 유엔무역개발회의(UNCTAD), 유네스코, 국제노동기구(ILO), 세계지식재산권기구(WIPO)와 같은 유엔기구들이 개도국을 상대로 창조산업을 위한 기술협력 프로젝트를 실시하고 있다. 유엔기구의 이러한 노력은 창조경제에 대한 개도국의 관심을 크게 높이고 있다.

중국은 2005년 제11차 5개년 계획에서 '자주적 지식재산권과 브랜드를 갖춘 대기업 및 선진기업 육성', '과학기술 및 인재강국 전략', '창조산업클러스터육성' 등의 전략을 펼치기 시작했다. 중국은 중앙정부와 지방정부가 2005년부터 창조산업과 창조산업 클러스터를 정책적으로 육성하기 시작해 현재 중국 전역에 여러 개의 창조산업 클러스터를 두고 있다. 중국은 풍부한 문화 자산을 갖고 있어 2006년에 이미 문화 창조산업 종사자가 총취업자의 1.48%에 해당하는 1,130만 명에 달했다. 같은 해 문화 창조산업은 이미 GDP의 2.45%를 차지했고, 전체 경제성장률보다 6.4% 높은 성장률을 보였다.[42] 시진핑 정부는 2011년에 발표된 '제12차 5개년 발전계획'에 기초해, 산업과 IT를 융합해 선진화를 도모한다는 '양화융합' 전략을 적극적으로 추진하고 있다. 그리고 문화창의산업의 비중을 2011년 3%에서 2015년까지 6% 수

준으로 끌어 올린다는 계획이다.[43]

한국의 창조경제

한국은 선진국에 비해 100년이나 늦게 1960년대에 산업화를 시작했다. 박정희 정부는 수출주도형 성장전략, 새마을운동, 중화학공업육성 등 포괄적 압축 성장전략으로 농업경제에서 산업경제로 경제 패러다임을 전환시키는 데 성공했다. 1인당 국민소득 78달러에 불과한 세계 최빈국의 상태에서 산업화를 시작한지 15년 만에 전자, 철강, 자동차, 조선, 석유화학 등 중화학공업을 집중 육성해 경제대국으로 성장할 수 있는 토대를 구축했다.

한국은 후발산업국으로서 압축성장과정에서 선진국의 지식과 기술을 빠른 속도로 습득 활용하고 선진국을 추격할 수 있는 역량을 확보하였을 뿐만 아니라 선진국 경제의 새로운 변화에 빠르게 대응해 왔다. 그래서 산업화 과정과 달리, 지식경제, 창조경제로의 이행을 위한 전략적 선택은 정부나 기업 모두 선진국과 큰 시차를 갖고 있지 않다. 다만 아직도 우리나라가 새로운 경제 패러다임을 선도하지 못하고, 선진국의 창조적 진화를 추격하고 있다는 것이다.

앞서 논의한 바와 같이 1990년대에 들어와서 선진 각국이 지식경제에 주목하기 시작했고, 1996년에 OECD가 〈지식경제보고서〉를 냈다.[44] 그런데 한국은 1997년 IMF 구제금융을 받으면서 경제위기극복을 위한 경제체질변화가 필요했다. 김대중 정부는 그 타개책으로 지식경제로의 이행을 위한 두 가지 중요한 전략적 선택을 했는데, 하나는 1999년 3월에 발표한 창조적 지식기반 국가건설을 위한 정보화 비전으로 '사이버코리아 21'이고, 다른 하나는 같은 해 5월에 공포한 '문화산업진흥기본법'이다.

'사이버코리아 21'은 기존의 분야별 사업별 정보화 계획에서 벗어나 정보통신망의 고속·고도화를 위한 인프라 구축과 정보기술 고도화 등을 통해 창조적 지식기반국가건설의 기틀을 마련하고 신산업을 육성해 국가경쟁력과 국민 삶의 질을 선진국 수준으로 향상시키고자 한 것이다. 초고속정보통신망 구축, 인터넷 환경조성 및 인터넷 이용 활성화, 전 국민에 대한 정보화 교육과 정보화 마인드 확산, 기술집약적 정보통신 산업육성, 인터넷기반 신산업육성, 기술과 아이디어 중심의 중소·벤처기업육성, 전자정부 등이 추진되었다.[45]

문화산업진흥기본법은 문화산업발전의 기반을 조성하고 경쟁력을 강화함으로써 국민의 문화적 삶의 질 향상과 국민경제의 발전에 이바지함을 목적으로 하고 있다. 그리고 '문화산업'을 문화상품의 생산·유통·소비와 관련된 산업으로, '문화상품'을 문화적 요소가 체화되어 경제적 부가가치를 창출하는 유·무형의 재화와 서비스 및 이들의 복합체로 정의하고 있다. 이 법에 따라 지원받을 수 있는 문화산업은 영화·비디오, 음악·게임, 출판·인쇄물, 방송영상물, 문화재, 캐릭터 상품, 애니메이션, 디자인, 광고, 공연, 미술품, 전통 공예품, 멀티미디어 콘텐츠 등 문화상품의 생산·유통·소비와 관련된 산업이다. 이 법은 또한 문화산업진흥을 위한 국가 및 지방자치단체의 책임, 창업·제작·유통, 문화산업기반시설, 한국문화산업진흥위원회, 문화산업진흥기금 등을 규정하고 있다.[46]

문화산업진흥기본법은 정부주도의 문화의 산업화전략, 문화산업의 정의, 문화산업의 범위 등의 면에서, 불과 1년 전인 1998년에 영국 DCMS가 발표한 '창조산업 매핑 문서'의 내용과 크게 다르지 않다. 즉 당시의 문화산업은 영국의 창조산업과 비슷한 의미로 사용되었다고 볼 수 있다.

정보사회 지식경제의 핵심 인프라인 정보통신망은 'IT 강국'으로 불릴 정도로 세계 최고 수준이고, 지식경제의 상징적 상품인 스마트폰은 삼성이 애플과 1위 다툼을 하고, LG 등을 포함한 한국기업이 높은 시장점유율을 보이고 있다. 문화기반 창조산업도 한류를 불러일으킬 정도로 성장하고 있다. 한국의 문화 콘텐츠 산업 규모는 세계 10위권에 있다.

문제는 국민경제적 관점에서 보면 한국은 여전히 산업경제의 패러다임에서 벗어나지 못하고 있고, 지식경제나 창조경제의 패러다임이 형성되어 있지 않다는 것이다. 창조경제의 핵심 생산 요소인 창의적 인재육성 패러다임이 구축되어 있지 않고, 융합 및 창업 문화도 잘 발달되어 있지 않다. 지식기반 서비스산업과 소프트웨어 산업도 국제경쟁력이 낮은 수준에 있다. 그런데 선진국은 물론 중국, 인도 등 초거대 개도국에서도 산업화와 동시에 창조경제로의 이행에 박차를 가하고 있다. 한국은 창조적 변화와 창조적 진화를 선도할 수 있는 선도형 경제로 이행하지 못하면 위기에 직면할 수 있다. 이것이 바로 정보통신산업과 문화기반 창조산업의 성장을 넘어 창조경제 패러다임을 구축해야 하는 이유이다.

한국에서 창조경제는 2012년 박근혜 대통령이 집권하면서 본격적으로 논의되고 국가정책으로 추진되기 시작했다. 박근혜 대통령은 취임사에서 "창조경제는 과학기술과 산업이 융합하고, 문화와 산업이 융합하고, 산업 간의 벽을 허문 경계선에 창조의 꽃을 피우는 것입니다. 기존의 시장을 단순히 확대하는 방식에서 벗어나 융합의 터전 위에 새로운 시장, 새로운 일자리를 만드는 것입니다"라고 피력했다.[47] 그리고 미래창조과학부를 설치하고 창조경제 추진계획을 밝혔지만, 창조경제의 모호성에 대한 논란이 계속되자, 박근혜 대통령은 다시 "창조경제는 과감한 패러다임의 전환을 의미하는 것이고, 창의성을 경제의 핵심 가치로 두고 새로운 부가가치, 일자리, 성장동력을 만들어 내는 것"

이라고 밝혔다.[48] 이것은 창조경제를 단순히 창조산업으로 인식하지 않고, 새로운 경제 패러다임으로 인식하는 것이다.

우리가 창조경제로의 성공적 이행을 하려면, 먼저 창조경제 패러다임을 바르게 이해하고, 이것이 한국의 압축성장을 이끌어왔던 산업경제 패러다임과 어떻게 다른지를 알아야 한다. 그리고 창조경제 패러다임을 성공적으로 구축하고 창조경제의 시대를 열기 위해서 개인, 기업, 대학, 정부가 무엇을 어떻게 해야 하는 지 등에 대한 이해와 실천이 필요하다. 지금부터 장을 달리하면서 이에 대한 논의를 전개할 것이다.

창조경제 패러다임과
창조경제 생태계

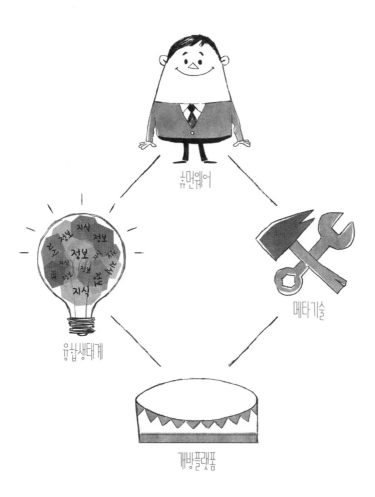

휴먼웨어

메타기술

융합생태계

개방플랫폼

4장 창조경제 패러다임

창조경제와 슘페터의 부활 / 창조경제란 무엇인가? / 창조혁명과 창조경제의 출현 / 창조혁명의 2대 명제와 4대 충족조건 / 창조경제의 출현 / 창조경제 패러다임과 산업경제 패러다임 / 창조경제 패러다임 모형 / 창조경제 생태계 / 호킨스 창조경제론과 이효수 창조경제론

5장 창조경제 기반기술: ICT

창조경제 기반기술: ICT / ICT 생태계: CPND 다이아몬드 모델 / 인터넷과 네트워크 경제 / 개방 플랫폼 / 빅데이터와 클라우딩 컴퓨터

6장 지식재산시장

지식재산과 지식재산권 / 지식재산권과 창조경제 / 지식재산 시대 / 지식재산시장과 IP금융 / 지식재산권수지 / 특허전쟁과 특허분쟁

7장 창조금융시장

창조금융시장 형성의 길 / 창조금융의 다원화 원칙 / 직접금융 중심 원칙 / 민간 및 시장주도 원칙 / 투자자금 회수 시장 / 기술금융

8장 창조경제와 정부의 선택

창조경제와 정부의 선택 / 민간주도와 정부주도 / 한국 제3의 선택 / 창조경제와 정부3.0: 개방, 공유, 소통, 협력 / 공공데이터 개방과 민간 활용 / 경제민주화: 공정경쟁과 상생경제 / 창조경제와 규제개혁 / 창조경제 생태계 조성 / 창조산업 육성 정책

우리는 산업경제에서 창조경제로의 패러다임전환기에 살고 있다.
패러다임이 전환되면 경쟁질서가 바뀌므로 개인, 대학, 기업, 국가는
새로운 패러다임에 적응하지 못하면 경쟁력을 상실한다.

4장

창조경제 패러다임

창조경제와 슘페터의 부활

마르크스(Karl H. Marx, 1818~1883)가 세상을 떠난 해인 1883년에 2명의 위대한 경제학자, 케인즈(John M. Keynes, 1883~1946)와 슘페터(Joseph A. Schumpeter, 1883~1950)가 탄생했다.[1] 마르크스는 그의 저서 《자본론》에서 자본주의의 비판적 고찰을 통해 사회주의 경제체제의 기초를 제공했다.[2] 케인즈는 《고용, 이자 및 화폐의 일반이론》에서 대공황의 발생이 '유효수요의 부족'에 기인한다고 보고, 정부의 거시 재정금융정책에 의한 유효수요 창출로 대공황을 극복할 수 있다는 수정자본주의론을 제시하였다.[3] 그 후 20세기 거의 모든 자본주의 국가들은 케인즈의 영향권에 있었다. 그런데 슘페터는 1911년에 저술한 《경제발전의 이론》에서 기업가의 '창조적 파괴(creative destruction)'에 의해 자본주의는 발전하고, 기업가 정신이 쇠퇴하면 자본주의는 위기에 직면하게 된다고 진단했다.[4]

케인즈는 불황의 원인을 유효수요의 부족에서 찾고 그 타개책으로 정부의 거시경제정책에 의한 유효수요 창출을 제시하고 있는 데 반해, 슘페터는 불황의 원인을 기존 상품 및 서비스 시장의 포화상태에서 찾고, 혁신에 의한 새로운 상품이나 서비스의 개발을 통한 새로운 시장의 개척에서 그 타개책을 찾고 있다.

20세기가 케인즈의 시대였다면, 21세기는 슘페터의 시대가 될 것이다. 세계 각국은 20세기 거시재정금융정책으로 경기를 조절해 오면서 눈부신 경제성장을 해 왔지만, 현재 심각한 국가부채 및 재정적자에 시달리고 있다. 그래서 21세기에 들어오면서 각국은 창조경제를 통한 새로운 시장의 개척을 도모하고 있다.

슘페터는 경제발전의 원동력을 '기업가 정신(entrepreneurship)'에 의한 '창조적 파괴' 즉 '혁신(innovation)'에서 찾고 있다. 그는, 마차를 아무리 연결해도 기차가 되지 않는 것처럼, 경제는 규모의 양적 확대가 아니라 혁신에 의한 질적 변화에 의해 역동적이고 불연속적으로 발전한다는 것을 논구했다.[5] 이것이 바로 우리가 제2장에서 논의한 '창조적 진화'이다. 마차를 좀 더 효율적으로 개선하는 것은 '연속적 변화'로 '창조적 변화'이고, 마차에서 철도로의 이행은 '불연속적 변화'로 교통수단의 '창조적 진화'이다. 우리는 슘페터의 혁신을 '창조적 변화'와 '창조적 진화'로 구분해 접근하고 있다.

슘페터는 기업가(entrepreneur)를 '새로운 결합(new combination)', 즉 혁신을 능동적으로 수행하는 경제주체로 규정하고, 이를 자본가, 사업가, 단순한 기업의 경영자와 구분했다. 기업가는 기업가 정신을 갖고 있고, 기업가 정신은 '새로운 결합' 즉 융합을 통해 혁신을 추구하는 정신이다.

슘페터는 혁신을 다섯 가지 유형으로 분류했다. 첫째, 새로운 재화나 새로운 품질의 재화 생산, 둘째, 새로운 생산방식의 도입, 셋째, 새로운 시장의 개척, 넷째, 새로운 원료 및 중간재의 활용, 다섯째, 새로운 조직의 실현이다.[6] 기업가는 이러한 혁신활동을 통해 이윤을 얻는다. 마르크스는 이윤을 자본가에 의한 착취의 결과로 보았지만, 슘페터는 이윤을 기업가의 혁신의 대가로 보았다. 이처럼 슘페터는 일찍이 창조경제론의 이론적 기초를 제공하고 있다.

창조경제란 무엇인가?

제3장에서 본 바와 같이, 창조경제라는 용어는 2000년 〈비즈니스 위크〉의 피터 코이(Peter Coy)에 의해 처음 사용되었고, 그

용어의 개념화는 2001년에 '창조성'과 '경제'의 관계를 다룬 존
호킨스(John Howkins)의 저서《창조경제》에서 처음 시도되었다.
존 호킨스는 창의성은 새로운 것을 생성하는 능력이고, 경제는
전통적으로 재화와 용역을 생산, 교환, 소비하는 체제로 정의되
기 때문에, 창조경제는 창조상품의 생산과 교환, 사용이 이루어
지는 체제로 정의할 수 있다고 했다. 그리고 창조상품은 창의성
에서 비롯된 경제적 재화와 서비스, 경험 등이며 그 주된 경제적
가치는 창의성에 있다고 했다.[7]

그런데 UN〈창조경제 보고서 2010〉은 '창조경제'에 대한 단 하
나의 정의는 없으며, 지난 10년간 주관적인 개념들이 난립되어
왔다고 지적하고, UNCTAD의 정의를 적용했다. 즉 창조경제는
창조자산과 창조산업을 기반으로, 경제, 문화 및 사회적 관점과
상호 연결되어 있어, 소득 및 고용 창출, 수출확대와 사회통합,
문화다양성, 인력개발을 촉진할 수 있다.[8] 우리나라에서도 창조
경제에 대한 개념적 혼돈이 많다.

창조경제의 개념에 대한 통일적 접근이 이루어지지 않고 있
는 이유는 첫째, 창조경제 용어의 생성과정과 관련이 있고, 둘째,
'창조경제 패러다임'에 대한 학문적 연구 성과가 축적되어 있지
않기 때문이다. 호킨스는 창조경제 현상에 대해서는 잘 설명하
고 있지만, 창조경제를 경제 패러다임의 관점에서 접근하고 있
지 않다.

제3장에서 본 바와 같이 창조경제라는 용어는 창의성과 아이디어에 기초한 콘텐츠산업의 성장에 주목해 영국 정부가 문화 콘텐츠 산업을 창조산업으로 명명하고, 이러한 현상을 코이와 호킨스가 다시 창조경제로 명명하였다. 그리고 UNCTAD, UNDP 등 UN기구가 21세기 선진국 및 개발도상국의 개발전략 차원에서 창조경제에 대한 각종 포럼 개최와 보고서를 내면서 창조경제라는 용어가 전 세계적으로 확산되었다. 이 과정에서 '창조경제'와 '창조산업'이라는 용어가 분명한 개념적 구분이 없이 혼재되어 사용되었고, 창조산업의 범주도 국가에 따라 차이가 있었기 때문에 개념적 혼돈이 일어나게 되었다.

'창조경제'는 '창조산업'과 분리 접근되어야 한다. 창조산업은 산업분류 기준에 따라 '분류학적 접근'으로 규정할 수 있지만, 창조경제는 '경제 패러다임 접근'을 통해서만 규명할 수 있다. 제14장에서 구체적으로 다루겠지만 창조산업의 분류체계는 영국 DCMS 모델, 상징적 텍스트 모델, 동심원 모델, WIPO 저작권 모델, UNCTAD 모델 등 여러 모델이 존재하고 있다. 각 모델의 분류체계를 보면 어떤 산업을 창조산업으로 분류하고 있는지를 알 수 있다.

창조경제는 창조산업과 달리 이러한 분류학적 접근으로 그 실체를 규명할 수 없고, 분류체계를 만들 수도 없다. 창조경제가 태동하고 있다는 것은 기존의 산업경제와 다른 새로운 경제 패러다임이 나타나고 있다는 것이고, 경제 패러다임이 다르다는 것은 경제의 작동원리가 다르다는 것이다. 그래서 창조경제를 이해하려면 창조경제의 패러다임을 바르게 이해해야 한다. 그래서 우리는 이 장에서 창조경제를 경제 패러다임의 관점에서 다음과 같이 정의하고, 창조경제 패러다임에 대해 구체적으로 설명하고자 한다.

창조경제는 개인의 '창의적 지식'을 핵심적 생산요소로 창조상품 및 서비스를 생산, 유통, 소비하고, 창조와 혁신이 일상화되어 있는 경제사회체제를 의미한다.

창조경제의 핵심적 생산요소인 '창의적 지식(creative knowledge)'이 무엇인가? 지식은 경험, 교육, 연구 등을 통해 얻은 사물과 일에 대한 인식체계로서, 사물을 이해하고 일을 할 수 있는 능력을 제공해 준다. 창의적 지식은 새로운 가치를 창출할 수 있는 인식체계를 말한다. 사람은 태어나서 성장과정을 통해 수많은 지식을 습득한다. 지식을 습득하는 것과 지식을 생산하는 것은 전혀 다른 것이다. 지식을 배우고 습득하는 것은 어려운 일이 아니지만, 새로운 지식 특히 창의적 지식을 생산하는 것은 어려운 일이다.

창의적 지식은 어떻게 만들어지는가? 창의적 지식은 아이디어(Ideas)와 상상력(Imaginations)에서 출발한다. 아이디어와 상상력은 지식에 비해 체계화되어 있지 않다. 아이디어는 어떤 일에 대한 구상 또는 생각을 의미하고, 상상력은 실제로 경험하지 않은 현상이나 사물에 대해 마음으로 그려보는 힘을 의미한다. 사람은 정도의 차이가 있지만 누구나 자기 나름대로 상상력과 아이디어를 갖고 있다. 상상과 아이디어를 실현하려고 할 때 '암묵지(implicit knowledge)'가 되고, 암묵지가 체계적 인식체계를 통해 구체화되면 창의적 지식이 된다. 창의적 지식이 곧바로 경제적 가치가 되는 것은 아니고, 경제활동에 활용되면서 비로소 경제적 가치를 낳는다.

이러한 현상은 인류가 태어나면서 지금까지 계속되어 왔고, 앞으로도 계속 될 것이다. 제3장에서 논의한 바와 같이, 인류문명사는 '창의적 지식에 의한 창조적 진화과정'이라고 볼 수 있다. 그리고 슘페터의 경제발전론에서 보는 것처럼, 경제발전과정 내지 산업발전과정은 '창조적 파괴(creative destruction)'의 연속이었다. 인류역사는 이처럼 언제나 창의적 지식, 새로운 아이디어, 인간의 상상력을 바탕으로 발전해 왔다. 그런데 왜 최근에 창조경제가 강조되고 있는가? 우리는 이것을 '창조혁명(creative revolution)과 창조경제 패러다임'으로 설명하고자 한다.

창조혁명과 창조경제의 출현

창조혁명이 일어나고 있다. 누구나 자신의 상상력이나 창의적 아이디어를 경제적 가치로 실현할 수 있는 시대가 열린 것이다. 창의적 지식의 생성과 창의적 지식의 가치실현 방법에 근본적이고 질적인 변화, 즉 혁명이 일어나고 있는 것이다. 누구나 쉽게 창의적 지식을 생산할 수 있고, 그것을 경제적 가치로 실현할 수 있게 되었다. 창의적 지식의 생성과 가치실현에 있어 '용이성'과 '보편성'이 확보됨으로써 '창조적 변화'가 폭발적, 가속적으로 일어나게 되었다. 우리는 이것을 '창조혁명(creative revolution)'으로 규정하고자 한다.

앞서 본 바와 같이 인류문명사 자체가 창조적 진화과정이지만, 지금까지 창의적 지식을 생산하고, 특히 그것을 경제적 가치로 실현하는 것은 대단히 어려운 과제였기 때문에 그것은 소수 과학자 및 발명가와 기업가의 영역이었다. 일반 사람들은 경제적 가치를 실현할 수 있는 창의적 지식을 창출하기도 어려웠고, 막상 그러한 창의적 지식을 갖고 있어도 경제적 가치의 실현과정에 필요한 관련 지식과 많은 투자비용을 확보하기가 어려웠다.

경제적 가치를 실현할 수 있는 창의적 지식을 창출하는 것은 여전히 어려운 과제이다. 사람들이 갖고 있는 모든 상상력과 아이디어가 경제적 가치로 실현될 수 있는 것이 아니기 때문이다. 새로운 가치를 창출하기 위해서는 단순한 상상력과 아이디어가 아니라 가치구현을 할 수 있는 '창의력'이 있어야 한다. 우선 창의력을 지닌 창의적 인재가 있어야 한다. 문제는 과거에는 창의력이 있어도 그것을 창의적 지식으로 발전시키기 어려웠지만, 지금은 창의력만 있으면 그것을 창의적 지식으로 전환할 수 있을 뿐만 아니라, 그것을 경제적 가치로 실현할 수 있는 환경 내지 생태계가 조성되어 있다는 것이다.

창조혁명의 2대 명제와 4대 충족조건

우리는 여기서 창조혁명이 가능한 두 가지 명제를 생각할 수 있다. 첫째, 모든 사람이 창의적 인재는 아니지만, 모든 사람은 창의적 인재가 될 수 있다. 둘째, 창의적 인재는 누구나 자신의 창의력으로 창의적 지식을 생산할 수 있고, 그것을 경제적 가치로 실현할 수 있다. 이 두 가지 명제가 성립되면 사람들 사이에 창조활동이 광범위하게 나타나면서 창조혁명이 일어날 것이다. 첫째 명제는 '창의적 휴먼웨어'의 개발로 실현할 수 있다. 그리고

[표 4-1] 창조혁명의 2대 명제와 4대 충족요건	
[명제 1]	모든 사람이 창의적 인재는 아니지만, 모든 사람은 창의적 인재가 될 수 있다. [충족요건] 휴먼웨어
[명제 2]	창의적 인재는 누구나 자신의 창의력으로 창의적 지식을 생산할 수 있고, 그것을 경제적 가치로 실현할 수 있다. [충족요건] 융합생태계, 메타기술, 개방플랫폼

두 번째 명제도 1990년대부터 본격화된 정보통신혁명과 지식혁명으로 '융합생태계', '메타기술', '개방플랫폼'이 발달되면서 충족될 수 있게 되었다.[9]

● 휴먼웨어

이효수는 'PDR시스템이론'에서 '휴먼웨어는 인적자원(human resources)을 창조적 자원(creative resources)으로 전환시키는 웨어'로 정의하고 있다. '휴먼웨어론'에 의하면, 모든 사람은 학습·창조·협력의 마인드-셋을 갖고 있기 때문에 휴먼웨어로 창의력과 창의적 지식의 배양을 통해 인적자원을 창조적 자원으로 전환시킬 수 있다는 것이다.[10]

학습·창조·협력의 '마인드-셋'과 '능력'이 바로 '보이지 않는 자산(intangible assets)'으로 가치의 원천이다. '마인드-셋'과 '능력'은 상호 작용력이 높기 때문에 학습·창조·협력 마인드가 높은 수준에 있으면 창의력 개발이 잘 되고, 반대로 마인드-셋이 낮은 수준에 있으면 창의력을 배양하기 어렵다. '창조적 휴먼웨어'는 마인드-셋과 능력의 상승결합체계를 형성시켜 개인의 창의력과 창의적 지식을 배양한다. 그래서 모든 사람은 창의적 인재가 아니지만 창조적 휴먼웨어에 의해 창의적 인재가 될 수 있다.[11]

• 융합생태계

정보통신혁명으로 융합생태계가 잘 형성되어 있다. '융합생태계(convergency ecology)'는 크게 '지식융합생태계(knowledge convergency ecology)'와 '비즈니스융합생태계(business convergency ecology)'로 나눌 수 있다. 지식융합생태계는 창의적 아이디어를 창의적 지식으로 전환할 수 있는 환경을 말하고, 비즈니스융합생태계는 창의적 지식을 상업화할 수 있는 환경을 의미한다.

상상력과 창의적 아이디어를 바탕으로 창의적 지식을 창출하기 위해서는 관련 지식과 정보를 수집 분석 가공해 새로운 지식과 정보를 창출할 수 있어야 한다. 컴퓨터와 인터넷 및 검색엔진의 발달로 지식과 정보를 수집 분석 가공하기가 아주 쉽게 되었다.

물(H_2O)은 수소원자 두개와 산소원자 한 개로 구성되어 있고, 물의 성질은 원자의 배치와 결합에 의해 결정된다. 물은 분명 수소, 산소와는 다른 물질이지만, 수소와 산소의 결합으로 물이 생성된다. 우리는 제1장에서 '변화의 법칙'을 설명하면서 '관계의 법칙'과 '상호작용의 법칙'에 의해 자연적 변화와 사회적 변화가 끊임없이 일어나고, 이 과정에서 새로운 물질이나 현상이 생성·소멸된다고 했다.

창의적 지식은 물의 생성원리와 같다. 창의적 지식은 이미 존재하고 있는 지식과 정보의 융합을 통해 생성된 새로운 지식이다. 이 세상에 어떤 지식과 정보도 존재하지 않는다면 새로운 지식과 정보도 생성될 수 없다. 그래서 우리는 창조적 변화와 창조적 진화로 설명하고 있다. 창조적 변화와 창조적 진화는 이미 존재하고 있는 것에서 새로운 것이 생성된다는 의미다.

상상력과 새로운 아이디어도 잠재된 경험과 지식의 융합과 변형의 결과이다. 국어사전에 상상력은 실제로 경험하지 않은 현상이나 사물에 대해 마음속으로 그려 보는 힘이라고 적고 있다. 그러나 상상력은 오감을 통해 습득된 잠재적 정보를 바탕으로 피어난다. 라이트형제(Wright brothers)가 비행기를 만들겠다는 상상력은 오토 릴리엔탈(Otto Lilienthal)의 글라이드에서 비롯되었고,[12] 오토 릴리엔탈은 새가 하늘을 나는 것을 보고 관찰하면서 사람이 하늘을 나는 상상의 나래를 펼 수 있었다.[13]

사람이 하늘을 나는 상상력을 실현하려면, 하늘을 나는 기계를 개발할 수 있는 창의적 지식이 있어야 한다. 창의적 지식을 갖기 위해서는 많은 관련 지식을 수집 분석 가공해야 한다. 불과 20년 전만 해도 필요한 지식과 정보를 수집하기가 어려웠기 때문에, 창의적 아이디어가 있어도 그것을 창의적 지식으로 전환하기가 대단히 어려웠다. 그러나 정보통신혁명으로 누구든지 창의적 아이디어가 있으면 관련된 지식과 정보를 수집 융합해 새로운 지식과 정보를 창출할 수 있게 되었다.

비즈니스융합생태계가 잘 조성되어 있다는 것은 자본조달, 생산, 디자인, 마케팅 등에 필요한 인재와 자원을 조달해 창의적 지식을 상업화할 수 있는 환경이 잘 조성되어 있다는 것을 의미한다. 내가 모든 것을 잘할 필요도 없고 잘할 수도 없다. 각 분야별로 경쟁우위에 있는 사람들이 모여 각자의 창의적 지식의 최적 결합을 통해 창조재화 또는 창조서비스를 창출하는 것이다.

• 메타기술

창의적 아이디어를 창의적 지식으로 구체화해도, 창의적 지식으로 재화를 만드는 것은 쉬운 일이 아니다. 산업사회에서는 개인이 창의적 지식이 있어도 기술적, 경제적으로 그것을 상업화하기 어려웠다. 창의적 지식으로 재화를 만들려면 제조기술이 있어야 하고, '시제품(prototype)'을 만드는 데도 많은 비용이 들기 때문이다. 그런데 최근 '메타기술(meta technology)'이 발달되면서 창의적 지식만 있으면 제조기술을 구체적으로 몰라도 생산할 수 있고, 특히 시제품을 만드는 비용을 절감할 수 있게 되었다. '메타기술'은 창업자가 직면하는 '기술애로(technical barriers)'와 '초기개발비용(NRE, non-recurring engineering)'을 크게 낮추어 줄 수 있기 때문에, 메타기술의 발달은 창조혁명이

[그림 4-1] 메타기술

투입(Input)
창의적 지식

과정(Process)
메타기술

산출(Output)
재화 및 용역

일어날 수 있는 환경을 제공해 준다.

메타기술이 무엇인가? 메타(meta)는 그리스어 접두사로 '~의 또는 ~을 변화시키는' 등의 의미를 갖고 있다. 따라서 메타기술은 기술의 기술, 기술을 만드는 기술로 소프트웨어나 하드웨어의 형태로 존재한다. 메타기술의 원시적 형태는 도구로 볼 수 있다. 톱과 망치와 같은 도구가 있으면 책상 의자 등 다양한 상품을 만들 수 있다. 만약 개인이 톱과 망치를 만들어서 책상이나 의자를 만들어야 한다면, 기술적으로나 경제적으로 불가능할 것이다. 나무를 책상으로 변화시키는 기술은 도구와 도구를 활용하는 기술이 있기 때문에 가능하다.

정보통신혁명과 지식혁명이 일어나면서 메타기술이 높은 수준으로 발전하고 있다. 소프트웨어(software), 컴퓨터지원설계(CAD, Computer Aided Design), 컴퓨터지원제조(CAM, Computer Aided Manufacturing), 건축정보모델링(BIM, Building Information Modeling), 3차원 프린터(3D printer) 등이

대표적인 예다.

소프트웨어라는 용어는 1958년 미국 통계학자 존 터기(John Wilder Tukey)에 의해 최초로 사용되었다.[14] 소프트웨어는 컴퓨터를 작동시키는 '시스템 소프트웨어(system software)'와 이용자의 업무수행을 위한 '응용 소프트웨어(application software)'로 나누어진다. 소프트웨어는 일종의 도구기술 즉 다른 기술을 위한 도구로서 메타기술이다. 그래서 소프트웨어가 발달하면, 우리는 수많은 새로운 기술을 개발할 수 있다.

1969년까지 IBM은 기업용 컴퓨터를 생산 판매하면서 소프트웨어를 함께 제공했다. 독과점금지법에 의해 1970년부터 소프트웨어가 하드웨어와 분리 판매되고 1980년대부터 PC가 본격 보급되면서 소프트웨어 산업이 급속도로 성장하기 시작했다. 1990년대 '전사적 자원관리(ERP, Enterprise Resource Planning)', e-Business 등이 발달하면서 소프트웨어는 비즈니스 발전에 크게 기여하게 된다.[15] SPSS, SAS와 같은 각종 통계프로그램이 개발되어 있지 않았으면, 경제학자들이 데이터를 이용해 통계적 분석을 하기 어려울 것이다. 설계와 제조공정에서 CAD, CAM을 이용함으로써 비용과 시간을 절감하고 정확도를 높일 수 있다. ERP는 기업의 인사, 재무, 생산, 마케팅, 재고 등을 총체적으로 관리할 수 있는 소프트웨어이다. ERP는 일종의 메타기술로 인사, 재무, 생산, 마케팅, 재고관리 등을 위한 전략적 선택을 할 때 필요한 자료들을 실시간으로 제공한다.

메타기술의 대표적 사례로 '3D 프린터', 'BIM' 등을 들 수 있다. 최근 각종 물건을 인쇄하듯이 찍어내는 3차원 프린팅 기술이 급속도로 발전하고 있다. 창의적 지식만 있으면, 자전거, 신발, 장난감, 의자, 심지어 자동차 등 우리가 원하는 물건을 3차원 프린터로 찍어 낼 수 있다. 누구나 쉽게 설계할 수 있는 설계소프트웨어와 3차원 프린터가 발달하면 창의적 지식만 있으면, 창조상품과 창조서비스를 창출할 수 있다.

건축정보모델링(BIM)은 가상공간에서 가상현실로 실물과 같은 건물을 설계 시공하는 소프트웨어이다. BIM은 3차원으로 가상현실로 설계되어, 건축에 투입되는 모든 객체의 속성정보들이 컴퓨터에 저장되어 있고, 다양한 가정에서의 시뮬레이션이 가능하다. BIM을 이용하면, 설계과정에서 비용과 시간을 크게 절감할 수 있을 뿐만 아니라, 자재 등 객체의 속성정보를 갖고 있기 때문에, 건물의 전주기적 관리가 가능하게 된다. 우리는 앞으로 BIM 소프트웨어를 이용해 우리가 상상하는 맞춤형 건물을 지을 수 있을 것이다.[16]

오픈소스 소프트웨어(open source software)는 소스 코드를 공개해 누구나 제한 없이 사용할 수 있는 소프트웨어로서 '오픈소스'라고도 한다. 소스코드를 알면 소프트웨어를 만들 수도 있고 코드 일부를 변형해 그 소프트웨어를 개선할 수도 있으며, 새로운 소프트웨어를 만들 수도 있다. 창조재화를 처음 생산하는 데는 시간과 비용이 많이 들지만, 그것을 재생산하는 데는 시간과 비용이 크게 절감된다. 특히 오픈소스를 이용하면 새로운 소프트웨어를 개발하는 데 시간과 비용을 크게 절감할 수 있다.

오픈소스 경제학이 무엇인가? 지식재산은 지식재산권에 의해서 보호되면서 경제적 가치를 갖게 된다. 지식재산권은 개발자에게 독점권을 부여함으로써 한계비용보다 높은 가격을 받을 수 있도록 보장해 주는 것이다. 지식재산은 대부분 초기 개발비용은 많이 들지만 추가생산에 드는 한계비용은 제로에 가까울 수 있기 때문에 개발자는 법적 보호를 받지 않으면 큰 손실을 입게 된다. 그런데 왜 소스코드를 공개하는가? '오픈소스'는 공짜가 아니다. 오픈소스를 통해 소프트웨어 판매시장을 확대할 수 있고, 공동개발을 통해 소프트웨어를 지속적으로 개선할 수 있기 때문이다.

● 개방플랫폼

플랫폼은 기차역의 승강장, 단상이나 무대, 또는 하드웨어 및 소프트웨어 등 컴퓨터 사용의 기반시스템 등을 의미한다. 개방플랫폼(open platform)은 누구나 사용할 수 있도록 개방된 플랫폼을 말한다.

개방플랫폼은 일종의 시장이나 공동작업장과 같은 것이다. 구글, 페이스북, 트위터, 애플 등은 개방플랫폼을 구축해 급성장하고 있는 세계적인 기업들이다. 개방플랫폼은 수많은 창의적 인재, 지혜, 노하우, 고객 등을 끌어들이면서 '공유(sharing)', '협력(collaborations)', '혁신(innovation)'에 의한 창조적 변화를 끊임없이 일으키고 있다.

애플은 2008년 7월 11일에 게임, 일정관리, 주소록 등 각종 응용소프트웨어를 자유롭게 사고 팔 수 있는 '앱스토어(App store)' 즉 '애플리케이션 스토어(application store)'를 개장했다. 이것은 대표적인 개방플랫폼으로 '모바일 콘텐츠(소프트웨어) 장터'다. 개인이 운영사의 '소프트웨어 개발키트(SDK)'를 이용해 자신이 개발한 애플리케이션을 앱스토어에 등록해 전 세계의 아이폰 사용자에게 판매할 수 있고, 판매수익은 개발자와 운영사가 7:3의 비율로 분배한다.

[그림 4-2]를 보면 '개방플랫폼의 위력'과 '창조혁명의 실상'을 알 수 있다. 앱스토어가 2008년 7월에 개장된 이래 불과 3년 9개월만인 2012년 3월에 등록건수가 60만 건에 이르고, 다운로드 건수는 무려 250억 건에 이른다. 이것은 산업경제에서 상상할 수 없는 엄청난 규모의 가상장터이고, 창조상품인 새로운 앱이 이 짧은 기간에 수십만 건이 새롭게 개발 상품화되었다는 것은 그야말로 '창조혁명'이 일어나고 있다는 것을 실증적으로 보여주는 것이다.

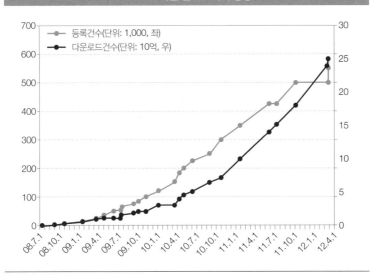

[그림 4-2] 애플 앱스토어의 성장

- 등록건수(단위: 1,000, 좌)
- 다운로드건수(단위: 10억, 우)

출처: File:AppleAppStoreStatistics.png, Wikipedia

애플 앱스토어가 성공을 거두면서 구글 마켓, MS를 비롯한 이동통신사, 단말기제조사 등이 앱스토어를 연달아 개장했다. 국내에서도 SKT가 2009년 9월 9일에 국내 최초로 티스토어를 개장했고, KT 올레마켓, 네이버 앱스토어 등도 개장되었다.

개방플랫폼은 상호학습(mutual learning)의 기회를 확대하고, 프로슈머(prosumer)의 성장을 촉진시킨다. 전 세계의 수많은 사람들이 매일같이 자신의 경험, 지식, 정보를 개방플랫폼에 유료 또는 무료로 제공함으로써 공동으로 상호학습의 장을 마련하고 있다. 학습은 창조의 선행조건이므로 학습기회가 무한으로 열려 있다는 것은 창조기회도 무한으로 열려 있다는 것을 의미한다. 개방플랫폼은 지식장터이고, 소비자가 생산자로 되기도 한다. 개방플랫폼에서 지식과 정보를 수집 분석 가공해 새로운 지식과 정보를 생산해 개방플랫폼에 공급하는 것이다. 이것은 지식 및 정보의 소비자가 곧 지식 및 정보의 생산자가 되는 이른바 프로슈머(prosumer)의 메커니즘이 작동하고 있다는 것을 의미힌다. 개방플랫폼은 이처럼 '상호학습'과 '프로슈머의 메커니즘'을 제공함으로써 창조혁명의 토양이 되고 있다.

창조경제의 출현

창조혁명의 기술적 기초가 마련되면서 개인의 상상력과 창의적 아이디어로 돈을 벌 수 있는 길이 활짝 열리게 되었다. [그림 4-3]은 창조혁명의 4대 요건과 '창조 플로우(creation flow)'의 관계를 보여주고 있다. 우리는 휴먼웨어(humanware)로 '인적자원(human resources)'을 상상력, 아이디어, 창의력이 넘치는 '창조적 자원(creative resource)'으로 전환시킬 수 있다. 즉 '창의적 인재(creative talent)'를 육성할 수 있다. 창의적 인재는 '융합생태계(지식융합)'를 이용해 개인의 상상력과 창의적 아이디어를 '창의적

[그림 4-3] 창조혁명 4대요건과 창조 플로우

지식'으로 전환시킬 수 있다. 그리고 비즈니스 융합과 메타기술을 이용해 창의적 지식으로 새로운 창조상품이나 창조서비스를 생산할 수 있다. 그리고 생산된 창조상품이나 창조서비스를 개방플랫폼을 이용해 시장에 유통시킬 수 있다. 세상이 바뀌고 있는 것이다. 산업경제와 다른 창조경제가 출현하고 있는 것이다.

산업사회에서는 창의적 아이디어를 갖고 있어도 융합생태계가 형성되어 있지 않아 경제적 가치를 창출할 수 있는 창의적 지식으로 전환시키기가 쉽지 않았다. 또한 창의적 지식이 있어도 메타기술이 발달되어 있지 않았기 때문에 초기 투자비용이 너무 높아 그것을 가치화하기 어려웠다. 그리고 새로운 상품이나 서비스를 개발해도 개방플랫폼이 발달되어 있지 않아 시장을 개척하기 쉽지 않았다.

앞서 본 바와 같이 정보통신혁명으로 융합생태계, 메타기술, 개방플랫폼 등 창조혁명이 일어날 수 있는 기술적 기초가 마련되면서 창조혁명이 일어나고 있다. 창조혁명이 생산, 유통, 소비 등 경제전반에 혁명적 변화를 일으키면서 산업경제와 다른 패러다임의 창조경제가 출현하고 있는 것이다. 이 과정에서 사회, 문화, 정치에도 창조적 변화가 일어나면서 세상을 바라보는 사람들의 가치관 내지 시각에도 변화가 일어나게 되었다. 이것이 바로 패러다임의 전환이다.

창조경제 패러다임과 산업경제 패러다임

우리는 제3장에서 선진국은 물론 개도국에서도 창조산업을 적극적으로 육성하기 시작했고, 창조산업은 전통적 산업에 비해 현저히 높은 생산성과 성장률을 달성하고 있다는 것을 확인했다. 그리고 우리는 지금까지 '창조혁명과 창조경제의 출현'을 '경제 패러다임 이행론'의 관점에서 이론적으로 접근했다. 이것은 단순히 창조산업이라는 하나의 새로운 산업이 나타나고 있는 것이 아니라, 산업경제 패러다임과 다른 창조경제 패러다임이 형성되고 있다는 것을 의미한다.

창조경제로 규정할 수 있는 새로운 경제활동 및 경제시스템, 새로운 경제원리 및 경쟁전략, 그리고 경제의식 즉 경제에 대한 사람들의 새로운 인식체계 등이 형성되면서 산업사회와 다른 새로운 경쟁질서가 형성되고 있다는 것이다. 경쟁질서가 바뀌고 있는데도 불구하고 여전히 산업사회의 패러다임에 갇혀 있는 국가, 기업, 대학, 개인은 경쟁력을 상실하게 될 것이다. 이것이 바로 창조경제의 패러다임을 바르게 이해해야 하고 새로운 패러다임으로 이행해야 하는 이유다. 창조경제 패러다임을 이해하면,

[표 4-2] 창조경제와 산업경제		
패러다임 6대요소	창조경제 패러다임	산업경제 패러다임
창조적 진화	창조혁명	산업혁명
핵심주체	창조계급, 프로슈머	자본가
생산요소	창의적 지식(Y형인재)	자본, 노동(X형인재)
재화 및 서비스	* 창조재화, 창조서비스 * 무형자산, 지식자산	* 재화, 서비스 * 유형자산
경제활동 및 경제시스템	* 네트워크 생산체제, 개방플랫폼 * 휴먼웨어, 소프트웨어 * 능력급 분배 * 창의적 기능 및 디자인 * 지식재산시장, 창조금융시장	* 대량생산체제, 폐쇄플랫폼 * 하드웨어, 소프트웨어 * 속인급, 직무급 분배 * 가격 및 품질 * 실물시장
경제원리 및 경쟁전략	* 수확체증 * 네트워크 효과 * 개방혁신, 자기조직화 * 차별화 * 경쟁우위 * 창조도시	* 수확체감 * 규모의 경제효과 * 내부혁신, 효율화 * 표준화 * 비교우위 * 산업단지
경제의식	개방성, 다양성, 유연성, 불확실성	폐쇄성, 획일성, 경직성, 확실성

창조경제로의 이행 필요성, 창조경제의 개념과 내용, 개인과 대학과 기업의 전략적 선택, 창조경제 패러다임구축에서 정부의 역할과 정책과제 등이 분명해질 것이다.

창조경제 패러다임을 보다 분명하게 이해하기 위해서는 그것을 산업경제 패러다임과 비교해 볼 필요가 있다. 우리는 제3장에서 논의한 '경제 패러다임 6대 구성요소'인 ① 경제주체, ② 생산요소, ③ 재화 및 서비스, ④ 생산, 분배, 소비 등 경제활동방식 및 경제시스템, ⑤ 경제원리 및 경쟁전략 ⑥ 경제의식, 즉 사람들의 경제에 대한 인식체계 등을 중심으로 창조경제 패러다임과 산업경제 패러다임을 비교 분석하고자 한다.

● 창조적 진화

창조경제와 산업경제의 패러다임 차이를 논의하기에 앞서, 두 경제 패러다임의 태생적 차이를 먼저 검토해 볼 필요가 있다. 창조경제는 산업경제와 다른 생성원리를 갖고 있다. 제2장과 제3장에서 논의한 바와 같이 인류문명사는 창조적 진화과정이다. 과학기술, 경제, 문화, 사회, 정치 등은 끊임없이 창조적 진화를 거듭해 왔다. 때로는 그 창조적 진화가 나비효과를 일으키면서 경제 패러다임의 전환을 가져올 정도로 혁명적으로 이루어졌다. 영국의 제임스 와트(James Watt, 1736~1819)가 1769년에 증기기관을 개발해 특허를 얻었을 때[17] 그것이 산업혁명의 시발점이 되리라고는 누구도 예측하지 못했을 것이다. 증기기관의 발명이 수많은 창조적 변화를 연쇄적으로 일으키면서[18] 산업혁명이라고 하는 예측하지 못한 대폭발을 일으킨 것이다. 산업혁명에 의해 농업경제가 산업경제로 이행했던 것이다.

우리는 앞서 창조경제는 창조혁명으로 출현했고, 창조혁명은 정보통신혁명과 지식혁명을 기반으로 하고 있다는 점을 논구했다. 산업혁명은 증기기관과 기계의 발명에 의해 이루어졌고, 창조혁명은 창조혁명의 2대명제와 4대 요건이 충족되면서 일어나게 되었다. 즉 산업경제는 산업혁명에 의해, 창조경제는 창조혁명에 의해 생성되었다. 창조경제와 산업경제는 이와 같이 '창조적 진화의 변인'이 서로 다르기 때문에 패러다임도 서로 다르게 나타나는 것이다.

• 경제주체와 생산요소

경제학에서 경제주체는 크게 소비주체로서 가계, 생산주체로서 기업, 재정주체로서 정부로 구분한다. 생산주체는 다시 자본가와 노동자로 나눌 수 있다. 경제 패러다임에 변화가 일어나게 되면, 경제주체의 역할과 힘의 균형에 변화가 일어나게 된다.

산업사회에서는 대규모 생산설비를 필요로 하는 제조업이 중심이었기 때문에 생산에 필요한 자본을 조달할 수 있는 자본가가 지배적 위치에 있었다. 이에 비해, 창조경제에서는 '창의적 지식'이 기존의 시장을 무너뜨리고 새로운 시장을 창출할 수 있기 때문에 창조상품이나 창조서비스를 만들어낼 수 있는 창조계급이 경쟁우위에 서게 되었다. 그래서 창조계급이 핵심적 경제주체로 등장하고, 소비자가 소비는 물론 제품개발, 유통과정에까지 직접 참여하는 '생산적 소비사' 즉 프로슈머(prosumer)가 크게 증가한다. 앱의 소비자가 앱의 생산자가 되기도 한다.

경제적 가치를 생산하기 위해서는 반드시 생산요소를 투입해야 한다. 산업경제에서는 자본과 노동이 핵심적 생산요소였다. 특히 대량생산체제에서 컨베이어 벨트에 의한 생산과 기계제 생산이 이루어지면서 직무가 세분화·표준화되고 이에 따라 단순업무의 반복적 수행에 필요한 반 숙련노동력과 숙련노동력이 요구되었다. 교육과 훈련을 잘 받아 작업지시에 순응적인 X형인재가 생산현장의 중심 노동력이었다.

이에 비해 창조경제에서는 상상력, 아이디어, 창의력에 기반한 '창의적 지식'이 핵심생산요소이므로, 배운 데로 일을 하는 X형인재가 아닌 창의력과 창의적 지식으로 스스로 새로운 가치를 창출할 수 있는 Y형인재를 요구한다.

• 재화 및 서비스

창조경제에서는 소프트웨어, 디자인 등과 같은 창조재화와 창조서비스가 고부가가치를 창출할 수 있고, 이를 생산하는 데 필요한 특허 등 지식재산과 같은 무형자산의 가치가 높게 평가된다. 지식재산은 창조재화와 창조서비스를 생산할 수 있는 투입요소이자 동시에 재화로서의 가치를 갖는다. 산업경제에서는 공장설비 등 유형자산이 절대적 비중을 점했으나, 창조경제에서는 무형자산과 지식재산의 비중이 크게 높아질 것이다.

• 경제활동방식 및 경제시스템

창조경제에서는 생산, 분배, 소비 등 경제활동에서도 산업경제와 다른 방식 즉 다른 경제시스템들이 나타나고 있다. 먼저 생산시스템을 보면, 산업경제에서는 '대량생산체제(mass production system)'와 '폐쇄형 플랫폼(closed platform)'을 특징으로 하고 있는데, 창조경제에서는 '네트워크생산체제(network production system)'와 '개방플랫폼(open platform)'을 특징으로 한다.

산업사회를 상징하는 대량생산체제는 20세기 초에 포드자동차에서 개발되어 모든 산업부분으로 확산되었다. 대량생산체제는 컨베이어 벨트를 이용한 '기술적 통제'와 피라미드형 관리조직에 의한 '관료적 통제'로 생산성과 효율성을 올리는 생산시스템이다. 대량생산체제는 기본적으로 일관생산체제이므로 폐쇄형 플랫폼을 가질 수밖에 없다.

창조경제에서는 '창의적 지식'을 결합해야 하므로 네트워크생산체제를 가져야 한다. 정보통신혁명으로 네트워크생산체제의 구축이 기술적으로 쉽게 되었다. 네트워크생산체제에서는 경쟁우위의 지식과 자원의 최적결합이 경쟁력을 결정하기 때문에 기본적으로 개방형 플랫폼을 필요로 한다. 애플은 '앱스토어(application store)'라는 개방형 플랫폼을 이용해 세계에서 매일같이 새로운 앱 상품의 개발을 유도함으로써 스마트폰 시장에서 경쟁우위에 설 수 있었던 것이다.

산업경제 생산시스템에서 최신기계 및 설비 즉 '하드웨어'가 결정적으로 중요하였다면, 창조경제 생산시스템에서는 창의적 인재와 창의적 지식이 경쟁력을 결정하기 때문에 휴먼웨어와 소프트웨어가 결정적으로 중요하다.

분배시스템에서도 변화가 필요하다. 산업경제에서는 피라미드형 관료조직을 갖고 있었기 때문에 연령 및 근속연수에 따른 연공급이나, 직무난이도에 따른 직무급 보상체계를 갖고 있었다. 그러나 창조경제에서는 창조계급이 창의성을 최대한 발휘할 수 있도록 수직적 조직을 수평적 조직으로 바꾸고 분배시스템도 능력급과 성과급 체계로 바꾸어야 한다. 그렇게 하지 않으면 창조계급을 확보하기 어려울 것이다.

소비패턴에서도 산업사회에서는 가격과 품질이 중시되었다면, 창조경제에서는 기능과 디자인이 중시되고 온라인 소비가 증가하게 될 것이다. 창조경제로 이행되면, 지식재산 및 무형자산이 중시되면서 지식재산시장, 창조금융시장, 사이버시장 등이 발전하게 된다. 이처럼 경제 패러다임이 이행되면 생산, 분배, 소비 등 경제활동의 패턴과 경제시스템이 변화하게 된다.

• 경제원리와 경쟁전략

경제 패러다임이 바뀌면 그 경제 패러다임을 지배하는 새로운 경제원리가 나타난다는 사실을 앞에서 언급했다. 경제원리는 사람이 만드는 것이 아니라 존재하고 있는 것이다. 우리가 경제원리를 알게 되는 것은 단지 어떤 학자에 의해 그 원리가 발견되고 설명되었기 때문이다. 예를 들어 수요공급의 법칙이나 시장원리는 경제학자가 만든 것이 아니라, 경제학자에 의해서 발견된 것이다. 뉴턴의 만류인력의 법칙도 뉴턴이 만든 것이 아니라, 뉴턴이 그 존재를 밝힌 것이다. 새로운 패러다임으로 세상을 보면, 새로운 원리가 발견된다.

우리가 원리나 법칙성을 중시하는 이유는 그것이 바로 경쟁질서이고, 따라서 개인의 힘으로는 그것을 거스르기 어렵기 때문이다. 그래서 새로운 경제원리가 발견되면 경제주체들은 그에 따라 경쟁전략을 바꾸어야 한다.

산업경제에서는 공장과 기계와 같은 생산설비가 결정적으로 중요하다. 생산설비 중심의 경제에서는 '수확체감의 법칙', '규모의 경제'라는 두 가지 중요한 경제원리가 작동한다. 즉 생산설비를 일정하게 두고 노동투입량을 증가시키면, 초기 단계를 지나면서 노동자 1인당 평균생산량이 점점 감소하는 수확체감의 법칙이 나타난다. 반면 생산규모를 확대할 경우 대규모 설비의 경제성, 분업에 의한 생산요소의 전문화, 대량구입에 따른 원료비 감축 등에 의해 단위당 생산비가 낮아지는 '규모의 경제효과'가 나타난다. 그래서 산업경제에서는 경제주체들이 수확체감의 법칙을 최소화하고 규모의 경제효과를 극대화하기 위해 대량생산 체제를 도입해 효율화와 표준화 전략을 쓰는 것이다.

그런데 창조경제에서는 창조상품과 창조서비스를 생산할 수 있는 '창의적 지식'이 핵심적 생산요소이다. 창의적 지식은 초기 개발비용이 많이 들지만 일단 생산에 투입되면 자본 및 노동과 달리 생산량이 증가해도 비용이 별로 증가하지 않기 때문에 수확체증 현상이 나타난다.

또한 창조상품과 창조서비스의 생산과 소비에는 '네트워크효과(network effect)'가 강하게 나타난다. 네트워크효과는 원래 미국 경제학자 라이벤스타인(Harvey Leivenstein)이 인터넷 등이 발달하기 이전인 1950년에 소비자 수요이론을 전개하면서 사용한 것이지만,[19] 여기서 말하고자 하는 네트워크효과는 라이벤스타인의 개념과는 다르다.

우리는 네트워크효과를 네트워크가 최적화될수록 생산효율이 증가하고, 네트워크가 확대될수록 '생산자 이익'과 '소비자 효용'이 기하급수적으로 증대되는 효과로 정의하고자 한다. 창의적 지식이 최적 결합하면 경쟁우위의 상품이 생산되고 생산효율이 높아진다. 또한 창조상품과 창조서비스는 그것을 사용하는 소비자가 많아질수록 그 재화와 서비스의 가치와 효용은 기하급수적으로 증가한다. 메트칼프(Robert Metcalfe)는 네트워크가 커지면 그 가치는 N의 제곱으로 증가한다는 '메트칼프의 법칙'을 정리했고, 리드(David P. Reed)는 그것이 2의 N승으로 증가한다는 '리드의 법칙'을 발표했다.[20] 물론 현실적으로 리드의 법칙대로 네트워크효과가 커지는 것은 아니지만 네트워크효과가 존재하는 것은 사실이다. 페이스북이나 네이버 등이 좋은 사례다.

산업경제에서 규모의 효과라는 경제원리를 잘 반영할 수 있는 경쟁전략이 '대량생산체제'를 구축하는 것이었다면, 창조경제에서 네트워크효과를 잘 반영할 수 있는 경쟁전략이 '네트워크생산체제'를 구축하는 것이다. 네트워크 생산체제(network production system)에서는 네트워크 최적화(network optimization) 전략이 중요하고, 이것은 다시 '내적네트워크 최적화(optimization of internal network)'와 '외적네트워크 최적화(optimization of external network)'로 나눌 수 있다. 내적네트워크 최적화는 기업 내에서 최상의 팀워크를 발휘할 수 있도록 각 분야별로 최소 최적의 창의적 인재들로 사업단위를 구축하는 것을 말한다. 외적네트워크 최적화는 기업과 국가를 초월해 최상의 팀워크를 발휘할 수 있도록 각 분야별로 최소 최적의 창의적 인재들로 사업단위를 구축히는 것을 말한다. 예를 들이 보잉항공사는 보잉777을 생산하면서 설계단계에서 생산에 이르기 까지 미국, 한국, 일본, 이태리 등 전 세계에서 동시에 공동 작업을 할 수 있는 네트워크 생산체제를 구축하고, CATIA[21]라는 메타기술을 활용함으로써 보잉727에 비해 생산비와 생산시간을 현저하게 절감할 수 있었다.

네트워크 최적화는 다양한 창의적 인재의 결합에 의해 이루어지고, 스스로 조직을 혁신적으로 바꾸어가는 '자기조직화(self-organization)원리'를 따른다. 즉, 네트워크생산체제에서 가장 중요한 것은 창의적 인재들이 자신의 창의적 아이디어를 창의적 지식으로 전환하기 위해, 이에 필요한 보완적 지식을 가진 창의적 인재들과 서로 네트워크를 형성해 스스로 자기조직화하는 것이다. 이러한 자기조직화로 다양성과 창의성을 융합해 혁신과 창조를 거듭하는 것이다. 따라서 대량생산체제의 관료적 피라미드 조직 하에서는 자기조직화가 어렵기 때문에 기업은 조직혁신을 통해 자기조직화 환경을 잘 조성해 주어야 한다. 외적네트워크 최적화와 자기조직화원리가 잘 작동할 수 있도록 조직을 관리하면, 개방혁신(open innovation)이 지속적으로 일어날 수 있다.

그리고 산업경제에서는 기업이 '비교우위론(comparative advantage)'에 입각해서 상대적으로 생산요소가격이 낮은 곳으로 이동하였지만, 창조경제에서는 창조계급의 창의력이 경쟁력을 결정하므로 '경쟁우위론(competitive advantage)'에 입각해서 창조계급이 많은 곳으로 기업이 이동한다. 그래서 산업경제에서는 많은 국가들이 산업의 집적효과와 외부효과를 높여 생산비를 절감할 수 있는 산업단지를 조성했다. 그러나 창조경제에서는 산업단지가 아니라 경쟁우위를 확보할 수 있도록 Y형인재와 창조계급이 모여들 수 있는 창조도시를 건설해야 한다.

● 경제의식

패러다임은 기본적으로 시스템과 문화의 혼합체이므로, 시스템만 바꾸고 문화를 바꾸는 데 실패하면 패러다임 전환은 실패하게 된다. 그래서 경제 패러다임이 성공적으로 바뀌려면 경제 사회를 바라보는 사람들의 인식체계 즉 '경제의식'에도 변화가 일어나야 한다.

산업경제 대량생산체제의 문화의 특성은 폐쇄성, 획일성, 경직성, 확실성 등으로 정리될 수 있다. 대량생산체제에서는 분업과 표준화를 기본적 가치로 하고 있기 때문에 자연스럽게 폐쇄성, 획일성, 경직성, 확실성의 문화가 형성되게 된다. 그런데 이러한 문화풍토에서는 창의성이 피어나기 어렵다. 창의성은 남다른 아이디어가 끊임없이 서로 교환될 수 있는 환경에서 피어날 수 있기 때문에 창조경제에서는 개방성, 다양성, 유연성, 불확실성이 중시되는 문화가 형성되어야 한다. 창조기업, 창조도시, 창조국가를 건설하려면, 창조시스템에 부합하는 이러한 창조문화를 형성할 수 있어야 한다.

창조경제 패러다임 모형

우리는 창조경제 패러다임을 시각적으로 보다 쉽게 인식할 수 있도록 [그림 4-4]와 같이 '창조경제 패러다임 모형'을 제시한다. 아래 모형은 다음 사실을 잘 보여주고 있다. 첫째, 창조경제는 창조경제 생태계를 바탕으로 창의력, 상상력, 아이디어로 혁신, 융합, 창조를 통해 새로운 경제적 가치를 생산, 분배, 소비하는 선도경제이다.

둘째, 창조경제 생태계를 바탕으로, 상상력 및 창의력과 같은 창조씨앗이 발아해, 창조산업이 꽃피고, 이 과정에서 신 성장동력이 확보되고 일자리가 창출된다.

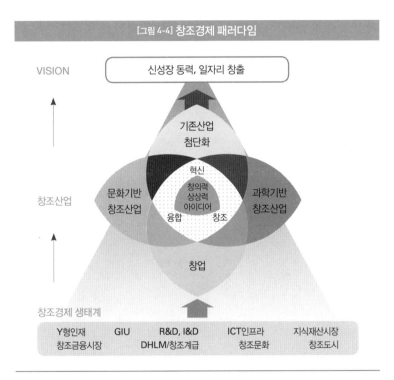

[그림 4-4] 창조경제 패러다임

VISION

신성장 동력, 일자리 창출

기존산업
첨단화

혁신

창의력
상상력
아이디어

융합 　 창조

창조산업

문화기반
창조산업

과학기반
창조산업

창업

창조경제 생태계

| Y형인재 | GIU | R&D, I&D | ICT인프라 | 지식재산시장 |
| 창조금융시장 | | DHLM/창조계급 | 창조문화 | 창조도시 |

셋째, 창조경제의 원천 내지 씨앗은 개인의 창의력, 상상력, 창의적 아이디어이다. 즉 산업경제의 핵심적 생산요소가 자본과 노동이었다면, 창조경제의 그것은 개인의 상상력과 창의력에 기초한 '창의적 지식'이다.

넷째, 창조산업의 종축에는 창업과 기존산업 첨단화, 횡축에는 문화기반 창조산업과 과학기반 창조산업이 나타나 있다. 종축은 한편으로 창업이 활발하게 일어나고, 다른 한편으로는 지속적 혁신을 통해 기존산업의 첨단화가 일어나는 것을 보여주고 있다. 횡축을 보면, 협의의 창조산업은 문화기반 창조산업과 과학기반 창조산업으로 크게 구분되어 있다.

창조경제 생태계

생태계는 상호보완적인 공생관계 체계를 의미한다. 오늘날 생태계 개념은 수생생태계, 인간생태계, 해양생태계, 도시생태계 등 다양한 형태로 사용되고 있다. 우리는 이 책에서 '창조생태계', '비즈니스생태계', '창조경제 생태계' 등 세 가지 중요한 생태계 개념을 사용하고자 한다.

창조경제 패러다임 모형([그림 4-4])을 보면, 창조경제 생태계는 창조씨앗이 발아하고, 창조산업 및 창조경제가 피어날 수 있는 기본 토양, 시스템, 환경이므로, 창조경제의 승패를 좌우할 정도로 중요하다. 그래서 창조경제 생태계의 구성과 구성요소들에 대해 우선 이 장에서 간단히 언급하고, 앞으로 장을 달리하면서 구체적으로 다루게 될 것이다.

창조경제 생태계는 어떻게 구성되어 있는가? 우리가 이것을 알기 위해서는 '창조경제의 씨앗'이 무엇이고, 그 씨앗이 어떤 환경과 토양에서 잘 '생성'되고, 잘 '발아'해, 어떤 환경에서 잘 '꽃

'필' 수 있는가를 알아야 할 것이다.

첫째, 창조경제의 씨앗은 상상력과 창의력이다. 상상력과 창의력은 사람에 내재되어 있는데 사람마다 그 크기가 다르다. 그래서 상상력과 창의력이 풍부한 인재, 즉 '스스로 가치를 창출할 수 있는 Y(Yield)형인재'를 육성할 수 있는 'Y형인재육성 시스템'이 필요하다. Y형인재들이 창조적인 일에 종사하면서 창조계급을 형성한다.

둘째, 창조경제의 씨앗인 상상력과 창의력은 어떻게 '발아'하는가? 그것은 연구개발(R&D)과 상상개발(I&D)을 통해 이루어진다. 그래서 연구개발과 상상개발 환경이 잘 조성되어 있어야 한다.

셋째, Y형인재 공급과 연구개발 및 상상개발이 활성화되려면 Y형인재를 육성하고, 첨단지식을 생산할 수 있는 '글로컬 선도대학(GIU, Glocal Initiative University)'이 발달되어 있어야 한다. 그리고 지식과 정보를 수집분석 가공해 새로운 지식재산을 생산하기 위해서는 'ICT인프라'가 발달되어 있어야 한다.

넷째, 창조경제의 꽃인 창조산업이 잘 피어나기 위해서는 창의적 지식의 산업화를 뒷받침할 수 있는 '지식재산시장', '창조금융시장', '건강한 노동시장(DHLM)', '창조문화', '창조도시' 등이 잘 발달되어 있어야 한다.

창조경제 생태계는 어떻게 조성될 수 있는가? 창조경제에서 정부의 역할에 대한 비판이 많다. 정부가 창조경제를 주도하려는 것은 개발연대의 사고방식이라는 것이다. 창조경제는 개인의 창의력과 상상력을 바탕으로 하므로 민간주도로 시장 친화적으로 이루어져야 하고, 정부가 개입하면 안 된다는 것이다. 맞는 말이다. 그러나 창조경제의 패러다임을 보면 정부의 역할 또한 대단히 중요하다는 것을 알 수 있다. 창조산업은 민간이 일으키지만, 창조산업은 창조경제의 생태계가 잘 조성되어 있어야 피어날 수 있다. 창조경제의 생태계는 자연스럽게 조성될 수도 있지만, 아래에서 보는 바와 같이 정부의 정책적 접근이 필요한 부분이 너무 많다.

- **Y형인재와 창조계급**: 창조의 씨앗인 창의적 지식은 Y형인재에 내재되어 있기 때문에, Y형인재들이 바로 창조경제의 핵심적 경제주체인 창조계급이 된다. 플로리다 교수는 '의미 있는 새로운 양식'을 창조하는 일에 종사하고 있는 사람을 창조계급으로 규정하고 있다.[22] 그러나 그는 '창조계급은 누구인가?'를 다루고 있지만, '누가 창조계급이 될 수 있는가?'에 대해서는 다루고 있지 않다. 그런데 창조적인 업무에 종사하는 창조계급이 되기 위해서는 먼저 창의성과 창의성의 실현욕구 및 용기를 지닌 Y형인재가 되어야 한다.

창조경제 실현을 위해 우선 교육혁명을 일으켜야 한다. 후발산업국이었던 한국은 선진국의 지식과 기술을 도입해 대량 생산체제로 정형화되고 표준화된 상품을 생산해 왔다. 이 과 정에서 선진국의 지식과 기술을 단순히 복사하는 정형화되 고 표준화된 'X(Xerox)형인재'를 양성하는 인재육성 패러다 임이 고착화되어 왔다.

창조경제에서는 창의적 지식이 핵심 생산요소이므로 '스스 로 가치를 창출할 수 있는 인재' 즉 'Y(Yield)형인재'를 육성 할 수 있는 새로운 인재육성 패러다임을 구축해야 한다. Y형 인재가 창의근로자(creative workers) 내지 창조계급(creative class)을 형성하고, 이들이 바로 창조경제의 원천인 창의적 지식(creative knowledge)을 생산한다. 이에 대해서는 제9장 인재의 시대: Y형인재와 창조계급, 제10장 창조학습혁명에 서 구체적으로 다루게 될 것이다.

- **글로컬 선도대학(GIU)**: GIU는 '글로컬 선도대학(Gloccal Initiative University)' 약자로 지식생산과 인재육성에서 글 로벌 경쟁력을 확보해 산업, 사회, 문화의 세계화와 지식기 반화를 선도하는 '세계수준의 지역거점대학'을 의미한다. 창 조산업을 일으키려면, 단순히 지식을 전달하는 수준의 대학 이 아니라, 첨단지식을 생산하고 Y형인재를 육성할 수 있는 GIU를 광역경제권역별로 육성하고, 이를 기초로 대학과 기

업 사이 R&D 분업 및 협업체계를 구축해야 한다.

한국시장은 이미 글로벌 마켓에 편입되어 있기 때문에 지식
생산과 인재육성은 로컬에서 이루어지지만 글로벌 경쟁력
을 갖고 글로벌 마켓을 선도할 수 있어야 한다. 이처럼 GIU
는 창조경제의 핵심 인프라이므로, 정부는 전국에 약 30개의
GIU를 육성하는 국가전략을 갖고 있어야 한다. 이에 대해서
는 제11징 창조경제와 글로컬 선도대학(GIU)에서 집중적으
로 논의될 것이다.

- R&D, I&D: 과학기반 창조산업은 R&D(Research and
  Development)를 기반으로 하고 있고, 문화기반 창조산업은
  I&D(Imagination and Development)를 기반으로 하고 있다.
  정부는 R&D와 I&D가 활성화될 수 있는 생태환경을 조성하
  고, 기초과학 및 미래지향적이고 전후방연관효과가 큰 대형
  연구 프로젝트를 발굴지원해야 한다. 특히 세계수준 지역거
  점대학(GIU)을 중심으로 지역별 특화산업의 R&D 및 I&D
  허브를 구축해야 한다.

- ICT와 ICT 인프라: 정보통신기술(ICT)산업은 그 자체가
  하나의 산업이면서 동시에 창조경제의 가장 주요한 인프
  라이다. 정보통신산업을 형성하고 있는 CPND는 콘텐츠

(Contents), 플랫폼(Platform), 네트워크(Network) 디바이스 (Device)를 의미하는 약자로 스마트산업 생태계를 구성하는 4가지 핵심 분야다. CPND, 클라우딩 컴퓨터, 빅데이터 등은 모든 산업에서 창조적 변화와 창조적 진화를 일으키고 효율성을 높이는 데 활용되고 있다.

최근 전통적인 농업, 제조업, 서비스업이 CPND와 융합 되면서 새로운 창조상품(creative products)과 창조서비스 (creative services)가 생산되고, 생산 유통 소비가 보다 스마트해지고 있다. 많은 창조상품들은 창조경제 패러다임의 주요 특성 가운데 하나인 개방플랫폼에서 생산 소비되고 있다. 산업경제에서는 생산, 분배, 소비의 주체가 분명히 구분되어 있다. 개방플랫폼에서는 생산자와 소비자가 구분되지 않는 경우가 많고 상품순환속도도 엄청나게 빠르다. 소비자가 개방플랫폼에서 아이디어를 얻어 생산자가 되기도 한다. 이른바 '프로슈머(prosumer)'가 증가하고 있다. 빅데이터는 새로운 상품개발의 기초를 제공하고, 클라우드 컴퓨팅은 네트워크 환경을 바꾸고 있다. 제5장에서 이에 대한 보다 구체적인 논의가 이루어질 것이다.

- **지식재산시장**: 창조경제의 가장 중요한 생산요소는 '창의적 지식'이다. 창의적 지식은 토지, 노동, 자본과 달리 '무형자산

(intangible assets)'이므로 법에 의해 재산권을 부여해 주지 않으면 경제적 가치를 실현하기 어렵다. 창의적 지식의 생산자가 경제적 가치를 얻을 수 없다면, 핵심적 생산요소인 '창의적 지식'이 활발하게 생산 공급되지 않을 것이다. 그래서 국가는 개인의 상상력과 아이디어에 의한 창의적 지식이 지식재산으로 효과적이고 신속하게 전환될 수 있도록 법적 제도적 징치를 잘 마련해야 한다. 저작권, 특허, 의장, 상표권 등 지식재산권(IP, intelligence properties) 제도가 잘 발달되어야, 지식재산시장이 활성화되고 창조경제가 꽃필 수 있다. 제6장을 보면 지식재산시장이 창조경제의 필수적인 경제시스템이라는 것을 알게 될 것이다.

- **창조금융시장**: 창의적 지식, 상상력, 아이디어를 경제적 가치로 전환시키려면 자본이 필요하다. 특히 젊은 층의 창업을 지원할 수 있는 벤처캐피털 등 창조금융이 잘 발달되어 있어야 한다. 물론 창조금융은 민간에서 시장원리에 따라 조성되어야 한다. 그러나 창조경제 패러다임이 자리 잡아서 창업이 활성화될 때까지 이스라엘 요즈마펀드의 초기형태와 같이 정부가 지원하는 창조자본 투자체제가 필요하다. 창조금융의 핵심은 창의적 지식을 담보로 금융을 해야 하므로 창조상품의 생산역량과 가치를 평가할 수 있는 역량을 확보하는 것

이 무엇보다 중요하다. 이에 대해서는 제7장에서 구체적으로 논의하게 될 것이다.

- **DHLM/창조계급**: 한국은 현재 단층노동시장을 갖고 있다. 단층노동시장은 교육시장과 노동시장의 불균형과 부실화를 심화시켜 창조경제의 핵심요소인 창의적 인재 즉 Y형인재 육성과 활용을 어렵게 만들고 경제성장동력을 약화시킨다. 단층노동시장의 개혁 없이는 창조경제를 실현하기 어렵다. 창조경제의 핵심동력인 창조계급은 '역동적이고 건강한 노동시장(DHLM, Dynamic & Healthy Labor Market)'에서 성장한다. 이에 대해서는 제5부 창조경제와 건강한 노동시장에서 구체적으로 다루게 될 것이다.

- **창조문화**: 새로운 패러다임을 구축하려면, 시스템과 문화를 동시에 바꾸어야 하는데 패러다임 전환에서 특히 어려운 것은 사회적으로 관행화되어 있는 문화를 바꾸는 것이다. 창조경제를 위한 창조문화는 개성과 다양성, 개방성과 유연성, 실패를 두려워하지 않고 끝없이 도전하는 기업가정신, 지식재산 등을 중시하는 사회문화이다. 그리고 융합(convergence), 연결(connection), 네트워크(network) 문화가 중요하다. 개성과 다양성이 개방성과 유연성을 바탕으로 융

합하고 연결되고 네트워크를 형성하면서 새로운 가치가 창출된다.

우리나라 현실은 어떤가? 획일주의와 성적 우열주의, 실패를 인정하지 않는 문화, 지식재산을 가볍게 생각하는 문화가 지배하고 있다. 이러한 문화가 창조경제 패러다임으로 이행하는 데 가장 큰 걸림돌이 될 가능성이 높다.

- **창조도시**: 창조도시 내지 창조지역이 창조경제의 좋은 토양을 제공해 준다. 학자들마다 창조도시에 대해 각자 다양한 정의를 내리고 있다. 나는 창조도시를 지역 주민의 창의성을 기반으로 '창조적 변화'와 '창조적 진화'가 끊임없이 이루어지고 있는 도시로 정의하고자 한다. 창조도시는 런던이나 파리와 같이 문화 및 예술을 기반으로 발전하는 도시도 있고, 실리콘 벨리나 샌디에이고 BT클러스터처럼 첨단산업을 기반으로 발전하는 도시도 있다.

하버드대학교의 마이클 포터(Michael Porter) 교수는 1998년에 발표한 그의 '다이아몬드 모델'을 통해 혁신 클러스터(innovative cluster)를 구축하면 지역이 경쟁우위를 확보할 수 있다는 것을 제시하고 있다.[23] 캐나다 토론토대학교의 리처드 플로리다(Richard Florida) 교수는 '3T 모델'로 창조도시를 설명하고 있다.[24] 이효수는 이 책의 제20장에서 창조도시의 형성 전략으로서 '바이탈 모델(VITAL model)'을 제시하고 있다. 이 이론들은 모두 도시의 혁신성, 창조성의 중요성을 강조한다. 이 책이 제시하는 '바이탈 모델'은 창조경제의 공간적 기초로서 창조도시의 중요성을 강조하고, 창조도시의 구축전략을 제시한다.

호킨스 창조경제론과 이효수 창조경제론

영국의 존 호킨스는 2001년에 세계 최초로 《창조경제》라는 책을 출판했다. 호킨스는 창의성의 경제가치화 현상과 영국의 창조산업 성과 등을 중심으로 현상학적 접근법에 의해 사례 중심으로 이 책을 저술했다. 즉 창조경제를 창조산업의 관점에서 접근하고 있다. 또한 호킨스는 창조경제의 생성과 성장을 미국 심리학자인 매슬로의 욕구단계이론에 기초해 설명하고 있다.[25] 매슬로는 인간의 욕구를 생리적 욕구, 안전에 대한 욕구, 애정과 소속에 대한 욕구, 존경의 욕구, 자아실현 욕구의 단계로 나누고, 인간의 욕구는 낮은 단계의 욕구가 충족되면 상위단계로 이동하면서 새로운 것을 추구하게 된다는 이른바 욕구단계설을 전개했다.[26] 호킨스는 산업화된 국가에서 소비자들이 자아실현의 욕구를 추구함에 따라 삶의 가치를 고양하는 창조상품과 창조서비스의 시장이 형성되었다고 설명하고 있다.

이에 비해 이효수는 제도학파의 진화론적 접근법에 기초해 창조경제의 출현과 성장을 '창조적 진화'와 '경제 패러다임 이행'의 관점에서 접근하고 있다. 제1장에서 제4장에 걸쳐 보는 바와 같이, 이효수는 '창조적 진화론'을 정립하고 이를 기초로 독창적인 '경제 발전단계설'과 '경제 패러다임 이행이론'을 전개하고, 이에 기초해 창조경제의 출현과 창조경제 패러다임을 역사적 진화과정으로 설명하고 있다.

창조산업의 관점과 창조경제 패러다임의 관점은 상당히 다르다. 경제 패러다임의 관점에서 접근하려면, 경제 패러다임의 이행원인과 이행메커니즘을 분석해야 한다. 이효수의 경제 패러다임 이행이론에 의하면, 범용성을 지닌 어떤 과학기술의 창조적 진화가 나비효과를 일으키면서 경제전반으로 확산되어 경제시스템과 경제를 보는 사람들의 인식체계에 혁명적 변화를 불러일으킬 때 경제 패러다임의 이행이 이루어진다. 경제 패러다임이 전환되고 있다는 것은 창조적 진화가 미시적 차원을 넘어 나비효과를 일으키면서 거시적으로 확산되고 있다는 것을 의미한다.

창조적 진화과정에서 20세기 후반에 정보통신혁명이 일어났고, 정보통신혁명을 바탕으로 지식혁명이 일어나게 되었다. 인류문명사 전체가 창조적 진화과정인데 21세기가 창조경제로 불리게 된 것은 정보통신혁명과 지식혁명으로 모든 사람이 자신의 창의적 아이디어나 상상력을 경제적 가치로 전환할 수 있는 창조경제 생태계가 형성되면서 '창조혁명'이 일어나고 있기 때문이다.

5장

창조경제 기반기술: ICT

창조경제 기반기술: ICT

정보통신기술(ICT)은 창조경제 생태계를 형성하는 기반기술이다. 정보통신혁명 이후 거의 모든 산업에서 창조적 변화나 창조적 진화를 시도할 때 컴퓨터와 인터넷 즉 정보통신기술이 사용된다. ICT는 농업, 제조업, 서비스업, 교육, 연구, 과학, 의료, 문화, 정치, 국정운영, 재난예방 및 대책 등 경제, 정치, 사회, 문화 전 부문에서 기반기술로 기능을 하고 있고, 우리는 이 모든 분야에서 ICT 융합을 통해서 끊임없이 창조적 변화를 시도할 수 있다.

미국 대통령 과학기술자문위원회는 2010년에 발간한 〈디지털 미래 전략(Designing a Digital Future)〉 보고서에서 정보네트워크기술(NIT, Networking and Information Technology), 즉 ICT가 경제경쟁력, 국민의 삶의 질, 국가번영 및 국가안보의 토대임을 분명히 하고, 미국이 지속적으로 NIT 즉 ICT의 프런티어를 선도할 수 있도록 국가적 차원에서 연구개발투자를 확대할 것을 강조하고 있다. 특히 고위험-고수익 분야, 예상할 수 없는 새로운 프런티어에 대한 투자의 중요성을 강조하고 있다. 이것은 단순히 창조적 변화의 차원을 넘어 창조적 진화를 선도해야 한다는 것을 의미한다.

이 보고서는 ICT의 중요성을 크게 다음 네 가지로 요약하고 있다. ICT는 첫째, 새로운 시장창출, 생산성향상 등 '경제경쟁력(economic competitiveness)의 핵심동력'이다. 둘째, 에너지 및 운송, 교육 및 평생학습, 보건의료, 국가안보 등 국가 및 세계의 우선과제를 해결하는 데 결정적으로 중요하다. 셋째, 오존층 크기변화예측 등과 같은 새로운 과학 및 산업분야의 개척속도를 가속화시키고 있다. 넷째, 정부서비스의 질적 향상, 정부정보공개 및 민간 활용 등과 같은 '개방정부(open government)의 다양한 목표 실현'에 필수적이다.[1]

이것을 보면, ICT가 경제사회의 거의 모든 분야에서 창조성을 실현하는 데 필수적으로 요구되는 기반기술이라는 것을 알 수 있다. 최근에는 특히 개방플랫폼, 빅데이터, 클라우딩 컴퓨터 등이 발달되면서 창조경제의 기술적 생태계가 더욱 튼튼해지고 있다.

ICT 생태계: CPND 다이아몬드 모델

뮤직비디오 싸이의 〈강남스타일〉이 2012년에 공개된 후 불과 6개월 만에 조회 수 10억 뷰를 기록했다. 이것은 CPND의 위력을 상징적으로 보여주는 사건이다. CPND는 콘텐츠(Contents), 플랫폼(Platform), 네트워크(Network), 디바이스(Device)를 의미한다. 〈강남스타일〉이리는 뮤직비디오(C)가 유튜브(P)라는 개방 플랫폼에 등재되고, 세계 수십억 인구가 글로벌 네트워크(N)로 연결되어 있는 자신의 스마트 폰, 태블릿 PC 같은 디바이스(D)를 이용해, 그것을 다운받아 즐길 수 있게 되면서 단기간에 전 세계에서 폭발적으로 확산된 것이다.

CPND는 각각 ICT산업의 주요 산업영역들로 불과 몇 년 전까지만 해도 각 부문별로 발전해 왔다. 콘텐츠 산업이 폭발적으로 성장하고, 플랫폼이 크게 발전하고, 네트워크가 점차 고도화되고, 디바이스가 다양화되면서, CPND의 상호 작용력이 크게 높아지게 되었다. CPND는 서로 영향을 미치고, 상호 발전을 견인하면서 ICT 생태계를 번창시키고 있다.

그래서 우리는 CPND의 상호작용 메커니즘과 유기적 융합을 시각적으로 잘 이해할 수 있도록 [그림 5-1]과 같이 'CPND 다이아몬드 모델'로 정리했다. 이 모델은 CPND의 생산 및 소비주체, CPND 및 CPND 상호작용 메커니즘을 보여주고 있다. 또한

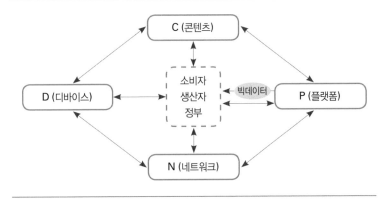

[그림 5-1] CPND 다이아몬드 모델

CPND가 ICT 생태계를 넘어 창조산업의 생태계로 발전되고 있다는 것을 보여준다.

콘텐츠(Contents)는 서적, 음악, 사진, 동영상, 게임, 영화 등 그 종류가 무수히 많고, 플랫폼을 통해 소비자에게 공급된다. 콘텐츠 생산자는 디즈니랜드, CJ와 같은 대기업에서부터 중소게임 업체는 물론 1인 생산자에 이르기까지 다양하다. 콘텐츠는 소비하면서 동시에 생산하는 이른바 프로슈머(prosumer)에 의해 생산되기도 한다. 대부분의 사람들은 매일 다양한 콘텐츠를 소비한다.

플랫폼(Platform)은 '운영체제(OS) 플랫폼'과 '콘텐츠 유통 플랫폼'으로 크게 나눌 수 있다. 대표적인 운영체제 플랫폼은 디바이스를 작동시키는 것으로, 구글 안드로이드, 애플 iOS, 마이크로소프트 윈도우 등을 들 수 있다. 유통 플랫폼은 디지털 콘텐츠의 사이버 장터로 애플 앱스토어, 구글 플레이, SK 티스토어, KT 올레마켓 등 다양하다. 운영체제 플랫폼은 진입장벽이 높아 소수의 대기업이 전 세계시장을 독과점하고 있고, 유통플랫폼은 아이디어로 새로운 플랫폼들을 만들 수 있기 때문에 다양한 형태로 존재한다.

네트워크(Network)는 인터넷이 중심이고, 최근 사물인터넷도 빠른 속도로 발전하고 있다. 인터넷은 막대한 투자가 필요하므로 생산자는 KT, SK와 같은 대기업이다. 일반형 인터넷은 소비자가 인터넷 공급업체에게 통신요금을 지불한다. 대용량 인터넷의 경우 미국식은 소비자가 부담하고, 유럽식은 콘텐츠 또는 플랫폼 공급자가 부담한다.

디바이스(Device)는 디지털 콘텐츠 소비를 위한 인터페이스로 PC, 스마트폰, 태블릿PC, 스마트 워치, 구글 글라스 등 다양하다. 디바이스는 하드웨어로 주로 삼성, 애플과 같은 대기업에 의해 생산된다.

CPND는 어떻게 상호작용하는가? 오늘날 대부분의 사람들은 매일 PC, 스마트폰 등 디바이스를 이용해 정보를 검색하고, 웹서핑, SNS를 하고, 뉴스, 동영상 등을 본다. 즉 디바이스를 이용해 콘텐츠를 소비하고 있는 것이다. 우리가 디바이스에서 접하는 모든 콘텐츠는 네트워크를 통해 플랫폼에서 다운 받아 소비한다. 우리가 동영상이나 게임을 보는 순간, 자동적으로 CPND를 모두 동시적으로 소비하는 것이다. 훌륭한 콘텐츠가 개발되어도 플랫폼, 네트워크, 디바이스 중 어느 하나가 없어도 활용될 수 없다. CPND는 이처럼 긴밀하게 서로 연결되어 있기 때문에, 그 가운데 어느 하나라도 없거나 기능이 약하면 나머지도 제대로 작동하기 어렵다. CPND는 서로 상승작용을 하면서 창조적 변화와 창조적 진화를 거듭하고 있다.

인터넷과 네트워크 경제

인터넷은 창조경제의 핵심 인프라이고 창조경제의 주요 생태계 가운데 하나이다. 인터넷이라는 용어는 1974년 스탠퍼드대학교 빈튼 서프(Vinton Gray Cerf) 교수 등에 의해 처음 사용되었고, 1979년에 일반 PC 사용자에게 이메일 등 최초의 온라인 서비스가 제공되었다. 1989년에 월드 와이드 웹(WWW)이 개발되면서 문자, 영상, 비디오, 멀티미디어 등이 송수신되기 시작했고, 1998년 초고속인터넷 사용서비스가 개시되고 검색사이트 구글이 탄생하면서, 인터넷 시대가 활짝 열리게 되었다. 인터넷이 보편화되기 시작한 시기는 불과 15년 전인 1998년으로, 20세기가 저물고 21세기가 막 동틀 무렵인 그야말로 세기적 전환기였다.

인터넷은 불과 15년 사이에 경제는 물론 정치, 사회, 문화 등에도 엄청난 변화를 몰고 왔다. 우리가 인터넷이 상용화되지 않았던 15년 전으로 시간 여행을 떠나 보면 세상의 변화를 실감할 수 있고, 현 시점에서 인터넷이 없으면 경제가 마비될 수 있다는 것을 알 수 있다. 완제품 생산기업은 인터넷으로 국내외의 수많은 부품기업으로부터 필요한 부품을 필요한 시기에 필요한 양만큼 조달 받을 수 있다. 만약 인터넷이 없다면 전화, 우편을 이용하거나 직접 사람을 통해야 하므로 거래시간과 거래비용이 엄청나게 증가할 것이다. 아마존 등에서 보듯이 세계적으로 엄청난 양의 상품이 인터넷에 기반을 둔 전자상거래로 거래된다. 이것은 인터넷이 단순히 하나의 통신망의 기능을 넘어 경제활동의 필수적인 인프라가 되었다는 것을 의미한다.

첫째, 인터넷은 네트워크 세상을 만들고 세계를 하나로 통합시키고 있다. 우리는 외국에 출장을 가도 인터넷으로 먹고 싶은 음식을 멋진 분위기에서 제공하는 식당에 대한 정보를 얻을 수 있고, 구글 지도의 안내를 받아 그 식당을 쉽게 찾아 갈 수 있다. 그리고 이러한 나의 활동은 클라우딩 컴퓨터의 빅데이터에 저장된다. 앞으로 '사물인터넷'이 본격적으로 발전하면서 해외여행 중에도 국내 주치의로부터 건강 체크를 받을 수 있고, 추운 겨울 귀국하는 공항에서 미리 난방을 할 수도 있을 것이다. 인터넷과 사물인터넷이 결합되면서 사람, 사물, 공간, 시간, 행위, 환경이 모두 연결되는 '초 네트워크 사회(hyper-network society)'가 형성되고 있다.

둘째, 인터넷은 시공간을 초월한 커뮤니케이션 환경을 제공하고, 다양한 사회적 관계형성 기회를 제공한다. 우리는 인터넷으로 전 세계에 있는 사람들과 실시간으로 커뮤니케이션이 가능하고. 페이스북, 트위터 등 다양한 '소셜 네트워크 서비스(SNS, Social Network Service)'을 이용해 많은 사람들과 다양한 사회적 관계를 형성할 수 있다.

셋째, 인터넷은 '가상공간(cyber space)', '가상경제(virtual economy)'를 형성해 경제활동 공간을 확장해 준다. 가상경제가 현실경제를 대체하는 경우도 있지만, 대부분의 경우 게임 산업 등과 같이 새로운 시장을 열어 경제영역을 확장시켜 준다.

넷째, 인터넷은 문화교류를 활성화하고, 문화 창조산업이 번창할 수 있는 토양을 제공해 준다. 인터넷을 통해 전 세계의 다양한 유형문화 및 무형문화를 동영상으로 접할 수 있다. 한류의 많은 부분도 인터넷을 타고 흐른다. 다양한 문화가 서로 교류되면서 새로운 문화 창조산업이 생성된다.

지금까지 본 바와 같이 인터넷은 이제 없어서는 안 될 경제 사회의 핵심 인프라가 되었다. 인터넷은 비단 정보통신산업 뿐만 아니라, 농산물 거래, 전통적인 제조업, 서비스의 거래비용을 크게 낮추고, '경제의 신경계기능'을 하고 있다. 또한 인터넷에는 수많은 정보, 지식, 아이디어가 문자, 이미지, 동영상 등 다양한 형태로 시간과 공간을 초월해 흐르고 있기 때문에 인터넷은 창조산업, 창조경제의 주요한 생태계를 형성하고 있다.

개방 플랫폼

플랫폼은 기업 생태계 경쟁전략, 창조경제, 창조산업 등을 이해하는 데 있어 대단히 중요하다. 과거에 기업들은 CPND 가운데 어느 하나에 특화되어 있었다. 그런데 애플, 구글 등이 플랫폼을 중심으로 CPND를 수직 계열화하면서 하나의 기업을 중심으로 CPND 다이아몬드가 형성되면서 애플 생태계, 구글 생태계 등 기업 생태계가 조성되고 있다.

애플과 구글은 '운영체제(OS) 플랫폼'과 '콘텐츠 유통 플랫폼'을 모두 갖고 있다. 특히 스마트폰 시장에서 운영체제 플랫폼은 애플의 iOS와 구글의 안드로이드 양대 체제로 거의 복점되어 있다. 애플은 '앱스토어(app store)', 구글은 '구글 플레이(google play)'라는 '콘텐츠 유통 플랫폼'을 갖고 있는데, 그것들은 모두 '개방 플랫폼(open platform)'이다.

모든 디바이스는 운영체제(OS)에 의해서 작동되기 때문에 운영체제가 없으면 무용지물이다. 애플리케이션도 운영체제에서 작동할 수 있도록 개발되어야 한다. 앱 생산자와 소비자는 자신이 익숙한 운영체제를 기반으로 앱을 개발하고 소비한다. 따라서 운영체제 플랫폼을 갖고 있는 기업은 '콘텐츠 유통 플랫폼'을 활성화하기 용이하다. 플랫폼(P)을 갖고 있으면 전 세계의 창의적 인재로부터 끊임없이 새로운 콘텐츠(C)을 확보할 수 있고, 애플 아이폰, 구글 글라스 같이 자체 디바이스(D)를 개발 보급하기도 용이하다. 플랫폼이 발전하면서 네트워크(N)와 융합현상이 나타나고 있다. 그래서 애플과 구글은 자기 기업을 중심으로 CPND 다이아몬드를 형성하면서 하나의 기업 생태계를 형성하고 있다.

삼성은 2013년에 세계 스마트폰 시장의 29.6%를 점하면서 애플의 17.6%를 크게 앞선 바 있다. 디바이스 분야에서 세계 최고 강자인 삼성이 기업 생태계 구축 경쟁에 대응한 삼성 생태계를 형성하려면 독자 플랫폼을 구축해 삼성 CPND 다이아몬드를 형성해야 한다.

개방 플랫폼은 또한 개방 장터로서, 창조경제 및 창조산업의 특성을 잘 보여주고 있다. 특별한 생산수단을 갖고 있지 않아도 상상력과 아이디어로 경제적 가치를 실현할 수 있는 앱을 개발할 수 있고, 복잡한 유통구조를 거치지 않고 전 세계 소비자에게 판매할 수 있다. 전 세계의 수많은 창의적 인재들이 상상력과 아이디어로 콘텐츠를 개발해 개방 플랫폼을 통해 전 세계의 소비자에게 판매하는 것이다. 개방 플랫폼이 없다면, 개인이나 스타트업이 개발한 창의적인 콘텐츠를 세계시장에서 판매하는 것은 불가능하다. 개방 플랫폼을 운영하는 업체는 개발비용과 개발 리스크를 부담하지 않고도 애플리케이션 판매액의 30%를 수입으로 획득할 수 있다.

시장 조사기관인 'IHS iSuppli'에 따르면, 2012년 기준 애플 앱스토어 매출액은 49억 달러, 구글 플레이는 12억 5,000만 달러를 기록했다. 애플리케이션 시장규모가 2016년에는 460억 달러로 성장하고 시장수요가 기하급수적으로 증가할 것으로 전망된다.[2] 이와 같이 플랫폼의 개방성은 콘텐츠의 생산과 소비를 폭발적으로 증가시키고, 끊임없이 새로운 상품의 개발을 자극한다. 전 세계의 창의적 인재들이 언제든지 자신의 창의적 아이디어만으로 자기 주도적으로 생산에 참여할 수 있는 새로운 생산체제로 볼 수 있다.

빅데이터와 클라우딩 컴퓨터

CPND 다이아몬드 모델([그림 5-1])에서 보는 바와 같이 플랫폼을 갖고 있는 기업은 엄청난 새로운 가치를 창출할 수 있는 빅데이터(Big data)를 확보할 수 있다. 안드로이드, 검색엔진, 구글지도 등 다양한 구글 플랫폼에서는 분초 단위로 전 세계에서 엄청난 양의 정보가 자동으로 생성된다. 구글은 앞으로 이 빅데이터를 활용해 많은 새로운 비즈니스를 창출할 수 있을 것이다.

빅데이터는 과거 아날로그 환경에서 생성되던 데이터에 비하면 그 규모가 방대하고, 생성 주기도 짧고, 그 형태도 수치 데이터뿐 아니라 문자와 영상 데이터를 포함하는 대규모 데이터를 말한다. 빅데이터의 특징은 일반적으로, '데이터의 양(Volume)', '데이터 생성 속도(Velocity)', '형태의 다양성(Variety)' 즉 3V로 요약한다.[3] 최근에는 가치(Value)나 복잡성(Complexity)을 덧붙이기도 한다.[4] 빅데이터 기술은 다양한 종류의 대규모 데이터의 생성, 수집, 분석을 통해 일정한 법칙을 추론하여 결과 및 행동을 예측한다. 이를 위해 통계적 추론과 비선형 시스템 식별(nonlinear system identification) 개념 등이 활용된다.[5]

기업은 빅데이터 활용으로 고객의 행동을 미리 예측하고 대처 방안을 마련해 기업경쟁력을 강화시키고, 생산성 향상과 비즈니스 혁신을 할 수 있다.[6] 공공 기관도 빅데이터 분석으로 시민이 요구하는 서비스를 맞춤형으로 제공할 수 있고, 사회적 비용 감소 및 공공 서비스 품질 향상을 도모할 수 있다. 미국 대통령 과학기술자문위원회의 〈디지털 미래 전략(Designing a Digital Future)〉 보고서는 '연방정부의 모든 기관에서 빅데이터 전략의 필요성'을 강조하고 있다.[7] 2012년에 열린 다보스 포럼에서도 위기에 처한 자본주의를 구하기 위한 '사회 및 기술 모델(Social and Technological Models)'을 제시하고 '빅데이터'가 사회현안 해결에 강력한 도구가 될 것으로 예측했다.[8]

빅데이터는 이처럼, 기업의 생산 및 마케팅 전략, 정부정책, 의료, 기상정보, 보안관리, 사회현상진단, 개인건강관리 등 광범위한 분야에서 다양하게 활용되면서 새로운 상품 및 서비스, 일자리를 창출할 수 있다.

6장

지식재산시장

지식재산과 지식재산권

창조경제의 핵심은 사람의 상상력과 아이디어를 경제적 가치로 전환해 활용하는 것이다. 상상력과 아이디어는 상품이나 서비스의 품질, 기능, 디자인을 개선하거나 새로운 상품이나 서비스를 창출하는 원천이다. 상상력과 아이디어가 이와 같이 경제적 가치로 실현되려면, 창의적 지식으로 구체화될 필요가 있다.

지식재산권(IPR, Intellectual Property Right)은 이러한 창의적 지식에 대해 국가에서 경제적 자산으로 법적 권리를 인정해 준 일종의 재산권으로, 저작권(copyright), 특허권(patent right), 디자인권(design right), 상표권(trademark right) 등의 형태로 존재한다.

저작권은 학술연구, 문학, 예술 등을 창작한 저작자가 저작물에 대해 갖는 권리이다. 여기서 말하는 저작물은 논문, 소설, 시, 강연, 연술 각본 등 어문저작물, 음악저작물, 무용, 연극 등 연극저작물, 회화, 서예, 도안, 조각, 공예, 응용미술작품 등 미술저작물, 건축물, 설계도서 등 건축저작물, 사진저작물, 영상저작물, 지도, 도표, 약도, 모형 등 도형저작물, 컴퓨터 프로그램 등을 말한다.[1]

특허권은 물건의 발명, 방법의 발명, 물건을 생산하는 발명에 대해 발명자에게 부여된 재산권이다. 특허권은 발명, 혁신, 창조 활동을 촉진시키는 인센티브로 일반적으로 20년간 유효하며 특허유지비용을 지급하면 계속 연장된다.

디자인은 상품 및 글자체의 선, 형상, 모양, 색상, 패턴, 표면, 제품의 질감 또는 이들을 결합한 것으로, 디자인을 창작한 사람은 디자인을 등록하면 디자인보호법에 의해 일종의 재산권으로 15내지 25년간 보호 받을 수 있다.

상표권은 상품의 생산, 제조, 가공, 판매자가 자신의 상품을 다른 상품과 식별시키기 위해 사용하는 하나 이상의 문자, 기호, 도형 또는 그 결합 등으로 만든 도면, 심볼, 색상 등에 부여된 재산권이다.

세계 각국은 이처럼 지식재산 보호에 관한 법을 제정해 지식재산의 권리를 보호하고 있다. 국내법에서의 지식재산권의 기본 개념들은 대부분 국제기구 조항과 일치한다. 국제연합의 17개 특별기구 중 하나로 1967년에 설립된 '세계지식재산권기구(WIPO, World Intellectual Property Organization)'가 특허협력조약(PCT), 국제특허 등을 담당하고 있다. WIPO는 '창조활동을 증진하고 지식재산권을 전 세계적으로 보호하는 것'을 목적으로 하고 있다.[2]

지식재산권 제도는 단순히 지식재산의 생산자를 보호하는 것이 아니라, 그들의 창의적 생산물에 대해 재산권을 부여해 줌으로써 발명, 혁신, 창조 활동을 활성화시키고 새로운 경제적 가치를 창출하게 하는 기능을 한다.

지식재산권과 창조경제

지식재산권은 창조경제의 핵심 경쟁력이다. 지식재산권은 지식재산권자 개인의 권리보호 및 경제적 이익 창출의 차원을 넘어, 기업경쟁력 및 기업수익 창출, 창조산업 육성, 국제수지 개선, 시장보호 및 개척 등의 기능을 하면서 국민경제에 심대한 영향을 미치고 있고, 이러한 현상은 더욱 심화될 것이다. 그래서 창조경제시대에는 가치 높은 지식재산을 많이 가진 지식강국이 21세기를 주도하는 경제부국이 될 것이다.

- **기업경쟁력 및 기업수익 창출**: 지식재산권은 기업의 기술을 보호하고, 기업의 기술력을 향상시킴으로써 기업의 경쟁력을 제고시킨다. 기업은 자기 소유 지식재산권으로 상품과 서비스를 생산하면 시장에서 경쟁우위를 확보하면서 그만큼 높은 부가가치를 창출할 수 있다. 기업은 지식재산권을 이용해 분사(spinoff) 또는 기술제휴 등 다양한 경쟁전략을 구사할 수 있다. 그래서 기업은 지식재산권의 확보와 활용에 적극적인 노력을 기울이고 있다. 창조경제에서는 지식재산권이 기업의 핵심 경쟁력이다.

기업은 또한 자체 개발했지만 직접 활용하고 있지 않은 지식재산권을 매매하거나 사용허가를 해주고 사용료를 받을 수 있다. 기업은 이처럼 지식재산권의 거래를 통해 직접 경제적 수익을 창출할 수도 있다.

- **창조산업 기반**: 창조산업은 대부분 지식재산권에 의해 보호되어 있는 지식재산을 기반으로 하고 있다. 창조산업은 무한 개발 가능한 창의적 지식을 기반으로 하고 있어 성장률과 고용흡수율이 높아 선진 각국이 집중육성하고 있다. 창조산업이 생산하는 창조상품, 창조서비스는 대부분 지식재산권에 의해 보호되어 있기 때문에 창조산업의 성장은 지식재산의 개발 및 활용 역량에 의해 결정된다.

- **국제수지**: 지식재산권은 그 자체가 수익을 창출할 수 있는 상품으로 국내뿐만 아니라 국제적으로 거래되기 때문에 국제수지에 크게 영향을 미친다. 그리고 많은 상품 및 서비스에는 지식재산이 내재화되어 있다. 그래서 지식재산권의 해외의존도가 높을 경우, 상품 및 서비스의 수출이 증가하면 그에 비례해서 특허료 등 지식재산권 사용료의 해외지불이 증가하게 된다. 반대로 지식강국이 되어 지식재산권의 수출이 수입을 초과하면 국제수지 개선효과를 가져올 수 있다.

- **시장보호 및 개척**: 지식재산권은 또한 시장보호 및 개척의 전략적 수단으로 이용되고 있다. 최근 글로벌 마켓에서 특허분쟁이 많이 발생하고 있다. 글로벌 특허분쟁에서 보는 바와 같이 해외시장의 특허분쟁에서 지게 되면 막대한 보상을 해주거나 그 시장에서 판매를 할 수 없게 되어 순식간에 시장을 잃게 된다. 지식재산권 자체가 경쟁기업의 시장진입을 저지할 수 있는 주요수단으로 활용되고 있는 것이다. 과거에는 반덤핑 상계관세 등이 수입규제수단이었지만 최근 자유무역협정 등이 확대되면서 특허권 등 지식재산권 침해에 대한 소송 등이 시장진입에 대한 새로운 저지 수단으로 활용되고 있다.

지식재산 시대

창조경제에서 창조산업이 발전하고, 지식재산시장이 성장하면서 지식재산이 기업의 자산에서 차지하는 비중이 빠른 속도로 증가하고 있다. 미국 S&P 500대 기업의 시장가치 구성비 변화가 [그림 6-1]에 나타나 있다.

기업의 시장가치에서 무형자산이 차지하는 비중이 1975년 17%에서 2010년에 무려 80%로 높아졌다. 그리고 무형자산을 지식자산, 조직역량, 인적자원, 고객관계로 나누었을 때 무형자산

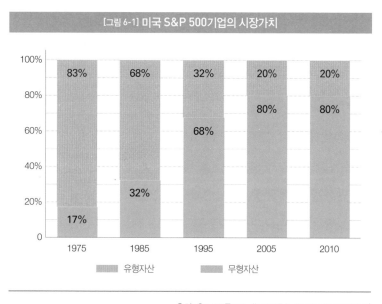

[그림 6-1] 미국 S&P 500기업의 시장가치

출처: Ocean Tomo, 'Intangible Asset Market Value'

가운데 지식재산이 차지하는 비중이 1985년 10%에서 2010년에 40%로 크게 증가했다.[3] 미국의 애플은 혁신적인 디자인과 아이디어를 기초로 중국 등에서 생산과정 전부를 아웃소싱해 제품을 생산한 후 애플 브랜드로 판매해 높은 이익을 실현하고 있다.

지식재산시장과 IP금융

지식재산권법에 의해 보호 받고 있는 무형자산을 '지식재산(IP, Intellectual Property)'이라 한다. 지식재산은 혁신 및 새로운 상품 또는 서비스 생산에 이용될 뿐만 아니라, 그 사용에 있어서 독점적 배타적 권리를 보호받음으로써 그 경제적 가치를 실현할 수 있다. 지식재산은 창업(startup)에 이용되거나 기업에서 새로운 상품이나 서비스를 생산하는 데 이용된다.

저작권이나 특허권에 의해 보호 받는 창의적 지식이 보다 높은 경제적 가치를 창출하기 위해서는 보다 많은 사람들이 이를 활용할 수 있어야 한다. 그래서 지식재산권은 기술이전(technology transfer)의 형태로 매매될 수도 있고, 다른 생산자에게 사용허가(license)를 주고 사용료(royalty)를 받는 형태로 거래될 수도 있다. 즉 지식재산권을 갖고 있는 사람은 다른 사람에게 자신의 지식재산권을 팔기도 하고, 한편 다른 사람의 지식재산권을 매입해 상품이나 서비스를 생산하기도 한다. 이와 같이 지식재산의 거래가 이루어지는 시장이 바로 지식재산시장이다.

지식재산시장은 국내는 물론 국제적으로 형성되어 있고, 시장규모와 거래량이 크게 증가하고 있다. '국가지식재산위원회'에 따르면 2012년 기준 국내지재권 시장은 11조 4,963억 원 규모로 2009년 8조 1,507억 원에 비해 3조 원 이상 크게 증가한 것으로 나타났다. 그러나 지식재산시장이 건강하세 발전하려면 시식재산권보호제도 및 문화가 발달되어 있어야 하는데, 세계경제포럼(WEF, World Economic Forum)에 의하면 한국의 지식재산권보호수준은 2013년 기준으로 세계 48위에 머물고 있다.[4]

지식재산시장에서 공급은 출원건수가 되고 수요는 자기수요 및 구매수요가 될 것이다. 특허는 가치창출능력 격차가 대단히 커서 활용가치가 매우 큰 것에서부터 심지어 전혀 활용되지 않는 특허도 많다. 그러나 지식재산시장의 규모를 측정할 때는 측정의 용이성 때문에 일반적으로 출원건수로 측정한다.

WIPO에 의하면, 2013년 전 세계의 국제특허출원건수는 20만 5,300건이다. 이 가운데 미국이 27.9%로 세계1위였고, 일본이 21.4%로 2위, 중국이 15.6%로 3위, 독일이 8.7%로 4위, 한국이 6.0%로 5위를 차지했다.[5] 미국은 세계 최대의 지식재산권 강국이고, 중국은 지식재산권분야에서 세계에서 가장 빠르게 성장하는 국가이다.

우리나라가 국제특허출원건수에서 세계 5위에 달하지만, 지식재산수지는 큰 폭의 적자를 기록하고 있다. 이것은 높은 부가가치를 창출할 수 있는 질 높은 지식재산이 부족하다는 것을 의미한다. 지식재산을 생산할 수 있는 연구 인력의 75%가 대학에 있는데, 대학에서는 국제학술지에 발표된 논문 중심으로 교수업적을 평가한다. 교수와 대학원생에게 산업화에 필요한 지식재산을 생산할 유인이 낮다.

창조경제가 발달하려면 지식재산시장이 활성화되어야 한다. 양질의 지식재산을 생산 공급할 수 있는 공급자가 많아야 하고, 지식재산을 잘 활용할 수 있는 투자자 및 수요자가 많아야 한다. 시장이 활성화되기 위해서는 수요, 공급, 상품에 대한 정보의 교류가 원활해야 한다. 수요와 공급을 이어줄 지식재산 중개자 및 지식재산을 상품화할 수 있는 지식재산 서비스업이 발달되어야 한다. 또한 지식재산의 초기 개발자에게 수익이 많이 돌아갈 수 있는 분배구조가 형성되어야 질 높은 지식재산 생산에 몰입하는 우수한 창조계급이 증가할 것이다. 질 높은 지식재산은 높은 부가가치를 창출하면서 선순환구조를 만들 것이다.

지식재산시장발전과 창업활성화를 위해 또한 지식재산(IP)금융의 발전이 중요하다. 지식재산권 금융이란 특허 등 무형의 지식재산권을 담보로 대출을 해 주는 것을 말한다. 문제는 유형자산 담보와 달리 지식재산은 가치평가가 어렵고, 지식재산에 대한 소유권 특수성으로 인해 담보된 지식재산의 처분이 쉽지 않다. 한국에서 가장 대표적인 IP금융은 2013년 1월에 설립된 한국산업은행 지식재산권(IP)펀드(KDB Pioneer IP Fund)이다. 이 펀드는 '세일즈·라이선스 백(Sales & License Back)' 금융방식으로 은행이 기업의 지식재산을 매입한 후 전용실시권계약에 의해 사용료를 받고 다시 빌려주는 방식이다.

이러한 방법과 달리 미래특허수입을 담보로 하는 등 다양한 방법이 있을 수 있다. 한국전자통신연구원(ETRI)은 최근 연평균 110억 원 규모의 특허기술료 수입을 올리고 있는데 이를 근거로 산업은행에서 100억 원의 투자를 유치했다.[6] 한국에서 IP금융은 이제 시작에 불과하다. IP금융이 발전하려면 지식재산에 대한 가치평가역량이 높아져야 하고 다양한 금융방법이 개발되어야 한다.

지식재산권수지

국가별 창조경제의 경쟁력을 알아볼 수 있는 가장 대표적인 지표 가운데 하나가 '지식재산권수지'라고 볼 수 있다. 지식재산권수지란 한 나라의 거주자와 비거주자 사이에 이루어진 지식재산권의 사용료 즉 로열티의 수입액과 지불액의 차이를 말한다. 이것은 지식재산권 매매와는 성격이 다르다. 지식재산권을 매입하면 소유권이 넘어오지만, 지식재산권을 빌려 쓰는 경우에는 생산물 단위당 또는 매출액 단위당 로열티를 계속 지불해야 한다. 지식재산권의 국제간 매매는 기타자본수지에서 잡고, 지식재산권수지에는 지식재산권 사용료만 잡는다.

기업은 어떤 상품을 생산할 때 지식재산권으로 보호되어 있는 여러 가지 기술을 사용해야 되는 경우가 많다. 이 기술의 지식재산권의 소유자가 해외에 있으면 기업은 지식재산권 사용료를 해외로 지불해야 된다. 이 경우 상품수출이 증가하면 그에 비례해서 지식재산권 사용료의 해외 지불 또한 증가하게 된다.

따라서 지식재산권수지는 기업기술력의 국제경쟁력을 나타내는 주요지표가 될 수 있다. 최근 지식재산권수지 동향을 조사 정리한 한 자료에 의하면,[7] 미국, 일본, 프랑스, 영국, 독일 순으로 흑자폭이 크고, 중국이 가장 큰 적자를 보이고 있고 한국도 상당히 큰 적자를 내고 있다. 미국은 2011년에 842.2억 달러의 흑자를 기록했는데, 이것은 같은 해 2위인 일본의 8.6배로 세계시장에서 압도적 1위이다. 이 금액은 또한 2006년에 비해 44% 증가한 것이고, 미국 서비스수지 흑자의 35%에 달하는 수준이다. 미국은 세계 최강의 지식강국이면서 지식경쟁력을 계속 높여가고 있다. 일본은 장기적인 경제침체에도 불구하고 2011년의 지식재산권수지 흑자는 98.2억 달러로 2006년에 비해 배 이상 증가했고, 이것은 같은 해 서비스수지 흑자의 69%에 달했다.

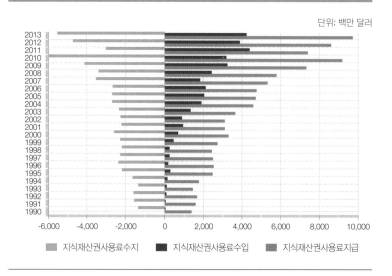

[그림 6-2] 한국의 지식재산권수지 추이

단위: 백만 달러

지식재산권사용료수지   지식재산권사용료수입   지식재산권사용료지급

한국은행 경제통계시스템(ECOS)의 자료를 이용해 작성

　우리는 [그림 6-2] '한국의 지식재산권수지 추이'에서 몇 가지 중요한 사실을 발견할 수 있다. 첫째, 지식재산권사용 국제거래량이 1990년대 초에는 미미했지만, 1995년부터 증가하기 시작했고 특히 2009년부터 급격히 증가하고 있다는 것이다. 이것은 미국에 비하면 아주 낮은 수준이지만 지식재산의 생산과 지식재산을 투입하는 재화와 서비스 생산이 크게 증가하고 있다는 것을 의미하는 것으로 한국경제가 산업경제에서 창조경제로의 이행기에 접어들고 있다는 것을 의미한다.

둘째, 우리나라는 국제특허출원건수에서 세계 5위에 달하고 최근에 지식재산권사용료수입이 증가하고는 있지만, 2013년에도 여전히 55.2억 달러에 달하는 지식재산권수지 적자를 기록하고 있다. 특히 2012년 기준 우리나라 지식재산권 사용료 수입의 70.3%를 상위 5개 대기업이 차지하고 있고, 수입의 70%(2011년 기준)는 특수 관계에 있는 해외 현지법인으로부터의 특허권 사용료 수입으로 구성되어 있다.[8] 이것은 우리나라 지식재산 생산 구조의 취약성을 보여주는 것이다. 창조경제의 국제경쟁력은 지식재산권수지로 파악할 수 있는데 수지적자규모가 크고, 적자규모가 계속 증가하고 있다는 것은 지식재산의 활용능력은 높지만 지식재산의 생산능력은 약하다는 것이다.

우리나라가 지식재산 강국이 되기 위해서는 원천기술특허 비중을 높이고, 수익 창출률이 높은 특허를 보유한 기업이 크게 증가해야 한다. 이를 위해서는 첨단지식을 생산하고 Y형인재를 양성할 수 있는 글로컬 선도대학을 광역경제권별로 육성하고 대학과 기업 간 R&D 분업 및 협업체계를 구축해야 한다.

특허전쟁과 특허분쟁

창조경제에서는 지식재산권 확보가 기업의 핵심 전략으로 되고 있다. 특허는 이제 수익창출은 물론 경쟁기업에 대한 견제와 방어 전략으로 인식되면서, 특허전쟁이 일어나고 있다. 기업들은 내부 연구개발 역량의 강화는 물론 대학, 연구소, 타 기업, 스타트업 등과 다양한 파트너십에 의한 개방혁신을 통해 특허를 개발하고 있다. 최근에 세계적인 다국적 기업들이 특허의 자체 개발 차원을 넘어 인수합병 방식으로 특허를 대규모로 매입하고, 심지어 직접 생산 활동은 하지 않으면서 특허를 사들여 보유한 특허를 활용해 라이선싱, 소송 등으로 수익을 창출하는 특허 전문비즈니스업체인 'NPEs(Non-Practicing Entities)'까지 생겨나면서 특허확보전쟁이 일어나고 있고 곳곳에서 특허분쟁이 발생하고 있다.

특허전쟁의 선두에 구글이 있다. 구글은 필요한 특허를 부분적으로 매입하는 차원을 넘어 기업의 인수 및 합병(M&A)을 통해 특허 포트폴리오를 형성하고, 특허생태계를 강화하고 있다. 구글은 2012년에 모토로라 모빌리티를 125억 달러를 주고 인수해 단숨에 1만 7,000건의 특허를 확보했다. 그리고 2014년에 모토로라모빌리티 스마트폰 사업부를 레노버에 매각할 때 특허는 2,000건 정도만 넘기고, 특허 라이선싱을 통해 레노버를 구글의 안드로이드 생태계에 편입시켰다.

구글은 또한 2014년에 사물인터넷(IoT) 서비스업체인 벤처기업 네스트랩(Nest Labs)을 32억 달러에 인수하면서 네스트랩 보유특허 218건을 확보하고 홈네트워킹 서비스인 '구글 홈'과 안드로이드 생태계를 강화했다. 스콧 데빗 모건스탠리 애널리스트는 구글이 네스트와 결합해 안드로이드 모바일 운영체제를 가정용 인공지능 에너지 및 보안 시스템에 적용할 것이라고 예측했다.[9]

애플도 2014년 4월까지 불과 1년 6개월 동안에 무려 24개 업체를 인수했다.[10] 기업의 인수합병을 통해 외부로부터 서로 연관성이 있는 특허를 통째로 확보하는 전략이 글로벌 마켓에서 보편화되고 있다.

특허괴물(patent troll)이라 불리는 특허전문비즈니스업체인 NPEs에 의한 특허분쟁도 심화되고 있다. 다국적 기업들이 NPEs에 직접투자 또는 회원가입 형태로 참여하면서 NPEs가 특허분쟁 대리인 형태로 발전하고 있다.

한국기업의 국제특허분쟁은 2008년부터 2013년 6월까지 1,235건이고, 이 가운데 한국기업의 피소 건수는 1,015건으로 제소 건수 220건의 다섯 배에 가까웠다. 그리고 매년 분쟁건수가 급격하게 증가하고 있는데, 특히 우리 기업의 경쟁력이 높은 전기전자, 정보통신 분야에서 주로 미국기업과 분쟁이 발생하고 있다.[11]

삼성전자는 애플과 특허분쟁을 치르면서 최근 미국, 유럽, 일본 등 외국 특허출원건수를 크게 증가시키고 있고, 특히 미국에서는 2005년 이후 8년 연속 IBM 다음으로 가장 많은 특허출원건수를 기록하고 있다.[12]

7장

창조금융시장

창조금융시장 형성의 길

창조경제의 생명력은 창의적 아이디어에 기반한 스타트업의 활성화에 있다. 제4장에서 본 바와 같이 스타트업의 씨앗은 창의적 지식, 상상력, 창의적 아이디어이다. 씨앗이 발아하고 성장하기 위해서는 토양과 물이 필요하다. 물이 전혀 없으면, 발아하기 어렵고 발아한 후에도 성장하기 어렵다. 창조금융은 창의성에 기반한 스타트업의 생성과 성장과정에 필요한 물, 즉 투자자금을 위한 금융을 의미한다. 따라서 창조경제가 번창하려면 스타트업의 생성과 성장과정에 필요한 투자자금을 필요한 시기에 필요한 양만큼 쉽게 조달할 수 있도록 창조금융시장이 발달되어 있어야 한다.

창조금융시장이 발달하기 위해서는 창조금융의 수요자와 공급자가 많고, 수요와 공급에 대한 정보의 교류가 원활하게 이루어지고 거래비용(transaction cost)이 낮아야 한다. 창조금융의 수요자는 창의적 지식이나 기술을 갖고 이를 경제적 가치로 실현하기 위한 투자자금을 필요로 하는 사람이다. 창조금융의 공급자는 투자자금을 제공할 수 있는 엔젤투자자, 벤처투자자, 기술금융(Innovation financing)을 하는 금융기관 등이다. 창의적 지식의 부족으로 스타트업이 별로 생성되지 않으면 창조금융의 수요가 부족하게 되어 창조금융시장이 발달할 수 없다. 반대로 창의적 지식을 기반으로 한 스타트업은 많이 생성되지만 불확실성과 위험도가 높은 스타트업에 투자하려는 창조금융의 공급이 부족해도 창조금융시장과 창조산업이 발달될 수 없다.

창조금융의 수요자인 스타트업의 활성화에 대해서는 제12장에서 다루고, 여기서는 창조금융의 공급측면에서 창조금융시장의 활성화 방안을 논의하고자 한다. 한국의 경우 창조금융시장이 발달되어 있지 않아 창업자들이 정부의 정책금융이나 금융기관에서 투자자금을 빌리는 간접금융에 크게 의존해 있다. 벤처기업의 신규자금 조달방법 실태조사 결과를 보면, 2012년 기준으로 정부정책지원금이 53.3%, 금융기관에서의 일반대출이 17.4%로 압도적 비중을 차지하고, 개인저축 등 기타가 28.0%이고, 벤처캐피탈 및 엔젤투자 0.8%, 회사채발행 0.3%, 기업공개

(IPO) 0.2% 등 직접금융이 차지하는 비중은 미미한 것으로 나타났다. 그리고 조사대상 기업의 75.4%가 자금조달 및 운영의 애로를 호소하고 있다.[1] 즉 창업자들은 주로 금융기관 대출, 정책금융, 개인저축, 가족 및 친지로부터 차입, 소유주택 등 부동산 담보대출 등을 통해 투자자금을 조달하고 있고, 투자자금조달에 어려움을 겪고 있는 것으로 나타났다. 벤처기업이 이처럼 직접금융을 통해 자금을 조달하는 비율이 1%에도 미치지 못한다는 것은 창조금융시장이 거의 형성되어 있지 않다는 것을 의미한다. 이로서 한국에서 스타트업의 활성화를 위해서는 창조금융시장의 육성이 시급한 과제라는 것을 알 수 있다. 창조금융시장을 육성하기 위해서는 창조금융의 다원화, 직접금융 중심, 민간 및 시장주도 중심, 투자자금 회수시장 발달 등 네 가지 원칙이 잘 지켜져야 한다.

창조금융의 다원화 원칙

투자는 기대수익률과 리스크를 고려해 이루어진다. 그리고 스타트업은 제12장에서 구체적으로 다루어지겠지만 창업단계, 시장진입단계, 시장개척단계, 성장단계를 거치면서 성장한다. 그런데 각 성장단계별로 기대수익률과 리스크가 다르므로, 성장단계별로 조달되는 창조금융의 성격도 다르다. 성장단계가 낮을수록 불확실성이 높기 때문에 기대수익률과 리스크 모두 높다. 따라서 창조금융시장에는 '고위험 고수익(high risk, high return) 선호금융'에서 '저위험 저수익 선호금융'에 이르기까지 다양한 형태의 금융이 존재해야 한다.

사업의 성공가능성에 대한 불확실성이 대단히 높은 창업단계에서는 엔젤자본(angel capital)이 그리고 시장진입단계에서는 벤처자본(venture capital)이 필요하다. 엔젤자본은 고위험-고수익 선호 자본이므로 창의적 지식을 바탕으로 시제품을 만드는 초기단계에 투자되는 자본이다. 이에 비해 벤처자본은 창업 후 제품의 시장진입 단계에 주로 투자된다.

엔젤자본은 기본적으로 고위험 고수익(high risk, high return) 투자형태이다. 투자한 스타트업이 성공하면 높은 수익을 올리지만, 실패하면 투자자금을 날리게 된다. 자금이 부족한 스타트업에 투자하는 개인 투자자들의 모임을 엔젤클럽(angel club)이라 한다. 스타트업은 엔젤투자자들을 대상으로 사업내용, 비즈니스 전략 등을 설명하고 그들로부터 투자 자본을 유치한다. 기업이 성장단계에 진입하면 코스닥에서 주식발행을 통해 자금을 조달할 수 있고, 성숙단계에 진입하면 코스피에서 자금을 조달 할 수 있다.

크라우드 펀딩(crowd funding, crowd financing)이 새로운 형

태의 창조금융으로 부상하고 있다. 크라우드 펀딩은 후원이나 투자 자금 모금을 위해 '소셜 네트워크 서비스(SNS)'를 이용해 인터넷 플랫폼에서 많은 사람으로부터 소액의 자금을 모금하는 것이다. 이것은 소셜네트워크서비스(SNS)를 통해 사업내용을 설명하고 관심 있는 사람들로부터 자금을 조달하는 방식이다. 투자목적이나 투자방식에 따라 지분투자, 대출, 후원, 기부 등으로 분류된다. 지분투자는 스타트업이나 소자본 창업사의 사업계획을 보고 투자를 하는 것으로 투자금액에 비례한 지분으로 사업성과에 따른 수익을 얻는 투자형식이다. 대출은 인터넷 소액대출로 대출이자 취득을 목적으로 한다. 후원은 공연, 환경보호, 교육, 선거자금 등 모금자의 프로젝트를 후원하는 것이고, 기부는 순수 기부를 목적으로 한다. 크라우드 펀딩은 원래 2005년 영국에서 대출목적으로 시작되어 당시에는 소셜펀딩으로 불렸었다. 하지만 2008년 미국에서 최초의 후원 플랫폼인 '인디고고 (Indiegogo)'가 출범하면서 이를 크라우드 펀딩으로 명명하면서 이 용어가 일반화되었다.[2]

페블사는 2010년 아이폰과 연동된 스마트 손목시계인 '페블워치(pebble watch)'을 개발하기 위한 엔젤투자자를 찾고 있었지만 자금조달에 실패했다. 그래서 페블사는 '킥스타터(kickstarter)'라는 크라우드 펀딩 플랫폼을 통해 2012년에 당초 10만 달러를 목표로 모금하였는데 약 6만 9,000명으로부터 당초 목표액의 100

배가 넘는 약 1,020만 달러를 모으면서[3] 크라우드 펀딩이 창조금융의 새로운 모델로 주목받기 시작했다.

직접금융 중심 원칙

우리나라에서는 산업화 과정에서 금융시장이 간접금융 중심으로 발달되어 왔다. 정부는 선진국을 추격하기 위해 철강, 조선, 자동차, 가전 등 전략산업에 정책금융을 집중 투입해 왔다. 이러한 산업에 종사하는 기업들은 넓은 산업용 부지를 필요로 하였고, 성장과정에서 부동산가격은 지속적으로 상승했다.

이러한 환경에서 기업은 금융기관에서 차입을 해 부동산 등 자산을 늘리고 규모를 확장하는 이른바 '차입경영'에 익숙해졌고, 금융기관은 기업의 채산성에 대한 깊은 분석 없이 담보물건만 믿고 기업에 돈을 빌려주었다. 이것은 기본적으로 지속가능하지 않은 '거품경제 메커니즘'이다. 기업이 이와 같이 경쟁력이 아니라 차입금을 이용해 규모를 확장하면 체질이 약해 작은 시장변화에도 쉽게 무너지게 된다. 기업이 과도한 부채를 견디지 못해 도산하고, 관련 기업들이 연쇄적으로 무너지면 부동산가격도 폭락하게 되고, 이 과정에서 금융기관의 불량채권이 급증하면서 금융기관도 도산하게 된다. 거품이 꺼지면 기업과 금융기관이 함께 무너지게 된다. 이것이 바로 1997년 우리나라가 경험한 금융위기의 본질이다. 경제위기 극복과정에서 재무건전성 측면에서 기업과 금융기관의 체질은 많이 개선되었지만, 앞서 본 바와 같이 여전히 간접금융이 지배적이고 담보대출관행에서도 크게 벗어나지 못하고 있다. 간접금융은 이처럼 기업이 금융기관에서 돈을 빌려 필요자금을 확보하는 방식이다.

이에 비해 직접금융은 기업이 지분, 주식, 채권 등을 팔아 투자자로부터 직접 필요자금을 확보하는 것이다. 기업이라는 법인의 입장에서 보면 간접금융은 부채이지만, 직접금융은 지분 분산으로 소유주가 다양화될 뿐이지 기본적으로 자산이다. 창조금융시장은 원칙적으로 직접금융 중심으로 발달되어야 한다.

왜 창조금융시장은 직접금융 중심으로 발달되어야 하는가? 스타트업의 초기단계에서는 불확실성이 높기 때문에 본질적으로 '고위험-고수익' 투자자금을 필요로 하는데, 간접금융은 본질적으로 위험과 불확실성을 회피하는 '저위험-저수익' 자금이기 때문이다. 간접금융 시스템에서는 금융기관이 예금자들이 예금한 돈을 기업에 빌려주는 것이다. 기업에 대출한 자금이 회수되지 않더라도, 금융기관은 예금자들에게 약속한 원금과 이자를 지불해야 한다. 그래서 금융기관은 리스크가 큰 스타트업에 낮은 이자로 장기간 돈을 빌려주기 어렵다. 금융기관은 이러한 리스크를 회피하기 위해 부동산 등을 담보로 돈을 빌려준다.

이 경우 대부분의 스타트업은 두 가지 문제에 직면하게 된다. 하나는 창의적 지식을 기본 자산으로 하고 있는 스타트업은 부동산이나 공장설비와 같은 담보물건을 제공할 수 없기 때문에 담보에 의존한 간접금융방식으로 금융기관에서 투자자금을 조달하기 어렵고, 다른 하나는 비록 돈을 빌려도 제품을 생산해 시장에 진입하기도 전에 빌린 돈을 갚지 못해 신용불량자가 될 위험성이 높다는 것이다. 그래서 스타트업이 활성화되고 창조경제가 발달하려면 직접금융 중심의 창조금융시장이 발달해야 한다.

직접금융은 투자자가 기업의 투자가치를 판단해 직접 투자하는 것이다. 기업은 주식, 채권, 단기기업어음(CP, Commercial Paper) 등을 발행해, 이것을 투자자들에게 직접 팔아 필요자금을 조달한다. 우리나라에서도 이러한 형태의 직접금융은 상당히 발달되어 있다. 문제는 기업이 주식을 발행하려면 기업공개를 해야 하고 사채나 기업어음을 발행하려면 기업의 신용등급이 일정 수준을 넘어야 한다. 시장진입단계 이전에 있는 스타트업은 이러한 요건을 충족할 수 없기 때문에 현실적으로 이러한 형태의 직접금융방식을 활용할 수 없다는 것이다.

그래서 스타트업이 발전하기 위해서는 현재 시장가치가 아니라, 기술가치 또는 미래가치를 보고 투자할 수 있는 엔젤자본이나 벤처자본과 같은 '고위험-고수익'을 선호하는 직접투자자본이 많아야 한다. 이 경우 스타트업은 리스크를 분산시키고, 부채

부담을 피할 수 있다. 앞서 지적한 바와 같이 직접투자 형태로 조달된 자금은 법인인 기업의 입장에서는 부채가 아니고, 자산이기 때문이다. 스타트업의 초기단계에서 직접금융은 담보물건이 없기 때문에 스타트업이 실패하면 투자자는 투자금액을 모두 날리게 된다. 그래서 스타트업 투자자는 스타트업의 성공가능성을 평가할 수 있는 안목이 있어야 한다. 스타트업은 성공 확률이 낮지만 애플이나 구글 등과 같이 성공하면, 투자자는 지분을 확보하고 있기 때문에 그 지분에 비례해서 큰 수익을 얻을 수도 있다. 이런 고위험-고수익을 선호하는 대표적인 투자자금이 바로 '엔젤펀드(angel fund)', '벤처캐피탈(venture capital)' 등이다.

민간 및 시장주도 원칙

창조금융시장은 민간주도로 육성되어야 한다. 정부주도의 창조금융시장 육성 전략은 '두 가지 본질적인 한계'를 지니고 있기 때문에 성공하기 어렵다. 하나는 스타트업의 사업성에 대한 '평가능력의 한계'이고, 다른 하나는 '도덕적 해이(moral hazard)의 문제'이다. 창조금융은 담보물건이 없이 오로지 스타트업의 창의적 지식에 대한 사업성 평가를 바탕으로 투자가 이루어진다. 새로운 기술에 대한 이해도 부족하고 비즈니스 경험도 없는 공무원이나 정부부처 산하기관 직원이 스타트업의 사업성을 평가한다는 것은 불가능한 일이다. 전문가 평가위원회를 구성해 평가하는 것도 성공하기 어렵다. 아직 만들어지지도 않은 제품의 기술, 경제성, 시장성을 평가할 수 있는 전문가를 찾는 것도 쉽지 않고, 전문가가 있다하더라도 평가에 대한 책임을 지지 않기 때문이다. 또한 자금을 지원하는 사람은 본인의 돈이 아니기 때문에 스타트업의 사업성에 관계없이 모종의 거래에 의해서 부당하게 지원되는 등 도덕적 해이가 발생할 가능성이 높다.

한국은 이미 정부주도 창조금융시장 육성 전략을 실시한 바 있고, 앞에서 지적한 '이중의 한계'에 직면한 역사적 경험을 갖고 있다. 한국은 정부주도의 압축 성장과정에서 재정정책은 물론 정책금융 같은 미시금융정책수단을 사용하는 데 익숙해졌다. 정부는 1997년에 '벤처기업육성에 관한 특별조치법'을 제정해 정부주도로 벤처기업을 육성하기 시작했다. 당시 정부는 벤처기업 육성을 위해 창업자금 융자지원정책, 벤처기업 투자조합에 대한 정부출자, 벤처기업 투자기관에 대한 보증지원, 코스닥 활성화 등 네 가지 금융정책을 실시했다. 이 가운데 코스닥 활성화를 제외한 세 가지 정책은 모두 정부의 직접자금지원정책이다.

김대중 정부 5년간 1조 9,200억 원의 창업자금을 조성해 약 8,000개의 기업에 지원했다. 이 정책자금으로 벤처인증을 받은 기업에 대해 일반 기업보다 2% 이상 낮게 장기 저리로 융자해

주었다. 그리고 대부분 정부부처들은 부처별 주력산업을 중심으로 해당 업종의 벤처기업에 대한 투자를 목적으로 하는 벤처기업 투자조합에 출자함으로써 벤처투자자금의 증가에 기여했다. 또한 벤처 투자활성화를 위해 창업투자회사 및 금융기관 등과 협약을 맺고 이들이 벤처기업에 투자할 경우 이를 보증하는 벤처투자 보증 제도를 운영했다. 보증지원으로 정부는 2001년 기준으로 중소기업어음보험제도, 중소기업신용보증지원제도 등을 통해 39조 원을 보증했다.[4]

이러한 정부주도 벤처금융육성은 앞서 논의한 '벤처 사업성 평가능력 한계'와 '도덕적 해이'라고 하는 '이중의 한계'를 극복하지 못하고, 벤처버블을 만들었고 버블이 붕괴되면서 국민경제는 타격을 입었다. '감사원 감사결과에 의하면, 벤처기업 육성자금이 일부 기업의 채무상환용으로 변질되고, 벤처투자지원을 위해 설립된 투자금융회사들은 벤처기업투자보다 주식투자나 금융상품매입 등 돈놀이에만 치중한 것으로 밝혀졌다.'[5]

이러한 과오를 반복하지 않기 위해서 시장주도의 창조금융시장을 육성해야 한다. 문제는 엔젤자본, 벤처캐피탈이 부족한 상태에서 어떻게 시장주도의 창조금융시장을 육성할 수 있느냐 하는 것이다.

민간주도의 창조금융시장 육성전략의 핵심은 엔젤투자자와 벤처캐피탈 투자자를 증대시키는 것이다. 엔젤투자자와 벤처캐피탈 투자자가 많아지면 자연스럽게 시장주도 창조금융시장이 형성된다. 민간투자자는 비즈니스 마인드가 강하고 전문성이 형성되면서 스타트업 사업성평가 능력을 확보할 수 있고, 스타트업이 성공하지 못하면 투자손실을 입기 때문에 투자자금의 유용과 같은 '도덕적 해이'도 사전에 예방할 수 있다.

정부가 어떻게 하면 민간 벤처캐피탈을 활성화할 수 있을까? 정부가 조성한 벤처펀드는 스타트업에 '직접투자'하기보다는 민간벤처캐피탈의 활성화를 위한 일종의 '마중물' 역할을 할 수 있도록 설계되어야 한다. 만약 전자의 방식으로 설계되면, 앞서 논의한 '이중의 한계'에 직면할 뿐만 아니라, 오히려 정부의 벤처투자가 민간의 벤처투자를 구축(crowding-out)해 창조금융시장의 발달을 저해할 수도 있다.

이스라엘의 요즈마펀드가 그 성공 사례로 많이 소개되고 있다. 요즈마펀드의 핵심전략은 민간벤처캐피탈의 활성화를 위한 일종의 마중물 역할이다. 이스라엘정부는 1993년에 벤처캐피탈 시장의 육성을 목적으로 1억 달러를 재원으로 요즈마펀드를 설립했다. 이 가운데 8,000만 달러는 모펀드 방식으로 10개 민간 요즈마펀드에 최대 40%까지 출자하고, 2,000만 달러는 정부가 직접 운용했다. 민간 벤처캐피탈 참여를 적극 유도하기 위해 세 가지 인센티브 전략을 구사했다. 민간의 투자기대수익을 높이기 위해 창업 초기단계의 첨단기술 벤처기업에 집중 투자했다. 그리고 정부지분을 저금리로 매입할 수 있는 '콜 옵션제도'를 도입해, 민간의 기대수익을 높이고 자연스럽게 민영화가 이루어지도록 했다. 그 결과 5년 후 1998년에 요즈마펀드는 완전히 민영화되었다. 그리고 외국의 벤처캐피탈이 적극적으로 참여하도록 설계해 처음부터 글로벌 마켓을 공략하는 전략을 구사했다. 그 결과 1993년 요즈마펀드 출범 초기에 2.6억 달러에 불과하던 벤처캐피탈시장이 2000년까지 30.7억 달러로 성상했다. 매년 100개 미만에 불과했던 신규 벤처기업수도 1993년부터 증가하기 시작해 1998년 332개, 1999년 587개, 2000년 665개로 급격하게 증가되었다.[6]

이것은 두 가지 중요한 의미를 갖는다. 하나는 이스라엘이 태생적으로 벤처가 발달한 것이 아니라, 요즈마펀드에 의한 창조금융시장의 성공적 구축이 창업을 활성화시켰다는 것이다. 다른 하나는 정부가 초기 정부주도의 벤처펀드를 잘 설계하면 시장주도의 창조금융시장을 성공적으로 육성할 수 있다는 것이다.

투자자금 회수 시장

창조금융시장 활성화를 위해 다양하고 풍부한 창업 투자자금 풀의 형성이 중요하지만, 이를 위해서도 투자자금회수시장이 발달되어 있어야 한다. 엔젤자본이나 벤처캐피탈이 높은 리스크를 안고도 스타트업에 투자하는 이유는 높은 수익을 기대하기 때문이다. 문제는 그 수익을 언제 어떻게 실현하느냐 하는 것이다. 투자자금을 회수하는 데 너무 오랜 시간이 걸리고, 회수방법이 극히 제한적이면, 창조금융시장에 뛰어드는 공급자가 별로 없을 것이다.

창조금융시장에서 투자자금의 공급자가 투자자금을 회수할 수 있는 가장 주요한 경로는 코넥스 및 코스닥시장과 인수합병 즉 M&A시장이다. 코넥스(KONEX, KOrea New EXchange)는 창업 초기의 중소기업이나 벤처기업들을 위한 주식시장으로 2013년에 설립되었다. 이에 앞서 1996년 7월에 중소기업 및 벤처기업들이 증시에서 사업자금을 원활히 조달할 수 있도록, 증권업협회와 증권사들에 의해 코스닥(KOSDAQ, KOrea Securities Dealers Automated Quotation)이 설립되었다. 코스닥은 미국의 첨단 기술주 중심의 나스닥(NASDAQ) 시장을 본떠 만든 것이다. 중소기업이나 벤처기업에게는 유가증권시장의 진입문턱이 높아 기업공개(IPO)에서 탈락할 가능성이 높기 때문에 이러한 기업을 위해 만든 증시가 코스닥이다. 그런데 코스닥시장 역시 설립연수 3년 이상, 자기자본 15억 원 이상 등 신규상장 및 상장유지 기준이 스타트업들에게는 너무 높기 때문에, 이러한 기준을 대폭 완화한 코넥스를 설립한 것이다. 코넥스가 발달하면, 신생

벤처기업들은 수준에 맞게 코넥스나 코스닥에서 자금을 조달할 수 있고, 엔젤투자자나 벤처투자자도 이 시장을 통해 투자자금을 회수할 수 있을 것이다.

우리나라에서는 기업들의 적대적 M&A에 대한 피해의식이 커 M&A에 대한 부정적 시각이 많다. 그러나 기업의 인수합병(M&A)은 기술 및 인력 확보, 신규 사업진입, 규모의 경제 달성, 시장지배력 확대 등 나양한 목적으로 이루어신다. 특히 벤처기업의 인수합병은 투자자금 회수를 위한 대단히 주요한 수단이 되기도 한다. 물론 벤처기업의 인수합병이 활성화되어 있는 시장에서는 신기술을 개발한 창업자와 투자자금을 조기에 회수하려는 투자자의 갈등으로 스타트업의 안정적 성장이 저해될 수도 있다. 그러나 창조금융시장이 발달하기 위해서는 M&A시장이 활성화될 필요가 있다.

미국과 달리 한국에서는 현재 M&A시장이 발달되어 있지 않아, 2013년 실태조사에 의하면 벤처기업의 94.6%가 M&A를 전혀 고려하고 있지 않고 있으며, 구체적 계획을 갖고 있거나 추진 중인 벤처기업의 비중은 0.6%에 불과한 것으로 나타났다.[7] 성장한 기업이 M&A를 통해 신기술을 갖고 있는 스타트업을 흡수해 기술혁신을 하는 기술혁신형 M&A가 활성화된다면, 투자자금 회수시장 또한 활성화될 수 있다. M&A시장을 활성화하기 위해서는 기업가치 평가시스템을 구축하고, M&A 전문가 및 중개기관을 육성하고, M&A 절차를 간소화하는 등 환경을 조성할 필요가 있다.

기술금융

창조금융시장의 활성화를 위해 기술금융시장을 발전시킬 필요가 있다. 기술금융(innovation financing)은 일종의 창조금융으로서 연구개발(R&D)-창업-사업화 등 기술혁신 및 지식재산을 기반으로 하는 사업화 과정에서 소요되는 자금공급을 의미한다. 기술금융은 기술, 지식 등 무형자산의 미래가치를 평가해 자금을 공급해야 하므로, 담보대출관행이 보편화되어 있는 금융시장에서 발전하기 어렵다. 무형자산의 미래가치는 정보의 비대칭성이 높을 뿐만 아니라 불확실성과 실패의 위험성(risk)이 크기 때문에 시장실패가 일어날 가능성이 본질적으로 높다. 이것이 바로 은행 등 금융기관이 기술금융을 기피하는 이유이다.

그래서 정부는 기술평가제도, 기술보증기금제도, 기술평가인증서부 신용대출제도 등을 통해 기술금융을 육성하는 전략을 펴왔다. '기술보증기금제도'는 정부가 기술평가제도를 통해 기술평가보증을 해주고 민간은행은 보증서에 기초해 대출을 해주고, 문제가 발생하면 기술보증기금에서 손실의 70% 내지 90%를 변제해 주는 제도다. 이것은 사실상 정부가 위험부담을 지는 제도이다.

이와 달리, '기술평가인증서부 신용대출제도'는 기술평가기관이 기술보증기관의 평가기준에 입각해 평가등급을 부여하고, 용도, 유효기간 등을 명기한 기술평가인증서를 신청기업에 발급하고, 은행은 기업이 제출한 기술평가인증서와 자체 여신심사를 통해 신용대출을 해주는 제도이나. 이 제도는 기술보증기금제도와 달리 신용대출의 위험은 전적으로 대출은행이 지게 된다. 금융안정성을 추구해야 하는 상업은행의 본질적 속성을 고려할 때, 이 제도는 현실적으로 활성화되기 어려운 제도이다.

기술금융공급 형태별 비중(2010년 말 현재)에 대한 실태조사를 보면 이를 확인할 수 있다. 사실상 정부가 위험부담을 지는 기술평가보증기금은 76.4%로 압도적 비중을 점하고 있는 데 비해, 은행이 위험부담을 지는 기술평가인증서부 신용대출은 2.1%에 불과하다. 그리고 중소기업청의 중소기업기술지원 정책자금이 7.9%, 창업투자회사의 벤처캐피탈 투자자금이 13.6%(한국벤처투자(주) 7.5% 및 민간벤처 6.1%)로 나타났다.[8]

우리는 이 실태조사결과에서 몇 가지 중요한 사실을 확인할 수 있다. 첫째, 창조금융이 다원화되어 있지 못하다. 둘째, 기술금융의 84.3%가 기술평가보증기금 및 중소기업기술지원정책자금으로 이루어지고 있다. 더욱이 벤처캐피탈 투자비중 13.6%

가운데 7.5%가 공적자금 성격의 모태펀드인 한국벤처투자(주)에서 투자되었기 때문에 정부주도 정책주도 투자비중은 사실상 91.8%에 달한다. 즉 민간주도, 시장주도에 의한 금융비중은 8.2%에 불과하다는 것이다. 셋째, 기술금융의 86.4%가 보증 및 융자로 간접금융의 형태를 취하고 있다. 이것을 앞서 논의한 창조금융시장 활성화의 4대 원칙에 비추어 보면 우리나라 창조금융시장이 얼마나 취약한가를 알 수 있다.

문제는 압도적 비중을 점하고 있는 기술평가보증기금제도는 기본적으로 기술평가자(기술평가기관)와 기술금융공급자(은행)가 서로 다르고, 위험부담(risk taking)은 금융을 제공한 은행이 아닌 공적자금으로 조성된 보증기금이 부담하는 구조이기 때문에 '역 선택(adverse selection)'의 위험이 높고,[9] '대리인 문제(principal-agent problem)'로 인한 정보의 비대칭성으로 '도덕적 해이(moral hazard)'가 발생할 가능성이 높다는 것이다.[10] 그리고 더 큰 문제는 이러한 정부주도 및 정책금융주도의 창조금융 공급체계가 민간주도의 창조금융을 대체하는 일종의 '구축효과(crowding-out effect)'를 불러일으키면서[11] 오히려 민간주도 및 시장주도의 창조금융의 발전을 가로막을 수도 있다는 것이다.

앞서 본 바와 같이, 기술금융은 기본적으로 민간주도, 시장주도, 직접금융 중심으로 발전되어야 한다. 이를 위해서는 금융지주회사제도를 잘 활용해 상업은행이 투자은행을 자회사로 둘 수 있도록 해 투자은행이 기술금융을 담당하게 할 필요가 있다. 금융지주회사제도를 통한 상업은행과 투자은행의 통합과 분리를 통해 금융기관의 대형화경쟁과 기술금융의 민간주도, 시장주도, 직접금융 중심의 발전을 동시에 추구할 수 있다.

우리는 여기서 상업은행(CB, Commercial Bank)과 투자은행(IB, Investment Bank)의 차이점을 이해할 필요가 있다. 상업은행은 예금지로부터 지축을 받아 금융을 필요로 하는 사람에게 대출을 하고 대출이자율과 예금이자율의 차이로 부가가치를 창출하는 '저위험-저수익' 금융시스템이다. 예금자의 예금을 자금으로 기업이나 개인에게 대출하는 시스템이므로 예금자보호를 위한 '금융의 안정성'이 대단히 중요하다. 이에 비해 투자은행은 주식 및 채권투자, M&A, 파생상품 매매 등을 통해 고수익을 추구하고, 투자성과에 따라 고객에게 수익을 배분하는 '고위험-고수익' 금융시스템이다.

원래 은행은 상업은행기능과 투자은행기능을 함께 수행하고 있었으나, 1929년 세계대공황을 경험하면서 예금자보호와 금융안정성의 필요성이 제기되어 1933년 글래스-스티걸법(GSA, Glass-Steagall Act)에 의해 상업은행과 투자은행이 분리되었다.[12] 그런데 미국이 1999년에 그램-리치-블라일리 법 (GLBA, Gramm-Leach-Bliley Act)에[13] 의해 상업은행과 투자은행의 겸업을 허용하고 신자유주의 물결 속에서 금융산업육성의 필요성이 강조되면서, 금융업무영역의 통합물결과 은행의 규모 대형화 경쟁이 세계적으로 확산되었다. 기능과 목적이 서로 다른 상업은행과 투자은행의 통합은 본질적으로 금융안정성을 해칠 위험성이 높고, 이로 인해 현재 세계금융시장은 높은 불안정구조를 갖고 있다.

금융지주회사제도를 이용해 상업은행이 투자은행을 자회사로 두는 시스템을 구축하면 상업은행의 예금자를 보호하면서 동시에 투자은행을 활성화할 수 있다. 그리고 기술금융은 본질적으로 '고위험-고수익'모델이므로 상업은행이 아니라, 투자은행이 이를 담당하게 하는 것이 바람직하다. 투자은행은 신기술 및 지식재산 등 무형자산을 평가할 수 있는 전문가를 두고 무형자산 평가역량을 강화할 필요가 있다. 이 시스템은 투자자가 직접 기술평가를 함으로써, 기술평가보증제도나 기술평가인증서부 신용대출제도가 갖고 있는 본질적 한계인 투자자와 기술평가자의 이원화에 따른 대리인 문제와 정보의 비대칭성에 의한 도덕적 해이를 최소화할 수 있다. 그리고 기술평가 결과를 바탕으로 기술금융이나 창업투자를 할 수 있다. 제6장에서 본 바와 같이 미국 S&P 500대 기업의 자산에서 무형자산이 차지하는 비중이 이미 80%에 달하고 있다. 이것은 은행이 유형자산의 담보대출관행에서 벗어나 무형자산의 가치평가능력과 신용대출기법을 확보하는 것이 은행의 경쟁력 확보를 위해 대단히 중요하다는 것을 잘 보여주는 것이다.

은행이 이러한 역량을 확보하는 데 다소 시간이 걸릴 것이므로, 기술보증기금이 투자은행과 공동투자제도를 도입함으로써 위험을 분산시키면서 기술금융시장의 발전을 지원할 수 있을 것이다.

8장

창조경제와 정부의 선택

창조경제와 정부의 선택

　박근혜 정부가 창조경제를 국정지표로 내세우면서, 창조경제를 정부가 주도하려는 것은 개발연대의 사고방식이라는 비판이 일고 있다. 창조경제는 개인의 창의력과 상상력을 바탕으로 하므로 민간주도를 통해 시장 친화적으로 이루어져야 한다는 것이다. 맞는 말이다. 그러나 제4장 창조경제의 패러다임을 보면 정부의 역할 또한 대단히 중요하다는 것을 알 수 있다. 창조산업은 민간이 일으키지만, 창조산업은 창조경제의 생태계가 잘 조성되어 있어야 피어날 수 있다. 창조경제의 생태계는 자연스럽게 조성될 수도 있지만, 아래에서 보는 바와 같이 정부의 정책적 접근이 필요한 부분이 너무 많다.

창조경제는 창의적 인재의 창의적 아이디어의 경제적 가치 실현을 통해 창조산업과 일자리를 창출하는 경제이다. 제4장에서 본 바와 같이 창조경제의 원천적 자산인 창의적 인재가 안정적으로 공급되기 위해서는 국가가 Y형인재육성 시스템을 갖고 있어야 한다. 인재는 교육, 학습, 자기연마를 통해 육성된다. 개인은 대학을 졸업할 때 까지 16년간 학교교육을 받는다. 특히 이 시기는 창의력 형성에 대단히 중요한 시기이다. 현재 우리나라는 '정형화되고 표준화된 X형인재'를 육성하는 시스템을 갖고 있다. 이것을 '스스로 가치를 창출할 수 있는 Y형인재'를 육성할 수 있는 시스템으로 전환해야 하고, 이를 위해서는 정부의 교육개혁이 필요하다.

그리고 창의적 아이디어의 경제적 가치실현을 위해서는 지식재산권제도와 같이 창의적 지식을 무형자산으로 보호해 줄 수 있는 법과 이 법의 실효성을 담보할 수 있는 행정력이 있어야 한다. 지식재산권제도의 정착과 지식재산권시장의 활성화를 위해서는 정부의 정책적 접근이 반드시 필요하다. 제7장에서 본 바와 같이 창조금융시장의 육성도 중요한 과제이다. 이처럼 창조경제 생태계를 구축하기 위해 정부가 해결해야 할 과제가 많다.

민간주도와 정부주도

창조산업은 어느 나라에서나 기본적으로 민간주도를 통해 발전한다. 그러나 민간에서 창조산업이 발전하도록 누가 주도 (initiative)했느냐는 국가마다 차이가 있다. 미국은 민간주도로, 영국과 호주는 중앙정부 주도로, 독일은 지방정부 주도로 창조 산업을 발전시키고 있다.

우리나라에서 창조경제 하면 영국과 이스라엘을 떠올린다. 그런데 실제로 창조경제를 선도했고, 창조경제가 가장 발달되어 있는 나라는 미국이다. 왜 이런 현상이 발생했을까? 우리는 제3 장과 제4장에서 창조경제를 '창조적 진화'의 과정으로 이해했다. 제3장에서 본 바와 같이 2000년에 피터 코이(Peter Coy)가 애플 의 스마트폰과 같이 창의적 아이디어가 돈이 되는 경제현상에 주목해, '창조경제(Creative Economy)'라는 용어를 처음 사용했 다. 이것은 미국에서 정부 정책과 관계없이 이미 현실경제가 창 조경제로 진화하고 있었다는 것을 의미한다.

제3장에서 본 바와 같이 영국에서는 중앙정부가 문화산업을 창조산업으로 분류해 집중 육성하였고, 다른 산업에 비해 창조 산업의 성장속도가 빠르게 나타나면서 정부가 창조경제 육성을 강조하기 시작했다. 그리고 제7장에서 본 바와 같이 이스라엘 정 부는 미국의 벤처 붐을 목격하면서 1993년에 '요즈마펀드'를 조

성해 창업을 활성화하기 위한 노력을 경주했다. 영국과 이스라엘의 이러한 사례가 한국에 소개되면서, 이들 국가가 창조경제를 선도하고 있는 것으로 인식된 것이다.

그런데 제3장에서 본 바와 같이 정보통신혁명, 지식혁명, 창조혁명은 같은 선상에 있고, 이 흐름은 미국이 선도 및 주도하고 있다. 미국이 민간주도로 창조경제를 선도할 수 있었던 바탕은 무엇인가? 미국은 정부가 주도하지 않아도 이미 창조경제 생태계가 조성되어 있었기 때문에 창조산업이 발전할 수 있었다. 미국은 각 주마다 지식생산 능력과 Y형인재육성 역량을 지닌 '글로컬 선도대학(GIU, Glocal Initiative University)'이 오래전부터 자리 잡고 있었다. 실리콘밸리는 대표적인 GIU인 스탠퍼드대학교, UC. Berkeley 등에서 배출되는 Y형인재들에 의해 발전되었다. 미국은 일찍부터 지식재산권제도를 정착시켜 지식재산시장이 잘 발달되어 있다. 경제적 합리주의와 계약주의 문화가 잘 발달되어 있어 엔젤자본, 벤처캐피탈, M&A시장 등 창조금융시장도 활성화되어 있고, 실리콘밸리, 샌디에이고 등과 같이 창조도시도 잘 발달되어 있다.

한국 제3의 선택

한국은 미국의 민간주도모델이나 영국의 정부주도모델이 아닌 제3의 모델인 '거버넌스 모델'로 가야할 것이다. 한국은 미국과 달리 창조경제 생태계가 발달되어 있지 않다. 우리나라의 대부분의 대학들은 지식을 생산하기보다 지식을 전달하는 수준에 있고, 스스로 가치를 창출하는 Y형인재가 아니라 정형화되고 표준화된 X형인재를 육성하고 있다. 즉 창조경제의 핵심 생태계 가운데 하나인 Y형인재육성 시스템 및 '글로컬 선도대학(GIU)'이 발달되어 있지 않다. 또 다른 주요 생태계인 지식재산권시장 및 창조금융시장도 발달되어 있지 않다. 심지어 공정거래질서가 완전히 정착되어 있지 않아 스타트업이나 중소기업이 개발한 창의적 지식이 도둑맞기도 한다. 단층노동시장 관행이 여전히 지배하고 있는데, 단층은 능력사회를 가로막는 창조의 적이다. 이런 것들은 후발산업화 과정에서 오랜 시간에 걸쳐 형성되었기 때문에 창조경제에 적합한 생태계로 자연스럽게 발전되는 데 너무나 많은 시간이 걸린다. 이런 생태계의 혁신 없이는 창조경제가 발달할 수 없다. 이처럼 한국은 미국과 달리 창조경제 생태계가 잘 조성되어 있지 않다. 이것이 바로 미국과 같은 민간주도 모델로 갈 수 없는 이유이다.

그렇다면 영국과 같은 정부주도 모델로 갈 수 있을까? 영국은 문화기반 창조산업을 중심으로 하고 있기 때문에 '문화 미디어 스포츠부(DCMS, Department for Culture, Media & Sport)'가 일관된 정책을 추진할 수 있다. 제4장 창조경제 패러다임에서 본 바와 같이 한국은 문화기반 창조산업은 물론 과학기반 창조산업, 스타트업 육성 및 전통산업의 육성을 함께 추진하는 경제 패러다임 이행 전략을 선택해야 한다. 이를 위해서는 미래창조과학부뿐만 이니라, 정부의 거의 모든 부처가 참여되어야 창조경제 패러다임으로의 이행을 위한 정책을 추진할 수 있다. 그리고 창조경제 생태계의 성공적 조성을 위해서는 민간의 적극적 협력과 혁신이 필요하다. 그래서 영국과 같이 어느 한 부처가 이를 주도적으로 추진해 성공하기 어렵다.

정부의 각 부처 및 민간이 함께 참여하고, 통합, 분산, 조정할 수 있는 거버넌스(Governance) 구조가 필요하다. 정부는 2013년에 미래창조과학부 장관을 위원장으로 하고 각 부처 차관을 위원으로 하는 창조경제위원회를 설치했다.[1] 창조경제 패러다임을 성공적으로 구축하기 위해서는 보다 실효성 있는 거버넌스가 필요하다.

이를 위해 대통령 직속 창조경제위원회로 개편하여 관련 정부 부처장관, 주요 경제단체 대표 및 민간위원들로 위원회를 구성하고, 산하에 상설사무국을 두고 창조경제 정책의 통합, 분산, 조정, 협력을 이끌 수 있어야 한다. 창조경제 생태계 조성 및 창조산업 육성은 특정 부처가 단독으로 추진할 수 있는 것도 있지만, 여러 부처가 공동으로 추진해야 되는 경우가 많다. 창조경제 생태계는 교육부, 고용노동부, 기획재정부, 특허청, 중소기업청 등이 상호 유기적 협력에 의해 추진해야 될 부분이 많다. 과학기반 창조산업은 미래창조과학부, 문화기반창조산업은 문화체육관광부가 중심이 되어 추진하고, 다른 부처들도 적합한 창조경제 실현 계획을 수립 추진해야 한다. 창조경제 생태계 조성과 창조산업 육성정책의 수립 집행은 당연히 해당 부처에서 실시하고, 위원회는 창조경제 정책의 통합, 분산, 조정, 협력, 실행, 점검 업무만 해야 한다.

창조경제와 정부3.0: 개방, 공유, 소통, 협력

창조경제위원회가 창조경제 거버넌스로서 기능을 제대로 하려면, 몇 가지 선결과제가 있다. 창조경제위원회는 정부의 관련 부처와 민간의 협치 체제이다. 정부는 규제, 인허가제도, 조세제도, 금융제도 등 다양한 제도와 정책을 통해 창조경제를 활성화시킬 수도 있고, 오히려 창조경제의 자생적 성장을 저해시킬 수도 있다. 그리고 창조경제 생태계 조성과 창조산업 육성은 여러 정부부처와 관련되어 있는 사항들이 많기 때문에 정책의 실효성을 담보하려면, 정부부처 상호간에 정책공조와 협력이 절대적으로 필요하다. 공무원들이 권위주의의식과 규제의식이 높아 유연성과 효율성이 낮고, 부처이기주의로 부처 상호간에 소통과 협력이 잘 이루어지지 않으면 창조경제 거버넌스는 기본적으로 기능을 제대로 할 수 없다. 창조경제는 정부의 개방성, 공정성, 효율성이 담보될 수 있는 '스마트정부'를 필요로 한다.

박근혜 정부는 '공공정보를 적극적으로 개방하고 공유하며 부처 간 칸막이를 없애 소통하고 협력함으로써, 국민 맞춤형 서비스를 제공하고 동시에 일자리 창출과 창조경제를 지원하는 새로운 정부운영패러다임으로 '정부3.0'을 추진하고 있다'.[2]

정부3.0은 개방, 공유, 소통, 협력을 기본적 가치로 하는 전자정부서비스 패러다임이다. 전자정부서비스의 발전은 정보통신기술 특히 인터넷 기술의 발달수준에 의존한다. 웹(Web)은 '일방향 정보 제공단계(웹1.0)'에서 '양방향 정보 교환 단계(웹2.0)'를 지나 '지능적인 정보인식 단계(웹3.0)'로 진화해 왔다. [표 8-1]에서 보는 바와 같이 정부서비스도 이러한 인터넷 기술의 진화에 발맞추어 '정부가 일방적으로 정보를 제공하는 정부1.0'에서 '양방향으로 정보를 제공하는 정부2.0'을 지나 '개인 맞춤형으로 정보를 제공하는 정부3.0'으로 발전해 가고 있다.

제1세대 웹(웹1.0)은 주로 정보를 일방적으로 제공하는 포털로서 기능을 했다. 제2세대 웹(웹2.0)은 정보의 생산, 공유, 협동,

[표 8-1] 인터넷 진화와 전자정부서비스 패러다임 변화

정부 1.0	정부 2.0	정부 3.0
웹1.0(중앙집중적인 포털) 1990-2000	웹2.0(플랫폼으로서 웹) 2000-2010	웹3.0(시멘틱 웹) 2010-2020
정부중심	시민참여	개인 참여, 집단지성
정보독점, 일방향 정보제공, 집중	정보공유, 양방향 정보제공, 상호작용	개인별 정보제공 개방, 공유, 소통, 협력
서비스의 시공간제약	정부의 온라인 서비스	시공간제약 없는 서비스
공급자위주 서비스	정부-민간 협업서비스	개인별 맞춤서비스

출처: 정부3.0 길라잡이, 이혜정(2007)을 부분 수정

참여가 가능한 플랫폼으로서 기능했다. 웹2.0 기술은 누구나 쉽게 사용할 수 있는 인터페이스를 제공함으로써 개인이 다양한 출처로부터 데이터를 활용, 리믹스(remix)해 새로운 정보와 서비스를 제공할 수 있는 환경을 제공했다. 이용자가 정보 생산자, 유통자로 참여해 '집단 지성'의 정보를 생산하고 공유해 새로운 부가가치 서비스를 창출하는 것이 웹2.0의 핵심이다.[3] 제3세대 웹(웹3.0)은 클라우드 컴퓨팅, 빅데이터, 정보자원들 사이의 관계-의미 정보를 컴퓨터가 스스로 이해하고 처리할 수 있는 '시멘틱 웹(semantic web)' 등을 이용해 이용자에게 개인별 맞춤형 콘텐츠와 서비스를 제공하는 자동화된 '지능형 웹(Intelligent Web)'이다.

박근혜 정부는 웹3.0을 활용한 정부3.0을 통해 공공정보의 적극공개로 국민의 알권리 충족, 공공데이터의 민간 활용 활성화, 민·관 협치 강화, 정부 내 칸막이 제거를 위한 협업행정, 빅데이터를 활용한 과학적 행정 구현, 수요자 맞춤형서비스 통합제공, 창업 및 기업 활동 원-스톱 지원강화, 정보취약계층의 서비스 접근성 제고, 새로운 정보기술을 활용한 맞춤형 서비스 창출 등 10대 과제를 추진히고 있다.[4]

'정부3.0'은 그동안 정부가 공급자의 입장에서 전체 국민을 대상으로 일방적으로 제공하던 공공서비스를 수요자인 국민의 관점에서 재설계하고 통합해 개개인 필요와 욕구에 맞게 맞춤형으로 제공하는 데 초점을 맞추고 있다.[5] 정부는 협업행정과 빅데이터 및 시멘틱 웹 기술로 창업 및 기업 활동에 대해 실효성 있는 원-스톱 서비스와 맞춤형 서비스를 제공할 수 있을 것이다. 정부3.0이 실현되면, 정부의 투명성과 효율성이 높아지고 공공정보의 활용도가 높아지면서 창업 등 경제활동이 보다 손쉽고 원활하게 이루어지게 될 것이다.

공공데이터 개방과 민간 활용

정부 및 공공기관은 매일 엄청난 양의 공공데이터를 생산한다. OECD는 공공정보를 그 성격 또는 목적에 따라 인구, 지리 및 기상정보와 같은 '공공영역 정보(Public Sector Information)'와 문화콘텐츠와 같은 '공공영역 콘텐츠(Public Sector Content)'로 구분하고 있다. 공공기관은 정치, 경제, 사회, 문화, 교육, 지리, 기상, 관광, 의료, 비즈니스, 특허 등 여러 분야에서 공적 기능의 수행을 위해 많은 비용을 들여 정보를 생성, 수집, 관리해 왔지만, 지금까지는 제도적 기술적 이유로 이를 제대로 활용하지 못하고 사장시켜 왔다.

민간이 공공데이터를 활용할 수 있는 제도적 기초와 기술적 기초가 확립되면서 공공데이터는 행정적 용도를 넘어 경제적 가치 및 일자리를 창출할 수 있는 새로운 자원보고가 되었다. 먼저 2013년에 '공공데이터의 제공 및 이용 활성화에 관한 법률'이 제정 시행되면서, 민간이 공공데이터를 재활용할 수 있는 제도적 기초가 마련되었다. 이 법률에 의하면 공공기관은 이용자에게 공공정보를 재활용할 수 있도록 제공해야 하고, 민간은 제공 받은 정보를 상업적 목적이나 비영리적 목적으로 이용할 수 있게 되었다.[6]

그리고 정보통신혁명과 지식혁명으로 클라우드 컴퓨팅과 빅데이터 처리기법, '공개 API(Open Application Programming Interface)', 매쉬업(Mash-up) 기술 등이 발달하면서 이제 공공데이터를 가공해 다양한 지식정보 서비스를 제공할 수 있고, 새로운 부가가치도 창출할 수 있게 되었다.

'공개 API'는 공공기관 제공정보를 민간에서 앱 개발 등에 바로 활용할 수 있게 하는 공유프로그램의 표준인터페이스이다. 검색, 블로그 등의 데이터 플랫폼을 외부에 공개해 다양하고 재미있는 서비스 및 어플리케이션을 개발할 수 있도록 외부 개발자나 사용자들과 공유하는 프로그램을 말한다. 구글은 구글맵의 API를 공개해 친구 찾기, 부동산 정보 등 300여 개의 신규서비스를 창출했다.[7]

'매시업(Mashup)'이란 원래 서로 다른 곡을 조합해 새로운 곡을 만들어 내는 것을 의미하는 음악용어이지만, IT(정보기술) 분야에서는 웹상에서 웹서비스 업체들이 제공하는 다양한 정보(콘텐츠)와 서비스를 혼합해 새로운 서비스를 개발하는 것을 의미한다. 즉 서로 다른 웹 사이트의 콘텐츠를 조합해 새로운 차원의 콘텐츠와 서비스를 창출하는 것을 말한다.[8]

창조경제에서 공공데이터는 창의성에 따라 무한개발 가능한 '경제적 자원'이 될 수 있다. 지금까지 행정자료로만 이용되던 공공데이터가 새로운 부가가치와 일자리를 창출하는 '경제적 자원'으로서 가치를 갖게 된 것이다. 첫째, 민간은 기상, 지리, 인구, 의료, 교육 등 다양한 공공데이터를 활용해 마케팅 등 다양한 비즈니스 전략을 수립할 수 있고, 빅데이터 기술을 이용해 미래의 변화를 예측해 선도적으로 전략을 구사할 수 있다. 둘째, 민간은 창의적 아이디어만 있으면, 공개 API 및 매쉬업 기술로 공공데이터를 이용한 다양한 새로운 앱, 콘텐츠, 서비스를 개발할 수 있다.

또한 공공데이터의 개방은 지금까지 정부나 공공기관의 목적에 따라 가공한 후 발표하는 데이터와 달리 '원자료(raw data)'을 공개해 연구자들이 비상업적 목적으로 사용할 수 있게 함으로써 공익적 가치를 실현할 수 있다. 즉 학자 등 연구자들이 원자료를 이용한 과학적 분석을 통해 보다 실효성 있는 정책 개발, 공공부문의 문제점 진단과 이를 통한 투명성 제고, 학문 발전 등에 크게 활용될 수 있다.

경제민주화: 공정경쟁과 상생경제

경제민주화가 무엇인가? 왜 필요한가? 헌법 제119조 1항은 '자유시장 질서를 기본으로 한다'고 규정하고, 2항에서 '경제주체 간의 조화를 통한 경제의 민주화를 위해 경제에 관한 규제와 조정을 할 수 있다.'고 규정하고 있다. 경제민주화는 자유시장 질서 속에서 형성될 수 있는 경제력 집중에 의해 발생할 수 있는 부작용과 시장실패를 막기 위해 정부가 시장에 개입할 수 있다는 것이다. 경제민주화는 기본적으로 시장경제 질서를 제어하는 데 초점이 있는 것이 아니라, 공정성과 형평성이 담보될 수 있는 시장경제, 즉 더불어 잘 사는 경제사회를 구현하자는 것이다.

창조경제의 구현을 위해 왜 경제민주화가 실현되어야 하는가? 경제민주화는 어떻게 실현될 수 있는가? 경제민주화의 핵심적 과제는 '공정경쟁질서'와 '상생경제(mutual gains)' 환경을 조성하는 것이다. 자본주의 시장경제에서 누가 무엇을 얼마나 생산할 것인가를 누가 결정하는가? 그것은 바로 시장이다. 시장은 수요, 공급, 상품에 대한 정보가 교환되고 거래가 이루어지는 유형, 무형의 공간이다. 시장의 가장 기본적인 기능은 자원의 효율적 배분이다. 수요와 공급의 원리에 따라 균형가격이 형성되고, 균형가격이 형성되면 수요량과 공급량이 일치되는 자원의 효율적 배분이 이루어진다. 이러한 현상은 수요자와 공급자가 시장에 대해 완전한 정보를 갖고 있고, 거래과정에서 힘의 불균형 없이 자유로운 의사결정을 할 수 있을 때 발생한다.

문제는 시장이 자원의 효율적 배분기능을 제대로 수행하지 못하는 이른바 시장실패가 존재하는 것이다. 왜 시장실패가 존재하는가? '힘의 불균형'과 '정보의 비대칭성' 때문이다. 자본은 집적되고 권력은 집중화되는 속성을 지니고 있다. 이 과정에서 힘의 불균형이 발생한다. 자본과 권력을 많이 가진 사람들이 상대적으로 더 많은 정보를 가질 가능성이 높기 때문에 정보도 본질적으로 비대칭성을 지니고 있다. 시장은 인간이 찾아낸 가장 훌륭한 자원배분 시스템이지만, 자본주의 시장경제에서 시장실패의 가능성은 상존하고 있다는 것을 의미한다.

힘의 불균형과 정보의 비대칭성이 존재하면 공정거래가 이루어질 수 없어 시장실패가 발생하게 된다. 누가 공정거래질서를 확립해 줄 수 있는가? 그것이 바로 정부다. 그래서 정부는 공정거래법과 공정거래위원회 등을 두고 공정거래질서 확립을 위해 노력하고 있지만, 대기업과 중소기업 사이에 발생하는 불공정거래 문제는 심각하다.

불공정행위에는 어떤 유형이 있는가? 한국에서 대기업과 중소기업 사이에 일어나는 대표적인 불공정거래 유형은 부당원가인하, 부당거래조건, 기술탈취, 대금지급 지연 등이다. 대기업과 납품중소기업 사이에서 대기업은 수요 독점적 지위에 있기 때문에 양자 사이에는 본질적으로 힘의 불균형이 존재할 수밖에 없다. 대기업은 이러한 우월적 지위를 이용해 부당하게 원가를 인하하거나, 원가계산서와 같은 영업비밀, 핵심기술력에 대한 정보 등을 요구하는 등의 부당거래도 한다. '대기업과의 거래에서 특허를 공유해야 한다는 것은 하도급법 상 불법임에도 불구하고 중소기업들에게는 당연한 상식으로 되어 있다. 사업 제안 후 아이디어 탈취 사례는 대기업 불공정행위의 대표적인 문제다.[9]

불공정행위가 창조경제의 발전을 어떻게 가로 막는가? 이러한 불공정행위는 단기적으로 중소기업의 건강한 성장을 가로 막아 기업 간 양극화를 심화시키고 나아가 혁신의 생활화와 전후방연관효과가 큰 건강한 기업생태계의 발달을 어렵게 만들어 장기적으로는 대기업에도 부메랑으로 돌아오게 된다. 불공정거래 구조에서는 중소기업이 자체의 혁신과 노력으로 기술을 개발해 품질을 개선하고 원가를 절감해도 그 과실이 중소기업에게로 돌아오지 않고 오히려 납품단가 인하를 통해 대기업으로 귀속된다. 이런 구조에서 중소기업은 종업원의 처우를 개선하거나 미래 경쟁력 제고를 위한 연구개발 투자를 할 여력을 갖기 어렵다. 중소기업이 연구개발 투자여력을 갖지 못하고, 대기업과의 지나친 임금격차로 우수인재를 확보하지 못하면, 자연히 혁신 및 창조역량을 갖기 어렵다. 창조역량을 지닌 중소기업의 창업과 성장이 어려워지면 중소기업으로부터 납품을 받는 대기업의 경쟁력도 약화될 수밖에 없다.

공정거래법과 공정거래위원회가 있는데도 불공정행위는 왜 근절되지 않는가? 불공정행위를 근절하려면 불공정행위를 당한 중소기업이 공정거래위원회에 제소하고, 공정거래위원회가 이를 신속 공정하게 처리해 주어야 한다. 문제는 대기업이 수요 독점적 지위에 있어, 중소기업이 불공정거래를 신고하기가 현실적으로 어렵다는 것이다. 중소기업이 불공정거래를 신고하면 대기업이 거래를 중단하거나 다른 중소기업과의 거래를 확대하는 등 다양한 형태로 보복적 조치를 취할 수 있기 때문이다.

공정경쟁질서와 상생경제 환경을 어떻게 조성할 수 있는가?

가장 건강한 방법은 정부가 개입하지 않고 기업들 스스로의 노력에 의해 '공정경쟁질서'를 확립하는 것이다. 네트워크 경제에서는 '기업 간 경쟁'에서 '기업생태 간 경쟁'으로 경쟁양태가 변화될 가능성이 높다. 이를 위해서 대기업이 공정한 거래를 통해 가치사슬로 얽혀 있는 중소기업의 창조와 혁신역량을 높여 건강한 기업생태계를 형성하는 것이 바람직하다. 그러나 기업은 단기적 성과로 평가받는데 이러한 선순환 메커니즘의 효과는 장기적으로 나타나기 때문에 현실적으로 이것을 기대하기는 쉽지 않다.

공정거래질서를 확립하는 데 가장 중요한 것은 힘의 균형과 정보의 균형을 확보하는 것이다. 거래당사자가 대등한 위치에서 대등한 정보를 갖고 있으면 공정한 거래가 이루어진다. 정부가 대기업의 중소기업에 대한 불공정행위에 대해 보다 엄격하고 강력한 대응조치를 통해 힘의 균형을 맞추어 주어야 한다. 중소기업의 공정거래위원회 제소에 대해 보복조치를 한 대기업에 대해서는 민형사상의 책임을 지게 해야 한다. 공정거래위원회에서 응답자의 보안을 유지한 상태에서 공정거래 실태조사를 하고 대기업의 공정거래지수를 발표해 공정거래문화를 정착시켜 나갈 필요가 있다.

창조경제와 규제개혁

창조경제와 시장은 자유를 먹고 자란다. 규제는 자유로운 경제활동을 억압하고 행정비용과 거래비용을 증대시키고, 자원과 경제적 이익을 재배분하는 효과가 있다. 규제를 만들고 규제를 관리하는 데 많은 행정비용이 들어간다. 규제가 있으면, 경제주체들이 그 규제를 지키거나 피해가는 과정에서 많은 '거래비용(transaction cost)'을 지불하게 된다. 규제는 어떤 사람에게는 경제적 이익을 가져다주고, 또 어떤 사람에게는 경제적 손실을 가져다준다. 규제의 도입과 철폐에서 오는 경제적 이익은 노력과 능력에 상응하는 정당한 대가가 아니라, 일종의 '횡재이익(windfall gains)'이다. 이것은 능력과 노력에 상응하는 분배가 이루어지는 공정경제사회의 발전을 저해한다.

규제는 신축적으로 적용되면 형평성과 공정성이 무너지고 부정부패의 온상이 된다. 규제는 이처럼 본질적으로 경직성과 획일성을 지니고 있기 때문에 경제의 효율성과 다양성을 떨어뜨린다. 규제의 가장 중요한 정당성은 사적 이익의 침해로부터 공적이익의 보호에 있다. 그런데 시장진입과 관련된 각종 규제는 오히려 기득권의 사적 이익만 보호해주는 '규제의 실패'를 낳을 수도 있다. 규제가 효율적·효과적으로 관리되지 않으면, 뇌물 및 유착관계 등을 이용해 규제를 피해가는 사람들이 증가하면서 규제가 부정부패의 서식지가 될 수도 있다.

그런데 왜 많은 규제가 존재하는가? 첫째, 경제사회활동에서 사적 이익과 사회적 이익이 충돌하는 경우가 많기 때문에 정부와 입법부는 공적 이익을 보호한다는 이유로 수많은 규제를 양산한다. 기업이 비용절감을 위해 유해물질 및 폐수를 강으로 흘러 보내면, 수많은 사람이 환경오염으로 인해 피해를 입게 된다. 이처럼 자유로운 '사적 이익'의 추구과정에서 '사회적 비용'을 발생시키는 경우가 많다. 그래서 환경을 보호하고 국민의 안전을 지키기 위한 각종 규제가 필요하다. 독과점기업이 시장지배력을 통해 독점이윤을 벌면, 그만큼 소비자들은 피해를 입게 된다. 독과점금지법과 같은 규제가 필요한 이유다.

둘째, 규제가 규제를 낳는 속성이 있다. 어떤 규제가 만들어지면 그 규제를 피해가는 것을 막기 위한 또 다른 규제가 필요하다.

셋째, 규제는 규제관리자에게 힘과 돈을 가져다주기 때문에 규제관리자들이 규제를 유지하려는 유인이 존재해 한 번 만들어진 규제가 철폐되기 어렵다. 이것이 모든 정부가 집권초기에 규제개혁을 주장하지만 실제로 성공하지 못하는 이유다.

그런데 규제는 그 본질적 속성으로 인해 규제비용만 증가시키고 규제의 실효성을 확보하지 못하는 '규제의 실패'를 가져오는 경우가 많다. 즉 시장실패를 막기 위한 정부의 규제가 정부실패를 낳을 가능성이 높다는 것이다. 여기에 규제의 딜레마가 있다.

모든 규제가 나쁜 것은 아니다. 국민의 안전, 환경보호, 시장의 건강성을 높이는 '좋은 규제'가 있고, 사회적 편익보다 사회적 비용이 더 크고, 시장의 활력을 죽이는 '나쁜 규제'가 있다. 규제개혁은 '좋은 규제'를 만들고, '나쁜 규제'를 철폐해 창의성과 활력, 공정성과 형평성이 함께 살아나 건강한 시장경제를 형성할 수 있는 방향으로 추진되어야 한다. 최대한 경제적 자유가 주어지면서, 공정경쟁질서와 공정거래질서가 확립될 수 있도록 규제개혁이 이루어져야 한다. 규제개혁위원회가 규제의 제정 및 철폐심의 과정에서 좋은 규제 및 나쁜 규제의 분류 기준과 심사내용을 공개해 투명성을 높여야 한다.

창조경제 생태계 조성

창조경제를 위한 정부의 가장 중요한 역할은 창조경제 생태계를 조성하는 것이다. X형인재 육성에서 벗어나, 스스로 가치를 창출할 수 있는 Y형인재를 육성할 수 있도록 인재육성 시스템을 혁신해야 한다. 이에 대해서는 제9장 및 제10장에서 논의할 것이다. 광역경제권별로 창의적 지식을 생산하고 지역 기업과 R&D 분업체계를 형성해 창조산업을 선도할 수 있는 '글로컬 선도대학(GIU)'을 육성해야 한다. 미국은 거의 모든 주에 이러한 기능

을 하는 대학을 갖고 있다. 창조경제와 글로컬 선도대학에 대해
서는 제11장에서 논의할 것이다.

정부는 지식재산권시장 및 창조금융시장이 발전할 수 있도록
법 제도 등을 정비해야 한다. 지식재산권시장은 제6장에서 그리
고 창조금융시장은 제7장에서 논의했다. 지식재산권시장이나
창조금융시장은 기본적으로 민간에 의해서 주도되어야 하지만,
앞서 본 바와 같이 이러한 시장이 활성화되기 위해서는 정부에
의한 제도적 뒷받침이 필요하다.

창조산업 육성 정책

정부는 미래 성장 가능성이 높고, 전후방연관효과가 큰 창조
산업을 선정해 집중 육성할 필요가 있다. 박정희 정부는 산업화
과정에서 중화학공업육성정책으로 철강, 조선, 자동차, 전자, 기
계, 석유화학 산업 등을 육성했다. 박정희 정부가 육성한 이러한
산업들은 오늘날 한국경제를 이끌고 있는 주력산업이 되었다.
당시에 정부는 행정, 금융, 재정 지원은 물론 포스코 설립과 같
은 직접투자도 했다. 창조산업은 민간의 창의성에 기초를 두고
있으므로 개발연대의 산업화전략을 사용하면 안 된다는 비판이
있다.

산업육성정책의 구체적 방법은 과거와 달라야 하지만, 창조산업도 정부의 육성전략은 필요하다. 정부가 미래지향적이고 전후방연관효과가 큰 창조산업을 성장동력산업으로 지정하고 육성하면 자연발생적인 경우에 비해 빠른 속도로 산업생태계가 형성된다. 정부는 전략산업과 관련된 제도를 개선하고, 조세감면, 인력양성, 그 산업의 발전에 필요한 기초연구개발비지원 등을 하면, 새로운 산업의 가치사슬에 민간 기업들의 투자가 증가하게 되면서 새로운 전략산업의 생태계가 빠르게 형성되는 효과가 있을 수 있다.

영국 정부도 제3장에서 본 바와 같이 문화미디어스포츠부(DCMS)를 신설하고 문화 창조산업지원 관련법 제정, 규제완화, 세제지원 등 창조산업 육성정책을 펼쳐왔다. 그 결과 문화 창조산업은 영국의 다른 산업에 비해 두 배 이상 빠른 속도로 성장해왔고, 영국은 창조경제의 선도 국가로 인식되게 되었다.

창의적
인재육성의 길

9장 인재의 시대: Y형인재와 창조계급

창조경제와 Y형인재 / 상상력과 창의력: '할'과 '왓슨' / 창조와 가치의 원천: 마인드-셋 / 휴먼웨어: 마인드-셋과 능력의 상호작용 / X형인재와 Y형인재 / Y형인재론과 맥그리거의 X·Y이론 / Y형인재와 창조계급

10장 창조학습 혁명

한국교육의 현주소: X형인재육성 패러다임 / 한국교육의 위기 / Y형인재를 위한 교육혁명 / 마인드-셋과 창의력 / 창의력의 종류와 개발 / STEAM 융합교육 / 창조학습 혁명을 위한 사회협력

11장 창조경제와 글로컬 선도대학(GIU)

창조경제와 글로컬 선도대학(GIU) / GIU의 4대 요건 / GIU와 VIP 총장 / 첨단지식과 지식재산 생산능력 / Y형인재육성 패러다임 / 기업가 정신과 스타트업 학풍 / 산·학·연·관 파트너십과 창조도시의 허브

자본이 경쟁력을 결정하는 자본주의(Capitalism)에서
인재가 경쟁력을 결정하는 인재주의(Talentism)로 이행하고 있다.

9장

인재의 시대: Y형인재와 창조계급

창조경제와 Y형인재

우리는 제4장 창조경제 패러다임에서 상상력과 창의적 아이디어가 창조경제의 씨앗이라고 했다. 상상력과 창의력이 무엇인가? 상상력과 창의력은 사람에게 내재되어 있는 무형의 자산이다. 그래서 상상력과 창의력이 뛰어난 사람을 '창의적 인재'라 한다. 창의적 인재는 태어나는 것인가? 길러지는 것인가? 모든 사람은 창의적 인재가 될 수 있는가? 창의적 인재가 육성될 수 있다면, 어떤 인재육성 시스템으로 육성될 수 있는가?

이효수의 '휴먼웨어론'과 'Y형인재론'을 보면 이러한 질문에 답할 수 있다.[1] 사람은 누구나 하루에도 수없이 무언가를 상상하고 생각하면서 살아가고 있지만, 가치 있는 상상과 아이디어를 창출하고 그것을 창의적 지식으로 전환할 수 있는 능력은 사람에 따라 크게 차이가 있다. 이효수는 휴먼웨어를 '인적자원을 창조적 자원으로 전환시키는 웨어'로 정의하고 있다. 휴먼웨어는 학습, 창조, 협력 마인드 등 마인드-셋과 능력의 상호작용 메커니즘으로 형성되어 있다. 모든 사람은 학습 창조 협력 마인드를 갖고 태어나고, 이러한 마인드를 실행하면서 상상력과 창의력이 형성된다.

문제는 풍부한 상상력과 좋은 아이디어를 생성할 수 있는 능력이 사람마다 크게 다르다는 것이다. 그리고 자신의 상상, 아이디어, 암묵지를 창의적 지식으로 전환할 수 있는 능력은 사람에 따라 더 큰 차이를 보이고 있다. 창의적 지식을 경제적 가치로 전환할 수 있는 능력은 더더욱 큰 차이가 있다. 창의적 인재 즉 '스스로 가치를 창출할 수 있는 Y(Yield)형인재'가 희소한 이유가 여기에 있다.

그래서 'Y형인재론'에서는 창조마인드와 창의력이 낮은 'X(Xerox)형인재'와 창조마인드와 창의력이 높은 'Y(Yield)형인재'로 구분하고 있다. 모든 사람은 마인드-셋과 능력을 갖고 있지만, 마인드-셋과 능력은 학습, 자기연마, 교육 및 훈련, 성장환경 등의 차이에 따라 크게 달라진다는 것이다. 이것이 바로 모든 사람은 Y형인재가 아니지만, 모든 사람은 Y형인재가 될 수 있는 이유이다. 창조경제 경쟁력의 원천이 Y형인재이고, Y형인재는 학습, 자기연마, 교육 및 훈련을 통해 육성될 수 있기 때문에 국가는 Y형인재육성 시스템을 확립해야 한다. Y형인재가 직업세계에서 창의적 생산 활동에 종사하게 된다면, 이는 바로 플로리다 교수가 말하는 '창조계급(creative class)'으로 분류될 수 있다. 이 창조계급이 바로 창조경제를 일으키는 것이다. 우리는 이 장에서 이러한 문제를 다룬다.

상상력과 창의력: '할'과 '왓슨'

'할(HAL)9000'이 '왓슨(Watson)'으로 환생했다. 할(HAL)9000은 과학소설가와 영화감독의 '상상력'에 의해 가상으로 탄생했고, 왓슨은 과학기술자의 '창의력'에 의해 실제로 태어났다. 할9000은 1968년 영화감독 스탠리 큐브릭(Stanley Kubrick)이 만든 공상 과학 영화 '2001: 스페이스 오디세이(A Space Odyssey)'와 같은 제목으로 아서 찰스 클라크 경(Sir Arthur Charles Clarke)[2]이 쓴 과학소설[3]에 나오는 가상의 인공지능형 컴퓨터이다. 왓슨은 IBM이 개발한 컴퓨터로, 인간이 인간의 언어로 묻는 질문에 답할 수 있는 실존하는 인공지능형 컴퓨터다.[4]

'할9000'은 인간의 말을 알아들을 수 있으며, 인간의 모양을 보고 누구인지 알 수 있는 감각 인지 능력을 갖고 있다. 또한 예술품을 감상하고, 인간과 체스를 두어 이길 수 있는 지적이고 정서적인 능력도 있다. 더 나가서 인간에게 대항하고 자신의 의지를 관철하는 힘도 있다. 할9000은 퍼스널 컴퓨터가 개발되기 13년 전인 1968년에 영화와 소설에 등장한 가상의 인공지능 컴퓨터다.[5]

왓슨은 2011년 2월 16일 미국 ABC 텔레비전 퀴즈쇼 〈제퍼디!(Jeopardy!)〉에서 이 퀴즈쇼의 최강자들인 켄 제닝스(Ken Jennings)와 브래드 러터(Brad Rutter)를 압도적인 차이로 따돌리면서 인간과의 실제 퀴즈 대결에서 승리했다. 왓슨은 인간의 언어로 던지는 질문을 알아듣고 몇 초 안에 답을 찾아내어 말로 답했고, 속도와 정확성에서 인간의 능력을 앞섰다.

이처럼 특정 분야의 인지 능력과 실행에서 인공지능은 '할9000'이 보여 주었던 능력을 현실에서 발휘하는 수준에까지 이르게 되었다. 그러나 인간의 명령에 반하거나 스스로 어떤 의도를 갖고 행동하고 인간에 대항하는, 그리고 어떤 감정을 느끼고 아파하는 능력을 갖고 있는 컴퓨터는 아직까지는 세상에 존재하지 않는다. 그러나 컴퓨터의 창조적 진화는 계속될 것이다.

'할9000'과 '왓슨'이 우리에게 주는 시사점이 무엇인가? 첫째, 사람은 현실에 존재하지 않는 물질이나 세계를 그려낼 수 있는 '상상력'을 갖고 있고, 그러한 상상을 현실로 실현할 수 있는 '창의력'을 갖고 있다는 것이다. 둘째, 지능형 컴퓨터와 지능형 컴퓨터가 내장된 로봇이 앞으로 사람이 하는 많은 일을 대체할 것이라는 사실이다. 왓슨이 보여준 것처럼 컴퓨터가 처리할 수 있는 일에 대해서는 사람에 비해 컴퓨터가 경쟁우위에 있다. 셋째, 사람의 상상력과 창의력을 바탕으로 지능형 컴퓨터의 창조적 진화는 계속 되겠지만, 사람처럼 상상력과 창의력을 갖기는 어려울 것이다. 상상력과 창의력을 요하는 일에서는 사람이 컴퓨터에 비해 경쟁우위에 있다. 넷째, 영화 〈2001: 스페이스 오디세이〉는 문화기반 창조산업, 그리고 IBM의 왓슨은 과학기반 창조산업의 성공적 사례이다.

창조와 가치의 원천: 마인드-셋

'할9000'과 '왓슨'은 상상력과 창의력이 창조와 가치의 원천임을 잘 보여주고 있다. 우리는 제2장과 제3장에서 인류문명사는 창조적 진화과정이고, 창조적 진화의 동력은 사람의 창의력이라는 점을 강조했다. 그리고 제4장에서 제시한 창조경제 패러다임은 상상력과 창의력이 창조경제의 씨앗임을 보여주고 있다.

우리는 여기서 흥미롭고 대단히 중요한 문제를 제기할 수 있다. 누구나 '할'과 '왓슨'을 창조할 수 있는 상상력과 창의력을 갖고 있는가? 모든 사람이 '할'과 '왓슨'을 창조할 수 없지만, 모든 사람은 상상력과 창의력을 갖고 있다. 문제는 사람에 따라 '창의성 격차(creative divide)'가 크게 존재한다는 것이다. 특별한 장애가 없으면 모든 사람은 말을 할 수 있지만, 말을 잘할 수 있는 정도는 사람에 따라 차이가 큰 것과 같은 이치다.

그렇다면, 상상력과 창의력은 어디에서 나오는 것일까? 그리고 창의성 격차는 왜 발생하는가? 이효수가 1994년 MIT에서 개발한 'PDR시스템이론'의 '휴먼웨어(humanware)' 개념에서 그 답을 찾을 수 있다[6]. 그는 창조와 가치의 원천을 마인드-셋(mind-set)에서 찾고 있다.

모든 사람은 '학습마인드(learning mind)', '창조마인드(creative mind)', '협력마인드(cooperative mind)'를 갖고 태어난다. 갓 태어난 아기도 학습마인드를 갖고 태어나기 때문에 성장과정에서 어른들의 말과 행동을 빠르게 배우고 습득한다. 또한 어린이는 어른들의 말과 행동을 단순히 따라하는 데 그치지 않고 다른 각도에서 표현하거나 스스로 찾아서 행동한다. 창조마인드를 갖고 있기 때문이다. 그리고 사람은 부모, 형제, 친구 등 다른 사람과 협력하는 협력마인드를 갖고 태어난다. 즉 모든 사람은 보고, 듣고, 느끼면서 본능적으로 배우고자 하는 학습마인드를 갖고 있고, 배운 것을 다른 각도에서 생각하고 실현하려는 창조마인드를 갖고 있으며, 다른 사람과 가까워지고 싶어 하는 협력마인드 내지 '사회마인드(social mind)'를 갖고 있다.

생존은 인간의 본능이고, 생존을 위해서는 먹고 사는 법을 배우고 익혀야 하므로, 사람은 본능적으로 학습마인드와 창조마인드를 갖고 있다. 여기서 문제는 '협력마인드'이다. 경쟁마인드와 협력마인드, 어느 것이 인간의 본질인가에 대해서 의문을 제기할 수 있다. 이것은 다시 이기심과 이타심 가운데 어느 것이 본능인가 하는 문제를 제기한다. 이기심이 경쟁을 유발하고 이타심이 협력을 유발한다고 볼 수 있기 때문이다. 인간은 이기심과 이타심을 동시에 갖고 있다. 그런데 협력마인드는 이타심은 물론 이기심에 의해서도 형성된다는 것이다. 사람은 학습을 통해 때로는 협력이 자신에게 오히려 유리하다는 것을 알기 때문이다.

다윈은 진화론에서 '변이'와 '자연적 선택' 즉 경쟁에 의해서 진화가 이루어진다고 보았다. 하버드대학교의 수리생물학자 마틴 노왁(Martin Nowak)은 게임이론을 이용해 협력이 진화의 본질이라는 '협력의 진화(the evolution of cooperation)'를 입증했다. 노왁 교수는 2006년 사이언스에 발표한 논문에서 다섯 가지의 협력의 기초, 즉 혈연선택(kin selection), 직접 상호주의(direct reciprocity), 간접상호주의(indirect reciprocity), 네트워크 상호주의(network reciprocity), 집단선택(group selection)에 의해서 협력의 진화가 이루어진다고 보고, 진화는 변이와 자연선택 즉 경쟁뿐만 아니라, 협력에 의해서도 진화한다는 사실을 게임이론의 '죄수의 딜레마'로 설명하고 있다.[7] 그는 이타적 행동이라는 협력이 합리적 행위자의 이기적 동기에 의한 직접적 결과라는 사실을 입증한 것이다. 즉 사람은 자신의 이익을 위해서도 협력해야 한다는 '협력마인드'를 갖고 있다는 우리의 논의와 맥을 같이 하는 것이다.

학습·창조·협력마인드가 바로 가치의 원천이고, '보이지 않는 자산(invisible assets)'이다. 학습·창조·협력마인드가 살아 있으면, 지신의 능력을 잘 개발할 수 있을 뿐만 아니라, 능력개발효율도 높다. 학습·창조·협력마인드가 높으면, 그만큼 창의력이 높고 유능한 인재가 될 수 있다. 창의력이 높은 인재가 되면, 새로운 가치를 창출할 수 있다.

학습·창조·협력마인드, 즉 마인드-셋은 눈에 보이지도 않고 손으로 만져볼 수도 없는 '무형자산(intangible assets)'이다. 마인드-셋은 눈으로 확인할 수 없다. 그래서 대부분의 사람들은 마인드-셋의 존재와 그 가치를 모르고 살아가고 있다. 그렇다면 과연 마인드-셋은 존재하는 것인가? 우리는 자신의 내면세계를 들여다봄으로써, 마인드-셋의 존재를 확인해 볼 수 있다.

학습·창조·협력마인드는 성장과정에서 서로 다르게 형성되기 때문에 사람에 따라 차이가 많다. 학습·창조·협력마인드는 개인이 속해 있는 가정, 학교, 사회가 어떤 환경적 특성을 갖고 있느냐에 따라서 성장과정에서 약화되기도 하고 강화되기도 한다. 학습·창조·협력마인드는 개방성, 다양성, 유연성, 관용성이 높은 환경에서 잘 배양되는 반면에, 폐쇄성, 획일성, 경직성, 권위주의적 분위기가 강한 환경에서 약화된다. 이는 사람은 후천적 요인들에 의해 창의적 인재가 될 수 있음을 의미한다. 결론적으로 모든 사람은 창의적 인재가 아니지만, 모든 사람은 창의적 인재가 될 수 있다는 것이다.

휴먼웨어: 마인드-셋과 능력의 상호작용

우리는 어떻게 하면 창의적 인재가 될 수 있는가? 고용관계분야 세계최고의 석학인 MIT의 토마스 코칸(Thomas A. Kochan) 교수는 '이효수의 휴먼웨어 개념'이 21세기 지식경제의 가장 핵심적인 전략적 가치로 주목해야 한다는 점을 강조하고 있다.[8]

이효수는 '인적자원(human resources)을 창조적 자원(creative resources)으로 전환시키는 웨어를 휴먼웨어로 정의하고, 휴먼웨어는 마인드-셋과 능력개발시스템의 상호작용체계로 작동하고 있다'는 점을 밝히고 있다.[9] 이것은 두 가지 주요한 명제를 담고 있다. 첫 번째 명제는 '인적자원은 창조적 자원이 될 수 있다'는 것이다. 이것은 모든 사람이 마인드-셋, 즉 학습·창조·협력마인드를 갖고 태어나기 때문이다. 그리고 모든 사람이 창의적 인재는 아니지만 모든 사람이 창의적 인재가 될 수 있다는 것은 사람마다 마인드-셋이 다를 수 있다는 것을 의미한다. 이것은 또한 창의적 인재가 되기 위해서는 마인드-셋을 잘 배양해야 한다는 것을 의미한다.

두 번째 명제는 '창조적 자원의 질적 수준은 마인드-셋과 능력 개발시스템의 수준과 그들 간의 상호작용에 의해 결정된다'는 것이다. 이것은 마인드-셋과 능력개발 사이에 높은 정의 상관관계가 존재한다는 의미다. 마인드-셋인 학습·창조·협력마인드가 낮은 수준에 있으면 능력개발이 잘 안되고, 마인드-셋이 높은 수준에 있으면 능력개발이 잘 된다는 것이다.

학습마인드가 높은 상태에서 공부하면, 학습효율이 높아지고 능력향상으로 이어지게 된다. 능력이 향상되면 학습만족도가 높아지고 자신감을 갖게 되며, 이것은 또 다른 학습마인드를 자극하게 된다. 즉, '학습마인드와 능력의 선순환구조'가 형성되는 것이다. 그런데 만약 학습마인드가 낮은 상태에서 공부하면, 학습효율이 낮을 수밖에 없기 때문에 학습결과가 능력으로 전환되지도 않는다. 이 과정에서 자신감을 상실하고, 자신의 타고난 자질에 대해서 의문을 갖게 된다. 결국 학습마인드는 더욱 약화된다. 즉 '학습마인드와 능력의 악순환구조'가 형성되는 것이다. 즉 모든 사람은 다 같이 마인드-셋을 갖고 있지만, 학습, 자기연마, 교육훈련, 성장환경에 따라 마인드-셋과 능력의 수준은 다르게 형성된다. 그래서 마인드-셋과 능력은 사람에 따라 개인차가 크게 날 수밖에 없다.

X형인재와 Y형인재

'Y형인재론'에서는 마인드-셋의 수준을 기준으로 X형인재와 Y형인재로 구분한다. X(Xerox)형인재는 정형화되고 표준화된 교육훈련을 받아 창조마인드와 창의력이 발달되어 있지 않고, 진취력이 부족해 변화를 두려워하고, 소극적 수동적 자세를 취하고 있어 지시 명령에 의해서만 움직이며 기회만 있으면 일을 회피하려고 한다.

Y(Yield)형인재는 학습·창조·협력 마인드가 강하고, 인성, 창의성, 진취성, 전문성을 겸비한 인재다. Y형인재는 창의성과 진취성을 갖고 자기실현욕구가 강해 스스로 새로운 가치를 창출하려고 노력하는 생산(Yield)형 인간이다. Y형인재는 창의성과 진취성을 갖고 있어 사람이나 사물을 대할 때 부정적 시각보다는 긍정적 시각을 갖고 스스로 일을 찾아서 할 뿐만 아니라 일을 즐기는 경향이 강하다.

모든 사람은 본질적으로 X형인간성과 Y형인간성을 함께 갖고 태어난다. 누구는 X형 인간으로 태어나고, 누구는 Y형인간으로 태어나는 것이 아니다. 태교에서부터 그리고 성장과정에서 학습, 자기연마, 교육 및 훈련을 통해 X형인간이 되기도 하고 Y형인간이 되기도 한다. 따라서 교육이나 인적자원개발, 즉 인재육성을 통해 X형인간성을 최소화시키고 Y형인간성을 극대화시킬 수 있도록 노력해야 한다. 여기에 진정한 교육의 존재가치와 교육의 방향이 있다.

Y형인재론과 맥그리거의 X·Y이론

MIT의 더글러스 맥그리거(Douglas M. McGregor, 1906~1964) 교수는 조직관리론을 연구하면서 'X·Y이론(Theory of X and Y)'을 전개했고, 이 이론은 인적자원관리의 고전적 이론이 되었다.[10] 그리고 이효수는 저서《Y형인재에 투자하라》에서 'Y형인재론'을 전개하고 있다. 두 이론은 모두 인간을 'X형'과 'Y형'으로 구분하고 있다는 점에서는 비슷할지 모르지만, 아래에서 보는 바와 같이 구체적으로 보면 상당한 차이를 갖고 있다.

맥그리거 교수의 X·Y이론은 기본적으로 조직 관리를 중심으로 하는 이론인 반면, 이효수의 Y형인재론은 인재육성을 중심으로 전개한 이론이다. 맥그리거 교수는 인간관과 조직관리의 관계를 X·Y이론으로 설명하고 있다. 맥그리거 교수는 인간의 본성을 소극적 수동적으로 보는 부정적 인간관과 적극적 능동적으로 보는 긍정적 인간관이 존재한다고 가정하고, 이에 기초해서 X·Y 이론을 전개하고 있다.

인간은 본래 일하기를 싫어하고 지시받은 일만 하려는 경향이 있다고 보는 전통적인 인간관이 있다. 이러한 부정적 인간관을 가지고 있는 경영자는 동기유발을 위해 주로 금전적 보상을 사용하고, 엄격한 감독과 구체적 명령으로 노동통제를 강화한다. 그는 이러한 부정적 인간관과 통제적 관리방식을 'X이론'으로 지칭하였다. 맥그리거 교수는 이러한 X이론에 의한 조직관리의 한계를 극복하기 위해 긍정적 인간관에 입각한 새로운 조직관리의 필요성을 강조하였는데 이를 'Y이론'으로 지칭했다. 즉 인간은 놀이와 마찬가지로 일을 즐기는 본성이 있고, 일을 통해 자기의 능력을 발휘하고 자아를 실현하고자 한다는 긍정적 인간관에 입각해서, 경영자는 근로자들이 자율적이고 창의적으로 일할 수 있도록 조직관리를 해야 한다는 것이다. 맥그리거 교수는 이와 같이 인간은 동일한데 인간을 바라보는 상반된 인간관이 존재한다는 것을 가정하고 있는 것이다.

이에 비해 이효수는 '휴먼웨어론'에 입각해서 학습·창조·협력 마인드 수준이 높고, 인성, 창의성, 진취성, 전문성을 겸비한 사람을 'Y형인재'로, 그렇지 못한 사람을 'X형인재'로 규정하고 있다. 즉 모든 사람은 X형인간성과 Y형인간성을 동시에 갖고 태어나지만 성장과정에서 그 개인이 경험한 환경과 교육에 의해 X형인재가 되기도 하고, Y형인재로 성장되기도 한다는 것이다.

그리고 두 이론은 문제의식과 이론 전개의 목적이 다르다. 맥그리거는 '경영자의 인간관과 관리전략'을 밝히고자 했다. 이에 비해 이효수는 산업사회가 요구하는 인재와 지식사회나 창조경제가 요구하는 인재가 다르다고 보며, 지식사회나 창조경제가 요구하는 인재상을 분명히 하고 이러한 인재육성을 위한 전략적 신택에 관심을 갖고 있다. 즉 맥그리거 교수의 'X·Y이론'은 '인적자원관리(HRM: Human Resource Management)'에 초점을 두고 있는 데 비해, 이효수의 'Y형인재론'은 '인적자원개발(HRD: Human Resource Development)'에 초점을 두고 있다. 물론 'Y형인재론'에서도 Y형인재에 대한 인적자원관리 방식, X형 리더십과 Y형 리더십의 차이점을 다루고 있다.[11]

Y형인재와 창조계급

창조경제의 가장 중요한 기본적 요소는 창의적 지식이고, 창조경제의 핵심 주체는 창의적 지식을 생산할 수 있는 'Y형인재'다. 창조경제에서는 Y형인재의 중요성이 이처럼 강조되는데, 왜 산업경제에서는 그 중요성이 강조되지 않았는가? 창조경제에서는 Y형인재가 없으면 창조경제의 실현이 불가능하므로 Y형인재가 핵심주체이지만, 산업경제에서는 자본이 가장 중요한 기본적 요소이고 따라서 자본가가 핵심 주체였기 때문이다.

특히 후발산업국의 대량생산체제에서는 대규모 설비투자가 필요하므로 자본이 결정적으로 중요하고, 가격경쟁을 해야 하기 때문에 저임금 숙련노동력이 필요했다. 정형화되고 표준화된 'X형인재'로도 높은 생산성을 발휘할 수 있었다는 것이다. 대량생산체제에서는 구상과 실행이 분리되어 있고, 구상은 소수의 기획팀과 연구팀이 하고 다수의 실행 팀은 동일한 직무를 반복적으로 수행해 숙련도를 높여 생산성을 향상시킬 수 있었다. 이러한 경제체제에서 생산성을 향상시킬 수 있는 방법은 창의성이 아니라, 노력, 숙련도, 통일성이다. 즉 후발산업국의 대량생산체제에서는 끊임없이 변화를 추구하는 창의적 지식노동력이 아니라 말 잘 듣는 성실한 숙련노동력이 선호되었다.

창조경제에서는 제품수명이 극히 짧고 변화가 극심하게 일어나기 때문에 가격경쟁과 품질경쟁을 넘어 기능과 디자인이 다른 신상품경쟁을 해야 한다. 정형화되고 표준화된 교육과 훈련을 받아 소극적·수동적으로 일하는 X형인재는 이러한 변화에 능동적으로 대응할 수 없다. 스스로 새로운 가치를 창출할 수 있는 'Y형인재'만이 이러한 변화를 선도할 수 있다. 특히 창조경제가 요구하는 인재는 단순한 '창의적 인재'가 아니라, 'Y형인재'다. 인성, 진취성, 전문성이 결여되어 있고 창의성만 있는 인재는 자신의 창의적 아이디어를 경제적 가치로 실현하기 어렵다.

왜 창의성만이 아닌, 인성, 진취성, 전문성도 같이 겸비되어야 하는가? 창의성은 남과 다른 새로운 시각으로 사물을 보고, 새로운 의문을 제기하고, 새로운 의미를 부여하고, 새로운 가치를 창출하는 성향과 능력이다. 변화, 모험, 도전을 즐기는 진취성이 있어야 이러한 창의적 아이디어가 끊임없이 나오고, 그것을 경제적 가치로 전환하고자 하는 기업가 정신을 발휘할 수 있다. 전문성이 있어야 상상력이나 창의적 아이디어를 창의적 지식으로 구체화할 수 있다. 신뢰와 책임의식, 팀워크와 네트워크를 잘 형성할 수 있는 인성이 있어야 창의적 아이디어를 교환하고 구체화할 수 있다.

이처럼 인성, 창의성, 진취성, 전문성은 상호작용 효과가 크고, 이것을 겸비해야 창의적 아이디어를 끊임없이 생산하고, 경제적 가치로 구체화할 수 있다. 이것이 바로 우리가 '창의적 인재'가 아니라 'Y형인재'를 강조하는 이유다. 창의적 인재를 강조하면, 이것이 인성, 창의성, 진취성, 전문성을 겸비한 인재를 의미하는지 아니면 단순히 창의성만을 의미하는지 알 수 없게 되고, 따라서 창조경제가 요구하는 창의적 인재, 즉 Y형인재를 육성할 수 없다.

창조경제에서 개인, 대학, 기업, 지역사회, 국가의 경쟁력을 결정하는 것은 Y형인재다. 나는 어떻게 하면 Y형인재가 될 수 있는가? 대학은 어떻게 Y형인재를 육성할 수 있는가? 기업은 어떻게 Y형인재를 확보하고 활용할 수 있는가? 이것이 창조경제의 핵심 전략이 되어야 한다.

한국 대부분의 대학교육이 지닌 큰 한계점은 정형화되고 표준화된 X(Xerox)형인재육성 시스템을 갖고 있다는 점이다. 즉 교수가 강의안 중심으로 모든 수강생에게 동일한 내용을 주입식으로 강의하고, 학생은 그 내용을 암기해 시험을 치고 학점을 취득하는 방식이다. 정형화되고 표준화된 지식을 동일한 방법으로 암기시키는 X형인재육성방법은 지식과 정보의 독점이 강하고 확산속도가 느렸던 농경사회나 대량생산체제를 기반으로 하는 산업사회에서는 효율적인 인재육성 방식이라고 볼 수 있다.

지식과 정보의 생산, 공유, 확산이 급속하게 진행되고 있는 지식기반사회에서는 지식과 정보를 생산, 활용할 수 있는 능력을 배양시키는 Y(Yield)형인재육성 시스템을 확립하는 것이 대단히 중요하다. 이것이 바로 'Y형인재론'의 핵심적 문제의식이다.

10장

창조학습 혁명

한국교육의 현주소: X형인재육성 패러다임

현재 한국은 전형적인 X형인재육성 패러다임을 갖고 있다. 한국의 학교교육은 교사중심, 강의중심, 암기위주, 획일주의, 성적위주로 이루어지고 있다. 교사가 교과서를 중심으로 일방적으로 지식을 전달하고, 학생들은 그것을 외워서 시험을 치고 성적을 받는다. 교사가 갖고 있는 지식과 생각을 획일적 수업방식에 의해 복사(Xerox) 하듯 모든 학생들에게 전달하는 것이다. 이와 같은 '정형화되고 표준화된 X형인재'를 양성하는 인재육성 패러다임은 초등학교 교육에서 대학교육에 이르기까지 비슷한 양태를 보이고 있다.

X형인재육성 패러다임과 성적서열경쟁이 맞물리면서, 창조

경제의 핵심적 인적자원인 Y형인재를 양성하지 못할 뿐만 아니라, 한국교육은 심각한 위기에 직면하고 있다. 초중등 및 고등학교에서는 학교폭력, 교실파괴, 공교육 붕괴, 사교육 이상비대 등의 현상이 심각한 수준에 이르고 있고, 대학은 기업이 필요로 하는 인재를 양성하지 못한다는 비판을 받고 있으며, 대학신규졸업자의 반은 일자리를 찾지 못하고 있다.

이 모든 병폐의 가장 근본적인 원인은 제15장에서 보는 바와 같이 단층노동시장이 빚어낸 학력주의, 간판주의 사회문화에 있다. 한국노동시장은 단층으로 형성되어 있는데, 보수, 승진기회, 근로조건이 양호한 상위단층으로 진입하기 위해서는 대학졸업장이 있어야 한다.[1] 이것은 능력주의 사회가 아니라 학력으로 은폐된 일종의 신분사회이다. 한 나라의 노동시장이 단층구조로 되어 있고, 대학졸업장이 상위단층 진입의 필요조건인 사회에서는 고교이하 교육의 실질적인 목적은 개인의 능력개발이 아니라 대학진학 기회를 확보하는 것으로 될 수밖에 없다. 단층노동시장이 대학교육수요를 비정상적으로 증대시켜 대학이 크게 늘어났다. 그 결과 대졸노동시장이 만성적인 공급과잉 상태에 놓이게 되어 대졸자의 하향취업과 실업이 크게 증대하면서 명문대학과 취업경쟁력이 있는 학과에 대한 선호도가 더 크게 높아졌다. 이로 인해 대학 및 전문대학의 입학정원이 고교졸업생수보다 더 많은 비정상적 교육시장구조 하에서도 대학입시를 위한 경쟁은 치열하다.

정부는 입시과열을 막고 사교육비를 줄이는 처방책으로 대학 본고사를 없애고, 대학이 고교내신 성적과 수능점수 중심으로 학생을 선발하도록 했다. 이러한 정책은 오히려 수능점수라는 하나의 잣대로 전국 대학을 서열화했다. 이 과정에서 학부모들은 자녀교육의 목표를 지덕체의 연마에 두기보다는 사회적 평판도가 높은 대학에의 입학으로 삼게 되있다. 그 결과 학부모, 학생, 학교는 진정한 교육보다는 점수경쟁에만 몰입해 왔다. 그것도 깊이 있는 사고를 요하는 논술이나 주관식 시험이 아닌 단답식, 객관식 시험점수 경쟁으로 흘러오면서 '성적서열경쟁'이 하나의 문화로 자리 잡게 되었다.

이것이 교육의 본질을 심각하게 왜곡시키고 있다. 교육의 본질은 건강하고(體), 바르고(德), 유능한(智) 사람을 만드는 것이다. 이를 위해서는 인성교육과 더불어 개인의 개성과 잠재적 역량을 최대한 살릴 수 있는 다양하고 차별화된 교육을 해야 한다. 그리고 시험은 자신의 지식을 구체화하고 자신의 능력향상 정도를 점검하는 것이어야 한다.

그런데 성적서열경쟁에서는 자신의 능력개발이 아니라, 경쟁자에 비해 나의 성적이 앞서는 것이 중요하다. 점수서열경쟁에서 불공정 및 부정시비를 예방하기 위해서는 객관성을 확보해야 하는데, 이를 위해 자연히 객관식 문제 중심으로 시험을 관리할 수밖에 없다. 전국의 모든 학생을 객관식 중심의 수능시험성적으로 하나의 줄을 세우는 '성적서열경쟁문화'에서는 교사가 모든 학생들을 대상으로 강의중심의 획일적 교육을 할 수밖에 없다. 이러한 환경에서 학교교육은 교사중심, 교육중심, 암기위주, 획일주의, 성적위주로 이루어질 수밖에 없다. 이것이 바로 교사의 지식과 생각을 그대로 학생들에게 복사(Xerox)시키는 전형적인 X형인재육성 패러다임이다.

한국교육의 위기

성적서열경쟁과 X형인재육성 패러다임은 한편으로 교육목적의 전도, 학교폭력, 교실파괴, 공교육 붕괴, 사교육 이상비대 등과 같은 교육위기를 초래하고, 다른 한편으로 창조경제의 핵심요소인 Y형인재의 양성을 어렵게 만든다.

학생들은 학습마인드가 낮은 상태에서 일방적으로 주입식 교육을 받고 있으므로 공부에 흥미를 갖기 어렵다. 그리고 암기위주의 객관식 시험위주의 교육에서는 반복학습이 효과적이므로 사설학원에서 선행학습을 하는 학생들이 많다. 학생들은 사설학원에서 선행학습을 하고 학교에서는 학원에서 배운 내용을 반복하니 수업에 흥미를 가질 수 없다. 이 과정에서 교실파괴 현상이 발생하면서 공교육의 질은 더욱 떨어졌으며, 학생들은 높은 점수를 받기위해 사교육에 더욱 의존하게 된다. 이것이 바로 공교육붕괴와 사교육의 이상비대 현상의 원인이다. 객관식 중심의 성적서열경쟁에서 학생들은 오로지 점수경쟁에만 매몰되어 있고, 서로 협력해서 문제를 창의적으로 해결하는 학습기회나 인성교육을 받을 기회를 제대로 갖지 못하기 때문에 과도한 스트레스와 소외감 속에서 학교폭력 또한 증가하게 된다.

문제는 객관식문제 중심의 경쟁교육 패러다임이 교육 본래의 목적인 지덕체의 함양과 인성, 창의성, 진취성, 전문성의 개발을 어렵게 만든다는 것이다. 사람은 저마다 개성이 다르고 다양한 소질을 갖고 태어나고, 사회는 사람의 다양한 능력을 요구하기 때문에 교육은 사람의 다양한 잠재적 역량을 잘 발현시켜낼 수 있도록 이루어져야 한다.

그런데 객관식 문제에서 높은 점수를 받기 위해서는 보다 많은 문제를 반복적으로 풀어 본 경험과 짧은 시간에 정답을 고르는 요령이 중요하므로, 교육이 교사중심, 강의중심, 암기위주, 획일주의, 성적위주로 이루어지게 된다. 이러한 X형인재육성 교육방법은 학생의 개성, 적성, 잠재적 역량, 학습욕구 등을 전혀 고려하지 않고 있다.

이러한 암기위주의 경쟁교육 패러다임으로 창조경제가 요구하는 창의적 인재, 즉 Y형인재를 양성하기 어렵다. 후발산업국에서는 선진국의 지식과 기술을 빨리 습득해 선진국을 빠르게 추격하는 전략을 구사해야 하므로 성실한 X형인재로 압축성장을 실현할 수 있었다. 그러나 창조경제에서는 새로운 지식과 기술을 선도적으로 개발해야 하므로 정형화되고 표준화된 X형인재가 아니라 스스로 가치를 창출할 수 있는 Y형인재가 폭 넓게 양성되어야 한다.

Y형인재를 위한 교육혁명

창조경제가 필요로 하는 Y형인재를 양성할 수 있도록 인재육성 패러다임을 근본적으로 바꾸어야 한다. 즉 교사중심, 강의중심, 암기위주, 획일주의, 성적위주의 경쟁교육 패러다임에서 학생중심, 학습중심, 이해위주, 개성주의, 능력주의의 창조학습 패러다임으로 바꾸어야 한다.

• 성적위주에서 능력위주로

우리는 교육목적을 분명히 하고, 교육목적을 실현할 수 있는 올바른 교육방법을 사용해야 한다. 교육의 목적은 성적서열경쟁에서 이기는 것이 아니라, 인격과 능력을 배양하는 것이다. 학

	Y형인재육성 패러다임	X형인재육성 패러다임
교육목적	창의적인 Y(Yield)형 인재 육성	표준화된 X(Xerox)형 인재 육성
교육관	개성 및 다양성 중시	획일주의
	학습·창조·협력마인드 중시	마인드-셋 무시
교육활동주체	학생중심	교사중심
교육방법	학습중심	주입식 강의 중심
	질문위주	정답위주
교육내용	문제해결 능력 배양	지식과 정보의 주입
	인성·창의성·진취성·전문성 배양	단편적 지식중심

[표 10-1] Y형인재육성 패러다임

생, 학부모, 교사가 모두 내신성적과 수능성적에 함몰되어 있어, 오히려 인성과 능력을 개발하는 데 시간과 노력을 투입하기 어렵게 되어 있다. 창조경제시대 교육의 목적은 인성, 창의성, 진취성, 전문성을 겸비한 Y형인재의 양성에 두어야 한다.

• 교사중심에서 학생중심으로

교육은 개개인이 갖고 있는 무한개발 가능한 다양한 잠재적 역량을 발현시켜내는 과정이다. 이를 위해서 학생 개인의 개성과 잠재적 역량을 파악하고, 학습, 창조, 협력 마인드가 잘 활성화될 수 있도록 함으로써 학습욕구를 불러 일으켜야 한다. 이것이 바로 교사중심이 아닌 학생중심의 교육이다. 교사가 학생들의 개별적 차이성을 무시하고 교사가 설정한 기준으로 모든 학생들에게 획일적으로 교육하는 것은 바람직하지 않다. 교사의 가장 중요한 역할은 학생의 개성과 흥미를 잘 찾아내어 학습·창조·협력마인드와 잠재적 역량이 잘 발현될 수 있도록 도와주는 것이다.

• 강의중심에서 학습중심으로

주입식 강의는 공급자중심이고 학습은 수요자중심이다. 학습은 배워서 익힌다는 것이다. 강의내용도 학습을 통해 자기 자신의 지식으로 소화할 수 있다. 학습마인드는 배우고자 하는 욕구, 즉 앎에 대한 욕구다. 학습마인드가 낮은 수준에 있으면 강의에 집중할 수 없다. 동일한 강의도 학습마인드가 높은 상태에서 들으면 그만큼 강의에 집중할 수 있고, 자기 지식으로 소화할 수 있다.

학습중심 교육을 교사의 강의가 필요 없이 학생 스스로 자습을 하는 것으로 잘못 이해하면 안 된다. 학습중심 교육은 학생들의 앎에 대한 욕구, 즉 학습마인드에 기초해 교육을 한다는 것이다. 예습과 토론을 통해 문제의식을 갖게 하고, 토론을 통해 스스로 문제를 해결해 갈 수 있도록 도와주는 것이다.

• 정답에서 질문으로

X형인재육성 패러다임에서는 교사가 모든 학생을 대상으로 정형화된 지식, 정답이 있는 지식을 주입식 강의 중심으로 전달한다. 학생들의 학업성취도는 주어진 문제에서 하나의 성답을 고르는 객관식 시험성적으로 측정한다. 좋은 대학에 갈 수 있는 길은 오로지 내신성적 및 수능성적이 높아야 하고, 내신성적 및 수능성적은 정답을 고르는 능력에 의해 결정되기 때문에 학생들은 정형화된 지식을 암기해 정답을 맞히도록 훈련된다.

이러한 교육환경에서는 학생들이 남과 다른 생각과 시각을 갖고, 문제를 다르게 접근하기 어렵다. 그래서 이러한 획일적인 교육환경에서는 문제의식이나 질문능력이 상실된다. 심지어 내가 배우는 지식이 어떤 배경에서 어떻게 생성되었고, 어디에 활용되는 지에 대해서도 관심이 없고, 오로지 정답에만 관심이 있다. 이러한 교육방법으로 창의적 인재를 기를 수 없다. 한국에서는 정답을 맞히면 칭찬하지만, 이스라엘에서는 질문을 잘하면 칭찬한다.

Y형인재육성 패러다임에서는 정답을 고르는 능력보다 질문능력과 문제해결능력을 중시한다. Y형인재는 스스로 가치를 창

출할 수 있는 창의적 인재이다. 창의적 인재는 많은 지식을 갖고 있는 인재가 아니라, 새로운 가치 있는 지식을 창출할 수 있는 창의력이 있는 인재다. 창의성은 문제의식에서 출발한다. 동일한 내용의 지식 및 정보를 접해도 남과 다른 시각에서 바라보고 문제를 제기할 수 있는 능력이 있어야 한다. 창의력을 배양하기 위해서는 학습·창조·협력마인드가 살아 있어야 한다.

마인드-셋과 창의력

창의력은 지식과 정보를 수집 분석 가공해 새로운 지식과 정보를 창출하는 능력이다. 창의력, 즉 창의지능(CQ, Creativity Quotient(Intelligence))은 가치의 원천이고, 창조경제에서 가장 중요한 경쟁력이다. 창의성은 어디에서 나오고, 창의력은 어떻게 배양될 수 있는가? 사람은 필요, 흥미, 관심을 느끼면서 학습마인드를 갖게 된다. 학습마인드가 있으면, 흉내, 모방, 이해 등의 방식으로 학습을 실행한다. 그리고 학습을 통해 경험과 지식을 축적한다. 사람은 또한 사물이나 문제를 다르게 새롭게 바라보고 새로운 시각에서 문제를 해결하려는 창조마인드를 갖고 있다.

창의성은 학습을 통해 형성된 경험과 지식, 타고난 재능, 흥미와 관심, 장애와 스트레스 등의 혼합물 속에서 발현된다. 지능이

마인드-셋	동기	실행	결과
학습마인드	필요, 흥미, 관심	흉내, 모방, 이해	경험, 지식
창조마인드	새롭게, 다르게	문제해결, 탐구	**상상력, 창의력**
협력마인드	도움	협력	공동개발

[표 10-2] 마인드-셋과 창의력

나 재능은 선천적 요소에 의해 갖고 태어나고, 후천적 요소에 의해 개발된다. 소수의 천재를 제외한 대다수 사람들의 재능은 교육, 훈련, 경험을 통해 개발된다.

경험과 지식이 창의적 사고에 필요한 자양분을 제공하고, 흥미와 장애 및 스트레스가 창의적 사고를 불러일으키는 촉매로 작용한다. 흥미와 관심이 있으면 새로운 것을 추구하고, 이 과정에서 상상력과 창의력이 배양된다. 그리고 새로운 것을 추구하는 과정에서 장애에 직면하게 되고, 그것을 해결하려는 욕구가 일어나게 된다. 관련된 지식과 경험을 바탕으로 그 문제를 해결하는 과정에서 창의성이 발현된다.

창의적 아이디어는 문제를 해결하려고 노력하는 과정에 떠오르기도 하지만, 샤워나 산책을 하다가도 어느 순간에 불꽃이 튀듯이 갑자기 떠오르기도 한다. 그러나 순간적으로 떠오른 창의적 아이디어도 무에서 나타난 것이 아니라, 재능, 경험, 지식, 흥미, 관심의 혼합물에서 피어난 것이다.

사람은 문제를 해결하기 위해 남의 도움을 청하거나 남의 문제해결을 도와주고자 하는 협력마인드를 갖고 있다. 다른 사람과 함께 문제를 풀고 토론하는 과정에서 막연한 아이디어가 보다 구체화되면서 창의력이 배양되기도 한다.

창의력의 종류와 개발

창의성은 다양한 형태로 존재하기 때문에 창의력도 다양한 방법으로 배양되어야 한다. 제2장에서 본 바와 같이 창의성은 크게 문화·예술적 창의성, 과학기술적 창의성, 경제적 창의성으로 나눌 수 있다.

문화·예술적 창의력은 인문학적 소양과 예술적 감각을 바탕으로 한다. 어릴 때부터 문학, 시, 소설 등을 많이 읽고, 음악, 미술, 공연 등을 많이 접하고 배우면서 상상력을 배양해야 한다.

과학기술적 창의력은 자연과학적 지식과 이해력과 분석력이 있어야 배양된다. 자연계에 존재하는 원리와 법칙성을 잘 이해하고, 이러한 자연과학적 지식과 공학적 지식을 바탕으로 분석력을 기르고, 하드웨어와 소프트웨어를 개발하는 훈련을 해야 한다.

경제적 창의력은 경제와 비즈니스에 대한 관심이 많고, 경제와 비즈니스에 대한 이해력, 직관력, 분석력이 있어야 배양된다. 경제학 및 경영학 지식을 바탕으로 시장의 흐름과 변화를 읽어낼 수 있는 능력을 길러야 한다. 비즈니스 사례연구 학습을 통해 환경변화에 대응한 비즈니스 전략에 대한 풍부한 식견을 가질 필요가 있다.

STEAM 융합교육

과학기술적 창의성을 배양할 수 있는 대표적인 교육프로그램은 미국의 STEM교육이다. 미국 국가과학재단(NSF)이 1990년대 과학(Science), 기술(Technology), 공학(Engineering), 수학(Mathematics)을 통틀어 일컫는 말로 STEM이라는 용어를 사용했다. 그 후 이러한 과목들에 대한 융합교육의 필요성이 제기되면서 STEM교육은 과학, 기술, 공학, 수학을 융합한 일종의 융합교육프로그램으로 발전했다.[2]

미국에서 이공계 기피현상이 심화되면서 과학기술인력의 부족을 우려한 정부가 2006년에 미국 경쟁력강화 대책의 일환으로 STEM교육을 국가정책으로 받아들이면서 본격적으로 확산되기 시작했다. 특히 오바마 정부는 혁신교육(Education to Innovate)

캠페인을 통해 주정부와 함께 STEM 관련 예산을 대폭 증액하고, STEM 전문가 양성, STEM 중점학교 지정, STEM교육 콘텐츠 및 프로그램 개발지원 등 STEM교육 강화를 위해 적극적인 노력을 하고 있다.[3] 조제트 야크만(Georgette Yakman)은 2006년에 'STEM'에 예술(Art)을 더한 'STEAM'이란 용어를 처음 제시하고 STEAM교육 프레임워크를 [그림 10-1]로 나타냈다.[4] 그녀는 과학, 기술, 공학, 수학, 예술의 다섯 가지 교과를 바탕으로 다학문적(multi-disciplinary), 통합적(integrated) 교육으로 전인(holistic) 교육이 가능하다고 주장하였다.

STEM교육은 'Y형인재론'과 잘 부합되는 교육방법이다. Y형인재론의 핵심은 학생들의 학습·창조·협력 마인드 즉 마인드-셋의 자극을 통해 인성, 창의성, 진취성, 전문성을 동시에 배양될 수 있도록 교육의 목적, 내용, 방법을 설계 실행해야 한다는 것이다. STEM교육의 사례를 통해 이를 잘 이해할 수 있다. 예를 들어 학생들이 종이비행기를 접어 날리게 하고, 왜 멀리 날지 않는지, 그리고 멀리 날아가게 하려면 어떻게 해야 하는지를 STEM을 이용해 설명하게 하는 것이다. 학생들은 종이비행기를 접는 과정에서 학습, 창조, 협력 마인드가 자극된다. 잘 나는 비행기를 접기 위해 자연스럽게 접는 법과 원리를 알아야 하므로 학습마인드가 작동하고, 보다 잘 날 수 있는 방법을 찾기 위한 창조마인드가 자극되고, 동료와 함께 그 방법을 찾아내고자 하는 협력마인드가 작동

[그림 10-1] STEAM 교육

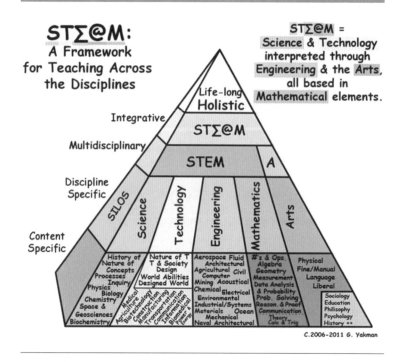

출처: www.STEAMedu.com

한다. 이 과정에서 인성, 창의성, 진취성, 전문성이 배양된다.

학생들은 STEM교육을 통해 수학, 과학의 기본 원리를 실생활과 연계시켜 기술 및 공학과 관련된 문제를 해결하는 과정을 경험하게 된다. 학생들은 STEM교육을 통해 자연스럽게 학습, 소통 및 협력하는 방법을 배우고, 문제의식, 문제해결능력, 분석력,

창의력 및 배운 지식의 실생활 활용능력 등을 기르게 된다.

미국 초·중·고등학교의 STEM교육은 처음에는 동아리 활동, 방과 후 특별 활동, 캠프, STEM 관련 기관 실습 등 비정규교과시간에서 주로 실시되어 왔으나, 최근에는 정규교육으로 확대되고 STEM교육에서 예술(Arts)까지 포함한 STEAM교육으로 이행하고 있다. 스탠퍼드대학교는 2013년 가을학기부터 창의적 글쓰기, 디자인 등 '창의적 표현(creative expression)' 과목을 학부 필수과목으로 지정했다.[5] STEAM 융합교육은 영국, 호주, 캐나다 등 다른 선진국으로도 확산되고 있다.

한국 교육부도 2011년부터 창의적 융합인재와 과학기술인재를 초·중등학교 수준에서부터 체계적으로 양성할 목적으로 STEAM교육을 초중등교육에 도입하기 시작했으나[6] 아직은 성공적이지 못하다. STEAM교육은 전통적인 단일 교과중심의 주입식교육과 다르기 때문에, 전통적인 X형인재육성 패러다임으로 실시하면 실패할 수밖에 없다.

첫째, 융합 STEAM교육을 할 수 있는 전문 교사를 양성해야 한다. 둘째, 풍부한 교육콘텐츠를 개발해야 한다. 학생들의 흥미와 이해도를 높일 수 있는 주제와 콘텐츠를 잘 선정해 학습자의 마인드-셋을 자극할 수 있어야 한다. 셋째, STEAM교육을 위한 교육 및 학습 방법을 개발해야 한다. 넷째, STEM교육은 현장실험이나 공동문제해결 등 장시간을 필요로 하는 경우가 많기 때문에 정규교과시간과 방과 후 시간을 조화롭게 편성해야 한다. 다섯째, 평가방법 및 평가시스템을 개발해야 한다. STEAM의 수행능력은 정답을 고르는 객관식 시험성적과 같은 방법으로 평가할 수 없다. 여섯째, 대학 전공 선행학습으로 AP(Advanced Placement)과정 등 고급과정을 개설해 대학과의 연계교육이 가능하도록 함으로써 수준별 교육이 가능하도록 해야 한다.

창조학습 혁명을 위한 사회협력

우리는 지금까지 한국이 창조경제 시대를 성공적으로 열어가기 위해서는 X형인재에서 Y형인재로 인재육성 패러다임을 전환해야 한다는 점을 강조해 왔다. 정답을 고르는 객관식 시험성적위주의 교육 풍토에서는 정형화되고 표준화된 획일적 교육을 할 수밖에 없기 때문에 창조경제 시대가 요구하는 창의적 인재의 육성이 어렵다. 문제는 가정, 학교, 사회가 X형인재육성 패러다임에 젖어 있고, 학교교육에서 성적지상주의 문화가 뿌리 깊게 자리 잡고 있다는 것이다.

모두가 바뀌어야 한다. 문제는 성적이 아니라, 인성과 능력이다. 성적위주경쟁이 행복한 삶을 살아가기 위해 필요한 바른 인성과 능력을 배양하는 데 오히려 장애가 될 수 있다. 성적석차 경쟁에서는 오로지 남을 이겨야 하므로 남을 이해하고 남과 협력하는 인성을 기르기 어렵다. 그리고 이미 주어진 정답을 고르는 교육에 함몰되어 있으면, 창의성과 진취성을 기를 수 없다.

창의적 인재, Y형인재를 양성하기 위해서는 교육은 정형화된 지식을 주입시키는 것이 아니라 다양한 잠재적 역량을 발현시켜 내는 과정이라는 인식에서 출발해야 한다. 그리고 학생의 학습·창조·협력 마인드를 일깨워, 인성, 창의성, 진취성, 전문성을 배양할 수 있도록 교육을 해야 한다. 그런데 질문과 토론, 실험과 학습, 융합교육으로 창의력을 기르는 시간에 객관식 문제를 하나 더 푸는 것이 대학진학에 유리한 현실에서 창의적 교육은 실현되기 어렵다.

문제는 학생, 학부모, 교사가 이러한 X형인재교육의 한계점을 심각하게 인식하지 못할 수도 있고, 인식해도 사회에 X형인재육성 패러다임이 깊이 자리 잡고 있기 때문에 학생, 학부모, 고등학교, 대학교, 정부 중 어느 하나에 의해 이 문제를 해결할 수 없다는 것이다. 그래서 창조학습혁명을 위한 사회적 합의가 필요하고, 그래서 모두가 함께 바뀌어야 한다.

학부모는 자녀의 개성, 적성, 흥미에 관심을 갖고 자녀의 잠재적 역량이 잘 개발될 수 있도록 도와주어야 한다. 창의력을 기르기 위해서는 스스로 책을 읽고 정보를 수집하고 깊이 생각하는 훈련을 해야 한다. 자기 학습시간이 충분해야 한다. 밤늦게까지

학원을 전전하면 학습역량을 기를 수 없다.

초·중·고교의 모든 교사는 사도의 기본으로 돌아가야 한다. 교사의 사명은 단순히 정답을 고르는 능력을 길러주는 것이 아니라, 학생들의 학습, 창조, 협력 마인드를 자극해, 학생의 각 성장단계에 맞게 인성, 창의성, 진취성을 함양시켜 훌륭한 인재로 성장할 수 있도록 도와주는 것이다.

대학은 점수 위주의 신입생 선발에서 벗어나 고등학교에서 건강교육, 인성교육, 기초교육, 창의교육을 잘 받은 인재를 선발할 수 있도록 선발방식을 혁신해야 한다. 대학은 윤리의식, 협동심과 리더십, 커뮤니케이션 능력, 진취성과 도전의식, 기본 학습능력, 분석력, 창의력, 질문과 문제해결능력 등을 기준으로 학생을 선발해야 한다. 지금은 지식혁명시대이다. 자고 일어나면 새로운 지식이 창출되는 시대다. 현재 객관식 시험점수가 높은 인재보다 새로운 지식을 창출할 수 있는 창의력이 있는 인재, 새로운 지식의 창출을 위해 몇날 며칠을 몰입할 수 있는 건강한 체력과 정신을 가진 인재, 다른 사람과 협력을 잘할 수 있는 인성을 가진 인재, 끊임없이 새로운 것에 도전할 수 있는 진취적 성향을 가진 인재를 양성해야 한다.

11장

창조경제와 글로컬 선도대학(GIU)

창조경제와 글로컬 선도대학(GIU)

창조경제의 가장 중요한 인프라 가운데 하나는 창의적 인재와 창의적 지식의 생산으로 글로벌마켓과 지식사회를 선도할 수 있는 '글로컬 선도대학, 즉 글로컬 이니셔티브 유니버시티(GIU, Glocal Initiative University)'다.

GIU는 단순히 지식을 전달하는 수준의 대학이 아니라 가치 있는 지식을 생산할 수 있는 대학, 정형화되고 표준화된 X형인재가 아니라 스스로 가치를 창출할 수 있는 Y형인재를 육성할 수 있는 대학이다. 그리고 첨단지식의 생산역량과 Y형인재육성 역량을 갖고 새로운 기업과 일자리를 창출함으로써 창조산업과 창조도시의 허브로서 기능을 할 수 있어야 한다. GIU는 또한 지식

생산과 인재육성에서 세계화와 지역화를 동시에 추구한다. GIU
는 '세계적 관점에서 생각하고 세계적 수준에서 경쟁하면서, 지
식생산과 Y형인재육성을 통해 지역산업을 선도하는 대학'이다.

GIU의 핵심은 지식생산과 Y형인재육성으로 새로운 가치를 창
출하고, 이를 기초로 새로운 산업과 일자리를 창출하는 것이다.
이러한 점에서 단순히 지식을 전달하고 X형인재를 육성하는 후
발산업국가의 전통적인 대학, 즉 고등학교보다 한 단계 높은 정
도의 단순한 교육기관으로서의 대학과는 근본적으로 다르다.

스탠퍼드대학교는 세계에서 가장 전형적인 '글로컬 선도대
학(GIU)'이다. 설립자 릴랜드 스탠퍼드(Leland Stanford)는 기
업가 정신과 개척자정신을 강조했다. 프레더릭 터먼(Frederick
Terman) 공대학장은 졸업생들이 일자리를 찾아 동부로 가는 것
을 보고 스스로 일자리를 창출하도록 창업을 유도할 필요가 있
다고 판단하였다. 그의 의견에 따라 스탠퍼드대학교는 교수와
학생들의 아이디어를 상업화하고 지역산업을 발전시키기 위해
교육과정에서 기업가 정신을 강조하고 창업을 지원했다. 그는
지도학생 윌리엄 휴렛(William Hewlett)과 데이빗 팩커드(David
Packard)에게 연구자금을 알선해 주고 창업을 권유했다. 그들은
1939년 팔로알토(Palo Alto)의 한 차고에서 음파를 분석하는 음
향 발진기를 만들어 냈는데, 이것이 최초의 벤처기업이자 실리
콘밸리의 신화를 만든 '휴렛팩커드(HP)'이다. 터먼은 21세기 실

리콘밸리의 특징이 된 대학, 기업, 정부의 파트너십 모델을 만들어 실리콘밸리의 창시자이자 성공적인 대학행정가로 평가받고 있다.

스탠퍼드대학교는 그 후 창의성과 진취성을 배양하는 '기업가 정신(entrepreneurship)' 교육을 강화하기 위해 '스탠퍼드 테크놀로지 벤처 프로그램(STVP, Stanford Technology Ventures Program)'을 운영하고, '스탠퍼드 특허팀(OTL, Office of Technology Licensing)'을 설립해 특허등록에서 투자유치까지 창업의 전 과정을 지원하고 있다. 예를 들어 구글 창업자인 래리 페이지(Larry Page)와 세르게이 브린(Sergey Brin)은 컴퓨터과학과 대학원생 시절에 대학으로부터 자금 조달과 기술 개발을 지원받았다. 이 때문에 스탠퍼드대학교는 구글의 주식뿐 아니라 구글의 핵심기술 특허권도 보유하고 있다. 대학이 단순히 학생을 배출해 실리콘밸리에 공급하는 것이 아니라, 학생과 교수들이 실리콘밸리에서 창업을 하고 그 신생기업이 세계적인 선도기업으로 성장하면서 그야말로 '글로컬 이니셔티브(Glocal Initiative)'를 구현하는 것이다. 스탠퍼드대학교는 실리콘밸리의 심장으로 실리콘밸리에 끊임없이 새로운 피를 수혈하고 있다.

스탠퍼드대학교 찰스 이슬리(Charles E. Eesley) 교수와 윌리엄 밀러(William F. Miller) 교수는 1930년대부터 2010년까지 스탠퍼드를 졸업한 14만 3,000명을 대상으로 설문조사를 해〈혁신과 기업가 정신을 통한 스탠퍼드대학교의 경제적 영향〉이라는 보고서를 작성했다. 보고서에 따르면, 1930년대 이후 스탠퍼드 대학교 출신이 운영하는 기업은 총 3만 9,900개이고, 이들이 만든 일자리는 540만 개다. 그리고 3만여 개의 비영리단체도 운영 중이다. 스탠퍼드대학교 출신이 창업한 기업들의 연간 매출액은 2011년 기준으로 2조 7,000억 달러로, 국내총생산(GDP)이 세계 5위인 프랑스의 GDP와 비슷하며, 세계 11위인 한국 GDP (1조 1,164억 달러)의 두 배를 넘는 규모다. 스탠퍼드 동문이 설립한 기업 가운데 1만 8,000개가 캘리포니아에 본사를 두고, 전 세계에서 300만 명이상을 고용하고 1조 2,700억 달러의 매출을 올리고 있다. 또한 1990년 이후 졸업한 동문이 창업한 기업의 25%가 스탠퍼드대학교에서 20마일 이내에 분포하고 있다. 2010년 대학원생의 56%가 외국유학생이고, 외국유학생의 15%가 지역 기업에 기여하고 있다.[1] 이것이 바로 '지식생산과 Y형인재육성으로 지역산업을 선도하면서 세계적 수준에서 경쟁하는 글로컬 선도대학(GIU)'이다.

미국은 각 주별로 이러한 '글로컬 선도대학(GIU)'들이 두세 개씩 존재하고, GIU를 중심으로 혁신도시 내지 창조도시가 발전하고 있다. UC샌디에이고의 리처드 에트킨슨(Richard C. Atkinson) 총장은 1985년에 대학의 창의적 지식의 생산과 산업화를 지원하기 위한 'UCSD CONNECT'시스템을 만들었다. 이를 통해 UC샌디에이고가 GIU 기능을 하면서 샌디에이고시가 세계 최고의 BT 클러스터로 발전하게 되었다.[2]

GIU의 4대 요건

스탠퍼드대학교와 실리콘밸리의 사례에서 보는 바와 같이, 창조산업 및 창조도시를 일으키기 위해서는 GIU가 반드시 있어야 하는데, GIU는 일반대학과 근본적으로 그 차원을 달리한다. 글로컬 선도대학 즉 '글로컬 이니셔티브 유니버시티(GIU)'가 되기 위해서는 첫째, 첨단지식 및 지식재산의 생산능력, 둘째, Y형인재육성 패러다임, 셋째, 기업가 정신과 스타트업을 중시하는 학풍 등을 갖고 있어야 할 뿐만 아니라, 넷째, 산·학·연·관 파트너십을 통해 창조도시 허브로서 기능을 할 수 있어야 한다.

우리나라에서는 그 동안 학부중심대학, 대학원중심대학, 산학협력중심대학 등을 육성하는 전략을 펴왔지만, '글로컬 선도대학(GIU)'을 육성하는 국가전략을 갖고 있지 못했다. 대학원중심대학이 가장 GIU에 근접하는 것으로 이해할 수 있으나, 대학원중심대학은 교수, 연구원 등 전문인력 양성에 초점이 있고 GIU의 4대 요건을 충족하는 대학으로 보기 어렵다. 산학협력중심대학은 첨단지식의 창출보다 기업의 기술애로 해결이나 실무협력

수준의 대학으로 이해되고 있다. 이러한 수준의 산학협력대학도 필요하지만, 첨단지식과 지식재산의 생산능력이 없는 대학은 GIU가 될 수 없다.

창조경제를 성공적으로 발전시키기 위해서는 광역경제권별로 두 세 개의 글로컬 선도대학(GIU)을 육성하는 국가전략이 있어야 한다. 그리고 GIU를 중심으로 창조산업과 창조도시를 육성해야 한다.

GIU와 VIP 총장

글로컬 선도대학(GIU)은 일반대학과 패러다임이 다르다. 새로운 패러다임의 대학은 관리형 총장으로 건설할 수 없다. 글로컬 선도대학(GIU)의 '비전(Vision)'을 제시하고, 이러한 비전을 실현하기 위해 필요한 '혁신(Innovation)'을 '열정(Passion)'적으로 추진할 수 있는 'VIP 리더십'을 가진 총장이 있어야 한다. 지식을 전달하는 수준의 대학에서 첨단 지식을 생산하는 대학으로 변화시키고, X형인재육성 패러다임을 Y형인재육성 패러다임으로 전환하고, 기업가 정신과 스타트업 학풍을 조성하고, 산·학·연·관 파트너십과 창조도시의 허브로서 위상을 확보하는 것은 실로 어려운 과제이다.

찰스 엘리엇(Charles W. Eliot) 총장은 1909년부터 40년간 하버드대학교 총장으로 재임하면서 당시 단과대학에 불과하던 하버드대학을 대학원중심대학의 새로운 패러다임으로 전환시켜 세계 초일류대학으로 전환시켰다. 시카고대학교 제5대 총장인 로버트 허친스(Robert Maynard Hutchins)은 23년간 재임하면서 시카고 플랜을 세워 대학 패러다임 전환을 추진해 3류 대학을 오늘날의 시카고대학교로 발전시켰다. 미국의 세계적인 명문대학은 그 대학의 패러다임 전환을 이끈 VIP 리더십을 가진 총장이 있었고, 그들은 새로운 패러다임이 자리 잡을 정도로 충분한 기간 동안 재임하면서 일관된 개혁을 추진해 왔다.[3] GIU를 육성하기 위해서는 VIP 리더십을 가진 총장이 비전을 실현할 수 있을 정도의 충분한 기간 재임하면서 새로운 대학패러다임을 정착시킬 수 있어야 한다.

VIP 총장의 가장 중요한 과제는 GIU 패러다임을 구축하고, 대학의 특성화 방향을 설정하는 것이다. 한 대학이 모든 분야에서 창의적 지식을 선도하기는 어렵다. 창의적 지식을 끊임없이 생산할 수 있는 체제를 구축하기 위해서는 우수한 연구 집단을 구축하고 막대한 투자가 이루어져야 한다. 이것이 바로 선택과 집중이 이루어져야 하는 이유이다. 환경변화와 대학의 내재적 역량을 고려해 특성화 비전을 제시하고, 그 특성화 분야에서 창의적 지식생산을 선도하고 세계적인 명성을 확보할 수 있도록 지속적인 투자를 해야 한다.

첨단지식과 지식재산 생산능력

　GIU의 가장 중요한 과제는 '가치 있는 지식', '살아 있는 지식'을 끊임없이 생산 공급할 수 있는 '지식 생산역량'을 확보하는 것이다. 대학에서 매년 수많은 논문이 발표되지만, 사회발전이나 학문발전에 기여할 수 있는 '가치 있는 지식', '살아 있는 지식'을 담고 있는 논문은 그렇게 많지 않다. 심지어 새로운 지식의 생산보다 연구업적을 관리하기 위한 연구도 많다. 최근 대학평가와 교수업적평가에서 논문편수가 주요한 평가지표로 되면서, '연구의 가치성'에 대한 깊은 고뇌 없이 단순히 논문편수를 늘이는 데 급급한 현상마저 나타나고 있다.

　대학이 첨단지식의 생산역량을 확보하기 위해서는 첫째, 우수한 교수와 연구팀, 둘째, 좋은 연구 환경, 셋째, 융합연구 패러다임, 넷째, 연구지원 및 성과관리시스템 등을 갖고 있어야 한다.

　대학의 지식생산역량은 일차적으로 교수의 연구역량에 의해 결정된다. 연구역량은 교수에 따라 대단히 큰 차이를 보이고 있기 때문에 창의적 연구역량이 뛰어난 교수를 확보해야 한다. 연구역량이 뛰어난 교수를 중심으로 교수와 대학원생이 참여하는 최적규모의 연구팀이 구축되어 실험실 등 연구 환경을 잘 조성해야 한다. 어떤 분야에서 창의적 지식생산을 선도할 수 있는 세계적인 연구실이 탄생하기 위해서는 많은 연구 성과와 연구방법 등 '집단지식(collective knowledge)'이 축적되어야 하므로 적어도 10년 이상 일관된 투자가 이루어져야 한다.

어떤 한 분야에서 글로컬 이니셔티브를 확보하려면 그 분야에 탁월한 연구역량을 가진 세계적인 학자가 있어야 하고 많은 투자가 이루어져야 하므로 선택과 집중이 불가피하다. 그래서 세계적인 지식생산거점을 만들기 위해 '특성화', '집적화', '융합화' 전략을 펴야 한다. 특성화는 인류적 해결과제이면서, 전통적 학문의 융·복합 분야에서 프런티어를 개척할 수 있는 분야로 설정하는 것이 바람직하다. 집적화는 큰 연구 분야를 설정해 그와 관련된 대형 연구과제들을 집적화해 연구자, 연구시설 등의 대형화를 실현하고 연구과제 사이에 시너지효과를 극대화할 필요가 있다.[4] MIT나 스탠퍼드대학교 등이 전자 분야 등에서 세계 최고의 연구역량을 갖게 된 것은 미국 국방부의 대형 첨단화 연구과제들을 지속적으로 수행하면서 연구시설과 '집단지식'을 축적해왔기 때문이다.

첨단지식의 생산역량을 확보하는 데 '융합연구 패러다임'을 구축하는 것이 중요하다. 학문은 20세기까지 분화의 역사를 밟으면서 발달해 왔다. 그러나 많은 부분에서 지나치게 세분화되어 새로운 가치를 창출하는 데 한계를 보이기 시작했다. 최근에 오면서 세분화되어 있는 학문들의 통섭을 통해 새로운 학문이나 새로운 가치가 창출될 가능성이 크게 높아지고 있다. 이것은 지식정보혁명으로 인접 학문의 지식과 정보를 수집 분석하고, 융합을 통한 새로운 분야의 개척이 용이해졌기 때문이다. 과학(S), 기술(T), 공학(E), 인문학 예술(A), 수학(M)등 다양한 연구자들이 참여하는 STEAM 융합연구체제의 구축이 필요하다.

Y형인재육성 패러다임

창조경제에서 글로컬 선도대학(GIU)이 되기 위해서는 Y형인재육성 패러다임을 갖고 있어야 한다. 창조경제의 가장 중요한 생산요소는 창의적 지식이고, 창의적 지식은 Y형인재에 의해 생성되기 때문이다. 창의적 지식을 생산하기 위해서는 창의성뿐 아니라, 인성, 진취성, 전문성을 겸비해야 한다. 창의적 아이디어를 창의적 지식으로 구체화하기 위해서는 전문성이 있어야 하고, 창의적 지식을 새로운 가치로 전환하기 위해서는 다른 사람의 협력을 이끌어낼 수 있는 인성 즉 사회지능(SQ)과, 실패에 좌절하지 않고 끝없이 도전할 수 있는 진취성이 있어야 한다. 'Y형인재론'에 의하면 사람은 자신의 능력을 잘 개발하기 위해서도, 그리고 자신의 능력을 잘 발휘하기 위해서도 사회지능(SQ)을 잘 개발해야 한다.[5] 이것이 바로 단순한 창의적 인재가 아니라 인성, 창의성, 진취성, 전문성을 겸비한 Y형인재를 강조하는 이유이다.

Y형인재를 육성하기 위해서는 인성, 창의성, 진취성, 전문성을 중시하는 학풍, 교육프로그램과 시스템을 확립해야 한다. 학풍은 눈에 보이지 않지만 개인의 가치관과 행동에 심대한 영향을 미친다. 신입생들도 Y형인재 학풍에 젖게 되면 Y형인재로 성장할 가능성이 높지만, X형인재 학풍에 젖게 되면 X형인재가 될 가능성이 높다. 학생들이 부정적 자기중심적 사고, 패배주의에 젖어 있는 학풍에서 생활하면 자신도 모르게 그렇게 닮아간다. 반대로 긍정적 사고와 자긍심 및 진취적 기상이 넘치는 학풍이 조성된 대학에 다니는 학생들은 자신도 모르게 그러한 언행을 하게 된다.

특히 인성과 진취성은 '상호학습(mutual learning)'과 '체험적 학습(experience-based learning)'을 통해 형성되기 때문에, 학풍, 교양과정, 동아리 및 봉사활동과 같은 비교과 활동 등에 의해 영향을 받는다. 교양교육과 대학의 국제화를 통해 사회지능(SQ)과 '글로벌 시티즌십'을 배양해야 한다. 사회지능은 상대방에 대한 이해와 배려, 소통능력, 협상력, 리더십, 팔로워십, 멤버십 등으로 형성되기 때문에 이러한 역량을 배양할 수 있는 교양과목과 교육프로그램을 통해 강화되어야 한다. 그리고 세계적 관점에서 지역을 이해하고 세계화와 지역화를 동시에 추구하는 '글로컬리즘(Glocalism)'을 이해하고 글로벌 시티즌십을 갖춘 Y형인재를 양성할 수 있도록 대학의 국제화 수준을 높여야 한다.

창의성과 전문성은 기초도구 과목 강화, 창의적 교수법, 창의적 학습법, STEAM 융합교육 등을 통해 배양될 수 있다. 창의력은 지식과 정보를 수집·분석·가공해 새로운 지식과 정보를 창출할 수 있는 능력이므로 기초도구 과목과 STEAM 융합교육 등을 통해 배양되어야 한다. 창의성을 배양하기 위해서는 이밖에도 문제를 잡는 능력 배양, 정답이 없는 문제해결 훈련, 토론식 수업 진행, 1만 원으로 수익 만들기 프로젝트 등 다양한 접근 방법을 시도 할 필요가 있다.

기업가 정신과 스타트업 학풍

제조업과 대량생산체제 중심의 산업경제에서는 설비투자에 많은 돈이 들어가기 때문에 자본이 없는 교수나 학생이 창업하기 어려웠다. 특히 후발산업국가에서는 선진국의 기술을 도입했기 때문에 창의적 지식이 창업에 크게 도움이 되지도 않았다. 대학의 연구와 교육수준도 선진국의 연구성과를 이해해 정리하고, 그것을 학생들에게 교육하는 수준에 머물러 있었기 때문에 대학이 새로운 가치를 창출할 수 있는 지식재산의 생산능력을 갖지 못했다.

제3장에서 본 바와 같이, 정보통신혁명을 기반으로 지식혁명, 창조혁명이 일어나면서 산업경제는 창조경제로 빠른 속도로 이행하고 있다. '자본경쟁'에서 '인재경쟁'으로 경제 패러다임이 이행하고 있는 것이다. 오늘날 세계경제에서 막강한 영향력을 미치고 있는 MS, 애플, 구글, 페이스북, 트위터 등은 모두 자본이 없는 대학(원)생들의 창의적 지식에 의해 창업되었다. 대학이 창의적 지식의 생산거점이고, 누구나 창의적 지식이 있으면 자본이 없어도 창업을 쉽게 할 수 있는 시대가 열린 것이다. 이것이 바로 창조경제에서 대학의 역할과 기능의 변화를 상징적으로 보여주는 것이다.

GIU는 기본적으로 창의적 지식 생산역량과 Y형인재육성 패러다임을 갖고 있어야 한다. GIU는 이를 통해 한편으로 학문발전과 정치 경제 사회 문화 발전을 선도하고, 다른 한편으로 교수와 학생들이 직접 창의적 지식을 이용해 스타트업을 일으키고 일자리를 창출할 수 있도록 지원해야 한다. 그래서 GIU는 학생들의 창업욕구와 창업역량을 배양하기 위해 기업가 정신(entrepreneurship) 및 스타트업 교육 프로그램, 창업동아리 등을 활성화할 필요가 있다. 또한 기술이전 전담조직(TLO)과 같은 창업지원센터를 두고, 교수와 학생의 지식재산권의 상업화를 적극

지원해야 한다. 이러한 환경에서 성장한 대학(원)생은 재학시절은 물론 졸업한 후에도 창업을 시도할 가능성이 높다.

산·학·연·관 파트너십과 창조도시의 허브

GIU는 산업계, 정부, 지방정부, 연구기관 등과 산·학·연·관 파트너십을 형성해, 창조산업과 창조도시의 창출과 지속적 발전을 지원할 수 있어야 한다. GIU의 교수와 학생들은 일반적으로 지식과 정보를 쉽게 교류할 수 있는 GIU 인근지역에서 창업을 한다. 그리고 창조산업이 발전하면서 가치 있는 지식과 Y형인재를 쉽게 확보할 수 있는 곳으로 자본과 기업이 몰려들게 되었다. GIU 주변에는 또한 창조카페가 자연스럽게 발달 할 수 있고, 이곳에서 스타트업에 관심이 많은 학생, 기업인, 투자자들이 모여들어 수시로 창의적 아이디어나 비즈니스 정보가 교환된다. 이것이 바로 혁신도시 내지 창조도시의 자연스런 형성 메커니즘이다. 스탠퍼드대학교 주변에 형성된 실리콘밸리, UC샌디에이고 주변에 형성된 BT 클러스터 등이 대표적 사례다.

과학기반 창조산업은 R&D(Research and Development)를 기반으로 하고 있고, 문화기반 창조산업은 I&D(Imagination and Development)를 기반으로 하고 있다. 정부는 R&D와 I&D가 활

성화될 수 있는 생태환경을 조성하고, 기초과학 및 미래지향적
이고 전후방연관효과가 큰 대형연구 프로젝트를 발굴지원해야
한다. 특히 세계수준 지역거점대학(GIU)을 중심으로 지역별 특
화산업의 R&D 및 I&D 허브를 구축해야 한다. 그리고 GIU는 지
역 기업들과 R&D 및 I&D의 분업 및 협업체계를 형성해 기업의
지속적 혁신과 창조산업의 발전을 지원해야 한다. 기업에서도
대학의 기업가 정신 및 스타트업 교육 프로그램에 적극 참여해
Y형인재육성을 지원하는 상호협력체제가 발달해야 창조경제가
발전할 수 있다.

창업과
창조산업

12장 창업과 스타트업

창업과 스타트업 / 스타트업 활성화의 길 / 스타트업 성장단계와 죽음의 계곡 / 스타트업 전략: 성공과 실패 / 창의적 아이디어와 비전 / 린 스타트업 / 사업계획: 확신과 전환 / 비즈니스융합과 투자유치 / 스타트업 성장단계와 금융 사이클 / 죽음의 계곡을 건너라

13장 창조경제와 창조경영

창조경제와 창조경영 / PDR 시스템 이론 / PDR시스템과 창조경영 / 개방형 혁신

14장 창조산업

창조산업이란? / 문화기반 창조산업과 분류모델 / 한국의 콘텐츠산업 / 문화 창조산업의 경제 사회적 가치 / 문화창조산업의 국제무역 / 과학기반 창조산업과 산업 라이프 사이클 / 스마트융합산업과 사물인터넷 / 3D 프린터와 생산혁명 / NBIC 융합기술 산업 / 기후변화와 녹색혁신산업 / 창조산업 통합모델

적게 벌고 싶으면 성실하게 일하고, 많이 벌고 싶으면 창조적 변화를 하고,
대박을 원하면 창조적 진화를 하라.
기업의 생명은 창조적 진화능력에 의해 결정된다.

12장

창업과 스타트업

창업과 스타트업

창업은 사업을 일으킨다는 의미다. 스타트업은 창업으로 번역되어 사용되기도 하며, '벤처기업'과 같은 의미로 사용되기도 한다.

'스타트업'은 미국 실리콘밸리에서 1990년대 '닷컴 버블' 즉 인터넷을 기반으로 한 창업 붐이 일어나면서 나타난 신조어다. 구글, 트위터 등이 대표적인 스타트업 기업들이다. 이러한 회사들은 소셜 네트워크, 온라인 데이터 사이트처럼 특별한 생산설비 없이 창의적 지식으로 새로운 기업을 일으켜 막대한 경제적 가치를 창출하고 있다. 스타트업이라는 용어는 최근에 많이 사용되고 있지만 개념 정의가 분명하지 않아 혼란이 적지 않다.

우리는 '스타트업(startup)'을 높은 '불확실성' 하에서 '창의적 지식'에 의한 '새로운 상품 또는 서비스' 생산으로 '고성장'을 추구하는 '사업계획(business plan) 수립 및 시행단계의 조직 또는 신생업체'로 정의하고자 한다. 스타트업은 1인이 시작할 수도 있고, 대학연구실에서도 시작할 수도 있고, 대기업에서 신제품 개발사업팀으로 시작할 수도 있다. 스타트업의 핵심은 기본적으로 '창의성'과 '불확실성'을 바탕으로 '고위험', '고성장', '고수익'을 추구하는 새로운 사업조직이라는 것이다.

창업과 스타트업은 어떻게 다른가? 스타트업은 새로운 사업을 시작한다는 의미에서 창업에 속한다고 볼 수 있다. 그러나 창조경제 패러다임에서는 창업과 스타트업을 구분해 접근할 필요가 있다. 우리나라에서는 소자본창업, 프랜차이즈창업, 카페창업 등이 많이 이루어지고 있다. 이러한 창업은 창조경제 패러다임과는 거리가 있다. 우리는 이것을 '모방창업'이라고 규정해 '스타트업'과 구분하고자 한다. 그렇게 되면, 창업은 '모방창업'과 '스타트업'으로 구분할 수 있다.

신규 사업을 시작한다는 점을 제외하면, 모방창업과 스타트업은 상당한 차이를 갖고 있다. 첫째, 스타트업은 창의적 지식 내지 지식재산권이 창업의 원천이다. 반면 모방창업은 자신의 창의적 지식을 기반으로 창업하는 것이 아니라 자신의 소자본과 자신의 기술 내지 노동력을 기반으로 창업한다.

둘째, 스타트업은 시장에서 검증되지 않은 자신의 창의적 지식으로 경제적 가치를 실현해야 하므로 불확실성이 높다. 이에 비해 모방창업은 이미 사업모델이 존재하고 있으므로 상대적으로 불확실성이 낮고, 그에 따라 수익률도 낮다.

셋째, 스타트업은 시장에서 지금까지 유통되지 않았던 새로운 상품 또는 새로운 서비스를 생산 공급한다. 모방창업은 시장에 이미 유통되고 있는 상품 또는 서비스를 제공한다.

넷째, 스타트업은 엔젤자본, 벤처자본 등을 유치하고, 새로운 시장개척, 비즈니스융합 등을 실현해야 하므로 매력적인 '사업계획'을 수립 추진해야 한다. 하지만 모방창업은 자기자본이나 금융기관으로부터 융자를 받아 시작한다.

다섯째, 스타트업은 '고위험-고성장-고수익' 즉 '하이로드전략(high road strategies)'을 추구하고, 모방창업은 '저위험-저성장-저수익' 즉 '로우로드전략(low road strategies)'을 취한다. 스타트업은 창의적 지식으로 새로운 상품, 새로운 시장을 개척함으로 불확실성이 높아 실패의 위험성이 높지만, 일단 성공하면 고성장, 고수익을 얻을 수 있다. 이에 비해 호프집 창업, 프랜차이즈 창업 같은 모방창업은 '입지(location)'만 잘 선정하면 불확실성이 낮아 실패 위험성은 상대적으로 낮지만, 일정 수준 이상으로 성장하기 어렵고 수익률도 낮다.

스타트업과 모방창업은 이처럼 본질적으로 '창업의 성격'이 다르기 때문에 '창업의 경제적 효과'도 다르게 나타난다. 스타트업은 창조경제 패러다임에 부합할 뿐만 아니라, 창조경제의 성장동력이다. 스타트업은 리스크가 크지만 일단 성공하면, 새로운 시장을 개척하고 성장속도가 빠르기 때문에 일자리 창출 능력도 크고 '괜찮은 일자리(decent jobs)'를 창출할 가능성이 높다. 이에 비해 모방창업은 기본적으로 영세자영업의 형태로 기존 시장을 나누어 가지며 성장에 한계가 있기 때문에 일자리 창출에 한계가 있고 저임금 일자리를 창출할 가능성이 높다.

스타트업 활성화의 길

창조경제가 활성화되기 위해서는 많은 스타트업들이 발아하고, 잘 성장해 꽃을 활짝 피울 수 있어야 한다. 스타트업이 잘 발아하기 위해서는 제4장에서 논의한 창조혁명 4대 충족요건 즉 창의적 휴먼웨어, 융합생태계, 메타기술, 개방플랫폼이 발달되어 있어야 한다. 스타트업의 씨앗은 창의적 휴먼웨어에 기반한 창의적 아이디어와 상상력이다. 휴먼웨어가 발달되어 있어야 다양한 종류의 많은 스타트업 씨앗이 생성될 수 있다. 융합생태계가 발달되어 있으면, 창의적 아이디어나 상상력은 경제적 가치로 실현될 수 있는 창의적 지식으로 보다 쉽게 전환될 수 있다.

메타기술이 발달되어 있으면 창의적 지식으로 새로운 상품을 보다 쉽게 개발할 수 있고, 개방플랫폼이 발달되어 있으면 보다 쉽게 세계시장에 접근할 수 있다. 휴먼웨어가 스타트업의 씨앗을 생성하는 씨방이라면, 융합생태계, 메타기술, 개방플랫폼은 씨앗이 잘 발아할 수 있는 토양이다. 국가에 따라 차이가 있지만 최근에 오면서 이러한 창조혁명 충족요건들이 급속도로 발달되고 있다. 이것은 과거에 비해 저비용 고효율의 창업생태계가 형성되고 있다는 것을 의미한다.

문제는 다양한 종류의 많은 스타트업이 발아해도, 그 싹이 성장해서 꽃을 피우기까지 많은 난관에 봉착한다는 것이다. 많은 스타트업들이 꽃 한번 피워보지도 못하고 발아과정에서 또는 성장과정에서 사라지게 된다. 창조혁명이 일어나면서 전 세계적으로 매일 수많은 뛰어난 인재들이 창업을 한다. 그러나 성공률은 높지 않다. 크게 성공하는 스타트업 또한 그리 많지 않다. 그래서 스타트업 세계에서는 '죽음의 계곡(valley of death)'이라는 말이 일반화되어 있다. 스타트업은 발아과정에서 그리고 성장과정에서 죽음의 계곡에 직면하게 된다. 제7장에서 다룬 창조금융시장이 발달되어 있는 국가일수록 스타트업들이 죽음의 계곡을 뛰어넘을 가능성이 높다. 그러나 창조금융시장이 발달되어 있지 않은 나라에서는 죽음의 계곡이 그 만큼 넓고 깊어서 스타트업들이 죽음의 계곡에 빠질 위험성이 크다. 이처럼 창조금융시장은 스타트업의 발아와 성장에 결정적인 영향을 미칠 수 있는 창업 생태계의 핵심 인프라이다.

특히 한국은 미국에 비해 창의적 휴먼웨어가 발달되어 있지 않아 다양한 스타트업의 씨앗들이 많이 생성되지 못하고, 창조 혁명의 충족요건들이 상대적으로 덜 발달되어 있어 씨앗의 발아율도 낮다. 그리고 창조금융시장이 발달되어 있지 않아 스타트업이 발아 및 성장과정에서 죽을 위험성도 미국보다 더 높다. 정부는 이러한 문제를 극복할 수 있도록 저비용 고효율 창업생태계를 구축하고, 스타트업이 '죽음의 계곡'에 빠지게 될 위험성을 줄일 수 있도록 창조금융시장을 발전시켜야 한다.

척박한 환경에서도 생명은 피어나듯이, 무엇보다 중요한 것은 스타트업 자체의 생명력이다. 스타트업은 주어진 환경을 최대한 활용하고, 죽음의 계곡을 스스로 뛰어 넘을 수 있는 지혜와 용기를 가져야 한다. 이를 위해서 창업자는 스타트업의 성장과정과 죽음의 계곡에 대한 이해가 필요하고 죽음의 계곡을 극복할 수 있는 전략이 필요하다. 정부의 역할이나 창조경제 및 창업생태계에 대해서는 이 책의 다른 장에서 다루고 있기 때문에, 이 장에서는 스타트업 스스로의 전략적 선택을 중심으로 논의하고자 한다.

스타트업 성장단계와 죽음의 계곡

우리는 스타트업 성장단계를 '창업단계', '시장진입단계', '시장개척단계', '성장단계'로 구분하고자 한다. 창업단계는 스타트업의 씨앗인 창의적 아이디어를 통해 창의적 지식으로 발전시키면서 지식재산권을 출원하고 시제품 개발을 완료하는 단계를 의미한다. 창업단계에서는 창의적 아이디어 못지않게 중요한 것이 '비전' 설정이다. 스타트업은 경제적 가치창출이 목적이므로 아무리 훌륭한 아이디어도 가치를 창출할 수 있는 비전이 없으면 성공할 수 없다. 비전은 스타트업의 성장을 인도할 등대이다.

시장진입단계는 상품의 시장성, 경제성 검토를 거쳐 '초기시장'에 진입한 단계이다. 시장개척단계는 양산체제를 갖추고 홍보, 마케팅을 통해 '주류시장'을 본격적으로 개척하는 단계이다. 문제는 시장진입단계에서 만나는 초기시장 고객과 시장개척단계에서 만나는 주류시장 고객의 선호체계가 다르다는 것이다. 초기시장 고객은 신상품에 관심이 많고, 주류시장 고객은 상품의 유용성에 관심이 많다. 스타트업이 주류시장을 성공적으로 개척해 들어가면 성장단계로 진입하게 된다. 성장단계는 스타트업이 생산한 상품에 대한 고객인지도가 높아지면서 시장점유가 증가하고 있는 단계이다.

성장단계별로 투자 리스크가 다르다. 그리고 일반적으로 성장단계에 따라 필요자본의 규모는 증가하는데, 가용자본은 필요자본에 비례해 증가하지 않는 경향이 있다. 그로 인해 스타트업은 성장과정에서 실패가능성이 대단히 높은 '죽음의 계곡(the valley of death)' 즉 '캐즘(chasm)'을 만나게 된다.

죽음의 계곡은 스타트업 세계에서는 가장 널리 알려져 있는 용어 가운데 하나다. 이것은 스타트업이 성장과정에서 여러 번의 위기에 직면할 수 있고 끝내 실패할 가능성이 높다는 것을 의미한다. 앞서 우리가 제시한 기업의 성장단계에서 보면 두 번의 죽음의 계곡을 넘어야 성장단계로 진입할 수 있다.

첫 번째 죽음의 계곡(the first valley of death)은 '창업단계'에서 만나게 된다. 창의적 지식을 갖고 창업을 시작했지만 시장성과 경제성이 있는 제품을 개발하는 것은 어려운 과제이다. 이것을 '기술 죽음의 계곡(technological valley of death)'이라 한다. 창조상품의 개발과정을 보면 연구실이나 실험실에서 제1단계 연구개발이 이루어지고, 이것을 경제성 및 시장성이 있는 상품으로 발전시키기 위해 제2단계 연구개발이 이루어진다. 그런데 제1단계에 비해 제2단계 연구개발에서 훨씬 더 많은 자본이 투입되어야 하는데, 바로 이 두 단계 사이에 '기술 죽음의 계곡'이 있다. 제1단계 연구개발은 정부의 연구비나 개발자 자신 및 가족의 돈으로 이루어질 수 있다. 제2단계에서는 개발비가 많이 필요하므로 외부에서 자금을 조달해야 하는데, 창업단계에서는 불확실성과 리스크가 너무 크기 때문에 외부자본을 조달하기가 대단히 어렵다.

두 번째 죽음의 계곡(the second valley of death)은 '시장개척 단계'에서 직면하게 된다. 창조상품 개발에 일단 성공하면, 시장에 진입하게 된다. 시장에 진입한 후 본격적으로 시장을 개척해 들어가기 위해서는 양산체제를 구축해야 하고 이 과정에서 많은 자본이 투입되게 된다. 이때 자본조달이 어려울 수도 있고, 시장에는 이미 대체제가 많이 존재할 수도 있으며 시장이 예상대로 확장되지 않아 자금이 회수되지 않을 수도 있다. 이것을 '상업화 죽음의 계곡(commercialization valley of death)'이라 한다.

미국 실리콘밸리의 컨설턴트인 무어(Geoffrey A. Moore)는 1991년 지질학 용어 캐즘(chasm)을 사용해 미국 벤처기업들의 성공과 좌절을 설명했다.[1] 무어는 벤처기업의 신제품이 시장에서 확산되어 가는 과정에 서로 다른 선호체계를 지닌 수요자 그룹을 만나게 된다는 사실에 주목하고 있다. 신제품이 출시되면 초기시장에는 제품의 혁신성을 중시하는 소수의 수요자가 관심을 갖게 되는데 이들이 초기시장을 형성한다.

문제는 다수의 수요자들은 제품의 혁신성 보다는 제품의 실용성을 보고 제품을 구매하는데 이들이 주류시장을 형성한다는 것이다. 이것이 바로 우리가 말하는 '시장개척단계'이다. 초기시장을 넘어서 주류시장이 형성되는 데에는 일정한 시차가 존재하게 되는데, 이 과정에서 수요가 정체하거나 오히려 감소하는 현상이 나타난다. 이것이 바로 두 번째 캐즘인 '상업화 죽음의 계곡'이다. 신제품의 혁신성과 실용성 간의 괴리가 심할수록 캐즘은 더 깊게 파인다. 시장진입단계에서는 혁신성을 중시하는 소수의 수요자가 관심을 갖기 때문에 시장개척단계에서 실용성을 중시하는 많은 수요자의 관심을 끌지 못하면, 시장진입에는 일단 성공했다 해도 끝까지 살아남기는 어렵다. 이것이 바로 두 번째 죽음의 계곡에 직면하게 되는 이유이다.

시장개척단계에서는 또한 많은 복병을 만날 수 있다. 시장개척단계를 다시 전기단계와 후기단계로 나누어보면, 전기단계는 실용성을 중시하는 소비자의 관심을 끄는 시기인 반면, 후기단계는 새로운 경쟁기업들의 진입에 의해 시장은 확장되겠지만 시장점유율 경쟁이 치열해지는 시기다. 전기단계에서 신제품의 실용성이 중요한 과제라면, 후기단계에서는 경쟁기업과의 경쟁력이 중요한 과제이다. 전기단계와 후기단계의 문제를 모두 극복할 수 있어야 스타트업이 죽음의 계곡을 벗어나 성장단계로 진입할 수 있다.

스타트업 전략: 성공과 실패

한국에 비해 스타트업 환경이 잘 조성되어 있고 스타트업이 활성화되어 있는 미국에서도 스타트업의 성공확률은 낮다. "미국 벤처투자자들은 일반적으로 스타트업의 30~40%는 완전 실패, 또 다른 30~40%는 원금회수, 10~20%는 실제수익을 내는 것으로 이야기한다. 미국벤처투자협회도 실패율을 25~30%로 보고 있다. 그러나 최근 하버드 비즈니스스쿨의 씨카 고쉬(Shikhar Ghosh)는 2004년에서 2010년 사이에 벤처자본을 100만 달러 이상 조달한 2,000개 기업을 조사한 결과 75%가 실패한 것으로 나타났다. 벤처투자자들이 실패한 것은 숨기고 성공한 것만 강조하기 때문에 벤처 성공률이 실제보다 과장되어 있다는 것이다."[2]

고쉬는 스타트업이 주로 4년차에 추가 자본조달의 어려움으로 실패한다는 점을 지적하고 있다. 미국 노동통계국과 카우프만 재단의 조사연구에 의하면 스타트업의 60%가 3년차까지 살아남고, 약 35%가 10년까지 살아남는 것으로 나타났다.[3] 이것은 미국에서도 '죽음의 계곡'을 넘기 쉽지 않다는 것을 의미한다.

스타트업의 실패율이 이렇게 높은데 우리는 왜 스타트업의 중요성을 강조하는가? 그리고 많은 사람들이 위험을 무릅쓰고 스타트업에 뛰어드는가? 스타트업에 대한 우리의 정의를 다시 보면 그 이유를 분명히 알 수 있다. 스타트업의 핵심은 기본적으로 '창의성'과 '불확실성'을 바탕으로 '고위험', '고성장', '고수익'을 추구하는 새로운 사업조직이라는 것이다. 스타트업은 산업의 새싹이므로 그것이 없으면 산업은 생명력을 잃고 국가는 쇠락할 수밖에 없다. 사람들은 스타트업의 위험성을 알고 있지만, 고성장, 고수익을 기대할 수 있기 때문에 스타트업에 뛰어든다.

문제는 스타트업의 실패율을 줄이는 것이다. 에릭 리스(Eric Ries)에 의하면, 실패하는 스타트업에는 크게 두 가지 유형이 있다. 하나는 지나치게 전통적인 경영기법에 의존하는 것이고, 다른 하나는 과학적 관리의 중요성을 무시하는 것이다. 전통적인 경영기법은 철저한 시장조사, 정교한 전략과 기획, 완성도 높은 제품 출시를 중시하는데, 이러한 경영기법에 의존한 많은 스타트업이 실패했다. 이와 반대로, 전통적인 경영기법에 의존한 스타트업이 실패하는 것을 보면서 많은 창업가와 투자자들이 '일단 해보자(just do it)' 방식에 길들여지는데 이 경우도 실패할 확률이 높다는 것이다. 에릭 리스(Eric Ries)는 자신의 실패와 성공의 경험을 기초로 스타트업의 성공확률을 높일 수 있는 방법으로 다음에 논의될 '린 스타트업'을 제시했다.[4]

스타트업에 성공하려면, 첫째, 창의적 아이디어와 분명한 비전이 있어야 한다. 비전은 가치성과 성장성을 담보할 수 있어야 한다. 둘째, 비전 실현을 위한 전략적 선택이 필요하다. 특히 리스크를 줄이려면 린 스타트업 전략이 필요하다. 셋째, 성장단계별로 투자유치를 할 수 있어야 한다.

창의적 아이디어와 비전

스타트업을 하려면 먼저 창의적 아이디어나 창의적 지식이 있어야 하고, 특허등록 등으로 그 창의적 지식을 지식재산권으로 보호 받을 수 있는 조치를 취해야 한다. 스타트업의 가장 중요한 자산이자 경쟁력의 원천은 지식재산이기 때문이다.

그러나 모든 창의적 아이디어가 경제적 가치를 창출할 수 있는 것이 아니므로, 스타트업을 하려면 자신의 창의적 아이디어가 경제적 가치를 실현할 수 있다는 것을 보여줄 수 있어야 한다. 이것이 바로 '비전'이다. 스타트업 비전의 핵심은 '가치성', '성장성', '경제성'을 제시하는 것이다.

'가치성'은 제품의 기능, 품질, 디자인, 가격 면에서의 소비자 선호도를 말한다. 아무리 좋은 아이디어로 훌륭한 제품을 만들어도 수요가 없는 상품은 존재가치가 없다. 가치성이 높은 제품을 만들기 위해서는 '가치가설'을 세우고 사용자들과 수많은 대화를 통해 그들의 아이디어를 받아들이고 그들이 지적한 미세한 문제까지 해결해 시장 친화적인 제품을 만들어야 한다.

스타트업은 고위험을 안고 작게 출발하므로 고성장, 고수익의 실현가능성 즉 '성장성'을 보여줄 수 있어야 투자자를 끌어들일 수 있다. 이를 위해서는 대체재와 보완재에 대한 철저한 조사 및 검토가 필요하다. 대체재가 존재한다면 기능, 품질, 디자인, 가격

면에서 차별화 전략으로 경쟁우위를 확보할 수 있어야 한다. 대체재와 경쟁하는 것은 생각보다 어렵다. 소비자들은 기존 제품의 기능과 디자인에 익숙해 있다. 특히 소비자들은 새로운 소프트웨어 사용법을 습득하는 데 부담을 느낀다. 가치성이 높은 기존 제품과 보완관계에 있는 제품을 생산하면 빠른 속도로 시장을 확장해 갈 수 있을 것이다. 특히 창조경제에서는 단순히 기업 간 경쟁을 넘어 생태계 간 경쟁이 치열하므로, 성장성을 확보하는 데 있어 생태계 경쟁전략이 중요하다. 내가 만든 콘텐츠가 어떤 플랫폼, 어떤 네트워크, 어떤 디바이스에서 강한 생명력을 발휘할 수 있는지를 잘 판단해야 한다.

마지막으로 가치성이 높아도 '경제성'이 없으면, 그 제품을 생산할 수 없다. 경제성 여부는 수입과 비용과의 관계로 판단된다. 경제성이 있으려면, 기업이 이윤을 실현할 수 있도록 시장가격보다 낮은 수준의 생산비로 그 제품을 생산할 수 있어야 한다. 경제성이 없는 제품을 생산하면, 비용이 시장가격보다 높아 적자를 면할 수 없고, 제값을 받으려 하면 가격이 시장가격보다 높아져서 시장에서 판매되지 않을 것이다.

린 스타트업

문제는 스타트업 비전의 핵심인 '가치성'과 '성장성'을 언제 어떻게 파악하느냐는 것이다. 전통적인 경영기법에서는 사전 시장조사와 시뮬레이션을 기초로 전략 및 기획을 수립한다. 그러나 스타트업은 본질적으로 불확실성이 높기 때문에 이러한 전통적인 경영기법을 적용하기 어렵다. 스타트업은 완전히 새로운 창조상품을 개발하는 것이므로 소비자가 상품과 서비스에 대해 인지하기 어렵다. 이러한 이유 때문에 철저한 시장조사가 현실적으로 어렵다. 또한 정교한 전략과 기획을 하려면 미래 예측이 가능해야 하는데, 스타트업은 불확실성이 너무 높아 미래 예측도 어렵다. 그뿐 아니라, 스타트업은 소규모 조직으로 자원이 제한적이기 때문에 철저한 시장조사와 정교한 기획이 현실적으로 어렵다.

스타트업의 이런 한계를 극복하는 방법으로, 에릭 리스는 '린 생산시스템(lean production system)'의 기본 원리와 기본전략을 이용해 '린 스타트업'을 제시하고 있다.[5] 린 생산시스템은 MIT IMVP연구팀이 도요타 자동차의 '적기(JIT, just-in time)생산방식'을 연구하면서 '대량생산방식(mass production system)'에 대한 대응 개념으로 붙인 것이다. 린 생산방식의 기본원리는 생산과정에서 낭비적 요소를 철저히 제거하는 것이다. 그리고 기본

전략은 필요한 시기에 필요한 물건을 필요한 양만큼만 생산하는 것이다.[6]

린 스타트업의 핵심은 창업단계에서 불필요한 낭비적 요소를 철저히 제거하고 수요자가 원하는 상품과 서비스를 생산해야 한다는 것이다. 이를 위해서 '사전 시장조사로 완성도가 높은 상품을 만들어 시장에 진입하는 전통적 경영기법' 대신에, 창업단계에서 완성도가 낮은 '최소 요건 제품(MVP, Minimum Viable Product)'을 만들어 소규모 고객을 대상으로 그 상품의 직접 사용경험을 바탕으로 '가치가설'과 '성장가설'을 측정한다는 것이다. '가치가설 검증'은 소비자의 만족도와 제품에 대한 평가를 측정하는 것이고, '성장가설 검증'은 수요확장가능성을 측정하는 것이다. 가설검증과정에서 정성적 및 정량적 데이터를 확보할 수 있다. 데이터를 분석해 학습을 하고 개선과 보완을 한다. 여기서 학습은 실패의 경험을 통한 학습이 아니라, 고객과의 피드백을 통한 학습으로, 실패를 예방할 수 있고 학습비용을 최소화할 수 있다. 이 과정에서 제조(build)-측정(measure)-학습(learn)의 피드백 순환체계([그림 12-1])가 구축된다.

이러한 접근은 창업단계에서 '죽음의 계곡'에 빠질 위험성을 크게 줄여준다. 세계 최대 온라인 신발업체인 '자포스(zappos.com)'의 사례를 보자. 창업자 닉 스윈먼(Nick Swinmurn)은 에릭의 린 스타트업 개념이 나타나기 10년 전에 린 스타트업을 실행

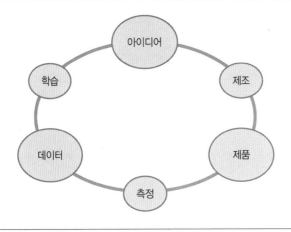

[그림 12-1] 제조-측정-학습 피드백순환

아이디어

학습

제조

데이터

제품

측정

출처: Eric Ries(2011), The Lean Startup,

했다. 그는 신발을 구입하러 갔다가 원하는 신발을 구입하지 못하면서 온라인 신발매장의 창업 아이디어를 떠올린다. 그는 지역 신발가게를 돌며 매장주인에게 '신발사진을 찍어 온라인상에 올린 후 온라인상에서 정가로 팔아주겠다'고 제의했다.[7] 그는 이 실험판매를 통해 자신의 창업 아이디어를 자신의 자본투자 없이 실험할 수 있게 되었다.

그는 위험부담이 큰 완전한 온라인 신발매장을 구축하기에 앞서 지역 신발매장을 이용해 가치가설과 성장가설을 측정할 수 있는 '최소요건제품(MVP)'을 만든 것이다. 그는 MVP로 창업단계에서 두 가지 가설을 측정할 수 있었다. 첫 번째 가설은 '고객이 온라인에서 신발을 기꺼이 살 것인가?' 이것은 가치가설이다. 두 번째 가설은 '충분한 수요가 있는가?' 이것은 성장가설이다. 그는 이 과정에서 가설상의 설문조사를 하는 전통적인 시장조사방법과 달리, 실제 고객 행동을 관찰함으로써 정확한 수요 데이터를 확보할 수 있었다. 실제 고객과 소통하면서 고객으로부터 많은 것을 배우고 고객의 다양한 요구를 서비스 개발에 반영할 수 있었다. 할인가격, 반품처리 등 자포스가 전혀 생각하지도 못했던 문제와 해결방법을 고객의 행동으로부터 학습하게 되었다.[8] 투자 리스크를 최소화한 이 작은 실험을 바탕으로 신발가게 주인의 투자를 이끌어냈고 시장에 성공적으로 진입할 수 있었다. 자포스는 2009년 아마존에 의해 12억 달러에 인수됐다.

사업계획: 확신과 전환

창업자는 비전을 실현할 '사업계획(business plan)'을 분명히 세우고, '사업계획 추진에 대한 강인한 의지(determination)'가 있어야 한다. '창업단계'에서 사업계획서는 비즈니스융합이나 투자자금의 확보를 위해 대단히 중요하다. 애시 모리아(Ash Maurya)는 '린 스타트업' 원리에 기초해서 알렉스 오스터왈더

[표 12-1] 린 캔버스

1. 문제 가장 중요한 세 가지 문제	4. 솔루션 가장 중요한 세 가지 기능	3. 고유의 가치제안 제품을 구입해야 하는 이유와 다른 제품과의 차이점을 알기 쉽고 설득력 있는 단일 메시지	5. 경쟁우위 다른 제품이 쉽게 흉내 낼 수 없는 특징	2. 고객군 목표 고객
	8. 핵심지표 측정해야 할 핵심활동		9. 채널 고객 도달경로	
7. 비용구조 생산 및 판매비용			6. 수익원 매출 모델, 생애가치, 매출 총이익	

출처: Ash Maurya(2012), Running Lean, 위선주(역)

(Alex Osterwalder)의 '사업모델 캔버스'를 수정해,[9] 사업계획서를 한 눈에 볼 수 있는 한 페이지짜리 '린 캔버스(lean canvas)' 작성법([표 12-1])을 제시했다.[10]

사업계획서는 첫째, 내가 왜 이 일을 하는가(Start with Why)? 그 이유를 분명히 해야 한다. 회사의 비전과 사업목표에는 그 일을 하는 이유(Why)를 분명히 하고, 현재 상태, 성장계획, 미래모습을 담고 있어야 한다. 그 일을 하는 이유(Why)를 먼저 밝히고, 그 다음 그 일을 실현할 수 있는 방법(How)을 제시하고, 마지막으로 제품이나 서비스 등 결과물(What)을 제시하는 순서로 일을 해야 한다.[11] 즉 솔루션을 구축하려고 노력하기 전에 해결해야 할 가치가 있는 '문제'인지를 먼저 판단하는 것이 더 중요하다.

즉 '고객이 원하는 것인지, 고객이 구입할 것인지'를 파악하는 것이 현재 솔루션을 찾는 것보다 중요하다. 많은 시간과 자본을 투입해 솔루션을 찾았는데 아무도 그것을 필요로 하지 않는다면, 그것은 무용지물이고 낭비이다.

둘째, 고객, 사용자, 타깃시장을 분명히 해야 한다. 누가 왜 우리 제품을 원하고, 어떻게 그들에게 다가갈 수 있는지를 알아야 한다. 즉 '고객군'과 고객 도달 경로 즉 '채널'을 분명히 해야 한다.

셋째, 'SWOT 분석'에 기초해 경쟁우위 전략을 구축해야 한다. 즉 강점(Strength), 약점(Weakness), 기회(Opportunity), 위협(Threat) 등의 요인들을 분석해야 한다. 그리고 강점을 활용해 기회를 극대화할 수 있는 'SO(강점-기회)전략', 강점을 이용해 위협을 회피하기 위한 'ST(강점-위협)전략', 약점을 기회로 활용하는 'WO(약점-기회)전략', 위협을 회피하고 약점을 최소화할 수 있는 'WT(약점-위협)전략'을 담아야 한다.

넷째, 기업성장단계별로 '비용구조'와 '수익원'을 분석해 '투자 자금 확보 및 운용 계획(startup financing cycle)'을 제시해야 한다.

마지막으로, 사업계획에 대한 '핵심지표' 검증을 통해 초기 비전을 밀고 갈 것인지 아니면 '방향전환(pivot)'을 할 것인지를 판단해야 한다. '가치가설' 및 '성장가설' 검증을 통해 제품 및 시장 적합성이 확인되면 초기계획을 가속화해야 할 것이다. MVP에 의한 가치가설 검증 결과 고객이 원하지 않는 것으로 판단되면 사업계획을 수정해 보다 효과적인 방법을 찾아야 한다. 이것이 바로 더 큰 위험에 빠지는 것을 예방하는 길이고, 린 스타트업의 강점이다.

창업자는 강인한 의지(determination), 즉 좌절을 극복할 수 있는 탄성(resilience), 즉 방향전환을 할 수 있는 기민성과 동시에 앞으로 나아갈 수 있는 추진력(drive)이 있어야 한다. 대부분의 새로운 아이디어는 비정상적으로 보인다. 창의적 아이디어가 경제적 가치로 이어지려면 투자자 및 수요자의 관심을 끌 수 있어야 한다. 창의적 아이디어가 관심을 끌기 위해서는 독창성, 매력, 실현성이 있어야 한다. 창의적 아이디어가 창의적 지식으로 구체화되고 상품화되면 사람들은 그 가치를 알아보기 시작하지만, 창의적 지식의 단계에서 동업자나 엔젤 투자자를 끌어들이는 일은 결코 쉬운 일이 아니다.

비즈니스융합과 투자유치

최근 '1인 창업자'도 많지만, 창업은 기술, 디자인, 경영 등 비즈니스 융합으로 하는 것이 더 효과적이다. 창업파트너는 시너지효과를 극대화할 수 있고 상호 신뢰할 수 있는 최소의 정예멤버로 구성하고, 불화가 발생하지 않도록 각별하게 노력해야 한다. 아주 멋진 창조상품을 개발했지만, 대기업을 파트너로 설득하는 방법이나, 심지어 은행과의 거래방법도 모를 수 있다. 이 경우 비즈니스 역량이 뛰어난 파트너를 구해야 한다. 비즈니스 융합의 경우, 공동창업자 사이에 불화가 발생하는 경우가 많다. 그런데 어떤 원인에 의하건 공동창업자 사이에 불화가 발생하게 되면 스타트업의 생산성과 사기는 위기를 맡게 되기 때문에 불화가 발생하지 않도록 서로 예방적 노력을 해야 한다.

그리고 창의적 아이디어 또는 지식재산으로 경제적 가치를 실현하려면 투자자들의 관심을 끌 수 있어야 한다. 훌륭한 창의적 아이디어도 투자자들로부터 관심을 끌지 못하고, 거부당할 가능성이 높다. 현재 크게 성공한 스타트업들도 초기에 수없이 거부당한 사례가 많다. 미국의 대표적인 스타트업 액셀러레이터 업체인 'Y Combinator'의 공동창업자인 제시카 리빙스턴(Jessica Livingston)은 다음과 같은 사례를 들고 있다. "에어 비엔비 (Airbnb)는 2007년에 창업해 수없이 거절을 당하고 창업자가 돈을 다 쓰고 시리얼로 연명하면서 마지막 순간에 도달한 2009년 초에 'Y Combinator'의 지원을 받아 성공했다. 대부분 그들의 아이디어가 말도 안 된다고 생각했다. 심지어 우리가 2005년에 'Y Combinator'를 시작할 때 사람들은 정신 나갔거나 바보 같은 짓이라고 생각했다."[12]

아무리 좋은 창의적 아이디어를 갖고 있어도 투자자의 관심을 이끌어 낼 수 없다면, 그것을 경제적 가치로 실현하기 어렵다. 어떤 창의적 아이디어는 살아남고, 어떤 아이디어는 사라진다. 아이디어가 살아남으려면 사람들의 뇌리에 깊이 각인될 수 있어야 한다.

스탠퍼드 대학교의 칩 히스(Chip Heath) 교수와 그의 동생 댄 히스(Dan Heath)는 공저 《스틱》에서 뇌리에 각인될 수 있는 메시지 전달의 6대원리를 각 원리의 머리글자를 따서 'SUCCESs'로 정리하고 있다.[13] 우리는 이 6대 원리에 기초해 창의적 아이디어나 지식재산에 대한 투자자의 관심을 끄는 방법을 다음과 같이 정리한다.

첫째, 단순성(Simplicity)이다. 아이디어는 몇 초 이내에 알아들을 수 있도록 단순하게 표현되어야 한다. 아이디어가 복잡하면 이해하기도 어렵고 기억하기도 어렵다. 그러나 단순성은 간결성과 동시에 핵심을 내포해야 한다. 즉, 아이디어를 전달할 때는 간결하게 하되 반드시 핵심정보에 포커스를 맞추어야 한다.

둘째, 의외성(Unexpectedness)이다. 사람들이 전혀 예상치 못한 아이디어를 제시함으로써 관심을 끌 수 있어야 한다. 의외성이 사람들의 재미와 호기심을 불러일으킨다. 누구나 예측할 수 있고 당연한 것으로는 사람들의 재미와 관심을 유도하기 어렵다. 창의성과 참신성을 부각시켜야 한다.

셋째, 구체성(Concreteness)이다. 창의적이고 혁신적인 아이디어 일수록 처음에는 사람들이 이해하기 어렵기 때문에 아이디어가 구체적으로 전달되어야 한다. 구체성의 핵심은 비전을 분명히 하는 것이다.

넷째, 신뢰성(Credibility) 이다. 사람들이 신뢰할 수 있도록 자신의 전문적 지식이나 권위 있는 통계 및 자료를 이용해서 창의적 아이디어의 실현가능성에 대한 신뢰성을 높여야 한다.

다섯째, 감성(Emotions)을 자극할 수 있어야 한다. 아이디어를 신뢰한다면, 사람들이 그 아이디어를 좋아하도록 감성을 자극해 마음을 움직일 수 있어야 한다. 아이디어를 브랜드로 만들어 널리 알려질 수 있도록 해야 한다.

여섯째, 스토리(Stories)가 있어야 한다. 어떻게 창의적 아이디어를 갖게 되었고 그것이 왜 중요한가를 스토리로 만들어야 한다.

스타트업 성장단계와 금융 사이클

창업에 성공하기 위해서는 창업 단계별로 필요한 자금을 조달할 수 있어야 한다. 그런데 스타트업은 불확실성이 높기 때문에 투자자를 확보하기 대단히 어렵다. 스타트업의 성장단계별 금융 사이클이 [그림 12-2]에 나타나 있다. 창업단계에서는 '종자돈

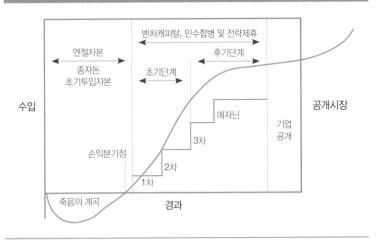

[그림 12-2] 스타트-업 금융 사이클

벤처캐피탈, 인수합병 및 전략제휴

엔젤자본

종자돈
초기투입자본

초기단계

후기단계

수입

공개시장

메자닌

손익분기점

3차

기업
공개

2차

1차

죽음의 계곡

경과

출처: http://en.wikipedia.org/wiki/Seed_funding

(seed capital)'이 있어야 한다. 종자돈은 연구개발, 시제품개발, 시장조사와 같은 시제품이 개발되기까지 필요한 사전적 투자자금으로 투자위험이 대단히 높다. 투자위험이 높아 투자자금을 조달하기 어렵기 때문에 창업자 본인, 가족, 친구로부터 자금을 조달하거나 금융기관으로부터 다른 자산을 담보로 돈을 빌리기도 한다. 정부의 연구개발비에 의존하기도 한다. 이 경우 예상보다 창업기간이 길어지면 부채증가로 첫 번째 죽음의 계곡에 빠지게 된다. 창조금융시장이 발달되어 있으면 고위험-고수익 투자를 하는 엔젤자본이나 크라우드 파이낸싱을 통해 투자자금을

조달할 수 있다. 이 경우 부채압력에서 벗어날 수 있기 때문에 죽음의 계곡에 빠질 가능성을 크게 줄일 수 있다.

시장진입단계에 들어서면 여전히 리스크가 크지만 창업단계에 비해 리스크가 낮아지면서 벤처캐피탈을 조달할 수 있다. 시장개척단계에 들어가면 양산체제를 갖추기 위한 필요자본이 크게 증가하는데, 초기시장과 소비자 선호체계가 다른 주류시장의 성공적 개척 가능성은 불투명하기 때문에 제2의 죽음의 계곡에 직면할 위험성이 대단히 높다. 이시기에는 인수합병, 전략적 제휴 등 다양한 방법으로 죽음의 계곡을 넘어 갈 수 있어야 한다. 일단 시장개척단계를 성공적으로 지나면 기업공개를 통해 필요자본을 조달할 수 있기 때문에 본격적인 성장단계로 진입할 수 있다.

죽음의 계곡을 건너라

스타트업들이 어떻게 하면 죽음의 계곡(캐즘)을 넘어 건강하게 성장할 수 있을까? 정부와 스타트업이 함께 노력해야 한다. 정부는 스타트업들이 죽음의 계곡을 건널 수 있는 다리를 놓고 환경을 잘 조성해 주어야 한다. 영국 하원은 최근 〈죽음의 계곡을 위한 가교(Bridging the valley of death, 2012~2013)〉라는 보고서를 냈다.[14] 특히 한국에서는 창조금융시장이 발달되어 있지 않아 죽음의 계곡에 빠질 위험성이 미국이나 영국에 비해 대단히 크다. 이것이 미국에 비해 스타트업이 번성하지 못하는 주요한 이유 가운데 하나다. 정부가 스타트업을 위한 정책자금을 지원하라는 것이 아니라, 제7장에 논의한 바와 같이 창조금융시장이 발전할 수 있는 환경을 조성하라는 것이다. 우리는 이미 1990년대 말 정부의 정책자금에 의해 조성된 벤처붐에서 사상누각의 붕괴와 깊은 상처를 경험했다. 창조금융시장이 발달되어 있으면 투자자금을 조달하는 것은 스타트업의 몫이다.

그리고 정부는 제6장에서 논의한 바와 같이 지식재산시장을 잘 형성하고, 제8장에서 논의한 바와 같이 공정경쟁질서를 잘 확립해야 한다. 벤처기업이 제1캐즘을 넘어도 제2캐즘에 갇혀 좌절할 수 있기 때문이다. 공정경쟁질서가 확립되어 있지 않은 시장에서 이런 현상이 많이 발생할 수 있다. 시장개척단계에서 스타트업이 원·하청의 부당거래에 의해 무너질 수도 있고, 자본력과 마케팅 능력이 뛰어난 대기업의 유사제품 출시에 의해 무너질 수도 있다.

문제는 죽음의 계곡을 건너야 하는 자는 정부가 아니라 스타트업이라는 것이다. 스타트업이 스스로 죽음의 계곡을 건널 용기와 전략이 있어야 한다. 스타트업이 죽음의 계곡에 빠질 가장 큰 위험요소는 창업자의 '수요착시현상'이다. 우리는 상품이나 서비스의 개발자가 자신의 관심이 소비자의 관심과 일치한다고 생각하는 현상을 볼 수 있는데, 이러한 현상을 '수요착시현상'으로 정의하고자 한다. 수요착시현상에 빠지면 개발자는 소비자가 아닌 자신이 관심 있는 상품이나 서비스를 개발하게 되고, 이것은 깊고 넓은 죽음의 계곡에 빠지는 첩경이다. 그래서 앞서 논의한 바와 같이, 가치성, 성장성이 담보될 수 있는 비전을 설정하고, 린 스타트업 전략에 따라 MVP를 만들어 고객과의 피드백을 통해 가치가설 및 성장가설을 검증해야 한다. 그리고 검증결과에 따라 정책전환 여부를 판단해야 한다.

또한 투자자금 부족에 의해 죽음의 계곡에 빠지지 않도록 스타트업의 성장단계별 금융 사이클에 맞게 창조금융시장에서 다양한 방법으로 투자 자본을 조달하는 전략이 필요하다. 그리고 초기시장과 주류시장의 소비자 선호도 차이를 잘 파악해서 시장개척단계에서 제2캐즘에 빠지지 않도록 주의해야 한다. 제2캐즘을 뛰어넘으려면 가격, 품질, 기능, 디자인에서 경쟁우위를 확보할 수 있도록 지속적 혁신을 해야 한다.

13장

창조경제와 창조경영

창조경제와 창조경영

창조경제에서 스타트업도 중요하지만, 기존기업의 지속적 혁신 역시 대단히 중요하다. 제4장의 '창조경제 생태계 모형'은 창의적 아이디어와 상상력에 의한 기존 기업의 지속적 혁신의 중요성을 강조하고 있다. 창조경제에 관한 많은 논의가 스타트업과 문화 창조산업에만 초점이 맞추어져 있다. 우리는 앞에서 이러한 오류를 범하지 않기 위해 창조경제를 경제 패러다임으로 접근해야 한다는 점을 강조해 왔다.

창조경제가 산업경제와 다른 새로운 경제 패러다임이라면, 기존 산업 내지 기존 기업도 창조경제 패러다임에 맞게 체질을 혁신해야 한다는 것이다. 산업경제에서 창조경제로 경제 패러다임이 이행되면, 기업의 경쟁질서가 변화하므로 산업경제 패러다임에 갇혀 있는 기업은 점차 경쟁력을 상실하게 된다. 이것은 개인이나 국민경제적 차원에서 보면, 일자리 붕괴와 경제력 약화로 이어진다.

제3장에서 본 바와 같이, 창조경제에서는 지식혁명 내지 창조혁명에 의해 창조적 변화와 창조적 진화가 끊임없이 일어난다. 기업들은 '창조직 변화'를 통해 상품의 기능, 디자인, 품질을 끊임없이 개선한다. '창조적 변화'가 기존 패러다임 하에서 기존의 시스템이나 상품을 개선하는 것이라면, '창조적 진화'는 기존 상품이나 시장을 완전히 대체해 버릴 수 있는 새로운 차원의 상품이나 시장이 개발되는 것이다. 무선전화기에서 스마트폰으로, 필름 카메라에서 디지털 카메라로의 '창조적 진화'가 시장과 기업에 어떤 변화를 가져왔는지 돌이켜보면 창조적 진화의 위력을 잘 알 수 있을 것이다.

이와 같이 급변하는 기업 환경에서 기업의 핵심적 과제는 지속적 혁신역량을 확보해 '창조적 변화'와 '창조적 진화'를 거듭하는 것이다. 기업이 지속적으로 성장하기 위해서는 단기적으로 창조적 변화를 거듭해 상품의 경쟁력을 높이면서, 장기적으로는 창조적 진화를 일으킬 수 있는 완전히 새로운 차원의 상품을 개발하는 것이다. 그렇다면 기업의 지속적 혁신역량을 어떻게 확보할 수 있는가? 어떤 기업의 창조 역량은 그 기업에 종사하는 사람들의 '개인 창조성(individual creativity)', '집단창조성 (collective creativity)'에 의해 결정되고, 이것은 고용관계수준에 의해서도 결정된다. 이러한 메커니즘을 잘 보여줄 수 있는 이론 이 이효수의 'PDR시스템이론'이다.

PDR 시스템 이론[1]

'PDR시스템 이론(PDR System Theory)'에 의하면, 기업은 생 산(Production), 분배(Distribution), 룰-메이킹(Rule-making)시스 템이 유기적으로 통합된 하나의 생명체이다. 'PDR시스템 이론' 의 기본 틀이 [그림 13-1]에 나타나 있다. 이 이론에 의하면, 고 용관계 행위주체들은 환경변수들을 고려해 생산시스템, 분배시 스템, 룰-메이킹 시스템을 구축하고, 이들 세 가지 하위시스템의 내용과 상호작용에 의해 고용관계의 성과수준인 생산성과 근로 자의 만족수준이 결정된다.[2]

환경변수는 경쟁환경(Competitive Environment)과 일반환경 (General Environment)으로 구분된다. 경쟁환경변수는 기업의 전략적 선택의 대상이 되는 변수들로서 상품시장, 자본시장, 노 동시장, 기술, 기업규모 및 소유관계 등이고, 일반환경변수는 기 업의 전략적 선택의 대상이 될 수 없지만 고용관계에 영향을 미

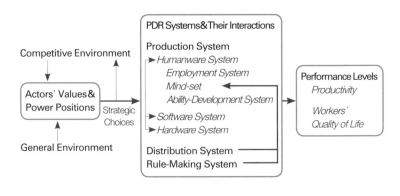

PDR Systems&Their Interactions

Production System
►Humanware System
  Employment System
  Mind-set
  Ability-Development System
►Software System
►Hardware System

Distribution System
Rule-Making System

Competitive Environment

Actors' Values&
Power Positions

Strategic
Choices

General Environment

Performance Levels
Productivity

Workers'
Quality of Life

출처: Lee, Hyo-Soo(1996), IR/RI, Lee, Hyo-Soo(2001), JEI.

치는 변수들로서, 사회 문화적 환경, 정치상황, 경제상황 등이 이에 속한다.[3]

[그림 13-1]에 의하면, 분배시스템과 룰-메이킹 시스템이 마인드-셋(mind-set)을 통해 휴먼웨어시스템에 영향을 미친다. 휴먼웨어시스템은 소프트웨어시스템 및 하드웨어시스템과 상호작용하면서 생산시스템의 수준을 결정한다. 이것은 분배시스템과 룰-메이킹 시스템이 마인드-셋(mind-set)을 통해 생산시스템과 유기적으로 통합되어 있다는 것을 의미한다. 그래서 기업의 경쟁력을 결정하는 생산시스템의 수준은 휴먼웨어, 소프트웨어, 하드웨어뿐만 아니라, 그 생산시스템과 최적 결합할 수 있는 분

배시스템과 룰-메이킹 시스템의 수준에 의해서 결정된다.

기업의 경쟁전략이나 고용관계를 이해하는 데 있어, 기업을 PDR시스템이 유기적으로 통합된 하나의 생명체로 이해하는 것은 대단히 중요하다. 기업은 생산을 목적으로 하고, 생산에 참여하는 모든 종업원은 분배를 목적으로 하며, 생산과 분배에는 어떤 형태의 룰이 존재한다. 기업에는 이처럼 서로 다른 목적을 갖고 서로 다른 기능을 하는 사람들이 유기적으로 결합되어 있다. 생산 없는 기업이 존재할 수 없고, 분배 없는 생산은 불가능하다.

PDR시스템이 유기적으로 결합된 하나의 생명체라면, 혁신적 생산시스템 구축을 위해서는 그에 맞는 분배시스템 및 룰-메이킹 시스템을 구축해야 한다. 그래서 이 이론은 초기에 고용관계 이론으로 개발되었지만, 창조경영을 위한 기업의 체질개선 방향을 제시하는 유용한 이론적 틀로 이용될 수 있다.

PDR시스템과 창조경영

PDR시스템이론 모형([그림 13-1])의 순서에 따라 다음과 같이 창조경영을 위한 기업혁신체제 구축방향을 검토해 볼 수 있다. 첫째, 환경변수(environment)에 대한 분석이다. 창조경제시대 기업환경을 어떻게 이해해야 하는가? 둘째, 기업의 행위주체

(actors)인 최고경영자의 리더십과 종업원의 가치인식이 어떻게 되어야 하는가? 셋째, PDR시스템을 어떻게 구축해야 하는가? 넷째, 성과수준(performance levels)은 창조적 변화 및 창조적 진화의 수준으로 측정한다. 그래서 첫째, 창조경제의 기업환경과 경영전략, 둘째, 창조경영과 VIP 리더십, 셋째, PDR시스템과 휴먼웨어혁명 순으로 논의를 전개하고자 한다.

• 창조경제의 기업환경과 경영전략

창조경제에서 기업환경의 주요 특징은 '복잡성(complexity)'과 '불확실성(uncertainty)'이 심화되고, '변화 속도(speed of change)'가 대단히 빠르다는 것이다. 인터넷 및 사물인터넷이 발달하면서 '언제(시간)-어디서나(장소)-사람-사물'이 세계적으로 연결되는 '초연결세계(hyperconnected world)'가 탄생하고 있다. '초연결성(hyperconnectivity)'과 창조혁명이 '복잡성', '불확실성', '변화의 속도'를 높이고 있다.

상품시장에는 불과 몇 개월 사이에 세계 곳곳에서 기능, 품질, 디자인이 개선된 경쟁상품이 나타나고, 심지어 어느 순간에 기존 상품시장을 완전히 무너뜨릴 수 있는 새로운 대체재가 나타나기도 한다. 국가와 기업들이 경쟁적으로 연구개발 투자를 확대하면서 기술의 변화속도도 그만큼 빨라지고 있다. 지식재산권보호제

[표 13-1] 기업환경의 차이

기업환경	창조경제	산업경제
상품시장	짧은 상품수명주기, 많은 스타트업	긴 상품수명주기, 적은 스타트업
자본시장	풍부한 벤처자본	산업자본, 금융자본
노동시장	창조계급, 높은 노동이동	반 숙련노동, 낮은 노동이동
기술	기술개발 기관의 다양화	기업중심 기술개발
경제·사회·문화	글로컬선도대학(GIU), 개방 네트워크	교육기관으로서 대학

도로 인해 기술의 선점이 중요하므로, 기술개발속도 또한 대단히 중요하다. 글로벌 마켓에서 자본도 수익률이 높은 곳으로 빠른 속도로 이동한다. 다국적 기업은 여러 나라의 노동시장에서 우수한 인재를 확보해 경쟁을 한다. 기업의 인수합병이 활발하게 이루어지면서 경쟁기업의 기업규모나 소유관계도 빠르게 변화한다.

문제는 이러한 급변하는 환경변화에 신속하고 능동적으로 대응하지 못하는 기업은 살아남기 어렵다는 것이다. 경쟁환경의 '변화 속도'가 얼마나 빠르고, '변화의 파고'가 얼마나 높고, '변화의 힘'이 얼마나 센가하는 하는 것은 제3장의 노키아 사례에서 잘 알 수 있다. 노키아는 1992년에 휴대폰시장에 진입한 후 불과 5년만인 1998년에 '노키아 5110'을 출시하면서 모토로라를 제치고, 세계 휴대폰 시장 점유율 1위에 올랐고, 그 후 2011년까지 14

년 동안 그 자리를 지켰다. 그리고 그 후 불과 2년만인 2013년에 MS에 넘어갔다.

노키아의 급속한 성장과 몰락은 몇 가지 중요한 교훈을 준다. 노키아는 제지, 화학 등 종합 회사에서 휴대폰 특화라는 기업의 창조적 진화로 도산의 위기에서 세계 최강의 휴대폰 생산업체로 거듭났다. 그리고 창조적 변화를 통해 휴대폰의 기능, 디자인, 품질을 개선하면서 14년 동안 세계시장 점유율 1위를 유지했다. 그런데 애플이 2007년에 '아이폰'을 출시했을 때 노키아의 최고경영자는 이것이 피처폰 시장을 무너뜨릴 수 있는 '창조적 진화'라는 인식을 하지 못하고, 여전히 피처폰의 가격경쟁력을 높이는 데에만 주력하다 몰락한 것이다.

창조경제에서는 창조적 변화와 창조적 진화가 빈발하므로, 단순히 가격경쟁과 품질경쟁으로 경쟁우위를 확보할 수 없다. 창조경제에서 기업이 지속적으로 성장 발전하기 위해서는 창조적 진화를 거듭할 수 있어야 한다. 단기 이윤추구로 창조적 진화의 노력을 게을리 하고 비용극소화 전략만 추구한다면 어느 순간에 시장을 잃고 기업은 완전히 경쟁력을 상실할 수 있다.

• 창조경영과 VIP 리더십

노키아의 사례에서 보는 바와 같이 급변하는 경쟁 환경에서는 기업이 창조적 변화와 창조적 진화를 하지 못하고 단순히 열심히 노력하는 것만으로 살아남기 어렵다. 기업이 창조적 변화와 창조적 진화를 거듭하기 위해서는 최고경영자의 VIP(Vision, Innovation, Passion)리더십이 절대적으로 필요하다. 관리형 CEO는 창조적 진화를 선도하기 어렵다. 최고경영자는 기업 환경변화의 본질을 정확히 읽고 내재적 역량을 파악해 새로운 비전(Vision)을 제시하고, 이 비전을 실현할 수 있도록 혁신(Innovation)을 열정(Passion)적으로 추진할 수 있어야 한다. 창조경제에서 최고경영자에게 요구되는 가장 중요한 능력은 창조적 변화와 창조적 진화를 가져 올 수 있는 비전제시 능력이다. 복잡성과 초연결성을 뚫고 새로운 길을 제시할 수 있어야 한다.

IBM이 2010년 1,500명의 CEO를 상대로 한 설문조사에서, CEO의 가장 중요한 능력이 '관리능력'이나 '마케팅 능력'이 아닌, '창의력'으로 나타났다. 이 보고서에 의하면 21세기에 글로벌 마켓이 확대 심화되면서 '복잡성(complexity)'이 크게 증대되고 있기 때문에, 앞으로 기업이 직면하게 될 가장 큰 도전은 이 복잡성을 뚫고 새로운 길을 찾는 것이다. 그래서 CEO에게 요구되는 가장 중요한 능력은 '창조적 리더십(creative leadership)'이라는 것이다.[4]

그리고 새로운 비전을 실현할 수 있도록 PDR시스템을 혁신해야 한다. 새로운 비전은 불확실성이 높고, 혁신에는 저항이 크기 때문에 구성원들의 '집단창조성'과 협력을 이끌어 낼 수 있는 열정이 있어야 한다. 즉 비전제시(vision provider), 혁신추진(innovation driver), 구성원들의 집단창조성과 협력을 극대화할 수 있는 열정(passion), 이른바 'VIP 리더십'이 창조경제 시대에 기업경영자나 대학총장에게 요구되는 가장 중요한 능력이다.

스티브 잡스와 애플은 VIP 리더십과 기업의 창조적 변화와 창조적 진화를 이해하는 데 대단히 좋은 사례이다. 스티브 잡스는 창조적 변화와 창조적 진화를 선도하는 데 필요한 지도자의 덕목인 VIP 리더십을 생생하게 보여준다. 그리고 애플은 기업의 창조적 진화와 기술의 창조적 진화를 동시에 읽어볼 수 있는 좋은 사례이다.

스티브 잡스는 20세기 말과 21세기 초에 창조적 변화와 창조적 진화를 선도해 시대를 이끌고 세상을 바꾼 대표적인 인물이다. 스티브 잡스는 인문학적 감각과 과학적 재능을 겸비해 '창의적 마인드(creative mind)'가 강했으며, 열정이 넘치는 인물이었다. 그는 열두 살 때 주파수 계수기를 만들고 싶은 생각에 전화번호부에서 HP사의 창업자 빌 휼렛의 전화번호를 찾아 직접 통화해 부품을 구했다고 한다. 이러한 일화에서 그의 창의적 마인드와 열정을 알 수 있다. 스티브 잡스는 'PC', '애니메이션', '음악', '휴대전화', '태블릿 컴퓨터', '디지털 출판' 등 여섯 개 산업부문에서 창조적 진화를 일으켜 새로운 패러다임을 선도했다.[5]

스티브 잡스는 훌륭한 엔지니어가 아니라, 직관력과 창의력이 뛰어난 VIP 리더십을 갖춘 기업가였다. 그는 직접 컴퓨터를 만들거나 스마트폰을 만들지 않았지만, 여섯 개 산업부문의 창조적 진화는 그에 의해 이루어졌다. 그는 어떤 새로운 상품을 생산해서 시장을 어떻게 선도할 수 있는지를 알아내는 탁월한 직관력과 비전제시 능력을 갖고 있었다. 그는 항상 다른 것을 생각하고, 다르게 디자인하고 마케팅 하는 창의력을 갖고 있었다.

최초의 통합 패키지형 개인용 컴퓨터(PC)를 만들어야 한다는 비전을 제시한 사람은 스티브 잡스였고, 그 컴퓨터를 만든 사람은 애플의 공동창업자인 천재적 엔지니어 워즈였다. 스티브 잡스는 멋진 케이스, 키보드, 전원장치, 소프트웨어, 모니터까지 갖춘 일체형 컴퓨터를 만들어야 한다고 생각함으로써 컴퓨터의 창조적 진화를 이끌어 냈다. 그는 그 후에도 컴퓨터의 창조적 진화를 선도해 태블릿 컴퓨터를 개발했다. 스티브 잡스는 정보를 교환하는 폰, 정보를 수집하는 인터넷, 정보를 저장하는 아이팟 기능을 하나로 통합하는 비전을 제시하고, 열정적으로 '집단창조성(collective creativity)'을 이끌어 내어 아이폰을 생산해 휴대폰의 창조적 진화를 선도하면서 스마트폰 시대를 열었다. 이것이 바로 VIP 리더십이다.

• PDR시스템과 휴먼웨어 혁명

창조경제시대에 기업이 지속적으로 성장하려면, 기업의 창조
적 역량을 극대화할 수 있도록 PDR시스템을 구축해야 한다. 앞
서 [그림 13-1]에서 본 바와 같이, PDR시스템 이론에서는 휴먼
웨어를 기업의 가장 중요한 동력으로 보고 있다. 특히 기업의 창
조적 역량은 휴먼웨어 수준에 의해서 결정된다. 휴먼웨이는 인
적자원(human resource)을 창조적 자원(creative resource)으로
전환시키는 시스템이다. 휴먼웨어는 고용관리, 마인드-셋, 능력
개발로 구성되어 있다. 마인드-셋은 학습, 창조, 협력마인드를
말한다.

[표 13-2] PDR시스템과 창조경영

PDR 시스템	창조경영	일반경영
기업환경	창조경제	산업경제
리더십	VIP 리더십	관리형 CEO
생산시스템	휴먼웨어 중심, 소프트웨어 중시	하드웨어 중심, 소프트웨어
휴먼웨어	Y형인재, 구상과 실행의 통합	X형인재, 구상과 실행의 분리
혁신체제	개방혁신, 생태계경쟁	폐쇄혁신, 기업경쟁
분배시스템	하이로드전략, 직무 및 성과 중심	로우로드 함정, 연공서열
룰-메이킹시스템	수평 네트워크, 팀워크, 자율적 통제	피라미드 조직, 관료적 통제

산업경제에서 형성된 PDR시스템과 기업문화를 그대로 갖고 있는 기업들이 여전히 많다. 산업사회의 대량생산체제에서는 주로 정형화되고 표준화된 상품을 생산했다. 대량생산체제에서는 제품의 라이프 사이클이 비교적 길었기 때문에 창조적 변화와 창조적 진화보다 생산 효율성과 이윤극대화가 강조되었다. 그리고 생산효율성을 높이기 위해 분업의 원리에 따라 직무가 세분화 표준화되어 있고, 구상과 실행이 분리되어 있기 때문에 개인의 창의적 아이디어를 실현하기 어렵다. 이런 생산시스템에서는 정형화되고 표준화된 교육과 훈련을 받으며, 시키는 대로 열심히 일하는 X형인재로 충분했기 때문에 휴먼웨어보다는 생산설비 즉 하드웨어가 중시될 수밖에 없다. 휴먼웨어의 중요성에 대한 인식이 부족해 분배시스템 및 룰 관리에서도 마인드-셋에 대한 고려 없이 연공서열 임금체계, 상의하달 및 관료적 통제방식이 관행으로 되었다. 이 경우 기업은 이윤극대화를 위한 인건비 절감 전략을 쓰게 되는데, 이 과정에서 저임금-저생산성 즉 '로우로드 함정(low road trap)'에 빠질 위험성이 크다.

그러나 창조경제에서는 경쟁기업들이 창조적 변화와 창조적 진화를 끊임없이 추구하기 때문에 단순히 생산효율성 및 이윤극대화 전략만으로 경쟁에서 살아남기 어렵다. 기업이나 상품의 창조적 변화와 창조적 진화는 하드웨어나 소프트웨어에 의해서가 아니라 '창의적 인재'와 '집단창조성'에 의해서 가능하기 때문에 '휴먼웨어'의 수준이 경쟁우위를 결정한다.

'창의적 인재(creative talents)'와 '집단창조성(collective creativity)'을 확보하기 위해서는 학습·창조·협력 마인드를 극대화할 수 있도록 '휴먼웨어(humanware)'를 구축해야 한다. 이를 위해서 기업은 Y형인재 선발시스템을 갖추고, 종업원들이 재직 중에 지속적으로 새로운 지식과 정보를 습득하고 직업능력을 개발할 수 있는 능력개발시스템을 갖고 있어야 한다.

그리고 학습·창조·협력 마인드가 고도로 발현될 수 있도록 분배시스템과 룰 관리 시스템을 구축해야 한다. 임금 등 보수체계는 학력, 성, 근속연수 등에 의한 연공급 체계가 아니라 능력과 노력에 상응하는 직능 및 성과급 체계로 구축되어야 한다. 룰 관리시스템도 수직적 피라미드 조직에 의한 관료적 통제가 아니라, 수평적 네트워크 조직에 의한 자율통제 방식으로 전환되어야 한다. 창의적 인재는 자기실현 욕구가 강하기 때문에 근무시간이나 근무수칙을 일일이 통제하지 않아도 스스로 자기 직무에 몰입할 수 있다. 다만 '개인 창의성'을 넘어 '집단창조성'이 잘 발현될 수 있도록 아이디어나 프로젝트 중심으로 쉽게 모일 수 있는 환경, 문화, 보수체계를 만들어야 한다.

창조경영을 위해서 기업은 '하이로드전략(high road strategies)'을 펴야 한다. 즉 높은 임금 및 좋은 근무조건으로 우수한 Y형인재를 확보하고, 그들의 학습·창조·협력마인드가 고도로 발현할 수 있도록 PDR시스템을 구축하면, 기업의 '집단창조성'이 높아지면서 창조적 변화 및 창조적 진화가 일어나게 된다. 이 과정에서 기업은 경쟁우위를 확보해 높은 이윤을 실현하고 동시에 종업원의 삶의 질이 높아지는 '상생발전(mutual gains)'의 길이 열리게 된다.[6]

개방형 혁신

창조경제에서 기업의 주요한 경쟁전략으로 '개방형 혁신(open innovation)'이 주목을 받고 있다. 이 용어는 UC 버클리 대학의 헨리 체스브로(Henry Chesbrough) 교수가 2003년에 《개방형 혁신》이라는 책을 내면서 처음 사용했고, 2006년에 출간한 《개방형 비즈니스 모델》에 의해 크게 확산되었다.[7]

개방형 혁신은 연구, 개발, 상업화 과정에서 내부기술 및 자원은 물론 외부기술 및 자원을 함께 활용해 혁신비용을 줄이고 혁신역량과 부가가치 창출을 극대화하는 혁신전략이다. 외부기술도입에 의한 혁신뿐 아니라, 내부기술의 외부화를 통한 상업화도 포함된다. 체스브로는 전자를 '내향형 개방혁신(outside-in open innovation)', 후자를 '외향형 개방혁신(inside-out open innovation)'이라 했다.

[표 13-3] 개방형 혁신

폐쇄형 혁신	개방형 혁신
기업 내 우수한 인재 확보 유지	기업 내외에서 우수인재 활용
기업 내 R&D 및 상업화	외부 R&D 중요한 가치창출, 기업내외 R&D
시장선점이 중요	시장선점보다 더 좋은 비즈니스모델 구축중요
가장 많고 좋은 아이디어 창출이 중요	기업내외 아이디어의 최상 활용이 중요
지적재산의 철저한 보안과 부후	필요에 따라 지식재산을 매가 또는 매입
대학과의 계약연구결과에 대한 소유권 확보	대학과 지식창출 파트너십 형성

출처: Henry W. Chesbrough(2003)

개방으로 혁신의 투입(input)-과정(process)-산출(output), 즉 연구-개발-상업화의 각 단계에서 다양한 방법으로 내부기술과 외부기술의 최적화를 도모한다. 혁신에 필요한 지식, 기술, 아이디어를 기업내부는 물론 대학, 연구소, 스타트업, 다른 기업 등 외부의 다양한 소스로부터 확보한다. 개발과정에서도 내부단독개발, 공동개발, 외부개발을 하기도 한다. 산출, 즉 상업화도 기술판매, 기업분사(spinoff), 라이선싱, 신제품 및 서비스개발 등 다양한 형태로 이루어진다.

이것은 분명, 연구, 개발, 상업화의 모든 과정이 단일 기업내부에서 이루어지는 '폐쇄형 혁신(closed innovation)'과는 구별되는 것이다. 개방형 혁신이 과거에 없던 새로운 혁신 패러다임인가

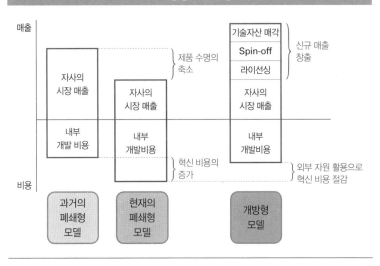

[그림 13-2] 개방형 혁신의 경제논리

출처: Henry W. Chesbrough(2006), Open Business Model, HBS. 김석관(2009)에서 재인용.

에 대해서는 논란이 있을 수 있다.[8] 그러나 체스브로 교수는 [표 13-3]에서 보는 바와 같이 개방형 혁신은 폐쇄형 혁신과 다르다는 점을 분명히 하고 있다.

과거에도 대학이나 외부연구소에 연구용역을 의뢰하거나, 일부기업에서 개방형 혁신과 같은 방법이 이용되기도 했다. 그러나 산업경제에서 상업화 연구는 일반적으로 대기업 연구소 중심으로 철저한 보완 속에서 폐쇄적으로 이루어졌다.

문제는 개방형 혁신이 새로운 패러다임이냐 아니냐가 중요한 것이 아니라, 창조경제에서는 개방형 혁신 생태계가 잘 조성되어 있어야 하고, [그림 13-2]에서 보는 바와 같이 개방형 혁신이 '경쟁우위'에 있다는 점이다. 이것은 폐쇄형 혁신을 고집하는 기업이 개방형 혁신을 추구하는 기업과의 경쟁에서 밀릴 수 있다는 것을 의미한다. 지식혁명, 창조혁명이 일어나면서 연구개발 환경이 크게 변화했기 때문에 개방형 혁신을 추구해야 한다는 것이다.

첫째, 과거에는 제품의 수명주기가 길었기 때문에 매출액 대비 개발비용이 높지 않았다. 창조혁명으로 창조적 변화와 창조적 진화가 빈번하게 일어나면서 제품의 수명주기가 짧아져 역설적으로 연구개발 리스크는 더 커지게 되었다. 그래서 기업들은 개방혁신을 통해 외부의 아이디어와 자원을 활용함으로써 자체 연구개발은 경쟁우위를 가질 수 있는 분야에 집중해 연구개발비를 줄이면서, 동시에 다양한 연구개발을 추진할 수 있어 개발투자의 부담과 위험성을 줄일 수 있다.

둘째, 연구개발의 규모의 경제효과가 크게 줄어들었다. 미국 NSF에 의하면 1981년에 산업 R&D의 70.7%가 종업원 2만 5,000명 이상 대기업에서 이루어졌으나, 2005년에는 그 비중이 37.6%로 떨어지고, 반대로 1,000명 이하 중소기업의 연구개발 비중은 같은 기간에 4.4%에서 24.1%로 크게 높아졌다는 것이다. 최근에 들어오면서 심지어 개인의 상업화 연구개발도 활성화되고 있다.

셋째, 개방형 혁신은 개방성으로 인해 시장의 변화를 민감하게 감지하고 신속하게 반응할 수 있다. 신상품개발은 시장선점 및 타이밍이 중요한데, 개방형 혁신은 또한 내부 및 외부 자원의 최적화로 개발비용은 물론 개발시간을 단축할 수 있다.

넷째, 개방형 혁신은 일종의 네트워크 혁신체제이기 때문에 경쟁우위 분야는 특화하고 경쟁열위 분야는 외부자원을 이용함으로써 특성화와 다양화를 동시에 추진할 수 있다. 게다가 최고의 아이디어나 해결책을 외부에서 구할 수도 있다. 네트워크 혁신체제의 가장 대표적인 사례가 할리우드 영화산업이다. 특정 영화사가 투자, 제작, 스텝, 장비, 배우 등 모든 자원을 다 갖추고 영화를 만드는 것이 아니라, 영화작품별로 이러한 자원들이 모이고 제작이 끝나면 흩어진다.

체스브로 교수에 의하면, 기업들이 갖고 있는 기술특허 가운데 자기 기업에서 직접 활용하는 비율은 5~25%에 불과하다. 사용되지 않은 특허기술을 외부로 개방해 다른 기업에 판매하거나 다른 기업과 공유함으로써 새로운 부가가치를 창출할 수 있다. P&G(Proactor & Gamble)가 '연계개발(C&D, Connect and Develop) 전략'으로 개방혁신을 성공적으로 하고 있는 대표적인 기업이다. P&G는 50% 이상의 새로운 아이디어와 기술을 외부에서 가져오는 것을 목표로 하고 있다.[9]

개방혁신이 이루어지려면 외부에서 필요한 지식과 기술을 조달할 수 있어야 한다. 즉 '연계개발(C&D)'이 가능해야 하는데 이러한 기능을 하는 기업들이 증가하고 있다. 예를 들어 이노센티브(InnoCentive)는 화학, 생물학, 생명과학 등과 같은 다양한 연구영역에서 특별한 기술을 찾는 회사와 그 기술의 솔루션을 제공하는 사람을 연결해 주는 회사다.[10] 즉 어떤 회사가 해결하지 못한 R&D 관련 문제를 이노센티브에 포스팅하면, 이것을 본 전 세계의 과학자들과 연구자들 가운데서 솔루션을 제출하고, 채택이 되면 그에 따른 보상을 받는 시스템이다. 일종의 연구개발과제 해결을 위한 개방플랫폼이다. 연계개발(C&D)을 돕는 이러한 전문 기업들이 증가하면서 개방형 혁신은 더욱 보편화, 가속화 될 것이다. 따라서 창조경제에서는 개방형혁신과 C&D 전략이 대단히 중요하다.

14장

창조산업

창조산업이란?

창조산업(creative industry)이라는 용어는 1994년 호주 정부의 〈창조국가(Creative Nation)〉 보고서에서 처음 사용되었다. 이후 영국은 1997년에 문화미디어스포츠부(DCMS)를 두고 창조산업 테스크 포스를 만들어 1998년 〈창조산업 전략보고서(The creative industries mapping document)〉를 작성했다. 이 보고서는 '창조산업을 개인의 창의, 기술, 재능을 바탕으로 지식재산의 개발을 통해 부와 일자리를 창출하는 산업'으로 규정하고, 기존의 13개 문화산업을 대상으로 매핑 작업을 통해 창조산업으로 분류하였다. 영국 정부는 이 산업들을 정책적으로 집중 육성하기 시작했다.[1]

영국의 창조산업이 성장률과 고용률에서 다른 산업에 비해 높은 성장세를 보이면서 유럽 각국은 물론 국제기구에서도 높은 관심을 갖기 시작했다. 유엔무역개발회의(UNCTAD)는 2004년 제9차 장관회의에서 '창조산업'의 개념을 정의하고, 창조산업을 국제경제 및 개발의제로 도입했다. 이러한 과정에서 문화산업은 창조산업으로 창조산업은 창조경제로 확대 규정되었고, 창조산업은 경제성장의 핵심 전략산업으로 인식되게 되었다. 그래서 많은 국가에서 창조산업은 문화산업을 중심으로 규정되어 있다.

우리는 여기서 중요한 의문을 제기한다. 창조산업의 성격을 규정하는 핵심적 요소가 '창의성'인가 '문화'인가? IT, BT, NT, ET, ST 등과 같은 기술기반산업, 신약개발, 지능형 로봇, 웨어러블 디바이스, 3D 프린팅 등은 창의적 지식을 핵심요소로 하고 있는데, 이것들은 창조산업에 해당되는가 해당되지 않는가?

우리는 이러한 문제를 해결하기 위해 창조산업의 개념을 넓게 규정하고자 한다. 우리는 '창조산업을 창의적 지식을 핵심요소로 재화와 서비스를 생산하는 산업'으로 규정하고자 한다. 우리는 문화적 창조성에 기반하고 있는 산업을 '문화기반 창조산업', 과학적 창조성에 기반하고 있는 산업을 '과학기반 창조산업'으로 구분하고자 한다. 전자는 주로 상상개발(I&D, Imagination & Development)에 의해 개발되고, 후자는 주로 연구개발(R&D, Research & Development)에 의해 개발된다.

문화기반 창조산업과 분류모델

'문화산업(culture industry)'이라는 용어는 독일의 비평가 테오도르 아도르노(Theodor Adorno, 1903~1969)와 막스 호르크하이머(Max Horkheimer, 1895~1973)가 《계몽의 변증법》에서 비판적 관점에서 처음으로 사용한 용어이다.[2] 그들은 19세기 산업화 과정에서 대중사회와 대중문화가 확산되자 이것을 순수예술과 엄격히 구분하면서 문화산업이라는 용어를 사용했다. 예술은 천재적인 예술가의 상상력과 영감에 의한 창작물인데 대중문화는 그렇지 못하다는 것이다. 문화산업이라는 용어는 엘리트 대 대중, 고급문화 대 대중문화, 예술 대 상업예술로 대비된 개념으로 인식되기도 한다. 기본적으로 문화산업은 문화와 경제의 결합된 형태이다. 유네스코는 "문화산업을 본질적으로 무형의 문화적 콘텐츠를 창출, 생산, 상업화하는 산업이고, 콘텐츠는 저작권을 통해 보호되며 재화 또는 서비스의 형태를 띨 수 있다"고 정의했다.

문화기반 창조산업은 공연예술 및 문화축제와 같은 전통문화에 뿌리를 둔 것에서부터 시청각 및 새로운 미디어와 같이 기술 및 서비스에 기반을 둔 것에 이르기까지 광범위하다. 그래서 창조산업의 분류가 국가별로 다르게 나타나고 있다. 최근 몇 년간 창조산업의 구조적인 특성을 체계적으로 이해하기 위해 다수의 분류모델들이 등장했다. 우리는 UN의 〈창조경제 보고서〉에서 소개하고 있는 네 가지 모델[3]과 UNCTAD 모델을 재구성해 [표 14-1]로 정리했다.

- **영국 DCMS 모델**: 영국 문화미디어스포츠부(DCMS)는 창조성, 기술, 재능을 필요로 하면서 지식재산을 활용해 부와 일자리를 창출할 수 있는 산업을 창조산업으로 정의하고, [표 14-1]에서 보는 바와 같이 13개 산업을 창조신업으로 분류했다.[4]

- **UNCTAD 모델**: 창조산업을 창조성과 지식재산을 주요 투입 요소로 하는 재화 및 서비스의 창조, 생산, 유통에 이르는 모든 산업으로 넓게 규정하고 있다. 창조산업을 문화유산, 예술, 미디어, 기능적 창조물 등 4대 부분으로 나누고 있다. 문화유산(heritage)에는 공예품, 축제 등 전통문화와 유적지, 박물관 등 문화현장이 포함된다. 예술(arts)에는 회화, 조각, 사진, 골동품 등 시각예술과 음악, 춤, 오페라 등 행위예술이 포함된다. 미디어(media)에는 도서, 언론, 출판 등 출판 및 인쇄매체와 영화, TV, 라디오, 방송 등 시청각이 포함된다. 기능적 창조물(functional creations)에는 디자인(인테리어, 그래픽, 패션, 보석, 장난감), 뉴미디어(소프트웨어, 비디오게임, 디지털화된 창조적 콘텐츠), 창조 서비스(건축, 광고, 문화 및 여가, 창조연구개발, 디지털, 기타 창조적 서비스) 등이 포함된다.

[표 14-1] 문화 창조산업 분류체계 모델

영국 DCMS 모델	UNCTAD 모델	동심원 모델	WIPO저작권 모델
광고 건축 예술, 골동품시장 디자인 공예품 패션 영화, 비디오 음악 행위예술 출판 소프트웨어 TV 및 라디오 비디오, 컴퓨터게임	유산 ①문화장소(유적지, 박물관, 도서관, 전시회) ②전통문화(공예품, 공연, 축제) 예술 ③시각예술(회화, 조각, 사진, 골동품) ④행위예술(라이브음악, 연극, 오페라, 춤) 미디어 ⑤출판 및 인쇄매체(도서, 언론, 기타 출판) ⑥시청각(영화, TV, 라디오, 기타 방송) 기능적 창조물 ⑦디자인(인테리어, 패션 그래픽, 보석, 장난감) ⑧뉴미디어(소프트웨어, 비디오게임, 디지털콘텐츠) ⑨창조 서비스(건축, 광고, 문화 및 여가, 창조연구개발, 디지털	핵심 창조예술 문학 음악 행위예술 시각예술 기타 핵심문화산업 영화 박물관, 도서관 광의의 문화예술 유산 서비스 출판 음반녹음 TV, 라디오 비디오, 컴퓨터게임 관련 산업 광고 건축 디자인 패션	핵심 저작권 산업 광고 저작권관리단체 영화, 비디오 음악 행위예술 출판 소프트웨어 TV, 라디오 시각, 그래픽 예술 상호의존 저작권산업 녹음매체(USB, DISK) 소비자 가전 악기 논문 복사기, 사진장비 부분적 저작권산업 건축 의류, 신발 디자인 패션 가정용품 장난감

출처: UN(2013), Creative Economy Report 2010, UNCTAD 모델을 삽입하여 재구성

- **동심원 모델(Concentric circles model):** 데이비드 스로스비
(David Throsby)는 창조산업을 다른 산업과 구별하는 기준
으로 문화상품을 들었다. 산업에서 생산되는 재화나 서비스

가 문화적 콘텐츠를 더 많이 내포하고 있을수록 창조산업의 범주에 속할 가능성이 높다는 것이다. 동심원의 중심부에 있는 핵심창조예술영역에서 창의적 아이디어는 음성, 문자, 이미지의 형태로 발현되며, 이러한 아이디어와 그 영향력이 동심원 물결을 이루면서 바깥으로 번져간다. 동심원의 중심에 가까울수록 문화콘텐츠의 비중이 높고, 바깥에 가까워질수록 상업적 특성의 비중이 더 거진다. 따라서 동심원의 중심에 가까울수록 창조성이 강한 산업이다.[5] 이 모델은 유럽위원회 (KEA, 2006)에서 창조산업 분류기준으로 사용되고 있다.

- **WIPO저작권 모델**(WIPO copyright model): 이 모델은 저작권에 근거한 생산물의 창조, 제조, 생산, 유통, 배분과 관련된 산업을 창조산업으로 분류하고 있다. WIPO는 생산물의 저작권 의존도를 기준으로 '핵심저작권산업', '상호의존 저작권산업', '부분저작권 산업' 등으로 크게 분류하고 있다.[6]

- **상징적 텍스트 모델**(Symbolic text model): 데이비드 헤스몬달(David Hesmondhalgh)은 유럽과 영국의 전통적이고 전형적인 문화비평의 시각에서 문화산업을 상류예술(high or serious arts)과 대중문화(popular culture)로 구분하고, 후자에 더 중점을 두고 있다. 한 사회의 문화는 '상징적 텍스트 메

시지'를 상업적으로 생산·유통·소비하는 과정에서 형성되고 전승된다고 보고, 이러한 기능을 수행하는 영화, 방송, 언론 등 미디어산업을 중시한다.[7]

한국의 콘텐츠산업

한국에서는 아직 공식적인 창조산업 분류체계가 존재하지 않고 있다. 영국의 DCMS 모델과 유사한 것이 문화콘텐츠산업이다. 문화콘텐츠산업은 '문화진흥기본법'에서 규정한 문화산업과 '콘텐츠산업 진흥법'에서 정의하는 콘텐츠산업의 개념을 아우르는 것이다. 콘텐츠산업에는 출판, 만화, 음악, 게임, 영화, 애니메이션, 방송, 광고, 캐릭터, 지식정보, 콘텐츠 솔루션 등이 포함되어 있다.

한국의 콘텐츠산업은 2006년이후 연평균 3.5% 성장했고, 2010년에는 매출이 72조 원에 달했다. 같은 기간에 지식정보산업(15.7%)과 애니메이션산업(15.5%)이 크게 성장한 반면 게임산업과 영화산업은 소폭 감소했다. 부가가치가 큰 산업은 게임산업으로 부가가치율이 50.7%이었고, 그 다음으로 지식정보산업의 부가가치율은 43.1%였다.[8]

문화 창조산업의 경제 사회적 가치

문화기반 창조산업은 다음과 같이 부가가치 창출, 고용창출, 성장률, 생산유발효과 등에서 높은 경제 사회적 가치를 창출한다.

첫째, 부가가치 창출률이 높다. 문화기반 창조산업은 거대한 설비투자를 요구하지 않는다. 그리고 가격이 생산비에 의해서 결정되는 것이 아니리 창조상품이나 창조서비스에 대한 수요자의 욕구수준에 의해 결정된다. 그래서 부가가치율이 높은데, 2010년 한국 콘텐츠산업의 부가가치율은 41.6%였다.

둘째, 지식집약 노동집약 산업으로 고용창출 효과가 크다. 문화기반 창조산업은 생산과정 자동화가 어렵고 창의적 지식근로자에 의해 직접 생산이 이루어져야 하는 경우가 많아 일자리 창출효과가 크다. 한국산업은행이 2010년에 발표한 각 산업별 고용유발계수를 보면, 반도체산업 4.9명, 자동차산업 7.2명인데 비해, 문화서비스산업은 12.0명으로 고용유발계수가 2.5~3배 높게 나타나고 있다. 고용유발계수는 10억 원의 재화를 산출할 때 직·간접적으로 창출되는 고용자수를 의미한다.

셋째, 다른 산업에 비해 성장률이 현저히 높다. 영국의 경우, 문화기반 창조산업이 다른 산업에 비해 성장률이 두 배 이상 높은 것으로 나타났다. 영국 문화미디어체육부(DCMS)에 의하면, 1997년부터 2006년 사이 창조산업의 연평균 성장률은 같은 기간 전체 경제성장률의 두 배가 넘는 6.8%에 달했다.

넷째, 문화 창조산업은 다른 산업 및 사회 혁신의 중요한 동력이 된다. 문화기반 창조산업은 각종 미디어를 통해 생산 유통 소비되고 있어 산업 및 사회 혁신의 동력이 되고 있다.

다섯째, 문화는 '역사성', '사회성', '전파성'을 지니고 있어, 문화 창조산업은 지역과 국가의 문화정체성을 통해 사회통합에 기여한다.

문화창조산업의 국제무역

창조산업의 국제 교역량이 크게 증가하고 있다. 그런데 현재 창조산업의 무역 통계는 문화기반 창조산업을 중심으로 잡고 있다. UNCTAD(2010)에 의하면, 창조산업에서 창조상품이[9] 차지하는 비중은 2002년 76.7%에서 2008년 68.7%로 감소한 반면, 창조서비스는[10] 23.3%에서 30.3%로 증가해 서비스의 교역비중이 증가하고 있는 것으로 나타났다.[11]

한국의 경우 2010년을 기준으로 창조산업 수출규모는 62억 달러인 데 비해, 수입규모는 121억 달러로 수입이 수출에 2배에 달할 정도로 심각한 적자구조를 보이고 있다. 창조상품 수출은 한국 전체 수출에서 1.1%를 차지하고, 수입은 전체수입에서

2.3%를 차지하고 있다. 우리나라 창조상품 수출에서 가장 큰 비중을 차지하는 품목은 공예품이고, 수입에서 가장 큰 비중을 점하는 항목은 디자인이다.[12]

과학기반 창조산업과 산업 라이프 사이클

우리는 제1장에서 '변화의 법칙'에 대해서 논의했다. 즉 모든 생명체는 예외 없이 생로병사의 라이프 사이클(life cycle)을 갖고 있다는 것이다. 산업과 기업도 생성(창조), 성장, 성숙, 쇠퇴, 소멸의 단계를 밟게 된다. 개도국은 물론 선진국이나 부유한 국가도 신성장동력산업을 지속적으로 육성해야 하는 이유가 여기에 있다. 즉 새로운 산업을 육성하지 못한 상태에서, 기존 산업이 성숙기에 진입하면 경제성장은 멈추고 실업이 증가하게 되고, 쇠퇴기에 진입하면 국가경제는 심각한 침체기에 빠져들게 된다.

문제는 개도국과 선진국 간에 지속적 성장을 위한 새로운 산업의 육성전략이 기본적으로 다르다는 것이다. 개도국은 경제발전단계에서 저렴한 노동비용 등 '부존자원의 비교우위론'에 입각해 선진국을 추격하는(catch-up) 전략으로 새로운 산업을 육성한다. 이것은 개도국의 입장에서는 새로운 산업이지만 글로벌 마켓에서 보면 이미 새로운 산업이 아니다. 선진국 산업이 생산비가 상대적으로 낮은 지역으로 이동한 것이다. 선진국에서 개도국으로 이동한 산업은 선진국 입장에서 보면 이미 성숙기에 있거나 심지어 쇠퇴기에 있는 산업이다.

이에 비해 선진국은 글로벌 마켓에서 첨단산업을 선도하는 (lead-up) 전략으로 새로운 산업을 창조하거나 아니면 생성기에 있는 새로운 산업에 뛰어들어 '경쟁우위'를 확보해야 한다. 즉 선진국은 새로운 산업의 창조, 즉 창조산업의 육성전략으로 신성장동력을 확보해야 한다.

과학기반 창조산업은 산업의 속성에 의해 규정된 개념이 아니고, 이처럼 산업의 라이프 사이클을 기준으로 규정된 개념이다. 신산업의 생성기에는 수요를 불러일으키는 데 시간이 걸리고 시장이 충분히 형성되지 않아 매출액은 낮은데 초기투자, 시장개척 등의 비용이 많이 들기 때문에 성공하기 쉽지 않다. 그러나 일단 생성기를 지나면 시장이 확장되고 매출액과 이익이 증가되면서 성장기에 들어가게 된다. 그리고 새로운 기업의 진입이 계속 증가하면 경쟁이 치열해지면서 시장점유율이 안정되고 매출액과 이익의 증가가 둔화되는 성숙기에 진입한다. 시장이 포화상태에 이르고 새로운 대체상품이 개발되면서 쇠퇴기에 접어들고, 완전대체제가 개발되거나 손실이 심화되면 소멸된다. 이처럼 모든 산업은 라이프 사이클을 밟게 되는데, 생성기 및 성장기에 있는 신산업은 창조산업이고, 쇠퇴기에 있는 산업은 사양 산업이다. 과학기반 창조산업은 이처럼 창의적인 지식과 기술에 의해 새롭게 생성(창조)되고 성장하는 산업을 말한다.

과학기술에 기초한 새로운 상품과 서비스의 생산은 모두 과학기반 창조산업이다. 자동차, 조선, 전자, 화학, 철강, 식량 신품종 개발, 신약 개발, 의술 등 대부분의 산업은 과학기술기반 산업이다. 그리고 모든 과학기술기반 산업은 산업화 초기에는 모두 과학기반 창조산업이다. 여러 가지 지식이나 기술의 융합을 통해 새로운 상품이나 서비스가 개발되면 창조이고 그것이 산업화되면 창조산업이다. 따라서 과학기반 창조산업은 기존 산업과 구분해 새로운 창의적 지식이나 기술에 의해 개발된 첨단산업이나 새로운 산업을 의미한다.

과학기반 창조산업 가운데 특히 '시장성', '혁명성', '대체성', '파생성', '연관성', '기반성'이 큰 산업을 선도하는 것은 경제성장 동력 확보와 일자리 창출을 위해 대단히 중요하다. 우리는 이와 같이 대변혁을 일으키거나 다른 산업의 경쟁력을 높일 수 있는 산업을 '메타산업(meta industry)'으로 규정하고자 한다.

예를 들어 지난 30년간 급속도로 성장해온 정보통신산업은 정보통신혁명(ICT Revolution)이라고 불릴 정도로 시장성, 혁명성, 대체성, 파생성, 연관성, 기반성이 큰 '메타산업'이다. 정보통신산업은 개인용 컴퓨터, 인터넷, 스마트폰 등에서 보는 바와 같이 모든 개인이 사용할 정도로 엄청나게 큰 '시장성'을 갖고 있다.

그리고 모든 산업의 인프라가 될 정도로 '기반성'도 갖고 있고, 개방플랫폼, 앱, 사물 인터넷 등과 같은 새로운 연관 산업이 지속적으로 개발될 정도로 '파생성'이나 전후방연관효과가 큰 산업이다. 또한 생산, 유통, 소비, 심지어 사람들의 삶의 방식을 바꿀 정도로 '혁명성'을 지니고 있다.

우리나라가 정보통신산업에 발 빠르게 뛰어들지 않았으면, 지금 한국경제는 어떻게 되었을까? 국민경제의 지속가능한 성장과 선진국 입지를 확보하는 데 있어 가장 중요한 전략 가운데 하나는 새로운 '메타창조산업'을 창출하든가, 아니면 새로운 '메타창조산업'의 생성기에 적극적으로 뛰어들어 경쟁우위를 확보하는 것이다. 메타창조산업은 생성기에 관련 분야에서 수많은 특허가 출원되면서 '산업영토'가 확정된다. 창조산업의 영토를 개척하기 위해서는 일차적으로 지식재산권을 많이 창출해야 한다.

스마트융합산업과 사물인터넷

정보통신산업은 창조적 진화를 거듭하고 있다. 앞으로 '스마트융합산업'과 '사물인터넷(IoT, Internet of Things)'이 시너지효과를 일으키면서 크게 성장할 것이다. '스마트융합산업'은 사물에 지능을 불어넣고, '사물인터넷'은 인지능력을 지닌 사물들이 서로 정보를 교환하는 것이다.

지금도 인터넷에 연결된 사물은 주변에서 적잖게 볼 수 있다. 하지만 사물인터넷이 여는 세상은 이와 다르다. 지금까진 인터넷에 연결된 기기들이 정보를 주고받으려면 사람의 '조작'이 필요했다. 사물인터넷 시대가 열리면 인터넷에 연결된 기기는 사람의 도움 없이 서로 알아서 정보를 주고받으며 대화를 나눌 수 있다. 블루투스니 근거리무선통신(NFC), 센서 데이터, 네트워크가 이들의 자율적인 소통을 돕는 기술이 된다.[13]

스마트산업과 사물인터넷은 창의적 아이디어와 창의적 지식이 상품개발의 핵심소재인 대표적인 창조산업이다. 기존의 거의 모든 산업은 IT 융합(IT convergency) 내지 스마트 융합(smart convergency)을 통해 창조적 변화 내지 창조적 진화를 할 수 있다.

웨어러블 디바이스(wearable device)가 새로운 스마트 융합산업으로 크게 성장할 전망이다. 스마트폰 시장이 성숙단계에 진입하면서 웨어러블 디바이스 시장이 포스트 스마트폰 시장으로 주목받고 있다. 웨어러블 기기는 현재 머리부터 귓속, 팔목, 발목, 발바닥에 이르기까지 걸칠 수 있는 모든 부위에 다양하게 시도되고 있다.

3D 프린터와 생산혁명

지금 새로운 '메타 창조산업'으로 '3D 프린터 산업'이 생성되고 있다. 영국 경제지 〈이코노미스트〉는 최근 '제3차 산업혁명'이라는 제하의 특집에서 '3D 프린팅은 18세기 영국의 산업혁명, 20세기 미국의 대량생산체제에 이어 3차 산업혁명으로 이어질 것으로' 예측했다.[14] 또한 오바마 미국 대통령은 2013년 초에 행한 국정연설에서 '3D 프린팅은 모든 제조방법에 혁명을 가져올 것이다'라고 하였다. 이것은 바로 3D 프린터 산업이 '메타 창조산업'이라는 의미이다.

그래서 미국,[15] EU,[16] 영국[17] 등 선진 각국은 물론 중국[18]도 3D 프린터 산업을 생산방식을 바꿀 이른바 '메타 창조산업'으로 보고 국가적 차원에서 적극적으로 육성하기 시작했다. 그런데 우리나라의 3D 프린터 산업은 아직 제대로 발걸음을 떼지 못했다. 3D 프린터 세계시장 점유율을 보면, 미국 38%, 일본 9.7%, 독일 9.4%, 중국 8.7%인데, 한국은 2.2%에 불과하다.[19] 우리나라는 이 시점에서 3D 프린터 산업에 적극적으로 뛰어들어 세계시장에서 경쟁우위를 확보해야 한다.

앞으로 '3D 프린터산업'이 빠른 속도로 성장할 것으로 전망된다. 3D 프린터는 제품 설계 데이터와 도면을 바탕으로 금속, 플라스틱, 세라믹, 고분자복합소재 등 액체 또는 분말소재를 사용해 마치 프린트 하듯 3차원 조형물을 만들어내는 기기다.

찰스 헐(Charles W. Hull)이 30년 전인 1984년에 '3D 시스템즈'라는 회사에서 '3D 프린터'를 처음 만들었다. 그런데 왜 최근에 '3D 프린터'가 주목받고 있는가? '3D 프린터'를 재료에 따라 분류하면 크게 고체 기반(FDM), 액체 기반(폴리젯), 파우더 기반(SLS: Selective Laser Sintering) 방식으로 구분되는데,[20] 최근 파우더 기반기술이 발달되고, 관련 특허가 종료되면서 다양한 제품을 저가로 생산할 수 있는 길이 열렸기 때문이다.

기술이 개발되고 그것이 새로운 시장을 형성하려면 반드시 경제성이 있어야 한다. 아무리 좋은 기술도 생산비가 지나치게 높아 경제성을 확보할 수 없으면 상품화할 수 없다. '3D 프린터'산업은 이제 경제성과 메타산업의 특성을 동시에 확보할 가능성이 크게 높아지면서, 폭발적으로 성장할 가능성이 있다. 우리가 특히 '3D 프린터산업'을 '메타 창조산업'으로 보고, 이에 주목하는 이유가 무엇인가?

첫째, 3D 프린팅은 제조방식에서의 패러다임의 전환으로 생산혁명을 일으킬 가능성이 높다. 3D 프린팅은 재료를 자르거나 깎는 전통적인 '절삭가공(subtractive manufacturing) 방식'과는 반대로, '층을 켜켜이 쌓는 적층가공(additive manufacturing) 방식'을 사용한다. 적층가공 제조방식의 기본원리는 설계도 프로그램에 따라 자동적으로 2차원 단면을 만들고 액체나 분말소재를 이용해 겹겹이 쌓아가는 방식이다.

절삭가공 방식은 소재를 자르거나 깎는 과정에서 소재 및 에너지를 낭비하게 되고, 부품을 결합해야 하므로 공정과정이 길고 공정시간이 많이 걸린다. 이에 비해 3D 프린터의 적층가공 방식은 액체나 분말소재를 분사해 설계도에 따라 일체형으로 자동 인쇄하는 방식이므로 부품이 거의 필요 없고, 소재낭비가 없다. 그에 따라 에너지를 절감하고 생산성을 향상할 수 있다. 즉 3D 프린팅의 적층가공 제조방식은 자원 절감, 에너지 절약, 생산성 향상을 동시에 실현할 수 있다.

둘째, 상상하는 모든 것을 만들 수 있는 시대가 열리고 있다. 3D 프린팅의 확대는 제품 디자인의 혁신으로 이어질 수 있다. 디자이너들이 생산기술의 제약을 받지 않고 자신의 아이디어를 실현할 수 있기 때문이다. 3D 프린팅은 디자인 파일만 있으면 제품을 직접 제작할 수 있을 뿐만 아니라, 다소 복잡하거나 내부가 비어있는 디자인처럼 기존 생산방식으로는 제작하기 어려운 제품도 비교적 손쉽게 제작할 수 있다. 지금까지는 아무리 훌륭한 상상력과 디자인 기술을 갖고 있어도 제조기술이 뒷받침되지 않으면 그것을 실현시킬 수 없었다. 그러나 3D 프린팅 시대에는 제조기술이 없어도, 상상력과 디자인 능력만 있으면 우리가 상상하는 모든 것을 만들어낼 수 있는 그야말로 창조경제시대가 열리는 것이다.

셋째, '3D 프린터'는 거의 모든 산업에 영향을 미칠 정도로 확

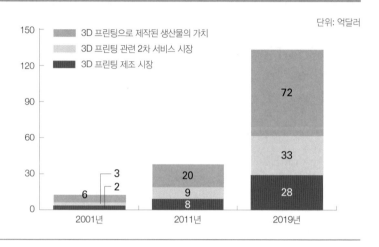

[그림 14-1] 3D 프린팅 세계시장규모

단위: 억달러

- 3D 프린팅으로 제작된 생산물의 가치
- 3D 프린팅 관련 2차 서비스 시장
- 3D 프린팅 제조 시장

출처: Wohlers Associates Report 2012; DIGIECO 보고서 2012 재인용[21]

[표 14-2] 산업별 3D 프린터 활용 사례

분야	사례
자동차	대시보드, 보디패널 등 시제품
의료·치과	인공 치아, 인공 뼈, 인공 관절 등 보형물
항공·우주	연료분사장치, 연소기 부품 등 무인정찰기 주요 부품
엔터테인먼트	영화용 캐릭터
완구	완구류 모형
패션	귀금속, 의류, 구두 등의 견본
건축	건축 모형
소비자 가전	일반 개인이 원하는 가전 직접 제조

출처: 한국마그네슘기술연구조합

장성이 대단히 크다는 것이다. [표 14-2]에서 보는 바와 같이, 자동차, 항공·우주, 방위산업, 가전제품, 의료·의료장비, 건축, 교육, 엔터테인먼트, 패션 등 광범위한 산업분야에 3D 프린터가 활용될 수 있다.

넷째, '1인 제조기업의 시대'가 열릴 수 있다. 지금까지 제조업은 생산설비와 숙련된 근로자가 필요했다. 그래서 1인이 제조업을 하기 어려웠다. 그러나 3D 프린팅 시대에는 상상력 및 아이디어와 디자인 능력만 있으면 제품을 생산해 오픈 플랫폼을 통해 판매할 수 있다.

다섯째, 생산혁명이 일어나면서, 일자리 생성과 소멸이 광범위하게 일어날 것이다. '3D 프린터'는 제조업의 전통적인 생산방식인 '부품조립방식'을 해체하고 소재에서 완제품을 자동으로 찍어내는 '일체형 생산방식'이다. 제품의 성격에 따라 부품이 사용되는 경우도 있겠지만 전통적인 절삭가공 방식에 비하면 공정과정이 많이 단축될 것이다. 이와 같이 생산방식의 근본적인 변화를 가져오는 것은 생산혁명이다. 생산혁명이 일어나면 기존의 생산라인이 붕괴되기 때문에 일자리 소멸을 가져올 가능성이 높다. 예를 들어 3D 프린터로 인조보석을 만들게 되면, 기존의 인조보석 생산라인과 가치사슬이 사라지게 될 것이고, 여기에 종사하던 사람들은 일자리를 잃게 될 것이다.

여섯째, 자가생산자 내지 '프로슈머(prosumer)'의 비중이 크게 증가할 것이다. 자기가 필요한 제품을 스스로 프린팅 생산해 사용하는 자가생산자와 자신의 개성을 반영한 디자인으로 프린팅을 주문하는 소비자가 증가하면서 이른바 프로슈머가 크게 증가할 것이다.

우리는 3D 프린터에 의한 생산혁명에 어떻게 대응해야 할 것인가? 3D 프린터 산업을 적극적으로 육성해야 한다. 만약 3D 프린터 산업을 육성하지 못하면, 소멸된 일자리 수가 창출되는 일자리 수를 크게 상회하면서 심각한 실업문제를 야기할 위험성이 있다. 앞서 본 바와 같이 3D 프린터가 광범위하게 도입되면 부품 라인의 일자리가 많이 붕괴될 위험성이 높다. 그러나 기술혁명은 언제나 일자리를 붕괴시키면서 동시에 새로운 일자리를 창출한다. 우리 스스로가 3D 프린터 산업이라는 새로운 산업을 일으킬 수 있어야 새로운 일자리를 창출할 수 있을 것이다.

예를 들어 이탈리아 자동차업체 람보르기니는 3D 프린터를 이용해 스포츠카 시제품 제작에 걸리는 기간과 비용을 4개월에서 20일, 4만 달러에서 3,000달러 수준까지 낮췄다고 한다.[22] 시간과 비용이 이렇게 크게 절감되었다는 것은 시제품 제작과정에 존재하던 일자리들이 그만큼 많이 사라졌다는 것을 의미한다. 대신에 3D 프린터 생산과정에 새로운 일자리가 창출될 것이다. 만약에 3D 프린터를 해외에서 수입했다면 국가적으로 그만큼 일자리가 줄어들게 될 것이다.

미국 시장조사기관 어소시에이츠는 지난해 22억 4,000만 달러에 머물렀던 3D 프린터 시장이 2021년에는 5배 성장한 108억 달러에 달할 것으로 전망했다 그런데 현재 한국의 3D 프린터 세계 시장점유율은 2.2%로 미국(38.3%)은 고사하고 일본(10.2%), 중국(8.6%)에 비해서도 크게 뒤지고 있다. 이 때문에 국내 산업용 시장도 대부분 외국 제품이 장악한 상황이다.[23]

그렇다면 3D 프린터 산업을 어떻게 육성할 것인가? 3D 프린터 산업은 크게 '3D 프린터(3D printers)', '소재(materials)', '설계도 등 소프트웨어(software)', '스캐너(scanners)' 등 네 가지 부분으로 구성되어 있다. 첫째, 3D 프린터 생산기업을 육성할 필요가 있다. 산업용 3D 프린터는 물론 가정용 3D 프린터 생산기업을 적극 육성할 필요가 있다. 둘째, 3D 프린터 도면 즉 3D 콘텐츠를 개발해 온라인 개방플랫폼에서 사고, 파는 산업이 발달되어야 한다. 소비자들은 완제품을 구매할 수도 있고, 완제품을 만들 수 있는 도면을 구매해 집에서 출력해 사용할 수도 있다. 셋째, 분말 소재 개발 산업도 육성해야 한다.

NBIC 융합기술 산업

NBIC 융합산업(NBIC convergences)은 나노기술(nano

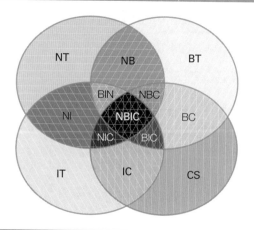

[그림 14-2] NBIC 융합기술 산업

technology), 바이오 기술(bio-technology), 정보통신기술 (information & communication technology), 인지과학(cognitive science) 등의 융합을 통해 새로운 창조상품을 만들어내는 창조산업을 의미한다. NBIC 융합기술은 미개척지로서 과학기반 창조산업의 보고이다.

[그림 14-2]는 NBIC 기술의 다양한 융합 가능성을 보여주고 있다. '나노(nano)'는 난쟁이를 뜻하는 그리스어 '나노스(nanos)'에서 유래한 것이다. 1나노미터(㎚)는 10억 분의 1m로 사람 머리카락 굵기의 10만 분의 1, 대략 원자 3~4개의 크기에 해당한다. 나노기술은 나노미터 크기의 물질을 합성 조립해 새로운 물

리적·광학적·전자적·화학적·생물학적 특성을 나타내는 소재·소자 또는 시스템을 만들고, 그 성질을 측정, 규명하는 과학기술로, 바이오(BT), 정보통신기술(ICT), 인지과학(C)과 다양한 형태로 융합되면서 새로운 창조상품들을 만들어낼 수 있다.

NBIC 융합 기술은 의료산업 발전에 혁명적 변화를 일으킬 수 있다. 나노와 바이오 융합(NB convergencies)으로 바이오 의약품, 기능성 식품 등을 개발할 수 있고, 나노 바이오 IT의 결합(BIN)으로 질병의 진단과 치료에 있어 현재 의료기술의 기술적 한계를 극복할 수 있는 의료기기, 표적암치료기술, 난치병 조기진단, 인체장기 등을 개발할 수 있다. NBIC 융합기술로 맞춤의료 산업이 발달할 것이다. [그림 14-2]에서 보여주는 다양한 융합을 통해 현재 수준에서 상상도 되지 않는 다양한 창조상품들이 앞으로 개발될 것이다.

나노기술은 1981년 스위스 IBM연구소에서 원자와 원자의 결합상태를 볼 수 있는 주사형 터널링 현미경(STM)을 개발하면서부터 본격적으로 등장했다. 미국·일본 등의 선진국에서는 1990년대부터 나노기술을 국가적 연구과제로 삼아 연구해 오고 있다.[24] 우리나라에서도 2010년에 NBIC 국가융합기술지도를 만들고 NBIC 융합을 통한 새로운 기술개발에 주력하고 있지만, 미국 일본 등 선진국에 비해 뒤쳐져 있는 상태이다. NBIC 융합기술 산업은 대표적인 과학기반 창조산업으로 적극 육성되어야 한다.

기후변화와 녹색혁신산업

기후변화, 지구온난화가 인류의 미래를 위협하고 있다. 이에 대처할 수 있는 창조적 변화가 인류적 과제로 부상하고 있다. 정부는 이에 대처할 수 있는 '녹색혁신산업(green innovation industry)'을 적극 육성할 필요가 있다. 녹색혁신산업은 크게 '그린에너지기술(GET, Green Energy Technology)산업', '에너지절약기술(EST, Energy Saving Technology)산업', '자원재생기술(RRT, Resource Recycling Technology)산업' 등 세 가지로 나누어 볼 수 있고,[25] 이 산업들은 모두 과학기반 창조산업들이다.

지구온난화에 대처하기 위해서는 CO_2를 배출하지 않는 재생에너지, 즉 태양광, 풍력, 지열, 해수담수화 플랜트 등 '그린에너지기술(GET)산업'을 육성해야 한다. 그린에너지 기술은 '그리드 패리티(grid parity)'에 도달할 수 있도록 경제성을 확보하는 것이 핵심적 과제이다. 그리드 패리티는 신재생에너지로 전기를 생산하는 비용이 기존 화석연료 비용과 같아지는 시점을 말 한다. 전기자동차와 같이 그린에너지를 사용하는 기술이 발달하면, 화석연료를 사용하는 산업을 빠른 속도로 대체해 갈 것이다.

그린에너지 생산 못지않게 중요한 것은 LED, 그린 하우징과 같이 '에너지절약형기술(EST)산업'을 육성하는 것이다. 또한 세계적으로 자원 낭비가 심하므로 '자원재생기술(RRT)산업'이 발

달되어야 한다. 이런 산업들은 모두 창의적 기술을 요구하는 미
래형 산업들이다.

창조산업 통합모델

지금까지 본 바와 같이 국제적으로 표준화된 창조산업 분류
체계가 존재하지 않고 있다. 앞서 [표 14-1]에서 본 바와 같이
UNCTAD 모델 등이 있지만, 이것들은 어디까지나 문화기반 창
조산업 중심의 분류체계이다. 문화기반 창조산업도 국가에 따라
명칭도 다르고, 분류기준도 다르다. 영국에서는 창조산업으로,
유럽에서는 문화 창조산업(Cultural & Creative Industries), 한국
에서는 콘텐츠산업, 그리고 여전히 많은 국가에서는 문화산업으
로 불린다. 이와 같이 창조산업 분류체계가 확립되어 있지 않은
것은 창조산업에 대한 논의의 역사가 짧기 때문이다.

우리는 여기서 창조산업 통합모델을 모색해 보고자 한다. 앞
서 논의한 바와 같이 창의적 지식을 핵심요소로 창조상품과 창
조서비스를 생산하는 산업을 창조산업이라고 정의하면, [표
14-3]과 같이 문화기반 창조산업과 과학기반 창조산업을 통합적
으로 파악할 수 있는 '창조산업 통합모델'이 필요하다.

왜 '창조산업 통합모델'의 개발이 중요한가? 산업분류체계가

[표 14-3] 창조산업 통합모델	
문화기반 창조산업	**과학기반 창조산업**
문화·예술적 창조성 I&D(Imagination & Development)	과학·기술적 창조성 R&D(Research & Development)
문화유산 　①무형문화(축제, 　②유형문화(유적지, 박물관, 도서관) **예술** 　③시각예술(회화, 조각, 사진, 공예품) 　④행위예술(라이브음악, 연극, 오페라, 춤) **미디어 및 콘텐츠** 　⑤출판 및 인쇄매체 　⑥시청각(영화, TV, 라디오, 멀티미디어) 　⑦콘텐츠(만화, 애니메이션, 캐릭터, 게임, 　　스마트 콘텐츠) **디자인 및 창조서비스** 　⑧디자인(인테리어, 그래픽, 패션, 보석, 장 　　난감) 　⑨창조 서비스(건축, 광고, 여가, 창조연구 　　개발)	**스마트 융합산업** 　스마트 그린 카 　웨어러블 스마트 디바이스 　사물인터넷 　3D 프린터 　지능형 로봇 **NBIC 융합산업** 　NBIC 융합의료산업 　나노기반 기능성소재 **녹색혁신산업** 　그린에너지 산업 　에너지절약기술 산업(스마트 커뮤니티, 　LED등) 　자원재생기술 산업

존재해야 정부의 산업육성 정책의 방향, 목표, 대상, 수단을 분명히 할 수 있기 때문이다. 민간부문에서도 창조산업에 관한 정보 공유가 이루어지면서 가치사슬(value chain)이 빠르게 형성될 수 있다. 창조산업 분류체계가 문화기반 창조산업 중심으로만 되어 있으면 과학기반 창조산업의 정책적 중요성이 간과될 수 있다.

그런데 과학기반 창조산업은 분명히 창의적 지식에 기반을 두고 있고, ICT의 사례에서 보는 바와 같이 개발된 새로운 기술이 산업의 지형을 바꿀 정도로 큰 영향을 미칠 수 있다. 그래서 한 나라가 창조산업 육성전략을 논의할 때 문화기반 창조산업과 과학기반 창조산업을 통합적으로 접근해야 한다.

창조경제와
건강한 노동시장

15장 단층노동시장이 문제다

왜 노동시장구조인가? / 노동시장구조분석이론 / 한국노동시장의 단층구조 / 단층노동시장과 미스매치 / 유연노동시장 전략과 비정규직 노동시장 / 단층노동시장과 교육시장의 왜곡

16장 창조경제와 건강한 노동시장

창조경제와 노동시장 구조변동 / 창조경제와 노동시장 개혁의 길: 건강한 노동시장 / 학습·고용정보센터(LJIC) / 이행비용과 거래비용 / 직업능력개발체계 혁신 / 마이스터와 미텔슈탄트 / 신호체계를 바꾸자

17장 창조계급의 일, 삶과 여가

창조적 진화와 일자리 변화 / 창조계급의 부상 / 창조계급의 규모 / 창조계급의 가치관 및 특성 / 직업선택의 조건 / 노마드의 삶 / 직장선택과 동기유발 / 자유의 함정 / 일과 삶의 혼재 / 시간부족과 시간관리 / 삶과 여가

18장 일자리 창출의 길

일자리가 문제다 / 일자리 생성과 소멸 / 일자리 전쟁과 일자리 이동 / 거시정책에서 미시정책으로 / 제도개혁 및 규제개혁 / 일자리창출을 위한 지역 거버넌스: RESAP / 창조계급이 일자리를 만든다 / GIU와 GIC가 일자리를 만든다 / 창조산업과 창조도시 / 노동시간 단축과 일자리 나누기

단층노동시장이 교육시장과 노동시장의 불균형과 부실화를 심화시켜
창의적 인재육성과 인재활용을 어렵게 만들고 경제 성장 동력을 약화시키고 있다.
단층노동시장 개혁 없이 창조경제를 실현하기 어렵다.
창조계급은 건강한 노동시장에서 성장한다.

15장

단층노동시장이 문제다

왜 노동시장구조인가?

고교졸업생수보다 대학입학정원이 더 많은 나라, 대졸취업률이 50% 수준에 머물고 있는데도 고졸자의 대학진학률이 80%가 넘는 나라, 공교육은 무너지고 사교육이 발달한 나라, 청년실업률이 심각한 사회문제로 되고 있는데 노동력을 해외에서 수입해야 하는 나라, 왜 이러한 심각한 모순들이 발생하고 있는가? 그 근본적 원인은 무엇인가?

나는 이미 30년 전인 1983년에 발표한 '단층노동시장론'에서 이러한 현상을 예측하고 단층을 완화하거나 해체할 수 있는 적극적인 노동시장정책의 필요성을 역설한 바 있다. 이 이해하기 어려운 이상한 모순의 근본적 원인은 바로 노동시장구조의 단층

성에 있다.[1]

이처럼 한 나라의 경제 및 사회에서 발생하고 있는 많은 병리 현상을 바르게 이해하기 위해서는 그 나라의 노동시장구조를 잘 이해해야 한다. 노동력이 가치창출의 원천이고 노동력은 노동시장에서 거래가 이루어지는 일종의 상품이기 때문이다. 노동시장은 취업기회, 임금소득, 여가시간, 생산성 등에 영향을 미치기 때문에 국민들의 삶의 질과 경제성장에 심대한 영향을 미친다. 노동시장은 또한 고용관리관행을 통해 교육시장에 강력한 시그널을 보내기 때문에 교육시장에도 심대한 영향을 미친다.

창조경제가 발전하려면, 창조경제의 원천인 창의적 지식을 생산 공급할 수 있는 창의적 노동력이 잘 육성되고, 창의적 노동력의 수요 공급이 원활하게 잘 이루어질 수 있는 노동시장이 발달되어 있어야 한다.

창조경제에 부합하는 노동시장을 창출하기 위해서는 현재 노동시장 구조의 특성과 그 한계를 먼저 이해해야 한다. 그렇다면, 우리가 노동시장구조를 어떻게 이해할 수 있을까? 한국의 노동시장은 왜 단층구조를 지니게 되었고, 단층구조는 어떤 형태로 존재하는가? 단층구조가 어떤 문제를 야기하고 있는가?

노동시장구조분석이론

이효수(1984)는 노동시장에 관한 한국 최초의 전문서적 《노동시장구조론》을 저술하고 이 책에서 '노동시장구조분석이론'과 '단층노동시장론'을 전개했다.[2] '노동시장구조분석이론'은 노동시장의 구조를 분석하는 일반이론이다.

'노동시장구조분석론'(이효수 1984, 제6장 제7장)에 의하면, 노동시장 행위주체들 (노동자, 고용주, 정부)은 노동시장 환경변수들(자본 및 상품시장, 기술수준 및 그 변화속도, 정치경제상황, 사회문화적 환경)을 고려해, 그들의 전략변수인 조직·직무특성, 노동력 이질성, 고용관리관행 등 노동시장구조 형성요인들을 끊임없이 변화시켜 나간다. 이 과정에서 노동시장구조 형성요인들의 상호작용과 상호작용 효과가 나타나게 되고, 그 결과 노동시장은 특정한 모습을 지니게 된다([그림 15-1]). 조직·직무특성이 노동수요구조를 결정하고, 노동력 이질성이 노동공급구조를 결정하고, 고용관리관행이 노동수요와 노동공급의 결합 기제이므로, 이들 3대 요인들의 상호작용에 의해 특정의 노동시장구조가 형성된다.

이 모델에 의하면, 노동시장 환경변수들은 끊임없이 변화하는 속성을 지니고 있고, 이들 변수들이 변화하면 노동시장 행위주체들의 가치관과 그들의 세력관계가 변화하고 그 결과 그들의

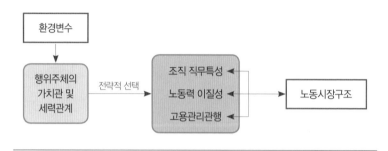

[그림 15-1] 노동시장구조분석을 위한 이론적 틀

환경변수

행위주체의
가치관 및
세력관계

전략적 선택

조직 직무특성

노동력 이질성

고용관리관행

노동시장구조

출처: 이효수(1984), 《노동시장구조론》, 법문사.

전략 및 전략효과도 변화하게 된다. 따라서 노동시장의 구조는 지속적으로 변화하는 과정에 있다. '노동시장구조분석론'은 이처럼 제도, 힘, 전략 등을 중시하는 제도학파의 패러다임에 속하면서 노동시장구조를 끊임없이 변화하는 생명체로 파악하는 동태적 이론이다.

'노동시장구조분석론'은 각국의 노동시장 구조를 파악하고 그 변동을 체계적으로 분석할 수 있는 유용한 이론이다. 각국의 노동시장은 특정한 형태로 구조화되어 있고, 노동수요구조와 노동공급구조가 불일치하는 경향이 있어 일반적으로 노동시장의 불균형이 발생하게 된다. 노동시장의 불균형은 한편으로 구조적 실업을 생성시켜 인적자원의 낭비를 초래시키고, 다른 한편으로 특정 부문에 노동력 부족을 심화시켜 기업의 경쟁력을 약화시킨다.

노동시장구조는 또한 고용관리관행을 통해 교육시장에도 심대한 영향을 미친다. 노동시장구조의 이러한 특성을 고려할 때, 교육제도, 고용안정, 실업구조, 노동시장 유연성, 교육훈련제도와 인재육성, 분배구조, 임금구조 및 격차, 근로자의 삶의 질, 노사관계, 기업경쟁력 등의 실태와 문제점들을 정확히 파악하고, 새로운 정책방향을 모색하는 데 있어 그 나라 노동시장구조에 대한 이해는 대단히 중요하다.

한국노동시장의 단층구조

노동시장구조분석론에 입각해 한국노동시장을 분석하면, 한국노동시장은 단층구조를 지니고 있다. 단층노동시장의 형성과 존재형태, 단층노동시장 하의 노동력 배분과 임금결정 등을 분석하고 있는 것이 '단층노동시장론'이다(이효수 1984). 단층노동시장론은 노동시장구조분석론([그림 15-1])에 기초하고 있어, 피오르(Michael J. Piore), 되린저(Peter B. Doeringer) 등이 전개한 '이중노동시장론'이나 라이히(Michael Reich), 고든(David M. Gordon), 에드워드(Richard C. Edwards) 등이 전개한 '분단노동시장론'과 이론적 기초를 달리하고 있다.[3]

단층노동시장론에 의하면, 한국노동시장은 상위단층, 중위(중

상위 및 중하위)단층, 하위단층으로 형성되어 있다([그림 15-2]). 상위단층과 중위단층은 직무가 구조화되어 있을 뿐만 아니라 조직을 바탕으로 한 노동통제가 이루어지고 있어, 우리는 이들 단층들을 '정규직 노동시장' 또는 '중심부 노동시장'이라 한다. 정규직 노동시장은 피라미드형의 조직구조를 지니고 있고, 입직구의 입직기준이 엄격하게 설정되어 있는 등 제도화되어 있다. 정규직 노동시장의 단층별 입직기준은 학력과 성의 조합으로 이루어져 있고, 단층별로 승진기회 근로조건 등이 다르게 주어지고 있다.

상위단층은 입직기준이 대졸 남자로 되어 있고, 상위 관리층

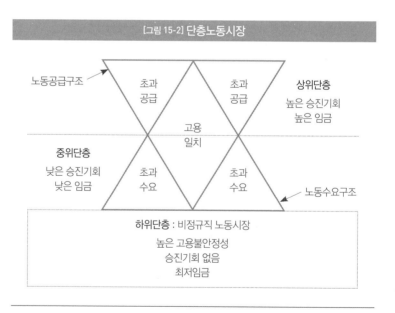

[그림 15-2] 단층노동시장

노동공급구조

초과
공급

초과
공급

상위단층
높은 승진기회
높은 임금

고용
일치

중위단층
낮은 승진기회
낮은 임금

초과
수요

초과
수요

노동수요구조

하위단층 : 비정규직 노동시장
높은 고용불안정성
승진기회 없음
최저임금

으로의 승진기회가 주어져 있다. 중상위단층은 입직기준이 대졸여자, 전문대졸자, 고졸남자로 되어 있고, 중간 관리층으로의 승진기회가 주어져 있지만 상위관리층으로의 승진기회는 사실상 제한되어 있다. 중하위단층은 입직기준이 고졸여자, 중졸자로 되어 있고 호봉승급은 이루어지지만 관리직으로의 승진의 기회는 사실상 없다.[4] 하위단층은 비정규직 노동시장으로 승격과 승급의 기회가 없다. 하위단층은 주로 상위단층이나 중위단층의 입직기준에 부합되지 않거나 정규직 노동시장 진입에 실패한 노동자들로 형성되어 있다.[5]

이러한 단층구조는 1960년대부터 산업화와 더불어 형성되기 시작해 1990년대 말까지 강화되었다. 그러나 경제성장과 더불어 상급학교 진학률이 급격하게 높아지고, 민주화와 더불어 남녀고용평등법이 정착하면서 2000년대부터 단층구조에 변화가 일어나기 시작했다. 고교진학률이 95%를 상회하면서 중상위단층과 중하위단층이 중위단층으로 사실상 통합되었다. 그래서 현재 노동시장은 상위단층, 중위단층, 하위단층으로 구조화되어 있다. 상위단층과 중위단층이 정규직 노동시장, 즉 일차노동시장, 하위단층이 비정규직 노동시장, 즉 이차노동시장으로 되어 있다. 그리고 여전히 유리천장이 존재하고, 정규직 노동시장 진입에 상대적으로 어려움을 겪고 있지만, 남녀고용평등법의 정착으로 대졸여성의 상위단층 진입이 증가하고 있다.

단층노동시장과 미스매치

단층노동시장은 노동시장의 구조적 불균형과 시장실패를 심화시킨다. 단층노동시장은 노동공급의 고학력화를 가져온다. 이로 인해 [그림 15-2]에서 보는 바와 같이, 노동수요구조는 삼각형인데 노동공급구조는 역삼각형이 된다. 상위단층은 과잉공급 상태가 되고 하위단층은 초과수요 상태에 놓이게 된다. 대학졸업생의 취업률이 50% 수준에 불과하고, 중소기업에서는 심각한 구인난 속에 외국인 근로자 채용을 확대하고 있다.

단층으로 인한 노동시장의 구조적 불균형은 '고용 미스매치(job mismatch)', '스킬 미스매치(skill mismatch)', '임금 미스매치(wage mismatch)' 등 3대 미스매치를 발생시키고 있다. 노동시장에서 미스매치가 발생한다는 것은 노동수요자와 노동공급자 사이에 불일치가 발생한다는 것이다.

- **고용 불일치**: 상위단층 노동시장에서는 구직난이 심각하고, 중소기업에서는 만성적인 구인난을 겪고 있다. 이것이 바로 고용 불일치, 즉 일자리 불일치 현상이다. 왜 이런 현상이 발생하는가? [그림 15-2]에서 보는 바와 같이, 노동수요구조는 상위단층으로 갈수록 일자리수가 줄어드는 수직적 삼각형 구조를 갖고 있는데, 노동공급구조는 고졸자의 83%가 대학

에 진학해 상위단층이 가장 큰 역삼각형 구조를 갖고 있다. 그 결과 상위단층에서는 만성적인 초과공급 상태에 있고, 하위단층에서는 만성적 초과수요 상태에 있다. 이것은 국가의 핵심 자원인 인적자원이 비효율적으로 배분되고 있다는 것을 의미한다.

- **스킬 불일치**: 노동수요자가 원하는 직업능력과 노동공급자의 직업능력이 불일치하는 현상이다. 기업은 학교가 기업이 필요로 하는 인재를 양성하지 못한다고 불만이다. 상위단층 진입의 필수요건이 대학졸업장인 학력중심 단층노동시장에서는 직업교육이 발달할 수 없다. 초중고교는 오로지 대학진학을 위한 예비학교로서 기능한다. 고졸자의 83%가 대학으로 진학하고 있는 사회에서 양질의 직업능력을 배양할 수 있는 실업계 학교가 발달하기 어렵다. 대학도 교수가 교과서적 지식을 학생들에게 전달하는 'X형인재육성 시스템'을 갖고 있어 현장에서 필요로 하는 '살아 있는 지식(working knowledge)'을 창의적으로 생산 활용할 수 있는 'Y형인재'를 공급하지 못하고 있다. 스킬 불일치가 발생할 수밖에 없다.

- **임금 불일치**: 임금 불일치란 노동수요자, 즉 기업이 제시하는 임금과 노동공급자 즉 노동자가 기대하는 임금수준의 격

차를 말한다. 대졸 취업자 가운데 상당수가 중위단층 및 하위단층에 하향 취업하면서 임금불일치와 직무불만이 크게 나타나고 있다. 그런데 대졸자의 '준거임금(reference wage)'은 상위단층 임금수준이기 때문에 중위단층이나 하위단층으로 하향 취업하면 임금불일치가 심할 수밖에 없다. 이것이 바로 청년실업률이 높은 상태에서도 중소기업이 만성적인 인력난을 겪고 있는 이유이다.

유연노동시장 전략과 비정규직 노동시장

우리나라 노동시장의 또 다른 심각한 문제는 상위단층 및 중위단층의 비중이 감소하고, 하위단층 즉 비정규직 노동시장의 비중이 확대되고 있다는 것이다. [그림 15-2]에서 하위단층이 직사각형 점선으로 표시되어 있는 것은 개방적이고 승진기회가 없는 비조직 노동시장 즉 '비정규직 노동시장'을 의미한다.[6]

우리나라는 1997년 외화유동성 부족으로 외환위기를 맞으면서 'IMF 구제금융'을 받게 되었다. 이 과정에서 IMF는 노동시장의 유연성 개혁을 요구했다. 기업이 시장경쟁에 유연하게 대응하기 위해서는 기업이 인적자원관리를 유연하게 할 수 있어야 한다는 것이다. 당시 세계화 물결 속에 '신자유주의사상'이 전 세계적으로 확산되고 기업의 시장경쟁이 심화되고 있었기 때문에 선진 각국에서도 노동조합의 힘이 크게 약화되면서 '유연노동시장전략'이 경쟁적으로 도입되고 있었다.

노동시장 유연화 전략에는 '기능유연화', '임금유연화', '고용유연화' 등 크게 세 가지 전략이 있다. 한국에서는 당시 평생직장 개념이 자리 잡고 있었고, 다음과 같은 이유로 이 세 가지 유연성이 모두 낮은 수준에 있었다. 기능유연성 전략은 직업능력개발을 통해 생산성을 높임으로써 상대적으로 노동비용 부담을 줄이는 전략이다. 그러나 기능유연화 전략은 그 당시 노사 모두 직업능력개발의 중요성에 대한 인식이 부족했고, 그 효과가 나타나는 데 시간이 걸리는 전략이라 고려되지 않았다.

임금은 본질적으로 하방경직성이 존재하기 때문에 유연성이 낮지만, 성과급이나 직무급은 생산성과 연동되어 있기 때문에 상대적으로 임금유연성이 높다. 그런데 한국의 임금체계는 기본적으로 생산성과 관계없이 근속연수에 따라 임금이 올라가는 연공서열제이기 때문에 유연성이 대단히 낮다.

미국은 기업이 어려워지면 최근에 고용한 근로자를 먼저 해고하고 경쟁력을 회복하면 가장 늦게 해고된 근로자부터 다시 불러들이는 '일시해고제도(layoff system)'를 갖고 있어 고용유연성이 높다. 한국에서는 일시해고제도가 없어 고용유연성도 대단히 낮다.

이러한 상황에서 노사정이 선택한 전략이 비정규직의 확대였다. 정부는 다양한 형태의 비정규직 채용을 가능케 하는 제도를 마련하고, 기업은 비정규직을 확대하고, 정규직 중심의 노동조합은 조합원의 고용안정성에 집착해 기업의 저임금 비정규직 확대에 적극적으로 대응하지 않았다.

노동시장 유연화 전략이 비정규직 확대라는 결과를 낳으면서 수많은 병리적 현상을 야기시키고 있다. 비정규직 임금 수준이 정규직의 57% 수준에 머물면서, 비정규직 고용이 유연화 전략을 넘어 노동비용 절감 전략으로 이용되고 있다. 노동시장에서 비정규직 규모가 34%에 달하면서 사회양극화가 심화되었고, 이는 내수시장의 축소로 이어졌다. 그리고 비정규직에게는 직업능력개발기회가 주어지지 않으므로 개인은 물론 사회적으로도 잠재생산성마저 떨어지고 있다.

단층노동시장과 교육시장의 왜곡

노동시장의 단층성과 차별적 고용관리관행이 교육시장에 학력중심, 간판중심 사회의 시그널을 계속 보내왔다. 한국에서 '괜찮은 일자리(decent jobs)'을 잡고 안정된 삶을 살기 위해서는 대학을 나와야 한다는 시그널을 교육시장에 계속 보내온 것이다.

이러한 학력사회 시그널로 인해 모든 사람들이 능력과 적성에 관계없이 일단 대학을 나와야 한다는 생각을 갖게 만들었다. 노동시장의 단층성 시그널이 다음과 같이 교육시장을 심각하게 왜곡시켜 왔다.

첫째, 교육열이 '학력병(diploma disease)'으로 변질되었다. 훌륭한 품성과 능력배양을 중시하는 교육열보다 명문대학 졸업장을 더 중시하는 학력병 현상이 나타났다. 대학진학에 대한 사회적 압력이 높아지니까 정치권과 정부는 소위 대학설립준칙주의를 채택하게 되었다. 그 결과 대학들이 급격하게 늘어나면서 대학입학정원이 고교졸업생수보다 더 많은 상황에 이르게 되었다.

대학입시가 매년 국민적 관심사로 떠오르니 정부는 입시부정 등을 예방하기 위해 학생선발의 공정성과 객관성을 높이는 데 주력하게 되었다. 이 과정에서 객관식 중심의 수능시험, 내신성적 등 획일화된 기준으로 전국의 학생과 대학을 서열화하게 되었고, 그 결과 '성적서열경쟁' 관행이 정착되었다.

둘째, 성적서열경쟁이 교육의 목적과 본질을 심각하게 왜곡시키고 있다. 초중고등교육의 목적은 인성, 창의성, 개성을 기르고 발현시키는 데 있어야 한다. 그런데 교육현장은 오로지 수능성적과 내신 성적을 남보다 더 높게 받기 위한 '성적서열경쟁'에 몰입하게 되었다. 성적서열경쟁은 본질적으로 나를 발전시키는 과정이 아니라, 남보다 앞서야 하고 남을 이겨야 하는 게임이다. 교육의 목적은 남을 이기는 게임이 아니고 나의 잠재적 역량을 개발해 나를 발전시키는 것이어야 한다.

초중고등교육은 체력을 튼튼히 연마하고(體), 바른 마음과 인성을 함양하고(德), 그 바탕 위에서 언어와 수리능력, 과학과 사회에 대한 기초적 이해능력, 예능과 개성(智)을 잘 개발해야 한다. 즉 교육의 중점이 지덕체(智德體)가 아니라 체덕지(體德智)로 되어야 한다.

셋째, 공교육이 무너지고 사교육이 번창하고 있다. 단답식 중심의 성적서열경쟁에서 공교육이 사교육을 이길 수 없다. 단답식 문제를 푸는 데는 암기와 요령이 점수에 상당한 영향을 미칠 수 있다. 암기요령과 문제를 푸는 요령의 개발은 교사들이 학원 강사를 따라갈 수 없다. 학원 강사는 그 인기에 따라 학생들이 몰려오고 수입도 크게 달라지기 때문에 학생들의 암기요령과 객관식 문제를 맞히는 요령을 개발할 강한 유인이 존재한다. 그러나 교사들에게는 그러한 유인이 존재하지 않는다.

사교육의 번창은 또 다른 심각한 문제를 야기하고 있다. 학생들이 스스로 공부할 수 있는 시간이 없어 자신의 학습능력과 창의력을 배양하기 어렵다. 또한 사교육은 학교수업의 효율성을 떨어뜨릴 가능성이 높다. 학원에서 배운 내용을 학교에서 반복하면 집중하기 어렵고, 학생들 간의 편차가 심해 수업의 난이도 조절이 어려워 수업의 질도 떨어질 수밖에 없다. 사교육이 공교육을 붕괴시키고 있는 것이다.

공교육 붕괴와 사교육 이상 비대화는 '기회의 양극화', '빈곤의 세습화', '사회이동성의 경직화'를 심화시키고 있다. 부모의 소득격차가 자녀의 사교육기회 격차를 가져오고 사교육기회 격차가 대학선택 기회의 격차를 가져온다. 부모 경제력의 불평등이 자녀 교육기회의 불평등을 낳고 다시 다음 세대의 경제력 불평등을 심화시키면서 사회계층상승 및 사회역동성을 떨어뜨리고 빈곤의 세습화와 계층 간 양극화의 확대재생산을 심화시키고 있다.

또한 사교육비의 증가는 자녀 교육비 부담을 가중시켜 삶의 질을 저하시킨다. 과중한 교육비 부담이 결혼지연, 출산율 저하 등 사회문제를 가져오고, 가계저축을 어렵게 만들어 중산층형성과 노후대책을 어렵게 만들고 있다. 그리고 저출산 고령화는 인구구조 변동을 가져와 경제활동인구 1인당 부양노인 비중을 증가시켜 저생산성 고비용 사회구조를 만들고, 결과적으로 국가경쟁력과 국민의 삶의 질을 떨어뜨리고 있다.

넷째, 국가적으로 교육투자에 막대한 자원의 낭비가 일어나고 있다. 인적자원은 국가 경쟁력과 국가의 미래를 결정하기 때문에 교육투자를 많이 해야 한다. 문제는 투자의 효과성과 효율성이 낮아 교육투자의 낭비가 심각한 수준에 있다는 것이다. 국가는 공교육에 투자하고 있지만 교실파괴 등으로 공교육투자효율이 낮고 그 만큼 투자낭비가 발생하고 있다. 국민은 세금을 내어 공교육에 막대한 투자를 하고도 사교육비로 그것도 오로지 점수 경쟁을 위해 2012년 한 해에만 19조 원을 투입하였다.

다섯째, 성적서열경쟁은 대학의 진정한 특성화를 가로 막는다. 대학의 특성화가 바르게 이루어지려면, 교수진, 시설, 교육 프로그램 등 질적 경쟁력을 보고 대학진학이 이루어지는 문화가 형성되어야 한다. 그렇게 되면 대학들은 특정 학과에 세계적인 교수를 유치하는 등 스스로 특성화 차별화 경쟁을 하게 된다. 대학의 질적 경쟁력과 관계없이 수능성적서열에 따라 대학을 선택하는 관행이 존재하는 한 실질적인 대학의 특성화가 실현되기 어렵다.

지금까지 본 바와 같이 단층노동시장이 교육시장을 심각하게 왜곡시키기 때문에 단층노동시장의 개혁 없이 창조경제의 핵심 요소인 창의적 인재의 양성시스템을 성공적으로 구축하기 어렵다.

16장

창조경제와 건강한 노동시장

창조경제와 노동시장 구조변동

우리는 이 책의 앞에서 한국경제가 산업경제에서 창조경제로의 패러다임 전환기에 있다는 것을 논하였다. 노동시장은 국민경제의 하위시스템이므로, 경제 패러다임이 이행하면 노동시장 구조도 변동된다. [표 16-1]은 '노동시장구조분석론'에 기초하여 산업경제에서 창조경제로의 이행기에 노동시장의 구조가 어떻게 변동될 것인가를 잘 보여주고 있다.

- **노동시장 환경**: 제3장에서 본 바와 같이 제2차 산업혁명 즉 기계혁명에 의해 산업경제 시대가 열리게 되었다. 산업경제의 대량생산체제에서는 정치권력과 자본권력이 사회를 지

[표 16-1] 창조경제와 노동시장구조 변동

	산업경제 노동시장	창조경제 노동시장
노동시장 환경	제2차 산업혁명(기계혁명) 권위주의, 집단주의 정치·자본권력 경제적 물질적 안정 산업경제	제3차 산업혁명(정보통신혁명) 민주주의, 개인주의, SNS 문화 사회·지식권력 주관적 행복, 삶의 질 창조경제
조직·직무특성	수직적 피라미드 구조 정형적 반복적 직무	수평적 네트워크 구조 비정형적 창의적 직무
노동력 특성	X형인재 사무직 노동자, 생산직 노동자	Y형인재 창조계급, 노동자계급, 서비스계급
고용관리관행	장기고용, 관료적 통제	장기고용관행 붕괴, 자율적 통제
노동시장구조	수직적 단층노동시장	수평적 분단노동시장

배하면서 권위주의와 집단주의 문화가 확산되어 있었고, 경제적 물질적 안정이 우선시되었다.

이효수의 경제발전단계설에 의하면, 산업경제가 성숙기를 지나면서 제3차 산업혁명인 정보통신혁명이 일어나기 시작했다. 정보통신혁명으로 '사회네트워크서비스(SNS, social network service)기술'이 발달하고, 지식혁명, 창조혁명이 일어나면서, 정치 및 자본권력에서 사회권력 및 지식권력으로 '권력이동'이 일어나고 있다. 정치권력과 자본권력이 남용되면 시민들은 더 이상 순종하지 않고, 개인의 생각을 SNS에서 거침없이 토로하고 SNS는 순식간에 사회여론을 형성해 정치권력과 자본권력에 대항하는 '사회권력'을 만들어 낸다. 이른바 '디지털 민주주의(digital democracy)'가 빠른 속도로 성장하고 있다. 그리고 산업경제의 발달로 소득수준이 높아지면서 사람들은 점차 경제적 물질적 안정 욕구를 넘어 주관적 행복과 삶의 질을 추구하기 시작했다.

- **조직·직무특성**: 산업경제 대량생산체제에서 국가 행정조직이나 기업조직은 모두 수직적 피라미드 구조를 지니고 있고, 조직을 구성하고 있는 대부분의 직무들은 정형화 표준화되어 있다. 수직적 피라미드 조직은 소수가 다수를 '분할 지배 관리(divide & rule policy)'할 수 있는 효과적인 조직이다. 수직적 피라미드조직은 위로 올라갈수록 권한과 보수가 많고, 자리는 줄어들기 때문에 승진기회를 잡기 위해 서로 견제와 경쟁을 할 수밖에 없다. 이런 구조에서는 권력과 돈이 위로 집중될 수밖에 없고, 피라미드의 정상에 있는 사람은 수직적 피라미드 조직의 속성을 이용해 효과적으로 수많은 사람을 통제할 수 있다. 조직은 다양한 특성을 지닌 수많은 직무들로 구성되어 있다. 특히 대량생산체제나 대규모 조직에서는 과학적 관리와 효과적 통제를 위해 직무가 세분화, 표준화, 정형화되어 있다.

창조경제는 대규모 자본설비가 아니라 창의적 지식을 기반으로 하기 때문에 조직은 수평적 네트워크 구조를 지니고, 조직 대부분의 직무들은 비정형적 창의적 직무들로 구성되어 있다. 정보통신혁명으로 기술과 시장수요의 변화 속도가 빠르기 때문에 기업이 이러한 변화에 신속하게 대응하기 위해서는 결제라인이 단순해야 하므로 조직은 수평화된다. 그리고 수직적 권위주의적 상의하달의 피라미드 구조에서는 창의성이 살아나기 어렵다. 창의성은 기본적으로 새로운 것을 추구하므로 창의적 직무는 정형화 표준화되기 어렵다. 창의적 아이디어를 중심으로 사람들이 네트워크를 형성해 서로 아이디어를 교환하고 협력해 새로운 가치를 창출해야 하므로 창조경제에서 조직은 기본적으로 수평적 네트워크 구조를 지니게 된다.

- **노동력 특성**: 산업경제 대량생산체제에서는 표준화된 직무를 반복적으로 수행해야 하므로 X형인재로 직무를 수행하는 데 문제가 없다. 노동자들은 관리직, 사무직, 생산직 노동자들로 구성되어 있다.

창조경제에서는 창의적 지식을 생산해야 하므로, 인성, 창의성, 진취성, 전문성을 겸비한 Y형인재를 필요로 한다. 노동자들은 창조계급(creative class), 노동자계급, 서비스계급으로 구분할 수 있다.

- **고용관리관행**: 고용관리관행은 노동수요와 노동공급의 결합기제로 채용·승진·보수 관리체계이므로, 노동수요 요인인 조직·직무 특성과 노동공급 요인인 노동력 특성이 변화하면 고용관리관행도 자연히 변화하게 된다. 제15장에서 본 바와 같이 한국에서는 산업화과정에서 학력과 성을 기준으로 단층별 입직기준을 설정하고 연공서열에 기초해 승진 및 보수를 관리해 왔다. 회사원들은 일단 입사하면 회사규칙을 위반해 징계를 받지 않는 한 장기고용관계를 유지해 왔고, 관료적 통제와 기술적 통제에 의해 정형화되고 표준화된 직무를 수행하였다.

창조경제에서는 비정형적 창의적 직무를 수행할 수 있는 Y형인재가 필요하므로, 채용기준에서 학력과 성이 아니라, Y형인재를 선별하는 것이 중요하다. Y형인재들은 기본적으로 창의성, 진취성, 전문성을 갖추고 있어 관료적 통제를 싫어하고, 스스로 알아서 일을 하는 자율적 통제를 선호한다. 승진 및 임금체계도 연공서열이 아닌 능력과 성과를 기준으로 설정되어야 한다. 창조계급은 연공서열이 아닌 성과중심으로 관리될 수밖에 없고, 이러한 고용관리체계 하에서 장기고용관행은 유지되기 어렵다.

- **노동시장구조**: 제15장에서 본 바와 같이 한국 노동시장은 산업화 과정에서 수직적 단층구조를 갖게 되었다. 산업경제에서 창조경제로 이행되면 노동시장은 수평적 이중노동시장으로 변동될 가능성이 높다. 수직적 단층노동시장은 관리직으로 승진기회에 따라 상위단층, 중위단층, 하위단층으로 형성되어 있었지만, 창조경제에서는 창조직 노동시장, 생산직 노동시장, 서비스직 노동시장으로 재편성될 가능성이 높다.

창조경제와 노동시장 개혁의 길: 건강한 노동시장

교육시장에서 Y형인재가 안정적으로 양성 공급되고, 노동시장에서 창조계급이 자신의 역량을 제대로 발휘하기 위해서는 유연노동시장이 아니라 단층을 극복할 수 있는 '역동적이고 건강한 노동시장(DHLM, Dynamic & Healthy Labor Market)'을 구축해야 한다.

역동적 노동시장(Dynamic Labor Market)은 노동시장의 환경변화, 즉 기술, 산업구조, 경쟁구조 등의 변화에 신속하게 반응하는 노동시장을 말한다. 그리고 건강한 노동시장(Healthy Labor Market)은 노동력 수급불균형(quantity gap, job mismatch), 노동력의 질적 불균형(quality gap, skill mismatch), 기회 및 접근의 불평등(inequality of access and opportunity)이 적고, 보다 많은 사람에게 더 나은 일자리를 제공하는 노동시장을 말한다. 우리는 역동적이고 건강한 노동시장을 간략하게 '건강한 노동시장(DHLM)'이라 부르고자 한다. 'DHLM'의 특성을 보다 분명히 하기 위해 [표 16-2]에서 수요측 특성과 공급측 특성으로 나누어 설명하고 있다.[1]

건강한 노동시장(DHLM)의 개념은 유연노동시장(Flexible Labor Market, FLM) 개념과 근본적으로 다르다. 유연노동시장은 글로벌 마켓이 형성되어 기업 상호간 경쟁이 심화되고 기업

[표 16-2] 건강한 노동시장(DHLM)의 특성

수요측 특성

- 지역경제가 성장산업과 창조산업 육성으로 좋은 일자리를 광범위하게 창출 한다.
- 지역은 기업가 정신과 창의성을 중시하는 문화를 갖고 있다.
- 지역은 경쟁력 있는 투자환경을 제공한다.
- 기업은 Y형인재 고용관리체계를 갖고, 세계적 경쟁력 확보를 위하여 노력한다.
- 개인의 재능을 고도로 발휘할 수 있는 공정기회의 환경이 조성되어 있다.

공급측 특성

- 개인, 기업, 지역사회가 Y형인재와 직업능력개발에 높은 가치를 부여 한다.
- 지역이 학생, 재직자, 실업자를 위한 양질의 다양한 직업능력개발기관(대학, 전문대학, 직업훈련기관 등)을 갖고 있다.
- 노동시장 진입자의 직업능력(trainability, adaptability, employability)이 대단히 높다.
- Y형인재를 안정적으로 양성 공급할 수 있는 대학(GIU)을 갖고 있다.
- 창조계급이 지역에 풍부하다.

출처: Hyo-Soo Lee(2008), OECD[2]

구조조정이 일상화되면서 강조되어 왔다. 유연노동시장개념은 기본적으로 '수량적 유연성(quantity flexibility)'을 강조함으로써 고용불안과 노동시장의 양극화를 심화시키고 있다. 유연노동시장은 단기적으로 인건비 절감과 기업의 경쟁력을 제고하는 데에는 도움을 줄 수 있지만, 장기적으로는 기업의 근로자에 대한 교육훈련투자의 유인을 약화시킨다. 이로 인해 '기업특수기술(firm specific skill)'과 지식노동력의 개발축적을 어렵게 만들어 '저기술균형(low skill equilibrium)'을 초래시킬 위험성이 높다. 저기술균형은 국가의 성장 동력의 약화로 이어진다.

이에 비해 건강한 노동시장(DHLM)은 종합적이고 체계적인 고도의 노동시장정보망과 직업능력개발체계를 바탕으로 필요한 모든 사람에게 직업능력개발의 기회를 제공해 지식노동력, 즉 창조계급을 양성 공급함으로써 '고기술균형(high skill equilibrium)'을 실현하는 시장이다. DHLM은 또한 취약계층의 직업능력을 제고해 취업기회를 제공함으로써 노동시장 양극화를 최소화할 수 있다. 우리는 이와 같이 '건강한 노동시장(DHLM)'을 통해 '창조경제의 경쟁력(economic competitiveness)'과 '사회통합(social inclusion)'을 동시에 실현할 수 있다.

학습·고용정보센터(LJIC)

　건강한 노동시장(DHLM)을 구축하고 직업능력개발을 체계적으로 하기 위해서는 노동시장과 교육시장을 통합할 수 있는 정보허브가 반드시 필요하다. 이를 위해 현재의 종합고용센터를 학습·고용정보센터(Learning & Job Information Center, LJIC)로 확대 개편할 필요가 있다. 학습·고용정보센터(LJIC)의 목적은 노동시장의 공급자가 직능검사(Vocational Ability Test, VAT)에서 직업능력개발, 취업에 이르기까지 종합적으로 해결할 수 있고, 노동수요자는 필요한 양질의 노동력을 필요한 시기에 필요한 양만큼 저렴한 비용으로 채용할 수 있는 원-스톱 시스템을 구축하자는 것이다. 이러한 인프라가 있어야 건강한 노동시장(DHLM)의 구축이 가능하다. 학습·고용정보센터(LJIC)의 기능과 그 기능의 작동 메커니즘이 [그림 16-1]에 나타나 있다.

　학습·고용정보센터(LJIC)는 직능검사(VAT), 경력관리상담 컨설팅 프로그램(Consultation Program, CP), 학습정보시장(Learning Shop, LS), 인재은행(Talent Bank, TB), 일자리 은행(Job Bank, JB), 노동시장 정보분석실, 기업지원서비스센터, 고용보험집행, 고용 인센티브 정보제공, 희망프로그램(New Job Program, NJP), 취업박람회 등을 통합적으로 수행할 수 있도록 구축한다.[4]

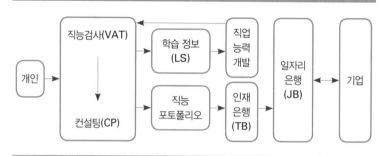

[그림 16-1] 학습·고용정보센터(LJIC)의 기능

출처: Hyo-Soo Lee(2008), OECD[3]

　개인이 학습·고용정보센터(LJIC)에 가면 제1단계에서 직업능력검사(VAT)를 받는다. 그리고 제2단계에서 직업능력검사 결과에 기초해 새로운 직업능력개발을 위한 교육훈련을 받을 것인지, 아니면 인재은행(TB)에 등록해 직장탐색을 할 것인지에 대해 상담을 받는다. 또한 노동시장 정보를 바탕으로 자신의 경력관리를 어떻게 할 것인지에 대해 상담을 받는다. 제3단계에서 새로운 직업능력개발이 필요하다고 판단되면 학습·고용정보센터(LJIC)는 직업적성에 맞는 직업능력프로그램들을 소개한다. 제4단계에서 새로운 직업능력개발과정이 끝나면 직능검사(VAT)를 다시 받고 인재은행(TB)에 등록한다. 제5단계에서 일자리은행(JB)에서 일자리를 검색하고 원하는 직장에 지원하기 위한 이력서 및 자기소개서 작성방법, 면접방법 등에 대해 상담과 지도를 받는다.

그리고 기업지원서비스센터에서는 기업의 인력채용과 관리에 관한 각종 정보와 서비스를 제공한다. 즉 정부의 각종 고용 인센티브시스템에 대한 통합컨설팅, 중소기업의 '우수인력 확보유지전략컨설팅', 기업의 채용비용 절감을 위한 인재사전검색지원 서비스 등을 제공한다. 그리고 구조조정을 계획하는 기업이 '희망프로그램(New Job Program, NJP)'에 등록하면, 감원대상자들의 일자리 찾기를 체계적으로 지원하는 특별 프로그램 등을 운영한다.

이행비용과 거래비용

학습·고용정보센터(LJIC)의 가장 중요한 기능과 기대 효과는 노동시장과 교육시장에 존재하는 심각한 정보의 비대칭성 문제를 해결하고 시장기능을 극대화해 '이행비용(transition cost)'과 '거래비용(transaction cost)'을 최소화하는 것이다.

첫째, 교육시장과 노동시장의 정보가 통합되어 있으면 '교육시장에서 노동시장으로(School to Work)의 이행비용'을 최소화할 수 있다. 정보의 비대칭성으로 인해 특정분야의 인력은 과잉공급(job mismatch)되고, 학생들의 직업능력이 낮기(skill mismatch) 때문에 청년실업이 증가 및 장기화되고 있을 뿐만 아니라 비정규직에 진출하는 등 고용의 질도 낮다. 이것은 교육시장에서 노동시장으로의 이행비용이 대단히 높다는 것을 의미한다.

둘째, 정보의 비대칭성은 시장기능의 올바른 작동을 어렵게 해 '거래비용'을 증가시키고 자원의 효율적 배분을 어렵게 만든다. 반면 정보가 공유되면 공정게임을 바탕으로 한 진입(entry)과 퇴출(exit)이 자연스럽게 이루어지므로 역동적이고 건강한 노동시장이 형성된다. 학습·고용정보센디(LJIC)는 노동수요자와 노동공급자에게 원-스톱 서비스를 제공해 거래비용을 감소시킨다.

셋째, 정보 공유시스템이 확보되면 시장기능에 의해 불실한 직업능력개발기관은 시장에서 퇴출되고, 새롭고 혁신적인 직업능력개발시스템이 끊임없이 생성될 것이다. 교육시장의 정보의 비대칭성이 제거되면 유효경쟁 환경이 조성되어 직업능력개발기관의 전문화가 자연스럽게 이루어지고 직업능력개발의 경쟁력이 지속적으로 향상된다.

직업능력개발체계 혁신

단층을 완화하려면, 대학을 가지 않아도 '괜찮은 일자리(decent jobs)'를 가질 수 있고, 간판이 아닌 능력이 중시되는 사회가 되어야 한다. 이를 위해서는 첫째, 직업능력개발체계를 혁신해 능력중시 사회문화를 형성해야 한다. 둘째, 고용관리관행을 혁신해 노동시장의 신호체계를 바꾸어야 한다.

직업능력개발체계(VADS, Vocational Abilities Development System)를 어떻게 혁신할 것인가? 한국에서는 아이러니컬하게 모든 사람이 직업을 갖길 원하면서도 '직업능력개발'이라는 말을 좋아하지 않는다. 우리는 직업능력 하면 기능직을 연상하고, 기능직 하면 임금도 낮고 근로조건도 나쁜 기피직종으로 인식되고 있기 때문이다. 이러한 잘못된 문화를 바꾸지 못하면 훌륭한 직업능력개발체계를 확립하기 어렵다.

직업(vocation)이란 말은 신이 인간에게 부여한 '신성한 직업(divine callings)'이라는 의미의 라틴어 'vocātiō'에서 유래되었다.[5] 그래서 프로테스탄트 윤리의 관점에서 보면, 직업은 천직이고 노동은 신성한 것이다. 모든 직업인은 '직업윤리(vocational ethics)'와 '직업능력(vocational abilities)'을 동시에 갖고 있어야 한다. 직업윤리란 직업인으로서 갖추어야 할 기본적 도리로서 소명의식과 도의의식을 말하는 것이고, 직업능력은 일을 효율적으로 처리하는 능력이다. 직업윤리가 낮은 수준에 있으면 최선을 다하지 않고 부당하게 일을 처리할 수 있다. 이것은 기본적으로 직업능력이 낮은 것이다. 그래서 넓은 의미의 직업능력(vocational competence)은 직업윤리를 기본적으로 내포하고 있는 것이다. 따라서 학교교육 및 직업교육에서는 직업능력과 직업윤리를 동시에 배양해야 한다. 개인의 경쟁력은 학력이 아니라 직업윤리와 직업능력에 의해 결정된다는 가치관, 그리고 그 가치관이 중시되는 사회시스템이 확립될 때 능력중시 사회문화가 형성된다.

대학을 나오지 않아도 대학출신자 못지않게 소득을 벌고 여가를 즐길 수 있는 길이 있다면 적성과 능력을 무시한 채 무조건 대학에만 가려고 하지 않을 것이다. 대학을 가지 않아도 중산층으로 행복하게 잘살 수 있는 사회를 만들 수 있을까? 학력 간 임금격차를 줄일 수 있는 길은 있는가? 그 길은 고졸자의 직업능력을 높이고 생산성 임금제를 정착시키는 것이다. 직업능력이 높으면 생산성이 높기 때문에 높은 임금을 주어도 생산성을 고려한 실효임금 즉 실질노동비용은 높지 않게 된다.

두 가지 길이 있다. 하나는 높은 직업능력-고품질·고생산성-고가격·고임금 메커니즘이 작동하는 '하이로드(high road)'이고, 다른 하나는 낮은 직업능력-저품질·저생산성-저가격·저임금 메커니즘이 작동하는 '로우로드(low road)'이다. 우리가 단층을 해소하고 중산층을 튼튼히 하고 국민경제의 체질을 강화하기 위해서는 '하이로드 전략'을 펴야 한다. 어떻게 가능할까? 독일에서 그 해답을 찾을 수 있다.

마이스터와 미텔슈탄트

독일은 대학 등록금이 없는데도 대학진학률은 50%에도 못 미치는 이유가 무엇일까? 독일에는 '마이스터(Meister)제도'와 '미텔슈탄트(Mittelstand)'에 의해 '하이로드' 메커니즘이 작동하고 있어 무조건 대학에 갈 이유가 없기 때문이다. 마이스터제도는 전문기술인력 즉 '명장'을 양성하는 직업능력개발체계이고, 미텔슈탄트는 마이스터들의 직업능력을 바탕으로 세계적인 경쟁력을 확보하고 있는 독일의 중소기업(종업원 500명 이하, 연매출액 5,000만 유로 이하)을 말한다.

독일에서는 초등학교 4년을 마친 후 인문계 중학교인 짐나지움(Gymnasium)과 실업계 학교인 레알슐레(Realschule), 레알슐레보다 성적이 낮은 학생들이 가는 하우프트슐레(Hauptschule)로 구성되어 있다. 실업계 학교 학생들은 '이원화 제도(dual system)'에 의해 기업에서 주당 3일 실습교육, 학교에서 2일 이론교육을 받아 직업능력을 배양하고 상공회의소가 주관하는 기술자격시험을 거쳐 취업한다. 학생들은 기업의 마이스터로부터 실습교육을 받고, 정규직의 1/3수준의 임금도 받는다. 이러한 과정을 거쳐 마이스터, 즉 명장이 되면 사회적으로 전문기술자로서 인정을 받고, 대졸자와의 임금격차도 크지 않다.[6]

미텔슈탄트는 산학협력으로 마이스터를 양성하고, 그들에게

괜찮은 일자리(decent job)를 제공한다. 독일 경제기술부에 의하면, 미텔슈탄트의 매출액 대비 평균 영업이익률(7.7%)이 대기업 평균(5.8%)보다 높다는 것이다.[7] 이것은 미텔슈탄트가 대기업 못지않게 생산성이 높으며, 그에 따라 임금지불능력 또한 대기업에 크게 밀리지 않는다는 것을 의미한다.

미텔슈탄트 성공 요인은 첫째, CEO의 VIP 리더십, 둘째, 하이로드 전략에 의한 기술경쟁우위로 고품질 고가격시장 확보, 셋째, 글로컬 선도 전략으로 세계시장의 적극적 개척, 넷째, 지역별 산업클러스터로 대기업 및 다른 기업과 상생협력에 의한 연구개발, 마이스터 양성, 기술표준화 전략추진 등을 들 수 있다. 미텔슈탄트는 지역 대학은 물론 대기업과 연구개발(R&D) 분업체계를 형성하고 연구개발에 많은 투자를 한다. 독일에서는 대기업이 중소기업을 납품단가중심 즉 하청기업으로 관리하는 것이 아니라, 연구개발 및 기술협력관계, 즉 동업자 관계로 보고 있다. 독일의 직업능력개발체계가 성공할 수 있었던 것은 이처럼 마이스터제도와 미텔슈탄트의 상호작용으로 하이로드 메커니즘을 구축할 수 있었기 때문이다.

반면 한국의 산업화과정에서 산업역군 양성의 역할을 해 왔던 실업계 교육이 21세기에 들어오면서 외면당하고 급격하게 쇠퇴하게 된 것은 한국노동시장에 학력중심의 단층과 로우로드 메커니즘이 작동하고 있었기 때문이다.

한국에서도 직업능력이 뛰어난 인재를 육성할 수 있도록 직업능력개발체계를 혁신하고 동시에 히든챔피언 육성전략을 통해 '하이로드체제'를 구축해야 한다. 중학교에서 '직업세계'라는 교과목을 통해 직업의 다양성에 대한 이해를 높여, 적성과 능력을 고려해 인문계나 실업계 고교로 진학토록 할 필요가 있다. 실업계 고교는 독일과 같이 산학협력을 통해 이론과 실습교육을 병행 실시해 직업능력이 뛰어난 인재를 배출할 수 있는 시스템을 확보해야 한다. 정부가 2009년부터 육성하기 시작한 마이스터고가 잘 정착될 수 있도록 제도를 보완하면서, 동시에 현장교육으로 마이스터를 양성할 수 있는 '글로컬 선도기업(GIC, Glocal Initiative Companies)' 즉 '히든챔피언'을 육성해야 한다.

신호체계를 바꾸자

고용관리관행 혁신으로 노동시장의 신호체계를 바꾸어야 한다. 기업의 고용관리관행은 노동공급자에게 보내는 강력한 신호체계이다. 우리는 제15장에서 노동시장은 고용관리관행이라는 신호체계로 교육시장에 강력한 영향을 미친다는 점을 지적해 왔다. 학력중시, 간판중시 신호체계를 능력중시 신호체계로 바꾸어야 한다. 채용관리, 승진관리, 임금관리 등 3대 신호체계를 학력, 성 등이 아닌 '능력(abilities)', '노력(efforts)', '성과(performances)' 기준으로 개편해야 한다.

노동시장의 신호체계가 이렇게 능력과 성과중심으로 바뀌면 학벌과 간판의 효용가치는 떨어지게 될 것이다. 빌 게이츠가 하버드대학교를 중퇴하고 소프트웨어 개발에 몰입할 수 있었던 것은 자신의 소프트웨어 개발능력이 하버드대학교 졸업장의 효용가치를 뛰어넘을 수 있다는 확신이 있었기 때문에 가능했을 것이다. 대학을 중퇴하고 세상을 바꾼 스마트시대를 연 스티브 잡스는 빌 게이츠와 더불어 창의성, 진취성, 전문성과 같은 역량은 대학을 통해서만 함양되는 것이 아니라, 다양한 경로로 습득될 수 있다는 것을 잘 보여주고 있다.

우리가 여기서 강조하고자 하는 것은 대학이 중요하지 않다는 것이 아니라, 노동시장 신호체계의 변화를 통해 '능력주의 사회문화'를 정착시킬 수 있어야 창조경제 시대를 열 수 있다는 것이다. 우리 사회에는 '능력주의 고용관리'가 지나친 경쟁을 유발한다는 부정적 비판이 있다. 이것은 획일주의 관점에서 능력주의를 보고 있기 때문이다. 다양성의 관점에서 보면 능력주의는 자신이 하고 싶고, 자신의 능력을 잘 발휘할 수 있는 분야에서 성과를 발휘하고 인정받는 사회문화이다.

제2장에서 본 바와 같이 사람은 개성과 재능에 따라 예술적 창의성, 기술적 창의성, 경제적 창의성이 다르다. Y형인재육성

의 핵심은 개성과 재능을 잘 파악해 잠재적 역량이 잘 발현될 수 있도록 하는 것이다. 사람은 서로 다른 다양한 능력을 갖고 있고, 사회에는 서로 다른 능력을 필요로 하는 수많은 다양한 직무가 존재한다. 노동시장에서 능력과 직무의 다양성이 존중된다면, 교육시장에서 정형화되고 표준화된 X형인재육성에 의한 획일화 서열화 경쟁은 약화될 것이다.

기업이 Y형인재 선별장치를 갖고 Y형인재를 채용관리하면, X형인재를 양성하는 대학의 취업률과 경쟁력은 크게 떨어지게 될 것이기 때문에, 대학들은 X형인재 양성관행에서 벗어나, Y형인재육성 시스템을 구축할 것이다.[8] 개인도 더 이상 대학졸업장을 위해 무조건 대학에 진학하거나, 명문대학의 졸업장을 갖기 위해 적성에 관계없이 수능점수에 맞추어 전공을 선택하는 병리적 현상은 크게 줄어들 것이다. 우리는 노동시장 신호체계의 혁신을 통해 사람들이 저마다의 창의적 역량을 발휘할 수 있는 '능력주의 사회문화'를 형성할 수 있다.

17장

창조계급의 일, 삶과 여가

창조적 진화와 일자리 변화

창조적 변화와 창조적 진화의 과정에서 일자리에 두 가지 큰 변화가 일어난다. 하나는 직무내용과 작업방법의 변화이고, 다른 하나는 일자리의 창출과 소멸이다. 특히 산업혁명이 일어나면 이러한 현상은 광폭으로 일어난다. 정보통신혁명이 일어나면서 수많은 기존의 일자리가 소멸되고 새로운 일자리가 창출되었다. 그리고 많은 일들은 컴퓨터를 이용해 수행되고 있다.

창조적 변화와 일자리 변화를 파악하고 예측하는 것은 노동공급자, 노동수요자, 정부 모두의 입장에서 대단히 중요하다. 일의 내용과 방법의 차이에 따라 그 일을 수행하는 데 필요한 노동력이 다르다. 내가 어떤 종류의 직업을 갖고 싶으면, 그 일을 수행하는 데 필요한 직업능력을 갖추어야 하고, 이를 위해 교육과 훈련을 받아야 한다. 기업은 일의 내용과 방법의 개선을 통해 생산비를 절감하고, 생산성을 높일 수 있다. 정부는 일자리 구조와 일자리 구조변동을 예측할 수 있어야 실효성 있는 고용정책을 펼수 있다.

산업사회의 대량생산체제에서는 대부분의 일들이 정형화, 표준화되어 있다. 대량생산체제에서 효율성을 극대화하기 위해 생산직의 직무를 세분화, 표준화하였고, 사무직의 직무들도 매뉴얼을 만들고 그에 따라 수행하도록 표준화했다. 일 즉 직무를 설계하는 사람과 일을 실행하는 사람이 구분되었다. 구상과 실행의 분리, 즉 머리와 손발이 분리되어 있는 구조다. 구상은 관리직과 전문기술직이 하고, 실행은 사무직, 생산직, 서비스직이 수행한다. 그래서 일의 종류, 즉 직종은 관리직, 전문기술직, 사무직, 생산직, 서비스직으로 크게 구분되어 있다.

그런데 지난 30년간 정보통신혁명이 일어나고 컴퓨터와 로봇의 도입이 확산되면서, 일자리 세계에 지각변동이 일어났다. 컴퓨터와 로봇이 그 동안 사람들이 수행해 오던 정형화되고 표준화된 수많은 일자리들을 차지하는 현상이 나타나게 되었다. 정보통신혁명이 일어나면서 사람들이 컴퓨터 및 로봇과 일자리를 놓고 경쟁하기 시작했고 이러한 현상은 앞으로도 계속될 것이다. 그래서 사람이 잘할 수 있는 일과 컴퓨터와 로봇이 잘할 수 있는 일로 구분되고 있다.

창조경제에서는 '일상적이고 정형화된 일(routine and typical tasks)'과 '비일상적이고 창의적인 일(non-routine and creative tasks)'로 구분하는 것이 중요하다. 수많은 '일상적이고 정형화된 일'들은 컴퓨터와 로봇이 신속 정확하고 낮은 비용으로 처리할 수 있다. 사람이 컴퓨터 및 로봇에 비해 경쟁우위에 있는 일자리들은 주로 '비일상적이고 창의적인 일'들이다.

MIT의 레비(Frank Levy) 교수와 하버드의 머네인(Richard Murnane) 교수는 컴퓨터 및 로봇이 노동시장에 미치는 영향을 연구하면서,[1] 일의 종류를 '새로운 정보를 다루는 업무

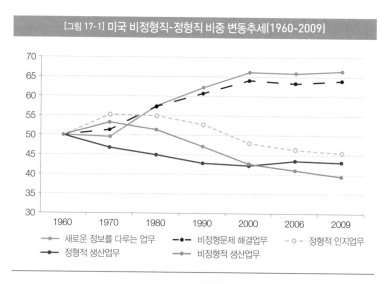

[그림 17-1] 미국 비정형직-정형직 비중 변동추세(1960-2009)

출처: Frank Levy and Richard Murnane(2013)

(working with new information)', '비정형문제 해결업무(solving unstructured problems)', '정형적 인지업무(routine cognitive tasks)', '정형적 생산업무(routine manual tasks)', '비정형적 생산업무(non-routine manual tasks)' 등으로 구분하였다.[2]

우리는 일자리의 정형성을 기준으로 '창의적 업무', '비정형적 지식업무', '비정형적 서비스업무', '정형적 생산업무', '정형적 인지업무'로 크게 구분하고자 한다. 이러한 구분은 일의 세계를 이해하는 데 있어 대단히 중요하다. 산업경제에서 지식경제, 창조경제로 이행하면서 정형적 일자리가 빠른 속도로 감소하고, 비정형적 일자리가 크게 증가하고 있기 때문이다.

산업사회의 대량생산체제에서 일자리의 절대다수는 정형화되고 표준화된 상품을 생산하는 '정형적 생산업무'와, 생산된 상품을 검수하고 품질검사를 하는 '정형적 인지업무'였다. 그런데 산업사회에서 절대적 비중을 점하였던 '정형적 생산업무'와 '정형적 인지업무', '정형적 사무업무' 등은 사람에 비해 컴퓨터와 로봇이 경쟁우위에 있기 때문에 정보통신혁명 이후에 컴퓨터와 로봇에 의해 대체되면서 그러한 일자리들이 노동시장에서 급속하게 감소하고 있다.

생산이 자동화된 자본설비 및 로봇에 의해 주로 이루어지면, 생산은 증가해도 일자리는 증가하지 않으므로 '고용 없는 성장(jobless growth)'이 이루어지게 된다. 고용률이 낮은 상태에서 성장이 이루어지면 성장의 과실이 가구소득으로 이어지지 못하고 자본 중심으로 분배되어 양극화가 심화될 수밖에 없다.

그렇다면 창조경제에서 일자리는 주로 어디에서 창출될 수 있을까? 사람이 여전히 컴퓨터나 로봇에 비해 경쟁우위에 있는 일자리는 창의적 업무, 비정형적 지식업무, 서비스업무 등이다. 즉 창조적 진화와 창조적 변화를 추구할 수 있는 분야에서 새로운 일자리가 나타날 것이다.

창조계급의 부상

새로운 일자리와 새로운 노동형태가 나타나기 시작하면, 학자들은 관찰, 직관, 조사, 분석, 예측 등을 통해 새로운 노동특성을 반영한 명칭을 붙이고 의미를 부여하면서 새로운 사회계급에 대한 관심을 불러일으키게 된다.

마르크스는 생산수단의 소유와 무소유를 기준으로 부르주아와 프롤레타리아 즉 자본가계급과 노동자계급으로 분류했다. 공장에서 대량생산체제가 도입되고 테일러의 과학적 관리방법이 도입되면서 생산직 노동자와 사무직 노동자로 분화되었다. 후기 산업사회에 들어오면서 금융, 보험 등 서비스업이 발달해 서비스직 노동자의 비중이 크게 증가되었다.

피터 드러커(Peter Ferdinand Drucker)는 1969년《단절의 시대(The Age of Discontinuity)》에서 '지식근로자(knowledge workers)'의 역할과 중요성을 강조했다. 지식근로자는 지식과 정보의 생산과 활용을 통해 부가가치를 창출하는 근로자다. 산업경제에서 지식경제로 이행하면서 단순반복적인 일을 수행하는 생산직 및 사무직 노동자보다 새로운 변화 즉 혁신을 추구하는 지식근로자의 중요성이 증가하게 되었다.

리차드 플로리다(Richard Florida) 교수는 2002년《창조계급의 부상(The Rise of the Creative Class)》을 저술하고, 창조계급이 창조경제의 중심적인 새로운 사회계급이라고 강조하고 있다. 그는 창조계급을 경제적 기능에 따라 분류된 계급으로 규정하고, 창조성으로 경제적 가치를 생성하는 사람들로 분류했다. 그는 창조계급을 '핵심창조계급(super-creative core)'과 '창조적 전문가(creative professionals)'로 구분했다. 전자에는 과학자, 엔지니어, 대학교수, 시인, 소설가, 예술가, 연예인, 배우, 디자이너, 건축가, 논픽션 작가, 편집자, 연구원, 분석가, 논평가 등이 해당된다. 후자에는 의사, 약사, 변호사, 경영자 등과 같은 하이테크 업종, 금융서비스, 법률, 보건의료, 경영 분야에 종사하는 사람들이 포함된다. 이 사람들은 특정한 문제를 해결하기 위해 복잡한 지식체계에 의존해 창조적으로 문제를 풀어간다. 이들은 일반적으로 고학력의 정규교육을 받고 높은 수준의 인적자본을 축적한다.

창조계급과 지식근로자는 현실적으로 구분이 쉽지 않다. 창조계급은 지식의 활용보다 창조를 강조하지만, 지식근로자도 단순히 지식을 활용하는 것이 아니라 지식의 활용을 통한 혁신을 추구한다는 의미에서 큰 차이가 없다. 이것은 지식경제가 창조경제와의 경계가 모호한 것과 같다.

한 가지 분명한 것은 창조계급 내지 지식근로자는 단순한 업무를 반복적으로 수행하고 숙련과 경험학습을 통해 생산성과 효율성을 올리는 산업경제의 생산직, 사무직 근로자와 구분되는 하나의 새로운 생산자층이고, 특히 창조경제의 핵심 생산자층이라는 사실이다.

창조계급의 규모

제3장의 '경제 패러다임 이행론'과 제15장의 '노동시장구조론'을 보면, '창조적 진화'에 의해 경제발전단계가 이행되고, 그에 따라 핵심 생산자계급의 구조변동이 일어난다는 것을 알 수 있다. 경제 패러다임이 이행기에 들어가면 새로운 경제 패러다임의 생성과 더불어 새로운 형태와 새로운 성격의 일자리들이 생성되고, 이 새로운 성격의 일을 수행하는 새로운 생산자계급이 생성되기 시작한다. 그리고 경제 패러다임이 완전히 이행되고

나면·새로운 생산자계급은 새로운 경제의 핵심 생산자계급이 된다. 수렵사회에서는 사냥꾼, 농업경제에서는 농민, 산업경제에서는 노동자, 지식경제에서는 지식근로자, 창조경제에서는 창조계급이 핵심 생산자계급이다.

경제발전단계의 이행과 핵심 생산자계급의 구조변동이 [그림 17-2]에 잘 나타나 있다. 한국에서 산업경제로 이행이 시작되던 1965년에는 농민층이 58.4%를 차지해 핵심 생산자계급이었다. 그런데 산업경제로 완전히 이행하면서 농민계급의 비중은 급속도로 떨어지고, 사무직 및 생산직 노동자의 비중이 급속도로 증가해 왔으며 서비스계급의 비중도 증가해 왔다.

창조계급은 산업화 초기단계인 1965년에 이미 생겨났지만

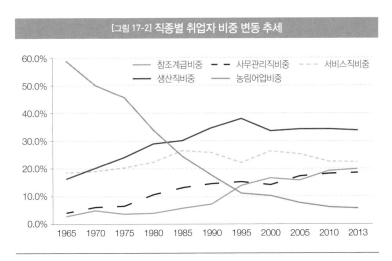

[그림 17-2] 직종별 취업자 비중 변동 추세

통계청, 〈인구총조사〉 직종별 취업자 수 자료를 이용해 작성

2.9%로 그 비중이 미미했고, 산업경제가 성숙단계에 접어든 1990년대 초까지도 그 비중은 7.2%에 불과했다. 창조계급은 지식경제로의 이행 필요성이 논의되기 시작한 1990년대 중반에 들어오면서 그 비중이 크게 증가하기 시작해 2010년부터 사무·관리직 비중을 앞지르기 시작했고 2013년에는 19.8%로 높아졌다. 이에 비해 산업경제의 핵심 생산자계급인 사무직 및 생산직 노동자계급은 여전히 가장 큰 비중을 차지하고 있지만 최근에 오면서 사무·관리직 비중 증가세는 둔화되고 생산직과 서비스직 비중은 낮아지는 추세다. 이것은 창조경제로의 이행이 시작됐다는 것을 의미한다. 창조경제가 성장기에 진입하면 창조계급의 비중은 크게 증가해 핵심 생산자계급이 될 것이다. 미국에서는 이미 창조계급의 비중이 노동력의 1/3에 달하는 것으로 조사되었다.[3]

창조계급의 가치관 및 특성

창조계급은 산업경제의 중심적 생산자 층이었던 생산직 노동자 및 사무직 노동자와는 다른 특성들을 지니고 있다. 그들의 '정체성'과 '가치관'이 다르다. 그들이 하는 일의 성격과 일하는 방식이 다르다. 그들이 살아가는 환경이 다르고, 그들의 삶의 방식이 다르다. 리처드 플로리다는 그의 저서 《창조계급》에서 창조계급이 추구하는 가치를 크게 개성, 능력주의, 다양성과 개방성으로 정리했다.[4]

- **개성**: 창조계급은 개성이 강하고 자기표현을 잘한다. 그들은 조직이나 제도, 전통적인 집단규범에 순응하는 것을 싫어한다. 교수, 학자, 예술가, 과학자들이 일반적으로 이러한 성향을 갖고 있다. 그들은 개인주의적인 정체성과 창조적 변화를 통해 자신의 존재를 인정받으려 하는 경향이 강하다.

- **능력주의**: 창조계급은 도전적이고 진취적 성향이 강하다. 창조계급은 야심과 엘리트의식이 있고 자신의 능력과 노력을 바탕으로 성공하기를 원한다. 그들은 돈보다 자신의 능력을 인정받고 동료로부터 존경받기를 원한다. 창조계급 가운데 일부는 자신의 능력에 대한 과신으로 다른 사람을 자신에 비해 열등하다고 생각하는 편견과 우월주의에 빠져 있을 가능성도 있다.

- **다양성과 개방성**: 창조계급은 다양성과 개방성을 선호하는 경향이 있고, 자신의 독특한 개성이 다른 사람으로부터 간섭받는 것을 싫어한다.

창조계급의 이러한 가치관들은 Y형인재의 특성인 인성, 창의성, 진취성, 전문성에 기인한다. 창의성과 진취성이 강한 사람은 새롭고 다른 것을 추구하는 성향이 있으니까 개성이 강할 수밖에 없다. 창의성과 전문성이 강한 사람은 자신의 창의적 역량과 전문적 능력을 인정받기를 원할 것이므로 능력주의를 선호하고, 획일적으로 평가받기를 싫어하고 다양성과 개방성을 선호할 가능성이 높다.

직업선택의 조건

앞서 논의한 Y형인재의 속성과 창조계급의 가치관을 고려해보면, 그들이 어떤 직업을 선호할 것인가를 알 수 있다. 창조계급은 창의성과 전문성, 자율성과 유연성, 인정과 존중을 받을 수 있는 직업을 선호할 가능성이 높다.

- **창의성과 전문성**: Y형인재는 창의성과 진취성이 강하므로 창조적 변화를 일으킬 수 있는 도전적이고 창의적이고 전문적인 일을 선호한다. 새로운 일에 대한 도전에는 항상 불확실성과 위험이 따르지만, 창조계급은 오히려 안정적이고 단순 반복적인 일을 싫어한다.

- **자율성과 유연성**: 창조계급은 개성과 능력주의, 다양성과 개방성을 중시하므로 다른 사람으로부터 통제받는 직업을 싫어한다. 그들은 출퇴근시간이 자유롭고 복장, 화장 등을 자기 마음대로 할 수 있는 직업을 선호한다. 그들은 오후에 출근해 연구실이나 작업실에서 밤늦게까지 일할 수도 있다. 그들은 창의적 아이디어가 떠오를 때, 언제 어디에서나 일을 할 수 있는 자율성과 유연성이 보장되는 직업을 선호한다.

- **인정과 존중**: 창조계급은 경제적 수입보다 자신의 창의적 역량을 인정받고 존중받을 수 있는 직업을 선호한다. 동료들의 인정과 존중이 교수, 예술인, 과학자들에게 가장 강한 동기유발요인이 된다. 창의적 연구역량이 뛰어난 사람이 교수직을 택할 수도 있고, 기업의 기술·연구직을 택할 수도 있다. 교수와 연구직을 선택하는 사람들은 돈보다 자신의 창의적 연구역량에 대한 동료의 인정과 존중을 중시한다.

사회학자 리처드 로이드는 시카고의 하이테크 디자인 회사의 문화와 환경에 대한 연구에서 창조계급의 직장의식을 잘 나타내는 한 사람의 말을 인용하고 있다. "나는 나의 창조적인 노력과 나의 창조적인 일을 지지하고, 만일 내가 계속 내 능력을 키운다면, 그것이 또한 회사에 보탬이 될 것이라는 사실을 인정하는 곳에서 일하고 싶다."[5]

창조계급은 도전과 배움의 기회, 자율과 존중의 문화가 살아 있는 직장을 선호한다. 그들은 끊임없이 새로움을 추구하고 이를 위해 학습하고 도전하고 창조하는 것을 즐긴다. 창조계급은 배움의 기회가 많고 끊임없이 도전할 수 있고, 자신의 창의적 아이디어를 마음껏 발휘할 수 있는 자유가 주어지고, 시간과 자원을 스스로 관리할 수 있는 자율이 보장되는 직장을 원한다.

노마드의 삶

창조계급은 창조시대의 노마드(nomad, 유목민)로 살아간다. 유목민은 싱싱한 풀을 찾아 늘 거주지를 옮겨 다녔고, 싱싱한 풀이 줄어들면 미련 없이 훌훌 털고 새로운 곳을 향해 떠나곤 했다. 창조계급은 자신의 창의적 역량을 잘 발휘할 수 있고 성취감을 맛볼 수 있는 곳으로 이동한다.

산업경제에서는 회사가 근로자들에게 경제적 안정성과 사회적 정체성을 동시에 제공해 주었다. 회사는 고용을 보장하고 연공서열형 승진 및 임금체계를 갖고 있었다. 나이가 들면 승진도 되고 임금도 상승하고 자녀교육비 지원 등 가계를 위한 부가급여도 받을 수 있었기 때문에 회사원들은 회사와 일체감이 높았다. 회사는 종업원에게 경제적 안정을 보장해주고 종업원은 회사에 충성하는 '암묵적 상호신뢰관계'가 형성되어 있었다.

한국의 경우 IMF구제금융을 받은 이후 대규모 구조조정을 경험하고 성과급 임금체계가 폭넓게 도입되면서 '암묵적 상호신뢰관계'가 급속히 붕괴되었다. 그리고 창조혁명에 의한 창조적 일자리가 증가하고, X형인재와 다른 가치관을 가진 Y형인재를 중심으로 한 창조계급이 증가하면서 장기고용관행이 급속도로 붕괴되고 있다.

이 과정에서 평생직장보다 평생직업을 위해 자신의 직업경력을 관리해야 한다는 인식이 확산되었다. 기업은 구조조정을 하면서도 창의적 역량이나 직업능력이 뛰어난 사람을 해고하지 않는다. 또한 창의적 역량과 직업능력이 뛰어나면 쉽게 다른 직장으로 옮겨 갈 수도 있고, 심지어 스스로 창업을 할 수도 있다. 창조계급은 기업이 자신의 일자리를 지켜주는 것이 아니라, 자신의 창의적 역량과 직업능력이 자신의 일자리를 지켜준다는 사실을 잘 인식하고 있다. 자신의 창의적 역량을 발휘할 수 있는 곳으로 언제든지 이동하는 노마드의 흐름이 나타나기 시작한 것이다.

직장선택과 동기유발

기업은 창조계급에 맞는 새로운 동기유발체계를 확립할 수 있도록 새로운 고용관리관행을 확립해야 한다. 보수, 승진기회, 부가급여 중심의 전통적인 방법만으로는 창조계급의 동기유발이 어렵다. 창조계급의 동기유발을 위해서는 자신의 창의적 역량을 마음껏 발휘할 수 있도록 '작업의 자유', '복장의 자유', '공간의 자유', '시간의 자유'를 부여해 주는 것이 중요하다.

• 작업의 자유

창조계급은 구상과 실행이 분리된 상태에서 정형화되고 표준화된 업무를 작업지시에 따라 단순히 실행하는 것을 가장 싫어한다. 이러한 작업환경에서는 자신의 창의적 역량을 발휘할 수 없기 때문이다. 창조계급에게는 권한과 책임이 폭넓게 부여되고 자신이 수행할 직무의 구체적 내용과 실행방법을 스스로 설계하고 실행할 수 있도록 작업의 자유가 최대한 주어져야 한다. 이것이 바로 노동자계급과 크게 구분되는 것이다.

작곡가에게는 작곡에 완전한 자유가 주어지고, 과학자에게는 자신의 연구에 완전한 자유가 주어진다. 교수는 스스로 연구 과제를 잡고, 연구방법을 설정해 연구를 수행하고, 스스로 만든 강의안과 자신의 강의 방법으로 강의를 한다.

• 복장의 자유

창조경제시대에 복장에 어떤 규범이 존재한다면, 그것은 자유, 다양성, 관용일 것이다. 창조계급은 정장과 제복을 싫어하고, 복장의 자유를 원한다. 정장과 제복이 창조에 필요한 자유로운 영혼을 제약한다고 생각하기 때문이다. 예술인들은 자신을 표현하기 위해 개성에 맞게 옷을 입는다. 교수나 과학자들은 창조적인 일에 집중할 수 있는 단순하고 실용적인 옷을 좋아한다. 창조경제시대에서는 복장의 자유를 제한하는 조직은 창조계급의 자유로운 활동을 제한하는 경직된 조직으로 인식될 수도 있다.

산업경제 시대에는 복장의 규범이 엄격했다. 사무직 종사자들은 넥타이와 흰 와이셔츠, 양복을 입었고, 생산직 노동자들은 통일된 작업복을 입었다. 심지어 미국에서도 1990년대 말에 〈월스트리트 저널〉은 사무실에서 입기에는 '지나치게 위험한' 옷을 입은 여성들에 대한 기사를 수도 없이 쏟아냈다. 〈USA 투데이〉는 캐주얼한 복장이 나태로 가는 첩경이라 비난하며 '미국의 캐주얼화'를 우려했다.[6] 미국에서도 20세기의 대부분 기간에 정장은 직장에서 입기에 적합한 제복으로 여겨졌다. 대부분의 조직과 업무가 군대의 계급구조와 같이 정형화 표준화되어 있었기 때문이다.

• 공간의 자유

산업경제에서는 회사 사무실이나 공장에 출근해 주어진 공간에서 일을 해야 했다. 창조계급은 언제 어디에서나 일을 할 수 있어야 한다. 창의적 아이디어는 주어진 공간에서만 나타나는 것이 아니기 때문이다. 교수들은 연구실은 물론 집에서도 연구를 한다. 비행기에서도 원고를 쓸 수 있다. 창조계급에게는 공간의 자유가 그만큼 중요하다.

창조경제에서는 정보통신혁명과 소프트웨어 일자리가 크게 증가하면서 공간의 제약을 뛰어넘는 '스마트워크(smart work)' 가 크게 확대되고 있다. 스마트워크는 정보통신기술을 이용해 시간과 장소의 제약 없이 네트워크상에서 업무를 수행하는 유연한 근무형태이다. 스마트워크는 클라우딩 컴퓨터와 같은 정보통신기술의 지속적 발전과 업무소프트화의 가속화로 앞으로 크게 증가할 것이다. 스마트워크는 전통적 의미의 사무실 공간개념을 뛰어넘어, 모바일 오피스, 홈 오피스, 스마트워크센터 등 다양한 공간에서 이루어지고 있다. 작업공간의 자유는 작업환경과 노사 관계를 둘러싼 갈등도 줄여줄 것이다.

• 시간의 자유

창조계급에 중요한 것은 업무시간의 자유이다. 산업경제에서는 노동시간 즉 업무시간의 엄격한 관리가 중요한 이슈였다. 출퇴근시간은 물론 심지어 휴식시간도 엄격하게 관리된다. 사전 허락 없이 지각을 하거나 일찍 퇴근하면 징계사유가 된다. 소위 테일러의 과학적 관리시스템에 의한 집단적 획일적 근무시간관리가 보편화되어 있었다. 대부분의 직무가 정형화 표준화되어 있어 개인의 창의적 역량을 발휘하기가 어려운 산업경제의 대량생산체제에서는 근무시간에 의해 생산성이 결정되기 때문이다.

창조상품이나 창조서비스를 생산해야 하는 창의적 업무를 수행하는 데는 업무시간의 자유가 대단히 중요하다. 창의적 아이디어는 주어진 근무시간에만 나타나는 것이 아니고 어느 순간 떠오르며, 아이디어가 떠올랐을 때는 엄청난 집중력으로 그것을 창조적 지식으로 전환해야 하기 때문이다. 소프트웨어 개발, 연구, 예술창작 등 프로젝트 중심의 창조적 일들은 창의적 아이디어가 떠오를 때 집중적으로 해야 하므로 시간의 자유가 대단히 중요하다.

삼성전자는 창조계급의 이러한 특성을 고려해 '자율 출퇴근시간제'를 도입했다. 삼성전자의 자율 출퇴근제는 오후 6시 이전에 출근해 주당 40시간만 채우면 하루 4시간 근무도 가능한 제도로, 2014년 7월부터 국내 연구개발(R&D)과 디자인 관련 인력 전체

로 확대되어 무려 4만 5,000명이 그 적용 대상이다.[7]

이것은 노동시간 단축과 다르다. 시간 관리의 자율성을 최대한 확대시켜 주는 것이다. 창조계급은 창의성과 업무성과로 평가받기 때문에 노동자들에 비해 실제 근무시간은 더 길어지는 경향이 있다.

자유의 함정

시간은 재생 불가능한 희소자원이다. 창조계급은 시간의 자유를 누리지만, 역설적으로 장시간 노동과 과도한 스트레스에 시달린다. 출퇴근 시간은 자유롭지만 창조적 업무의 특성상 노동시간은 오히려 길어지는 경향이 있다. 미국에서 이루어진 노동시간에 관한 연구결과를 보면 노동자계급의 노동시간은 짧아지는 추세지만, 창조계급의 노동시간은 길어지는 추세다. 창조계급은 또한 스트레스와 시간부족의 압박을 노동자계급에 비해 많이 받는 것으로 나타났다.[8]

공장이나 건설현장의 노동자들은 법정노동시간인 주당 40시간을 일하고 퇴근시간 이후에는 업무로부터 자유로워진다. 법정노동시간을 초과하면 초과근로수당을 받는다. 창조계급은 법정근무시간을 초과해 밤늦게까지 연구실, 실험실, 작업실에서 일을 하거나 퇴근한 후 집에서도 일을 한다. 창조계급의 노동시간이 노동자계급의 노동시간보다 길어지는 이유이다. 물론 저임금 생산직 서비스직 노동자들은 법정노동시간에 의한 소득만으로는 먹고 살기가 어려워 연장근로를 하거나 또 다른 부업을 하기 때문에 노동시간이 길어질 수 있다. 그러나 이것은 창조계급의 장시간 노동과는 그 성격이 다르다.

왜 이런 현상이 발생하는가? 노동자계급이 하는 일들은 정형화되어 있어 노동시간 단위로 작업량을 파악할 수 있고, 다음 교대 작업자가 받아서 동일한 작업을 할 수 있기 때문에 퇴근시간을 지킬 수 있고 그것을 법적으로 관리할 수 있다. 그러나 창의적 일은 개인의 창의적 아이디어에 기초하고 있기 때문에, 시간단위로 일의 양을 조절하거나, 하는 일을 다른 사람이 이어받아서 하기 어렵다.

창조계급은 또한 시간당 생산량으로 평가받는 것이 아니라 창의적 업적으로 평가받아야 하므로 무한경쟁을 할 수밖에 없다. 창조계급은 차별화된 창의적 지식, 창조상품, 창조서비스의 개발을 선도해야 하므로 변화와 속도에 대한 압박을 받는다. 창조계급은 제도나 외부적 요인이 아니라, 자기 자신의 내적동기에 의해 스스로 장시간 노동을 하는 경향이 있기 때문에 장시간 노동에 대한 불만보다는 오히려 '시간부족'에 시달릴 가능성이 높다. 이것이 바로 창조계급이 과로의 위험에 더 크게 노출될 수밖에 없는 이유다. 그렇지만, 창조계급은 자신이 좋아하는 일을 하고 성취감을 맞볼 수 있기 때문에 스스로 스트레스를 해소해 갈 수도 있다.

일과 삶의 혼재

근무시간이 유연하게 되면, 그 만큼 일, 여가, 개인적 삶이 복잡하게 얽히게 된다. 요즘 카페에 가 보면 젊은 친구들이 노트북 컴퓨터, 태블릿 PC를 이용해 무엇인가를 열심히 하고 있는 모습들을 볼 수 있다. 그들은 일을 하고 있는 것일까, 여가를 즐기고 있는 것일까, 아니면 사교활동을 하고 있는 것일까? 친구도 만나고 일도 하고 둘 다 하고 있는 경우가 많다. 아침부터 밤까지, 직장에서 집까지 그들은 일을 하는 가운데 운동, 산책, 가족과 대화, 휴식 등을 취한다. 일과 개인적 삶이 혼재되어 있는 것이다. 이것은 근무시간과 가사 및 여가시간이 엄격하게 분리되어 있는 산업경제시대와 분명히 다른 것이다.

자유는 선택을 요구한다. 시간은 저장과 재생이 불가능한 희소재화이므로, 내가 시간을 자유롭게 사용할 수 있으면, 나는 반드시 나에게 주어진 시간을 어디에 우선적으로 사용할 것인가를 선택해야 한다. 창조계급은 시간선택을 어떻게 할까? 창조계급은 '일을 먼저 삶을 나중'에 선택할 가능성이 높다. 왜 이런 현상이 발생할까? 창조경제시대에는 창조적 역량이 삶의 질을 결정한다. 특히 초기의 성과가 향후 경력에 큰 차이를 만드는 특성이 있다. 젊은 나이에 집중적인 노력으로 창조적 역량을 인정받게 되면 창조적 역량을 축적할 수 있는 좋은 직장을 잡을 수 있지만, 창조적 역량을 인정받지 못하면 창조적 역량을 쌓을 수 있는 직장을 잡기 어렵다. 창조계급은 단순한 근속연수가 아니라 창조적 역량에 의해 명예, 권한, 보수가 주어지고 창조적 역량은 무한 개발 가능하므로 항상 일을 우선적으로 선택하는 유인을 받게 되어 있다.

최근 대학이나 대학원을 졸업한 젊은 Y형인재들은 창조경제의 핵심 인력이 될 가능성이 높다. 컴퓨팅, 컨설팅, 첨단금융 등의 분야에서 그들은 가장 최신의 기술을 갖고 있다. 그들은 젊고 가족에 매인 몸도 아니기 때문에 장시간 일에 열정적으로 몰입할 수 있다. 그들은 이 과정을 통해 인정을 받아 더 많은 창의적 과업을 수행할 기회를 잡고 평판을 얻으면서 스카우트 대상이 되어 유능한 창조계급으로 성장한다. 일을 우선할 수밖에 없는 이유이다.

시간부족과 시간관리

농업경제시대, 산업경제시대, 창조경제시대로 이행하면서 사람들이 경험하는 시간부족 현상은 심화되어 왔다. 왜 이런 현상이 발생할까? 우리가 사용할 수 있는 시간은 언제나 누구에게나 '하루 24시간'으로 공평하게 제한되어 있다. 이처럼 시간은 '하루 24시간'으로 제한되어 있고 사람의 모든 활동은 시간의 투입 없이는 불가능하다. 그런데 경제발전과정에서 생산, 소비, 여가의 종류는 크게 증가해 왔고, 이런 다기화된 활동에 주어진 시간을 나누어 사용해야 하기 때문에 시간부족 현상은 심화될 수밖에 없다. 특히 창의적 업무를 수행하는 창조계급은 현재와 미래의 일을 동시에 수행해야 하고 일과 삶의 혼재현상 속에서 살아가야 하므로 시간부족 현상을 더 심하게 경험하게 된다.

시간부족, 일과 삶의 혼재 현상의 심화로 시간관리가 중요한 과제로 등장했다. 시간부족으로 마음의 여유가 없어지면 스트레스를 받게 되고, 이러한 상태에서 창의적 역량을 발휘하기는 어렵다. 시간부족에서 벗어나려면 시간을 최적배분하고 효율적으로 관리할 줄 알아야 한다.

첫째, 하루 24시간을 생산, 소비, 여가활동에 최적 배분해야 한다. 시간 배분 계획은 하루, 1주일, 한 달, 1년 등 다단계로 수립해야 한다.

둘째, 집중이다. 창조적 활동에는 열정과 몰입의 정도가 생산성에 중요한 영향을 미친다. 1주일이 소요되는 일을 집중과 몰입으로 하루에 해결할 수도 있다. 여가나 스포츠에서도 시간이 많이 걸리는 골프보다 시간이 적게 소요되는 라켓볼로 체력을 관리할 수도 있다.

셋째, 시간효율을 극대화하기 위해서는 평소에 학습, 자기연마를 통해 양질의 노동력을 축적하고, 충분한 수면과 휴식으로 컨디션을 잘 관리해야 한다. 노동력은 일을 할 수 있는 능력이고, 컨디션은 일을 하는 시점의 정신적 육체적 건강과 기분 상태이다. 노동의 양과 질은 노동력의 양과 질에 의해 결정된다.[9] 평소에 취미나 스포츠 등을 잘 익혀 스트레스 관리를 할 수 있어야 한다. 이것이 바로 시간을 길게 보고 관리하는 방법이다.

넷째, 자투리시간을 잘 활용해야 한다. 사람은 한 가지 일에 장시간 집중하기 어렵기 때문에, 시간을 1시간 또는 30분 단위로 잘게 나누어 관리할 필요가 있다. 이 과정에서 자투리시간이 발생하는데 이를 잘 관리하는 것이 중요하다.

다섯째, 올바른 시간습관이 중요하다. 계획성 있는 시간활용, 일에 대한 집중, 컨디션 조절, 자투리시간 활용 등은 모두 습관적으로 이루어진다. 시간 관리에 대한 올바른 습관을 들이는 것이 시간부족과 그로 인한 스트레스에서 벗어나는 길이다.

삶과 여가

창조경제시대 창조계급은 산업경제시대 조직 노동자들과는 다른 방식으로 삶과 여가를 즐긴다. 육체노동자는 텔레비전을 보면서, 그것도 오락이나 스포츠 프로를 보면서 여가시간을 보내려 한다. 육체적 휴식이 필요하기 때문이다. 그런데 창조적 일은 주로 정신노동이므로, 창조계급은 육체활동을 통해 재충전을 하려고 한다. 창조계급은 조깅, 골프, 산악자전거 등 스포츠를 직접 즐기면서 스트레스도 풀고 건강도 관리하려는 경향이 높다. 암벽타기, 등산, 자전거타기 등 모험적이거나 땀 흘리는 운동은 정신노동으로 지친 머리를 맑게 정화시켜주고, 동시에 신체적 건강과 활기를 불어넣어 준다.

창조계급은 건강관리와 외모관리에 관심이 많다. 창조계급은 조직에 대한 충성보다 자신의 능력을 바탕으로 노마드의 삶을 살아가기 때문에 자기 능력의 상품화에 익숙해져 있다. 새로운 직장을 옮겨 다니면서 면접과정에 능력은 물론 건강미, 몸매, 호감도 등이 중요하다는 인식을 갖게 된다.

창조경제의 성장과정에서 창조계급은 주류가 될 것이고, 자신들의 창의적 역량을 마음껏 발휘할 수 있는 '창의적 문화'를 만들어 갈 것이며, 그 문화는 점차 사회 구석구석으로 스며들 것이다. 창조경제가 성숙단계에 진입하게 되면 농민이나 사무직 노동자나 생산직 노동자도 창의적 아이디어로 새로운 가치를 추구하는 창의적 문화에 젖어들게 될 것이다. 정부, 대학, 기업 등의 조직, 시스템, 문화도 창의적 문화가 꽃필 수 있는 환경으로 변모해 갈 것이다. 그렇지 못하면 경쟁력을 잃거나 사라질 운명에 처할 것이기 때문이다.

18장

일자리 창출의 길

일자리가 문제다

국민경제의 가장 중요한 과제는 실업과 물가를 가능한 한 낮은 수준에서 유지하면서, 국민들의 '삶의 질(quality of life)'을 향상시키는 것이다. 물가가 안정되어 있다면, 국민들의 삶의 질은 '고용률'과 '고용의 질'에 의해 결정된다. 즉 일자리 양과 일자리 질이 문제다. 일자리 부족으로 실업이 증가하고 일자리의 질이 나빠지면 소득이 낮아지고 국민의 삶의 질은 떨어질 수밖에 없다.

국민의 삶의 질을 논의하는 데, 왜 실업률이 아닌 고용률을 사용하는가? 실업률은 국민 삶의 질을 과소 추정하는 문제를 안고 있기 때문이다. 일할 의사와 능력을 갖고 있지만 취업기회가 없어 할 수 없이 취업을 포기한 가정주부, 대학졸업 연기자 등 '실망실업자'는 비경제활동인구로 분류되어 실업률에 잡히지 않는다.[1] 그래서 실망실업자가 증가하면, 실업률이 낮아져도 삶의 질은 떨어지게 된다. 이에 비해, 고용률은 15세 이상 생산가능인구 중 취업자수의 비율이므로 실제로 일자리를 갖고 있는 사람의 비율을 알 수 있다.

고용률이 일자리 양의 문제라면, '고용의 질'은 일자리 질의 문제이다. 고용의 질은 임금수준, 고용안정성, 근로조건 등에 의해 결정된다. 고용률이 높아도 고용의 질이 낮으면, 국민들의 삶의 질은 낮을 수밖에 없다. 노동시장의 단층이나 분단에 의해 고용의 질이 양극화되어 있으면 국민의 삶의 질도 양극화될 수밖에 없다.

한국에서는 벌써 10년 넘게 고용률이 64% 수준에서 정체되어 있고, 비정규직 확대로 일자리의 질은 떨어지고 양극화는 심화되고 있다. 1인당 국민소득이 2만 달러 트랩에 걸려 있는 것은 바로 고용률 정체와 고용의 질 악화에 기인한다. 국민소득 2만 달러 국가의 고용률은 65.5%이고, 3만 달러 이상 국가의 고용률은 일반적으로 70%을 상회하고 있다.[2]

고용률 정체 즉 '일자리 없는 성장(jobless growth)'이 이루어지는 데는 크게 세 가지 원인이 있다. 첫째, 기존산업은 새로운 일자리 창출이 어려운 성숙단계에 있는데, 새로운 성장 동력산업이 육성되고 있지 못하기 때문이다.

둘째, 정보통신산업과 로봇산업의 발달에 의한 노동절약적 기술진보가 빠르게 이루어지고 있기 때문이다. 예를 들어 인터넷 뱅킹 등이 발달하면서 금융시장의 규모 확대에도 불구하고 금융산업에서 일자리는 별로 늘어나지 않고 있다.

셋째, 비교우위의 상실로 기업의 해외투자가 증대하고 있기 때문이다. 한국은 이미 고임금국가로 노동비용 면에서 비교우위를 상실했다. 성장둔화와 양극화 심화로 내수시장은 정체되어 있다. 기업은 저임금 양질의 노동력과 시장규모에서 비교우위에 있는 국가로 투자처를 옮기고 있다.

고용의 질은 왜 악화되고 있는가? 제15장에서 논의한 바와 같이, 정규직 노동시장의 경직성이 높은 한국에서 노동시장 유연화 전략으로 고용안전성, 임금, 근로조건이 낮은 비정규직을 확대하는 전략을 써왔기 때문이다. 어느 국가에서나 비정규직 노동은 존재한다. 일자리 성격이 계절적, 한시적이거나 시간제로 해야 하는 경우가 있고, 주부 등 노동공급자가 자발적으로 시간제 노동을 원하는 경우도 있다. 이러한 성격의 일자리 증가에 의한 비정규직 고용의 증가는 정규직 일자리를 대체하지는 않는다. 그러나 노동비용절감을 목적으로 상시직 일자리에 비정규직 고용을 확대하게 되면, 양질의 정규직 고용이 대체되면서 사회 전체적으로 일자리의 질은 떨어지게 된다.[3] 즉 비정규직 일자리는 정규직 일자리와의 보완관계에 의해 증가되는 경우가 있고,

반대로 대체관계에 의해 증가되는 경우도 있다. 전자의 경우에는 정규직과 비정규직 일자리가 동반 증가하지만, 후자의 경우에는 일자리의 질이 떨어진다.

괜찮은 일자리(decent job)의 붕괴와 질 낮은 일자리의 확대는 양극화를 심화시켜 내수시장 축소, 사회갈등 및 불안 심화, 직업능력개발 기회 축소 등을 가져와 국가의 성장잠재력을 약화시킨다.

일자리 생성과 소멸

일자리는 끊임없이 생성하고 소멸한다. 일자리의 생성과 소멸의 원인과 과정을 이해하는 것은 개인의 안정된 삶을 위한 준비와 고용정책을 위해 대단히 중요하다. '일자리 생성(job creation)'과 '일자리 소멸(job destruction)'은 수요변동, 기술혁신, 스타트업, 기업투자전략, 제도 및 환경, 정부정책 등 6대 요인에 의해서 일어난다.

첫째, 일자리의 생성과 소멸은 수요변동에 의해 크게 영향을 받는다. 일자리, 즉 노동수요는 기본적으로 상품 및 서비스수요에 의해 발생되는 '파생수요(derived demand)'다. 그래서 상품 및 서비스에 대한 수요가 감소하면 일자리가 줄어들고, 수요가 증가하면 일자리가 늘어난다. 수요변동은 소득이나 인구변동, 또는 유행의 변화, 즉 기호나 선호체계의 변화에 의해 일어난다.

둘째, 기술혁신은 일자리의 생성과 소멸에 심대한 영향을 미친다. 노동절약적 기술혁신이 일어나면, 상품 및 서비스에 대한 수요가 증가해도 일자리는 오히려 감소할 수 있다. 새로운 기술에 의해 새로운 상품과 서비스가 개발되면, 새로운 일자리가 창출되고, 대체관계에 있는 기존의 일자리가 파괴된다. 창조적 진화에 의해 컴퓨터나 인터넷처럼, 수많은 연관기술을 유발시킬 수 있는 새로운 뿌리기술이 개발되면 정보통신산업과 같은 메타산업이 일어나면서 수많은 새로운 일자리가 창출된다.

셋째, 스타트업은 창의적 지식의 사업화를 통해 새로운 일자리를 창출한다. 제12장에서 본 바와 같이 스타트업이 안정적 성장기로 진입하기 위해서는 두 번의 '캐즘(죽음의 계곡)'을 넘어야 한다. 이 캐즘을 넘지 못하면 스타트업으로 생성된 일자리는 소멸된다. 캐즘을 넘으면 많은 새로운 일자리를 창출할 수 있다. 애플, 구글, 페이스북 등을 보면, 스타트업이 국민경제에서 얼마나 중요한 성장 동력으로 작용하는가를 알 수 있다.

넷째, 기업은 투자와 생산의 주체이기 때문에 기업의 전략적 선택은 일자리의 생성과 소멸에 큰 영향을 미친다. 기업은 구조조정과 신사업육성, 투자업종, 투자규모, 투자지역의 결정을 통해 일자리의 생성과 소멸에 영향을 미친다. 기업이 사내유보를 많이 쌓아두거나 해외투자를 하면 그만큼 국내 일자리 창출이 줄어들게 된다.

다섯째, 국가와 지역의 제도 및 환경이 일자리 창출에 크게 영향을 미친다. 규제가 심하고, 반 기업정서가 강하고, 사회간접자본이 낙후되어 있는 등 투자환경이 좋지 않으면 기업은 투자를 하지 않게 되며 일자리 또한 창출되지 않는다. 반대로 투자환경이 좋으면 국내기업은 물론 외국기업의 투자도 활발해져서 일자리가 늘어나게 된다.

여섯째, 정부는 다양한 방법으로 일자리 창출과 소멸에 영향을 미친다. 정부는 공무원 채용, 공공부문 일자리 창출 등을 통해 직접 일자리를 창출하기도 한다. 정부의 직접적 일자리 창출은 세금에 의해 이루어지므로, 그만큼 국민들의 조세부담이 증가하게 된다. 소득세나 소비세의 증가는 가처분소득을 줄여 내수시장을 위축시키고, 법인세의 증가는 기업의 투자의욕을 떨어뜨리게 된다. 결국 정부의 직접고용정책이나 직접투자정책은 조세부담을 통해 민간부문의 일자리 창출을 위축시킬 위험성이 있다.

정부는 거시정책과 미시정책을 통해 일자리 창출에 영향을 미칠 수 있다. 유효수요부족에 의한 경기침체로 일자리 창출이 되지 않으면 재정정책이나 금융정책과 같은 거시정책을 통해 간접적으로 일자리를 창출할 수 있다. 정부는 또한 고속도로, 항만과 같은 사회간접자본시설 확충을 위한 정부지출로 일자리를 창출할 수도 있다. 금리를 낮추어 기업의 투자를 유도하거나 통화정책이나 환율정책으로 국내수요와 수출수요를 유발해 일자리를 창출할 수도 있다. 그러나 이러한 정책은 인플레를 유발해 경제체질을 약화시킬 수 있다. 정부는 또한 규제완화, 공정거래질서 확립, 클러스터 및 창조도시의 조성, 기업하기 좋은 환경조성 등 각종 미시정책으로 투자환경을 조성해 일자리를 창출할 수도 있다.

일자리 전쟁과 일자리 이동

글로벌 마켓이 형성되고 사이버공간이 확대되면서 국가 사이에 일자리 전쟁이 치열하게 전개되고 있다. 글로벌 마켓에서 기업은 국경을 넘어 투자환경이 좋고 시장접근성이 높은 곳으로 자유롭게 이동하고, 기업투자의 국제간 이동은 일자리 이동을 가져오기 때문에 '일자리 전쟁'이 일어나고 있다. 현재 일자리 전쟁은 현실공간은 물론 사이버공간에서도 일어나고 있다.

현실공간에서의 일자리 전쟁은 투자유치경쟁의 형태로 이루어진다. 기업은 임금 등 노동비용, 유틸리티 비용, 공장부지 등이 싼 지역으로 이동하는 경향이 있다. 각국 정부는 투자유치를 위해 정책개입을 하게 되는데, 이를 통해 투자비용을 낮추고 투자환경을 조성한다. 심지어 미국과 같은 선진국도 일자리창출을 위해, 법인세 감면, 값싼 공장부지 및 노동력 훈련프로그램 제공, 노사안정보장 등 다양한 투자유치 전략을 구사하고 있다. 글로벌 마켓에서 각 국가는 투자유치를 위해 치열한 경쟁을 하고 있지만, 이것은 사실상 일자리를 뺏고 뺏기는 '일자리 전쟁'이다.

사이버공간에서도 일자리전쟁은 일어난다. 소프트웨어산업, 콜센터 등 사이버공간에서 할 수 있는 일자리가 증가하면서 인터넷을 타고 일자리가 국제적으로 이동한다. 미국의 많은 일자리가 인터넷을 타고 영어를 구사할 줄 아는 값싼 양질의 IT인력이 많은 인도로 이동하고 있다. 미국에서는 그 만큼 일자리가 감소하고 인도에서는 그 만큼 일자리가 창출되는 것이다. 특히 이러한 일자리들은 특별한 설비투자가 필요 없는 반면 노동집약적이므로 일자리창출 효과는 대단히 크다.

기업은 글로벌 마켓에서 치열하게 경쟁을 해야 하므로, 비교우위와 경쟁우위가 높은 지역으로 이동할 수밖에 없다. 현재 글로벌 마켓에는 기업이동의 세 가지 큰 흐름이 형성되어 있다. 우리는 이것을 '저비용지향 이동', '시장지향 이동', '창조지향 이동'으로 설명하고자 한다. 첫째, 가격경쟁을 해야 하는 상품을 생산하는 기업들은 임금 등 생산비가 낮은 지역으로 이동한다. 봉재와 같은 노동집약산업은 한국에서 중국으로 다시 베트남으로 저임금국가를 찾아 계속 이동하는 '저비용지향 이동 산업'이다. 둘째, 소비재산업들은 시장이 큰 지역으로 이동하는 '시장지향 이동 산업'이다. 소비재들은 소비자의 기호 및 선호의 변동을 민감하게 생산과 마케팅에 반영해야 하고 AS를 잘해야 하므로 시장에 가까이 있는 것이 유리하다. 셋째, 첨단산업 및 창조산업은 창의적 지식이 경쟁력을 결정하므로 창조계급이 집중되어 있고 창조생태계가 잘 조성되어 있는 창조도시로 이동하는 경향이 강하다.

한국은 이미 고임금 국가로 저비용지향 기업을 유치할 수 없다. 일부 품목에서는 시장지향 기업을 유치할 수 있겠지만, 기본적으로 '창조지향 기업'을 적극적으로 유치해야 한다. 창조생태계와 창조도시를 잘 조성해 첨단산업, 창조산업, 다국적 기업의 아시아 거점 R&D 센터 등을 유치해 좋은 일자리를 창출해야 할 것이다.

거시정책에서 미시정책으로

일자리창출정책은 거시정책과 미시정책이 있다. 우리는 일자리창출을 위한 거시경제정책을 '거시고용정책', 일자리창출을 위한 미시정책을 '미시고용정책'으로 규정하고자 한다. 거시고용정책은 중앙정부의 재정금융정책 중심으로 추진된다. 세계 각국은 1930년대 대공황 이후 지금까지 경기침체로 수요부족실업이 심화될 때마다 케인즈의 교시대로 거시경제정책으로 일자리를 창출해 왔다. 즉 정부지출과 통화량을 증가시켜 일자리를 창출해 왔다. 그러나 정부지출의 지속적 확대로 정부부채가 크게 증가하면서 국민들의 조세부담이 높아지고 있다. 통화량의 과잉공급으로 초저금리시대에 들어와 있다. 이러한 현상은 거의 모든 선진국에서 나타나고 있는 공통된 현상이다. 이것은 거시고용정책이 점차 효력이 떨어지고 한계에 부딪치고 있다는 것을 의미한다.

정부부채가 많은데 정부지출을 늘이면 정부부채는 더욱 증가하고, 정부부채를 줄이기 위해 세금을 올리면 국민들의 가처분소득 감소로 유효수요가 감소해 내수시장이 축소되어 민간투자가 위축된다. 초저금리시대에 계속 금리를 낮추거나 통화량을 증가시키면 투자보다는 인플레를 유발할 위험성이 더 크다.

그래서 정부는 일자리창출을 위한 미시정책에 관심을 집중해야 한다. 미시정책은 중앙정부에 의해 추진될 정책이 있고, 지방정부에 의해 추진될 정책이 있다. 중앙정부의 미시정책 가운데 핵심적인 것은 제도개혁 및 규제개혁이다.

제도개혁 및 규제개혁

중앙정부 및 지방정부는 산업단지, 혁신도시, 창조도시 등을 비롯한 기업투자환경 조성, 산업육성정책, 기업유턴지원정책,

외국기업유치지원제도 등 기업투자를 활성화할 수 있는 각종 제도를 마련해 일자리를 창출할 수 있다.

각국 정부는 시장실패에 대응하기 위해 각종 '경제적 규제'를 만들고, 국민의 안전을 위한 '사회적 규제'를 만든다. 경제적 규제는 주로 업종별 진입과 퇴출, 가격설정에 관한 규제들이다. 사회적 규제는 환경기준, 상품안전기준, 근로기준 등과 같이 주로 국민의 안전에 관한 규제들이다.

문제는 두 가지 중요한 '규제의 딜레마'가 존재한다는 것이다. 하나는 '시장실패'를 막기 위한 정부의 규제정책이 '정부실패'를 가져오는 경우가 많다는 것이다. 자본주의 시장경제는 '자유'를 기본적 가치로 하지만 정보의 비대칭성, 독과점에 의한 힘의 불균형 등으로 인해 자원의 효율적 배분이 잘 이루어지지 않는 이른바 '시장실패'가 발생할 수 있다. 정부가 이러한 시장실패를 방지할 목적으로 각종 규제를 만들지만, 이는 또한 규제비용, 규제의 비효율성, 자원배분의 왜곡, 인허가비리 등을 발생시키며 정부실패를 가져온다.

다른 하나는 '사회적 규제의 이중경제효과'이다. 국민의 안전을 위한 사회적 규제는 강화되어야 하지만, 사회적 규제가 기업의 투자환경에 부정적 영향을 미치기도 한다. 반대로 규제가 새로운 기술개발을 불러 일으켜 창조산업발전에 기여하기도 한다. 예를 들어 환경규제가 강화되면 공해를 줄이는 새로운 기술들이 개발되면서 일자리가 창출되는 효과가 나타나기도 한다.

　규제는 기본적으로 경쟁, 혁신, 성장을 저해하는 속성을 지니고 있다. 특히 글로벌 마켓에서 규제가 심하면 기업들은 규제가 없는 지역으로 이동하는 경향이 있고, 그 결과 일자리가 감소하는 효과가 나타난다. 규제는 또한 전혀 예기치 못한 부작용을 낳기도 한다. 이른바 '규제의 역설' 현상이 나타나기도 한다. 그런데도 불구하고, 한번 생성된 규제는 잘 폐지되지 않고 새로운 규제는 계속 만들어지기 때문에 규제는 증가하는 속성을 지니고 있다. 정부는 국민안전과 공정경쟁질서 확립을 위한 규제를 제외한 규제는 적극적으로 폐지해야 한다. 규제개혁은 일자리 창출을 위한 주요한 미시정책 가운데 하나이다.

일자리창출을 위한 지역 거버넌스: RESAP

　거시정책은 중앙정부에 의해서 추진되지만, 일자리창출을 위한 미시정책은 지역노동시장 단위로 '지역 거버넌스 주도(Local Governance Initiative)'로 추진되는 것이 바람직하다. 이것은 모든 일자리가 '파생성', '지역성', '관계성'을 갖고 있기 때문이다. 모든 일자리는 상품이나 서비스의 수요가 있을 때 발생하는 파생수요이다. 모든 일자리는 어떤 지역에 기반을 두고 있다. 제

15장에서 본 바와 같이 고용은 노동시장의 복잡한 관계 속에서 이루어진다. 지방정부가 기업하기 좋은 환경을 만들고, 기업이 좋은 일자리를 창출하고, 대학을 비롯한 인재양성기관이 우수한 인재를 공급하고, 노사가 상생협력을 통해 상호이익(mutual gains)을 실현하는 지역에 좋은 일자리가 창출된다. 좋은 일자리는 이처럼 지역을 기반으로 복잡한 관계 속에서 창출되므로, 일자리창출을 위한 지역 거버넌스가 필요하다.

OECD에 발표된 이효수(2008)의 '지역경제사회선진화 파트너십(RESAP, Regional Economic & Social Advancement Partnership)모델' 즉 'RESAP 모델'([그림 18-1])은 '인적자원개발'과 '건강한 노동시장' 구축을 통한 일자리 창출 메커니즘을 잘 보여주고 있다.[4] 즉 일차적으로 지방정부, 대학, 교육훈련기관, 산업계, 노동계 대표 등으로 '지역 거버넌스'를 구축해 지역산업 발전전략을 수립하고, 라이프 사이클 단계별로 지식노동력과 직업능력을 개발할 수 있도록 '지역인적자원개발(RHRD, Regional Human Resource Development) 클러스터'를 구축한다. 그리고 RHRD 클러스터를 바탕으로 '혁신클러스터를 위한 직업능력개발체계'와 '취약계층을 위한 직업능력개발체계'를 구축한다.

RESAP은 세 가지 주요 목적을 수행한다. 첫째, 혁신클러스터 구축으로 창조산업을 육성하고 지역전략산업의 경쟁우위를 확보해 좋은 일자리를 창출, 경제선진화를 실현한다. 둘째, 취약계

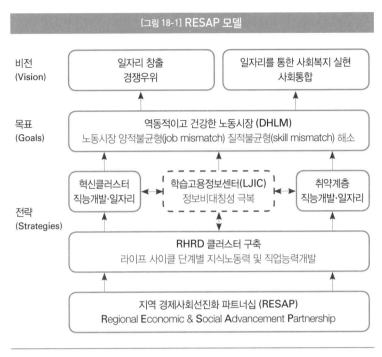

[그림 18-1] RESAP 모델

비전 (Vision)	일자리 창출 경쟁우위	일자리를 통한 사회복지 실현 사회통합

목표
(Goals)

역동적이고 건강한 노동시장 (DHLM)
노동시장 양적불균형(job mismatch) 질적불균형(skill mismatch) 해소

전략
(Strategies)

혁신클러스터
직능개발·일자리

학습고용정보센터(LJIC)
정보비대칭성 극복

취약계층
직능개발·일자리

RHRD 클러스터 구축
라이프 사이클 단계별 지식노동력 및 직업능력개발

지역 경제사회선진화 파트너십 (RESAP)
Regional Economic & Social Advancement Partnership

출처: Lee Hyo-Soo(2008), OECD.

층을 위한 '학습-일자리-복지 연계체계'를 구축해 사회통합과 사회선진화를 실현한다. 셋째, 학습고용정보센터 구축으로 노동시장 및 교육시장의 정보의 비대칭성을 극복해 노동시장의 3대 미스매치 문제를 해결한다.

경제선진화는 지역전략산업의 경쟁우위를 통해 실현될 수 있고, 사회선진화는 사회통합을 통해 실현될 수 있다. 지역산업이 국제적으로 '경쟁우위(competitive advantage)'를 확보할 수 있어야 수출이 증가하고 일자리가 창출되며 이에 따라 GRDP가 증가하고 주민의 삶의 질이 향상된다. 혁신클러스터나 창조도시를 구축해 지역지식경쟁력이 높아지면 지역기업의 국제경쟁력도 높아지고, 새로운 기업의 창업과 지역 내 유입이 증가할 것이다. 또한 취약계층을 위한 직업능력개발시스템이 확립되면, 취약계층이 일을 통한 삶의 질 향상을 실현할 수 있어 사회양극화현상이 완화되고 사회통합이 이루어지는 이른바 '더불이 잘사는 사회'가 실현될 수 있다.

그리고 학습고용정보센터(LJIC, Learning & Job Information Center)가 노동시장과 교육 및 훈련시장 정보의 허브기능과 시장시그널기능을 제대로 할 수 있도록 구축되어야 한다. 그래야 노동시장과 교육시장에 존재하는 심각한 정보의 비대칭성으로 인한 시장실패를 제거하면서 직업능력개발체계의 통합성과 효율성을 극대화할 수 있어 이른바 '역동적이고 건강한 노동시장(DHLM)'이 구현되게 된다.

제15장에서 본 바와 같이 한국노동시장은 단층구조로 인해 '일자리 미스매치(job mismatch)', '기술 미스매치(skill mismatch)', '임금 미스매치(wage mismatch)' 등 3대 미스매치가 심각한 수준에 있다. 노동시장의 미스매치는 노동수요와 노동공급이 공존하면서도 고용은 이루어지지 않는 것을 말한다. 또한 기술 미스매치와 임금 미스매치가 심하면 고용이 이루어진다 해도 직업능력

부족과 높은 직무불만으로 생산성 발휘가 제대로 되기 어렵다. 이처럼 노동시장 미스매치는 개인의 취업기회를 앗아가고, 기업의 생산성 향상을 저해하고, 국가의 인적자원을 낭비하는 심각한 부작용을 일으킨다.

학습·고용정보센터(LJIC)가 구축되면, 학습정보와 일자리정보가 통합관리되고 수요자와 공급자 사이에 정보의 비대칭성이 최소화되어 노동시장 미스매치 문제의 해결은 물론 직업능력개발의 유효경쟁체제가 확립되고, 노동수요자와 노동공급자에게 원-스톱 서비스를 제공할 수 있다.

종합적이고 체계적인 직업능력개발체계가 구축되고 건강한 노동시장이 작동하면, 모든 사람에게 직업능력개발의 기회가 공평하게 주어지고 능력과 노력에 상응한 보상이 이루어질 수 있게 된다. 그렇게 되면 한편으로 지식노동력이 안정적으로 공급되면서 기업의 지속적 혁신(incremental innovation)과 경쟁우위(competitive advantage)가 확보되고, 다른 한편으로 일자리를 통한 복지가 실현되면서 사회통합(social cohesion)이 구현되는 등 이른바 선진 경제사회가 실현될 수 있다는 것을 [그림 18-1]은 보여주고 있다.

창조계급이 일자리를 만든다

창조경제에서는 창조계급이 일자리를 만든다. 우리는 일자리 창출에 대해 다음과 같은 서로 다른 두 가지 명제에 대해 생각해 볼 필요가 있다. 첫 번째 명제는 '자본가가 투자를 통해 일자리를 만든다'는 것이고, 두 번째 명제는 '창조계급이 창의적 지식으로 새로운 일자리를 만든다'는 것이다. 첫 번째 명제는 전통적인 관점이고, 두 번째 명제는 창조경제의 관점이다. 물론 창조경제에서도 기업이 일자리를 창출하지만, 우리는 인재가 일자리를 창출한다는 두 번째 명제에 주목하고자 한다.

창조계급은 창업, 창조산업, 전통산업혁신의 핵심인재로서 일자리를 창출한다. 창조계급은 창업을 통해 자신은 물론 다른 사람의 일자리를 창출할 수 있다. 정부가 적극적으로 창조경제 생태계를 조성하고, 대학과 지역이 창업생태계를 조성해 스타트업이 활발하게 일어날 수 있도록 해야 한다. 대학이 창조경제 및 기업가 정신(entrepreneurship) 교육을 강화하고, 창업동아리 및 창업지원센터를 활성화해 학생들이 창업에 적극적으로 뛰어드는 학풍을 조성할 필요가 있다.

창조계급은 또한 기존 기업에서 창조적 변화와 창조적 진화를 일으키면서 일자리를 유지하거나 창출한다. 창조계급이 창의적 아이디어로 창조상품 또는 창조서비스를 개발해 새로운 시장을 개척하면 그만큼 새로운 일자리가 창출된다.

GIU와 GIC가 일자리를 만든다

글로컬 선도대학(GIU)과 글로컬 선도기업(GIC)이 좋은 일자리를 창출한다. 우리는 제11장에서 창조경제에서 글로컬 선도대학(GIU)의 역할과 기능에 대해서 논의했다. 글로컬 선도대학은 지식생산과 인재육성에서 세계적 경쟁력을 지닌 지역거점대학이다.

GIU는 기본적으로 지식생산역량과 Y형인재육성 역량을 갖고 있기 때문에, 교수와 학생들의 직접 창업에 의해 일자리를 창출하기도 하고, 지역기업들과 R&D 분업 및 협업체계를 통해 새로운 상품개발과 지역기업의 경쟁력 제고를 통해 좋은 일자리를 창출하는 데 기여하기도 한다. 그리고 GIU 출신은 재학시절에 습득된 기업가 정신과 창업학습으로 졸업 후에도 창업에 성공할 가능성이 높다. 제11장에서 본 바와 같이, 스탠퍼드대학교 출신들이 창업한 기업의 연간 매출액은 2011년 기준으로 2조 7,000억 달러(약 2,940조 원)로, 같은 해 프랑스의 국내총생산(GDP)과 비슷하다.

글로컬 선도기업(GIC, Glocal Initiative Company)은 독일 경

영학자 헤르만 지몬(Hermann Simon)의 '히든 챔피언(hidden champion)'과 유사한 개념이다. 헤르만 지몬(Hermann Simon)은 "잘 알려져 있지 않지만, 세계시장점유율이 3위 이내 또는 해당 기업 대륙에서 1위인 기업으로서 매출액이 40억 달러 이하인 기업을 '히든 챔피언(Hidden champion)'으로 정의"했다.[5] '지몬-쿠허 앤드 파트너스(Simon-Kucher & Partners)'의 자료에 의하면, 세계 히든챔피언 2,734개 가운데 독일이 1,307개로 48%를 차시하고, 미국이 366개, 일본이 220개인데, 한국은 23개에 불과한 것으로 나타났다.[6]

대기업-GIC(히든챔피언)-중소기업의 분포 구조를 보면 독일이 허리가 튼튼한 다이아몬드형 구조라면, 한국은 허리가 잘록한 표주박형 구조이다. 생산물 10억 원 증가할 때 증가하는 일자리 수를 나타내는 고용계수를 보면, 대기업은 중소기업에 비해 현저히 낮다. 문제는 영세 중소기업은 좋은 일자리를 만들기 어렵기 때문에 대졸자들이 기피한다는 것이다. 히든챔피언은 고용계수가 높으면서 대기업 못지않은 좋은 일자리를 만들 수 있다. 히든챔피언은 좋은 일자리를 창출할 뿐만 아니라, R&D 투자와 지속적 혁신으로 창조적 변화와 창조적 진화를 일으키는 창조경제 핵심동력으로 기능한다.

표주박형 기업분포구조는 대기업과 중소기업의 양극화구조를 만들어 중산층형성을 어렵게 하고 사회양극화를 심화시키고 경제체질을 약화시킨다. 한국은 좋은 일자리창출과 경제체질의 강화를 위해서도 GIC를 집중 육성해 표주박형 기업분포구조를 다이아몬드형 기업분포구조로 바꾸어야 한다.

창조산업과 창조도시

문화기반 창조산업과 과학기반 창조산업을 적극 육성해야 한다. 창조경제에서 일자리창출의 핵심전략은 창조산업을 육성하는 것이다. 제14장에서 논의한 바와 같이 창조산업은 전통산업에 비해 일자리 창출률이 높다. 전통산업은 이미 성숙단계에 있어 성장률이 낮고, 노동절약적 기술진보의 가속화로 고용흡수율도 낮다. 그러나 대부분의 창조산업은 태동기에 있거나 성장단계에 있어 성장률도 높고, 고용흡수율도 높다.

창조경제에서 또 하나의 중요한 일자리창출 전략은 스타트업이 번창할 수 있는 창조도시를 육성하는 것이다. 창조경제는 창의적 지식의 가치화를 기반으로 하므로, 스타트업이 생명력이다. 스타트업은 새싹들이고, 이러한 새싹들이 잘 자라서 숲을 이루고 있는 것이 창조산업이다. 스타트업들이 벤처기업, 중소기업, 중견기업, 대기업으로 성장하면서 창조산업 숲을 형성한다. 따라서 숲이 번창하려면 새싹들이 발아하고 성장하기 좋은 생태계가 조성되어 있어야 한다. 그래서 우리는 창조계급이 모여들고, 창업생태계가 잘 발달되어 있는 창조도시를 조성함으로써 새로운 일자리를 끊임없이 창출할 수 있다.

노동시간 단축과 일자리 나누기

우리나라의 연간 노동시간은 2011년 기준 2,090시간으로, 미국 1,704시간, 일본 1,728시간, 독일 1,406시간에 비해 현저히 길고, OECD 국가 가운데 두 번째로 길다. 독일 사람은 한국 사람에 비해 1년에 무려 85일 즉 1년의 1/4에 달하는 3개월을 더 적게 일한다. 이것은 두 가지 의미를 갖는다. 하나는 독일 사람들은 여가나 자기계발시간을 그만큼 많이 갖게 됨으로써 삶의 질과 생산성이 향상될 수 있고, 다른 하나는 취업자 한 사람이 25%의 일자리를 다른 사람과 나눔으로써 4명당 1사람의 일자리가 더 생기는 것과 같은 효과가 있다는 것이다. 창조경제 시대에는 자기주도 학습-자기혁신-창조-생산성 향상으로 이어지는 '스마트 노동관행'이 확산될 수 있도록, 노동시간은 줄이고 생산성은 높이는 전략을 추구해야 한다. 또한 노동시간단축에 의한 일자리 나누기를 통해 일자리를 창출해야 한다.

6부

창조도시

19장 창조도시, 왜 중요한가?

삶과 공간 / 산업경제와 산업도시 / 지식경제와 혁신클러스터 / 클러스터와 생산성 / 클러스터와 혁신 / 클러스터와 새로운 비즈니스 창출 / 클러스터의 라이프 사이클 / 지역의 중요성이 소멸되고 있는가? / 창조경제와 지역 / 창조도시 / 플로리다의 3T

20장 창조도시, 누가 어떻게 조성할 것인가?

창조도시 동심원 모델 / 창조도시의 요건: VITAL / VITAL의 상호의존성과 보완성 / 창조도시와 바이탈지수 / 한국 도시의 바이탈지수 / 영국 런던 테크시티 사례 / VITAL지수의 기대효과 / 창조경제혁신클러스터와 GALIC 모델 / 창조경제혁신센터와 커넥트 모델 / 포터, 플로리다 그리고 이효수

창조경제는 V·I·T·A·L이 넘치는 도시에서 피어난다.
창조도시는 VITAL 도시다.

19장

창조도시, 왜 중요한가?

삶과 공간

인간의 삶은 시간의 씨줄과 공간의 날줄의 교차로에서 이루어진다. 교육, 훈련 등과 같은 학습활동, 생산, 유통, 소비와 같은 경제활동, 휴식, 여행, 문화, 오락과 같은 여가활동 등 사람의 모든 활동은 시간과 공간의 교차로에서 이루어진다. 모든 사람은 예외 없이 언제, 어디에서, 무엇을 하면서 살아가고 있다. 매일 사무실이나 생산라인에서 일을 하기도 하고, 토요일 오후 아름다운 공원에서 산책을 하기도 하고, 깊은 밤 서재에서 원고를 쓰기도 한다. 이처럼 시간과 공간은 경제활동이나 여가활동에서 필수적 요소이다.

공간은 물리학, 수학, 천문학, 지리학 등에서 다양한 의미로 사용되고 있다. 우리는 인간 삶이 이루어지는 공간에 관심을 갖고자 한다. 정보통신혁명 이후 사람들은 '현실 공간(real space)'과 '가상공간(cyber space)'에서 생활한다. 사람들은 인터페이스를 통해 현실공간과 가상공간을 넘나들면서 학습활동, 경제활동, 여가활동을 하고 있다. 가상공간에서 강의를 듣고 시험을 치기도 하고, 게임을 즐기기도 한다. 내비게이션은 가상공간에서 현실공간의 길을 안내하고 위치를 찾아준다.

스마트폰과 모바일 환경이 발달해 현실공간과 가상공간의 공간이동의 '즉시성', '현장성', '보존성'이 크게 높아지면서 시공간의 초월성이 커지고 있다. 내가 현재 머무는 현실공간에서 일어나는 모든 것을 즉시, 현장감 있게 가상공간에 담아 전 세계로 보낼 수 있고, 보존할 수도 있다. 그 만큼 시공간이 확장되고 있는 것이다.

가상공간의 발달과 공간이동성의 증대가 '학습활동', '경제활동', '여가활동' 등 사람들의 활동 방식, 즉 삶의 방식을 변화시키고 있다. 스마트폰만 있으면 컴퓨터가 있는 곳이나 게임방에 가지 않고도, 버스정류장이나 지하철에서도 게임을 즐길 수 있고, 필요한 정보를 얻을 수 있다.

공간은 삶의 터전과 동시에 환경을 제공한다. 삶의 터전, 즉 지리적 입지는 자연환경과 사회환경에 영향을 받게 된다. 사이버공간은 현실공간에 비해 상대적으로 환경에 영향을 적게 받지만, 해킹, 사기, 각종 범죄 등 사회환경의 영향을 많이 받는다.

삶의 터전은 지표상의 공간적 범위, 즉 지역을 의미한다. 지역은 자연적 환경과 인문적 환경으로 구성되어 있어, 지역마다 고유한 지역성을 갖고 있다. 지역은 강, 산맥, 바다 등 자연환경에 의해 구분되기도 하고, 언어, 문화, 종교 등 인문적 환경을 기준으로 구분되기도 한다. 농촌지역과 도시지역으로 구분되기도 하고, 도시는 다시 기능성에 따라 주거지역, 상업지역, 공업지역 등으로 구분된다. 지역은 고유의 지역성을 갖고 있고, 이러한 지역성의 차이가 학습활동, 경제활동, 여가활동에 영향을 미치기 때문에 대단히 중요하다.

경제발전단계에 따라 지리적 공간의 개념, 기능, 중요도가 변천해 왔다. 수렵시대에는 수렵생활이 편한 산이나 강이 주요한 삶의 터전이었다. 농경사회에서는 농경지와 농촌지역이 주요 삶의 터전이었다. 산업사회에서는 도시와 산업클러스터가 발전되어 왔다. 그리고 지식경제에서는 혁신클러스터, 창조경제에서는 창조도시의 중요성이 강조되고 있다.

산업경제와 산업도시

산업혁명으로 산업화가 진행되자, 사람들은 삶의 터전을 농촌

지역에서 도시지역으로 옮기면서 도시화가 빠른 속도로 진행되어 왔다. 한국 같은 후발산업국에서는 외부효과를 극대화하기 위해 산업단지와 산업클러스터를 조성하면서 산업도시가 빠른 속도로 발전하게 되었다.

공업시설은 교통, 통신, 에너지, 공업용수, 폐수처리 등 사회간접자본시설을 필요로 하는데 이러한 시설들은 많은 비용이 든다. 따라서 집적화하는 것이 외부경제효과 극대화로 생산비용을 절감할 수 있기 때문에 집적화에 의한 산업단지가 발달하게 되었다.

산업단지는 생산물의 성격에 따라 입지가 정해진다. 조선, 철강, 자동차 같은 중후장대산업은 선박이 드나들 수 있는 해변에 임해산업단지로 건설되고, 가전제품 등과 같은 소비재를 생산하는 산업단지는 노동력이 풍부하고 소비시장이 가까운 대도시 주변에 조성되었다. 산업단지에 인구가 집중되면서 산업도시와 배후도시가 발전하게 된다. 도시 인구가 증가하면서 교육, 의료, 문화 등 서비스산업이 발전하게 된다.

전자산업단지와 같이 특화된 산업단지가 조성되면 '가치사슬(value chain)'로 연결된 부품기업 및 연관기업과 이러한 기업들을 지원하는 관련 기관들이 집적화되어 산업클러스터를 형성하게 된다. '산업클러스터(industrial cluster)'는 한편으로 경쟁심 유발과 상호학습을 통해 혁신을 유도하고, 다른 한편으로 거래비용 감소와 외부효과 창출을 통해 비용절감 효과를 가져와 기업의 경쟁력을 높이는 효과가 있다.

지식경제와 혁신클러스터

정보통신혁명과 지식혁명이 일어나 지식경제가 발전하면서 산업도시가 아닌 혁신도시가 요구되었다. 혁신클러스터는 대학, 기업, 금융, 기타 비즈니스 관련 기업이 같은 지역에 모여, 연구개발(R&D)기능, 생산기능. 비즈니스기능을 유기적으로 통합해, 과학기술, 산업발전, 지역발전을 도모하는 유기체다.

하버드 대학의 마이클 포터(Michael Porter) 교수는 그의 저서 《국가 경쟁우위론(1990)》에서 '다이아몬드 모델'을 통해 국가와 기업의 경쟁전략을 설명하고 있다. 그는 다이아몬드 모델에서 횡축에 요소조건, 수요조건을, 종축에 '기업 전략 및 경쟁여건', '연관 산업 및 지원 산업'을 놓고, 이들 4대 요소가 유기적으로 연결되어야 지식기반산업에 걸맞은 제대로 된 혁신클러스터가 생성될 수 있다고 한다.[1] 마이클 포터는 클러스터를 경쟁과 협력관계에 있는 기업, 납품업체, 서비스공급업체, 관련 기관 등이 지리적으로 집중되어 있는 상태로 정의했다.

마이클 포터교수가 '다이아몬드 모델'과 '혁신클러스터' 개념

[그림 19-1] 마이클 포터의 다이아몬드 모델

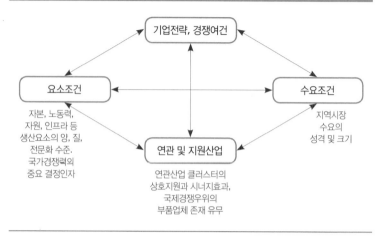

출처: Michael E. Porter(1998)에서 재구성

을 발표하기 이전에 이미 자연발생적으로 실리콘밸리와 같은 혁신클러스터가 생성되었다. 그런데 1998년부터 2001년에 걸쳐 진행된 미국 5대 혁신클러스터에 대한 실태조사 분석결과,[2] 혁신클러스터가 발달된 지역이 '지역경제 경쟁력(regional economic competitiveness)'과 '일자리 창출(job creation)능력'이 높다는 사실이 알려지면서 선진 각국에서 혁신클러스터 조성에 적극적으로 나서게 되었다.

클러스터와 생산성

왜 클러스터가 중요한가? 지식경제에서 기업 경쟁력은 기업 규모나 생산요소에 의해 결정되는 것이 아니라 생산성에 의해 결정된다. 클러스터는 세 가지 경로, 즉 첫째, 도로 통신 등 지역 인프라, 둘째, 미래 생산성 증가에 기초가 될 혁신의 방향과 속도, 셋째, 새로운 비즈니스를 위한 자극 등을 통해 기업경쟁력에 영향을 미친다.[3]

클러스터에는 전문 인력 및 경력자, 부품공급업체, 정보, 기술, 관련 지원기관 등이 집중분포하고 있다. 인재풀이 크면 그만큼 전문 인력 및 경력자의 채용이 쉽고 채용비용을 줄일 수도 있다. 부품 등 투입요소들도 효율적으로 조달할 수 있어 거래비용, 재고관리비용 등을 최소화할 수 있다. 클러스터에서는 인간관계 및 커뮤니티 형성이 쉽고, 이것은 서로의 신뢰를 높여 정보의 흐름을 쉽게 하므로 정보접근성이 높다. 서로 필요해서 클러스터에 모여들었기 때문에 '상보성(complementarities)'이 높다. 상보성은 상호간에 효율성과 생산성을 높이는 효과를 갖고 있다. 부품업체가 양질의 부품을 공급하면 완성품업체도 양질의 제품을 생산할 수 있고, 완성품업체의 매출액이 증가하면 부품업체의 매출액도 증가한다.

클러스터는 그 자체가 브랜드화되면서, 자원, 수요자, 지원기관을 끌어들이는 효과가 있다. 실리콘밸리는 세계 최고 IT클러스터로서의 브랜드를 확보함으로써 벤처자본과 스타트업을 준비하는 사람들이 전 세계에서 몰려들고 있다. 밀라노는 패션디자인으로 유명해지면서 전 세계에서 고객들이 몰려든다. 그들은 한 곳에서 다양한 상품을 구할 수 있고, 여러 업체 제품들의 품질, 기능, 가격을 비교해 볼 수 있어 구매 리스크를 줄일 수 있다.

교육 훈련시스템 등 정부나 지역사회의 사회간접자본투자가 기업의 사내훈련비용을 줄여 줄 수도 있다. 클러스터는 또한 기업들의 생산성 향상을 위한 '동기부여(motivation)' 효과를 갖고 있다. 클러스터에 있는 기업들은 같은 기업환경에서 생산 활동을 하므로 다른 기업과 비용 및 성과 등을 쉽게 비교할 수 있기 때문에 경쟁적으로 생산성향상을 위해 노력할 유인을 받게 된다.

클러스터와 혁신

클러스터가 혁신을 촉진하는가? 클러스터는 기업의 생산성 향상에 도움이 될 뿐만 아니라, 기업의 혁신역량을 높이는 효과도 있다. 클러스터에는 많은 연관기업들이 존재하고 서로 경쟁하고 있기 때문에 새로운 변화가 일어날 가능성이 높고, 기업들은 그 새로운 변화를 빠르게 감지할 수 있다. 클러스터에는 비슷한 업종들이 밀집분포하고 있기 때문에 동종 업종 간 경쟁압력, 클러스터에서 돋보이려는 욕구, 자존심 경쟁 등이 치열해지게 된다. 그리고 여러 기업들이 가치사슬로 얽혀 있기 때문에 고객의 니즈와 트렌드의 변화를 빨리 읽을 수 있다. 그래서 클러스터에서는 혁신이 일어날 가능성이 높고, 혁신의 전파속도도 빠르다.

클러스터와 새로운 비즈니스 창출

실리콘밸리 등에서 보는 바와 같이 클러스터 외부에서보다 클러스터 내에서 더 많은 새로운 기업들이 창업된다. 왜 이런 현상이 발생할까? 첫째, 여러 분야의 기술과 통찰력이 모여 있어, 상호작용하면서 새로운 비즈니스가 창출될 가능성이 높다. 둘째, 클러스터 내부에 있는 사람들은 그들이 시도하는 새로운 비즈니스와 현재 비즈니스와의 차이를 쉽게 알 수 있다. 셋째, 창업에 필요한 자산, 생산요소, 기술, 투자자 등을 클러스터에서 쉽게 구할 수 있어 창업의 진입장벽이 낮다.

클러스터의 라이프 사이클

클러스터는 어떻게 생성, 성장, 쇠퇴하는가? 클러스터는 자연적으로 생성되거나 정부의 클러스터 조성정책 또는 전후방연관 효과가 큰 거대기업의 입지 등에 의해 생성된다. 클러스터는 지식과 인재 공급처인 대학주변, 원료생산지, 교통중심지 등에서 자연발생적으로 생성되는 경우가 많다. 실리콘밸리는 스탠퍼드 대학교와 캘리포니아대학교, 매사추세츠 주의 몇몇 클러스터들은 MIT와 하버드대학교, 샌디에이고 BT클러스터는 UC. 샌디에이고를 기반으로 한 지식기반 혁신클러스터들이다. 한국의 구미 전자산업단지, 대덕연구특구 등은 정부의 정책에 의해서 조성된 것이다. 어느 지역에 거대기업이 들어오면서 그 대기업 관련 업체들이 모여들어 클러스터가 형성될 수도 있다.

클러스터가 일단 조성되면, 자기증식 사이클에 의해 스스로 성장한다. 클러스터가 성장하면 정부 및 지자체의 지원이 증가하기도 하고, 정부, 공공부문 및 민간부문에 미치는 영향도 커지게 된다. 성장하는 클러스터는 여러 가지 성공스토리를 만들면서 보다 경쟁력 있는 인재와 자원을 끌어들이게 된다.

클러스터는 외부 힘이나 내부요인에 의해서 경쟁력을 잃을 수 있다. 클러스터 참여자의 집단사고(group-thinking)가 경직성을 나타낼 수도 있다. 클러스터의 성장 동력이었던 글로컬 선도대학이 경쟁력을 잃으면서 클러스터에 새로운 지식과 우수한 인재의 공급이 제대로 이루어지지 않게 되면 클러스터는 경쟁우위를 상실할 수 있다. 클러스터가 성장하면서 지대와 임금이 생산성을 초과해 상승하면 다른 곳으로 이전하는 기업들이 나타나게 된다.

지역의 중요성이 소멸되고 있는가?

케빈 켈리(Kevin Kelly)는 《디지털 경제를 지배하는 10가지 법칙(New Rules for the New Economy)》에서 "신경제는 지역보다 가상공간에서 작동하며, 시간이 갈수록 더 많은 경제적 거래가 이 새로운 가상공간으로 이동할 것이므로 (중략) 사람들은 지역에 거주할 것이지만, 경제활동은 점점 가상공간에서 이루어질 것이다"라고 설파하였다.[4] 20세기 말 정보통신혁명이 가속화되면서 지리적 종말론이 유행하기 시작한 것이다.

정보통신혁명이 일어나면서, 지식, 정보, 상품, 서비스 거래의 많은 부분이 가상공간에서 이루어지고 있는 것은 사실이다. 그러나 지식, 정보, 상품, 서비스의 생산과 소비의 대부분은 현실공간, 즉 특정지역에서 이루어진다. 심지어 가상공간에서 생산되는 게임과 같은 상품도 사실은 특정지역에서 생산된 것이다.

가상공간의 중요성이 증대되고 그것이 확대된다고 해서, 지역의 중요성이 약화되는 것은 아니다.

경제활동의 주체는 사람이다. 사람은 반드시 현실 공간, 즉 어떤 지역에서 생활할 수밖에 없다. 경제발전단계에 따라 토지의 중요성은 상대적으로 감소해 왔지만, 지역의 중요성은 더욱 증대되어 왔다. 지역은 위치개념이 들어 있다는 점에서 토지와 크게 다르다. 농경사회에서 토지는 가장 중요한 생산요소이므로 가능한 한 넓은 토지가 필요했기 때문에 사람들은 특정지역에 밀집하기보다는 넓은 지역에 흩어져 살아왔다.

그러나 산업사회에서는 자본이 상대적으로 중요한 생산요소가 되고, 공업용지나 상업용지는 단순히 비옥한 토지의 면적이 아니라, 토지의 지리적 위치, 즉 지역이 중요하게 되었다. 교통이 편리하고 공업용수의 조달이 용이한 지역, 즉 산업입지의 중요성이 부각되었다. 상점과 같은 상업용지는 특히 고객접근성이 높은 지리적 위치가 절대적으로 중요하다. 그래서 산업이 발전하고 도시화가 진행될수록 토지의 비옥도와 관계없이 지리적 위치, 즉 지역에 따라 토지의 가격이 엄청난 격차를 보이게 된 것이다. 이에 따라 경제발전과정에서 특정 지역으로의 집중화 현상이 가속화되고 도시화가 빠르게 진행되어 왔다.

창조경제와 지역

산업경제에서는 일자리가 있는 곳으로 노동력이 이동하고, 창조경제에서는 창의적 인재, 즉 창조계급이 많은 곳으로 기업이 이동하고, 창조계급은 특정지역으로 몰려든다. 이것은 창조경제에서 지역의 중요성이 소멸되는 것이 아니라, 산업경제에서보다 지역의 중요성이 더 중요하게 되었다는 것을 의미한다. 산업경제에서는 정부가 원하는 지역에 산업단지를 조성하면 사람들이 일자리를 찾아 산업단지로 몰려왔다. 그런데 창의적 인재, 즉 창조계급은 단순히 일자리만 보고 이동하지 않으며, 지역을 보고 이동한다는 것이다.

우리나라에서도 최근에 다른 지역으로 발령을 내면 사표를 내는 경우가 많다. 왜 이런 현상이 발생하는 것이며, 그들은 어떤 지역에서 살고 싶어 하는 걸까? 매슬로우의 욕구단계설에 의하면, 사람은 생리적 욕구가 충족되면, 안전욕구, 소속 및 애정욕구, 존경욕구, 인지적 욕구, 심미적 욕구, 자아실현욕구로 욕구 수준이 단계적으로 높아진다. 그는 생리적 욕구에서 존경욕구에 이르는 단계를 '결핍욕구', 인지적 욕구에서 자아실현욕구에 이르는 단계를 '존재욕구'로 크게 구분하였다. 결핍욕구는 결핍을 충족하고자 하는 욕구이지만, 존재욕구는 결핍에서 발생하는 욕구가 아니라 나의 존재가치를 인정받고 자아실현을 하고자 하는 욕구이다.[5] 농경사회나 산업화 초기단계에서는 대부분의 사람들이 결핍욕구를 해결하기 위해 일자리가 있는 곳으로 이동한다.

결핍욕구가 충족되면, 사람들은 존재욕구 해결에 더 많은 관심을 갖게 된다. 존재욕구에 해당하는 인지적 욕구, 심미적 욕구, 자아실현 욕구는 일뿐만 아니라 여가 등 직장 밖의 폭 넓은 생활에서 실현될 수 있다. 그래서 경제수준이 높아지면 사람들은 단순히 직장을 보고 이동하는 것이 아니라 존재욕구를 실현할 수 있는 삶의 터전인 지역을 보고 이동한다.

노동시장 유연성이 강조되고 정리해고와 구조조정에 대한 불안감이 높아지면서 평생직장 개념이 사라지고 있다. 매일 같이 기업의 법정관리나 도산에 대한 뉴스를 접하면서 살아간다. 직장이 더 이상 고용을 보장해준다는 신뢰가 없고, 현재의 직장이 안정된 삶의 터전이라는 믿음이 사라진 것이다. 사람들이 직장보다 지역을 보고 의사결정을 하는 또 하나의 이유이다.

창의적 인재들은 어떤 지역을 선호하는가? 미국 경제학자 플로리다 교수는 이에 대해 선구적 연구를 수행했다.[6] 제17장에서 본 바와 같이, 창조계급은 개성이 강하고, 능력주의, 다양성과 개방성을 중시하고, 자신의 창의적 역량을 가장 잘 발현할 수 있는 곳으로 직장을 옮겨 다니는 성향이 있다. 이러한 특성을 고려하면, 그들이 어떤 지역을 선호할 것인가를 추론할 수 있다.

첫째, 창의적 역량을 발휘할 수 있는 취업기회가 많은 지역, 즉 역동적이고 건강한 노동시장이 발달되어 있는 지역을 선호할 것이다. 둘째, 개성이 강하므로 자신의 개성을 잘 발휘할 수 있는 개방적이고 다양성이 큰 도시를 선호할 것이다.

창조도시

제인 제이콥스(Jane Jacobs)는 1961년에 발간한 《미국 대도시의 발전과 쇠락》에서 바둑판 같은 도로와 현대적 건물을 중심으로 한 기능주의적 도시계획을 비판하고, 사람, 경제, 거리, 공원, 마을 등이 통합된 유기적 생명체의 관점을 강조했다. 그녀는 이 책에서 주민 상호간에 긴밀한 인간적 유대관계를 유지할 수 있는 창조적이고 활력이 넘치는 도시는 번영할 수 있지만, 블록과 동선이 길어 이웃 상호간 소통이 어려워 갈등이 심화될 수 있는 공간구조를 갖고 있는 도시는 번창하기 어렵다는 점을 강조하고 있다.[7] 그녀는 이처럼 도시공간설계에서 인간의 상호작용을 통한 창조성을 강조하면서 인간중심의 창조도시의 이론적 기초를 세웠다고 볼 수 있다.

창조도시는 찰스 랜드리(Charles Landry)에 의해 개발된 개념이다.[8] 창조도시는 창조적 경제활동이 이루어지고, 예술가는 물론 기업인, 과학자, 공무원, 주민 등이 혁신적 방식으로 생각하고 행동하는 문화가 살아있는 도시이다. 창조도시는 창조성을 창출할 수 있는 하드웨어와 소프트웨어를 갖추고 있어야 한다. 창조도시는 창의적 인재를 양성하고, 끌어들이고, 유지하고, 그들의 창의적 아이디어를 발현하고, 창의적 조직이 잘 활동할 수 있는 공간이다. 특히 그는 도시의 문화 창조성의 중요성을 강조하고 있다.

유네스코(UNESCO)는 2004년 10월 제170차 집행위원회 결의에 따라, 문화다양성 증진을 목적으로 '창조도시 네트워크(Creative Cities Network)'를 추진하고 있다. 이 네트워크 사업에는 각각 도시의 선호도와 능력에 따라 문학, 영화, 음악, 공예 및 민속예술, 디자인, 미디어예술, 요리 등 일곱 개 창조산업 영역 중 한 개를 선택해 지원할 수 있다. 2014년 현재 7개 창조산업 분야에 걸쳐 전 세계에서 41개 도시가 유네스코의 심사 인정을 받아 창조도시 네트워크 멤버로 되어 있다. 한국에서는 디자인에 서울, 공예에 이천, 음식요리에는 전주가 포함되어 있다.[9]

플로리다의 3T

플로리다 교수는 지역발전을 위한 3T, 즉 기술(Technology), 인재(Talent), 관용(Tolerance)을 강조한다. 그는 전통적으로 지

역발전론에서 기업유치와 산업집단건설이 강조되거나, 사회자
본론, 인간자본론이 강조되었다고 지적하고, 자신의 창조자본론
이 더 중시되어야 한다는 점을 강조하고 있다.[10]

로버트 퍼트남(Robert D. Putnam)은 신뢰, 상호이해, 가치공
유, 사람들의 연계협력을 촉진하는 공동체의식 및 사회적 결집
등을 사회자본으로 규정하고, 사회자본이 축적된 지역이 발전한
다는 '사회자본론'을 전개했다.[11] 신뢰, 상호이해, 가치공유는 사
회적 규범에 속하고 사람들의 연계협력은 사회적 네트워크에 속
하므로 사회자본은 사회적 규범과 사회적 네트워크로 정리할 수
도 있다. 퍼트남은 이태리의 북부지역과 남부지역의 경제발전
의 차이를 사회자본의 차이로 설명하고 있다.[12] 그는 또한 저서
《홀로 볼링치기》에서 미국 사회 공동체의식의 붕괴와 사회자본
의 감소를 우려하고 있다.[13] 퍼트남은 사회자본을 결속형 사회
자본(bonding social capital)과 연결형 사회자본(bridging social
capital)으로 구분한다. 결속형 사회자본은 인종, 종교, 동문과 같
이 사회화 과정에서 동일 특성들 간에 생겨나는 사회자본을 말
하고, 연결형 사회자본은 이질적인 집단 사이에 생기는 사회자
본을 말한다.

사회자본은 한편으로 신뢰와 네트워크 발달로 거래비용과 각
종 범죄를 줄이고 효율성을 높이면서 경제사회발전에 기여하
는 긍정적 효과를 갖고 있다. 그러나 사회적 규범과 사회적 네트

워크가 개인의 자유와 개성을 제한하고, 내부자(insider)-외부자(outsider) 관계를 만들어 지역의 폐쇄성을 불러올 위험성이 있다. 이것은 사회자본이 긍정적 측면과 부정적 측면을 동시에 지니고 있는 양면성을 갖고 있다는 것이다.

지역발전의 요인을 설명하는 데 있어 인적자본론이 한 축을 형성하고 있다. 후에 노벨경제학상을 수상한 슐츠(Theodore Schultz), 벡커(Gary S. Becker) 등이 1960년대 교육, 훈련, 경험 등을 인적자본 개념으로 이론화한[14] 후, 인적자본론은 기업생산성, 경제성장, 지역발전을 설명하는 이론적 기초로 발전했다. 루카스(Robert Lucas)는 교육받은 사람이 밀집되어 있는 지역이 상호학습을 통해 발전한다는 '인적자본론'을 전개했다.[15]

플로리다 교수는 다양한 창조자본이 집결하는 지역에 혁신이 더 빨리 일어나고, 하이테크산업이 형성되고, 일자리가 창출되고 경제성장이 빠르다는 '창조자본론'을 강조한다. 그는 지역발전이 경제발전의 3T에서 오기 때문에 지역의 혁신과 경제성장을 촉진하기 위해서는 지역이 3T 모두를 제공해야 한다는 점을 강조하고 있다. 그는 3T를 측정하기 위해 기술(T)지수로는 밀켄 연구소의 '테크 폴 지수'를 이용했다. 이 지수는 소프트웨어, 전자공학, 생물 의학제품, 공학서비스 같은 성장분야의 지역별 규모와 밀집도를 측정한다. 인재(T)지수는 창조계급의 상대적 밀집정도로 측정하고, 관용(T)지수는 게이지수, 멜팅폿지수, 보헤미안지수를 모아 복잡다양성 지수로 측정하고 있다.

그는 창조자본론에 기초해 미국의 주요 도시들을 진단하고, 3T를 모두 갖춘 지역은 성공적으로 발전하지만 부분적으로 갖춘 지역은 성공적이지 못하다고 주장한다. 그는 미국에서 3T를 모두 갖춘 성공적인 지역으로, 샌프란시스코만 지역, 보스턴, 워싱턴 DC, 텍사스 오스틴, 시애틀을 들고 있다. 볼티모어, 세인트루이스, 피츠버그 등은 기술과 세계적인 대학을 갖고 있으면서도 최고의 창의적 인재들을 유치 확보할 만큼 관대하고 개방적이지 못해 성장하지 못하고 있다고 지적했다. 또한 마이애미, 뉴올리언스 같은 도시들은 기술기반이 취약해 발전하지 못하고 있다고 지적했다.[16]

20장
창조도시,
누가 어떻게 조성할 것인가?

창조도시 동심원 모델

창조경제를 실현하기 위해 창조경제 및 창조산업이 피어날 수 있는 터전, 즉 공간구조로서 창조도시를 육성할 필요가 있다. 창조도시는 실리콘밸리처럼 글로컬 이니셔티브 유니버시티(GIU)를 중심으로 자연발생적으로 형성될 수도 있지만, 그렇게 형성되기에는 너무 오랜 시간이 걸릴 뿐 아니라 자연스럽게 형성된다는 아무런 보장도 없다. 그래서 산업경제에서 창조경제로의 이행을 위해 광역경제권별로 창조도시를 정책적으로 조성할 필요가 있다. 우리는 창조도시 조성방향과 전략수립에 도움을 주기 위해 '창조도시 동심원 모델'을 제시하고자 한다.

창조도시 동심원모델([그림20-1])은 3차원으로 접근되어 있

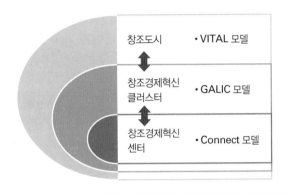

[그림 20-1] 창조도시 동심원모델

창조도시 • VITAL 모델

창조경제혁신
클러스터 • GALIC 모델

창조경제혁신
센터 • Connect 모델

다. 첫째, 동심원의 중심에서 바깥쪽으로 '창조경제혁신센터 (Creative Economy Innovation Center)', '창조경제혁신클러스 터(Creative Economy Innovation Cluster)', '창조도시(Creative City)'로 나타나 있다. 창조경제혁신센터는 창조도시의 핵으로서 스타트업이 활발하게 일어날 수 있도록 하는 지원시스템이다. 창조경제혁신클러스터는 창조산업이 크게 발전할 수 있는 클러 스터이다. 창조도시는 창조경제가 발전하고 있는 도시이다.

둘째, 창조경제혁신센터, 창조경제혁신클러스터, 창조도시는 3차원으로 형성되어 있지만, 서로 상호작용하고 있다는 것을 보 여주고 있다. 창조경제혁신센터는 일종의 묘목장과 같다. 창조 와 혁신의 씨앗이 싹을 틔우고 어린 묘목으로 자랄 수 있게 한다.

창조경제혁신클러스터는 묘목이 자라서 숲을 이루고 있는 곳이다. 묘목장과 숲은 한두 종류의 수종으로 특화되어 있을 수도 있고 다양화되어 있을 수도 있다. 창조도시는 묘목장과 숲을 둘러싸고 있는 환경이다. 사막처럼 환경이 나쁘면 묘목이 자라고 숲이 형성되기 어렵다. 환경이 좋으면 씨앗이 잘 발아하고 어린 나무가 잘 자랄 뿐만 아니라 숲도 번성한다. 이것이 바로 창조경제혁신클러스터가 발전하기 위해 창조도시가 잘 형성되어야 하는 이유이다.

셋째, 창조도시 동심원모델([그림 20-1])은 또한 창조도시형성 전략모델로서의 '바이탈 모델(VITAL model)', 창조경제혁신클러스터조성 전략모델로서의 '갈릭 모델(GALIC model)', 창조경제혁신센터구축 전략모델로서의 '커넥트 모델(Connect model)'을 제시하고 있다. 아래에서는 순서대로 바이탈 모델을 제시하고 이를 바탕으로 창조도시 형성전략을 제시할 것이다. 그리고 갈릭모델을 제시하고, 이에 기초해 창조경제혁신클러스터 조성전략을 제시한다. 마지막으로 커넥터 모델에 입각해 창조경제혁신센터 구축전략을 제시할 것이다.

창조도시의 요건: VITAL

창조경제는 창조산업을 중심으로 성장한다. 창조산업은 창조경제 생태계가 잘 조성된 지역 즉 창조도시에서 번창한다. 제4장에서 본 바와 같이 창조도시는 창조산업이 피어나는 공간구조이므로 '창조경제생태계'를 구성하는 핵심요소 가운데 하나이다. 그래서 창조경제를 활성화하는 데 있어 창조도시를 잘 조성하는 것은 대단히 중요한 과제이다. 창조도시를 조성하려면, 창조도시의 요건을 파악하는 것이 중요하다. 앞서 본 바와 같이 플로리다 교수는 기술(Technology), 인재(Talent), 관용(Tolerance) 등 3T를 창조도시의 요건으로 들고 있다.

플로리다의 '3T론'은 몇 가지 문제점을 안고 있다. 첫째, 공간 개념이 결여되어 있다. 사람들을 끌어들이는 도시 흡입력에 대한 논의가 빠져 있다. 우리는 앞서 창조경제에서 사람들은 직장이 아닌 지역을 보고 이동한다고 했다. 살기 좋은 환경이나 매력을 지닌 도시로 사람들이 이동한다. 창의적 인재들이 모여드는 도시가 되려면 도시의 환경, 하드웨어와 소프트웨어가 어떻게 설계되어야 할 것인가? 창조도시 건설에서는 이 점이 대단히 중요하다.

둘째, 창조도시는 기술 못지않게 문화가 중요하다. UNESCO에서 지정한 창조도시들은 모두 문화도시들이다. 문화와 기술을 포괄하는 도시의 혁신정체성 내지 창조정체성을 확립하는 것이 중요하다. 셋째, 관용보다 다양성 개념이 더 중요하다. 도시의 창조성은 관용보다 다양성의 융합에 의해 확보될 가능성이 높고, 다양성은 관용의 결과일 수 있지만, 그 이상의 요인들에 의해 나타난다. 즉 관용은 다양성의 필요조건이지만, 충분조건은 아니다. 게이지수나 보헤미안지수보다 중요한 것은 산업의 다양성, 직종의 다양성, 인종 및 종교와 문화의 다양성 등이 도시의 창조성을 이끌 가능성이 더 높다.

우리는 창조도시의 조건으로 '다양성(Variety)', '혁신정체성(Innovative Identity)', '창의적 인재(Talent)', '활동성(Activity)', '살기 좋은 환경(Livability)', 즉 'VITAL'을 제시하고 있다. VITAL의 각 항목들은 창조도시의 필요충분조건으로서 모든 항목들이 충족되어야 창조도시가 될 수 있다.

창조도시는 창의적 인재들이 모여들어, 창업이 활발히 이루어지고, 창조산업이 번창하는 도시이다. 창의적 인재(T)는 다양성

[표 20-1] 창조도시의 요건: VITAL

창조도시 5대요건	다양성(Variety), 혁신정체성(Innovative Identity), 창의적 인재(Talent),활동성(Activity), 살기 좋은 환경(Livability)
창조도시 특성	바이탈 지수(VITAL Index)가 높고 VITAL의 상호 작용력이 높을수록, 도시의 창조역량이 높다.

(V)과 혁신정체성(I)이 뚜렷하고, 역동성(A)이 있으면서 살기 좋은 환경(L)을 갖춘 '활력이 넘치는 도시(vital city)'에서 살기를 원한다.

• 인재(Talent)

창의적 인재(Talent)는 창조도시 내지 창조국가의 가장 중요하고 원초적인 자원이다. 창의적 인재가 없으면 자본, 노동, 토지가 풍부해도 스타트업이나 창조기업을 창업, 유치하고 창조산업을 일으킬 수 없다.

창조도시가 되려면, 스타트업을 준비하거나, 전문직, 연구개발, 디자인 등 다양한 창조적 활동에 종사하는 창조계급이 많아야 한다. 단순히 대학졸업자가 많다고 하여 그 지역에 창의적 인재가 많다고 보기는 어렵다. 학력과잉 사회에서 어느 지역에 대졸실업자 및 하향 취업한 대졸자가 많거나, 그 지역대학들이 주로 X형인재를 배출하고 있다면, 고학력자 비율은 높아도 실제 창의적 인재는 부족할 수 있다. 지역대학들이 Y형인재육성 시스템을 구축해 창의적 인재를 배출해야 할 뿐만 아니라, 그들이 창업을 하거나 창조산업에 종사할 수 있어야 하고, 창의적 인재의 유출보다 유입이 많아야 한다.

• 다양성(Variety)과 혁신정체성(Innovative Identity)

창의적 인재는 기본적으로 창조적 변화를 추구하기 때문에 다양하고, 관대하고, 새로운 아이디어에 개방적인 지역을 선호한다. 창조적 변화는 출신배경, 전문분야, 가치관 등이 다양한 사람들이 함께 살면서, 서로 다른 기술, 서로 다른 생각, 서로 다른 경험을 서로 나누고 공유할 수 있는 곳에서 활발하게 일어날 수 있다. 도시에 다양성이 존재한다는 것은 그 도시의 문화가 다양한 사람들을 품을 수 있고, 다양한 생각과 아이디어를 공유할 수 있을 정도로 개방적이고 포용적이라는 것이다.

지역의 문화가 보수적이고 변화를 싫어하고 끼리끼리 어울리고 튀는 인재나 뛰어난 인재를 거부하거나 인정하려고 하지 않는 지역에서는 창의적 인재가 양성되기도 어렵고, 이러한 인재가 다른 지역으로부터 유입되기는 더더욱 어렵다.

다양성이 존중되는 지역에서는 창의적 인재의 양성과 유입이 잘될 뿐만 아니라, 창조적 변화가 활발하게 일어날 가능성이 높다. 창조적 변화는 다양한 창의적 인재들의 창의적 아이디어의 교환을 통해 이루어진다. 다양한 산업, 다양한 직종의 사람들이 한 곳에 모여 있으면, 상호작용, 상호학습, 상호교류를 통해 창의적 아이디어와 창의적 지식을 생산한다. 창조적 변화는 다양성의 융합에 의해 이루어진다.

도시의 다양성은 도시의 개방성과 도시의 규모에 의존한다. 개방적이지만 규모가 충분히 크지 않으면 다양성은 낮을 수밖에 없다. 또한 규모는 크지만 외부인이나 튀는 사람에 대해 폐쇄적인 문화를 가진 도시는 다양성이 낮을 수밖에 없다.

창조도시를 만들기 위해서는 다양성과 더불어 도시의 '혁신정체성(innovative identity)'을 확립하는 것이 중요하다. 심리사회 발달과 정체성위기(identity crisis)에 대한 연구로 유명한 사회심리학자 에릭슨(Erik Erikson, 1902~1994)은 "정체성은 자신 내부에서 일관된 동일성을 유지하거나 다른 사람과의 어떤 본질적인 특성을 지속적으로 공유하는 것을 의미한다"고 규정했다.[1] 정체성은 사회적 상호작용의 결과로 형성된다. 따라서 지역 내지 도시의 정체성은 지역민들의 상호작용의 결과로 형성된 그 지역의 본질적 특성으로 규정할 수 있다.

도시의 정체성은 두 가지 측면에서 대단히 중요하다. 도시의 정체성이 무엇인가? 도시의 색깔이다. 도시의 정체성이 분명해야 다양성을 통합할 수 있고, 그 도시에 필요한 인재들을 유입할 수 있다. 다양성만 존재하고 정체성이 없으면, 힘을 결집할 수 없다. 정체성은 다양한 가치와 에너지를 결합해 새로운 가치를 창출하는 기능을 한다.

창조도시는 '혁신정체성'을 갖고 있어야 하고, 혁신정체성은 혁신과 지식재산(IP)을 중시하는 '혁신문화(innovative culture)'

내지 '창조문화(creative culture)'를 의미한다. 혁신정체성을 갖고 있는 대표적인 도시가 미국의 실리콘밸리, 샌디에이고 등이다. 세계의 사람들이 실리콘밸리 하면 IT와 벤처창업을 떠 올린다. 그래서 정보통신산업과 창업에 관심이 있는 다양한 창의적 인재와 벤처캐피털이 그곳으로 몰리고, 그들의 다양한 창의적 아이디어와 가치가 새로운 결합을 통해 새로운 창조재화를 생산한다.

• 활동성(Activity)

창조적 변화가 끊임없이 일어나는 창조도시가 되기 위해서는 도시의 '활동성(activity)'이 뛰어나야 한다. 지역의 활동성은 지역주민들이 다양한 형태의 네트워크와 미팅을 통해 상호작용하거나 협력하는 것으로서, 상호학습활동, 혁신활동, 창업협력활동, 문화활동, 봉사활동, 비정부기구(NGO)활동으로 크게 나눌 수 있다. 이러한 사회활동(social activities)을 통해 서로 새로운 정보와 지식이 교환되고 융합되는 과정에서 '창조적 변화'가 일어난다.

네트워크와 미팅에는 스타트업 창업자나 스타트업을 준비하고 있는 사람은 물론 스타트업의 성공적 론칭을 지원하는 액셀러레이터, 투자펀드 등이 참여해 지식과 정보교환은 물론 그러한 차원을 넘어 서로의 이익을 위해 상호 협력한다.

우리는 현재 새로운 지식과 정보가 홍수처럼 쏟아져 나오고, 기술이 빠른 속도로 변화해 가는 환경에서 살고 있다. 이러한 환경에서 살아가기 위해서는 끊임없는 학습을 통해 새로운 지식과 정보를 습득해야 한다. 주민들의 평생학습이 활발하게 이루어지려면 그 지역에 평생학습시스템이 잘 발달되어 있어야 할 뿐만 아니라, 주민상호간의 상호학습과 공동학습 문화가 자리 잡고 있어야 한다. 최신 지식과 정보를 빠르게 좀 더 깊이 있게 접할 수 있는 토론회, 조찬회 등이 발달되어 있어야 한다. 서울에는 다양한 주제의 토론회와 조찬회 등이 매일 같이 많이 열리고 참가회비를 내면서까지 참여하는 사람들이 많다. 그러나 다른 지역에서는 이벤트성 행사로 열리거나 게다가 참가자들까지 동원해야 할 정도로 학습문화가 형성되어 있지 않다.

창조도시가 되기 위해서는 또한 지역혁신체제(Regional Innovation System)가 잘 갖추어져 있어야 하고, 대학, 기업, 연구기관, 지방정부 등 경제주체들의 상호협력을 통한 '혁신활동'이 하나의 문화로 자리 잡고 있어야 한다. 지역 내에서 대기업, 중소기업, 연구소, 대학, 지방정부 등이 파트너십을 형성해 상호 협력하고 연계하여 연구개발(R&D), 기술혁신, 스타트업, 신산업 창출, 기존사업 구조조정 등의 다양한 혁신활동을 해야 한다. 지역혁신체제가 구축되어 있지 않고 혁신활동이 활발하지 않은 곳에서는 스타트업이 활성화되기 쉽지 않고, 개별기업이 혁신을 추진하기도 쉽지 않다.

지역의 다양한 문화활동과 봉사활동은 주민들의 교류와 협력의 기회를 확대시켜주고, 비정부조직(NGO)활동은 불합리한 부분의 개선을 통해 창조적 변화를 일으키는 데 도움을 준다. 활동성이 높은 지역에서는 창조적 변화가 일어날 가능성이 높지만, 활동성이 낮은 지역에서는 창조적 변화가 일어나기 어렵다.

도시의 활동성은 다양한 네트워크 및 미팅은 물론 '창조환경의 집적도'와도 밀접한 관계를 갖고 있다. '창조환경의 집적도'가 높다는 것은 창조활동에 필요한 다양한 요소 및 네트워크와 미팅 공간이 밀집분포하고 있다는 것이다. 집적화는 거리를 단축시켜 네트워크나 미팅을 원활하게 해주고, 이것은 창조의 상호작용효과와 외부효과를 통해 거래비용을 낮추고 혁신과 창조 기회를 증대시킨다.

• 살기 좋은 환경(Livability) 그리고 리더십(Leadership)

창조도시를 만드는 데 있어 빼놓을 수 없는 또 하나의 중요한 요건 가운데 하나가 '살기 좋은 환경(livability)'을 만드는 것이다. 살기 좋은 환경은 두 가지 측면에서 대단히 중요하다. 하나는 창의적 인재들을 불러들이는 인재유입효과가 크고, 다른 하나는 창의적 인재들의 활동성을 높이는 효과를 갖고 있다는 점이다.

나는 살기 좋은 지역의 3대 요건으로 '안미풍(安美豊)'을 이야기한 바 있다.[2] 사람은 누구나 안전하고(安), 아름답고(美), 풍요로운(豊) 곳에서 살기를 원한다. 안(安)·미(美)·풍(豊)이 충족되어 있는 도시나 지역에 사는 주민들은 행복하고 질 높은 삶을 누릴 수 있다.

도시의 활동성(activity)은 도시의 공간구조(하드웨어)와 도시의 안전성(소프트웨어)에 크게 영향을 받는다. 블록길이가 길고 고층빌딩으로 이어져 있고 차도 중심으로 도시가 되어 있으면 사람들은 서로 만나기 어렵다. 활동성이 보장되는 도시 공간구조는, 블록의 길이가 짧아 주민들의 동선이 짧고 카페거리와 골목 등이 잘 발달되어 있어 사람들이 자연스럽게 자주 만날 수 있도록 설계되어야 한다.

또한 도시가 안전해야 창조적 변화의 주체인 도시 주민의 활동성(activity)이 높아진다. 창조계급은 밤늦게 오피스에서 일하고 주변의 거리를 걸어 카페에서 토론을 하고 맥주를 한잔 할 수 있는 도시문화를 좋아한다. 도시가 안전해야 늦은 밤에도 사람들이 어울려 토론할 수 있는 문화가 형성된다.

도시는 아름다워야 한다. 세계적으로 발달한 도시들은 주로 해안가에 위치해 있거나, 내륙도시라도 강이나 호수 주변에 발달되어 있다. 물이 생명의 원천이기 때문에 생태적 측면도 있지만 바다, 강, 호수가 육지와 조화를 이루면서 빚어내는 아름다움도 사람을 끌어 들이는 작용을 하기 때문이다.

도시의 진정한 아름다움은 공간의 미학과 시간의 미학이 함께 녹아 있을 때 발현될 수 있다. 우리는 유럽의 많은 도시에서 역사가 빚어낸 아름다움에 도취되곤 한다. 우리는 우리의 조상들이 걸어온 삶의 흔적들을 아름답게 계승할 수 있는 혜안과 수백 년 후 우리 후손들이 즐길 수 있는 아름다움을 물려줄 수 있는 지혜가 필요하다. 세계 곳곳을 많이 여행한 경험이 있는 사람들은 공간의 미학이 시간의 미학을 머금고 있을 때 참으로 깊은 맛을 빚어낼 수 있다는 것을 느꼈을 것이다.

시간의 미학은 사상과 철학을 머금고 문화와 예술로 빚어져 있을 때 더 할 나위 없는 아름다움을 꽃피울 수 있다. 이것이 바로, 아름다운 도시를 만들고 싶으면 사상과 철학, 문화와 예술이 꽃필 수 있도록 해야 하는 이유이다. 지자체장들은 이러한 눈에 보이지 않는 무형의 가치, 무형의 아름다움에 대한 깊은 성찰을 갖고 사상과 철학, 문화와 예술을 꽃피우는 데 투자할 수 있는 지혜와 용기를 가지고 있어야 한다. 이것이 바로 품격 높은 아름다운 도시를 가꾸어 갈 수 있는 길이다.

도시는 풍요로워야 한다. 교육 및 의료의 질이 높고, 체육 및 문화 시설이 발달되어 있으며, 스마트 인프라가 잘 갖추어져 있고, 좋은 일자리가 넘치는 도시가 풍요로운 도시이다. 일자리는 부가가치를 창출하고 부가가치는 우리의 삶을 윤택하게 할 뿐만 아니라, 안전하고 아름다운 도시를 만드는 데 필요한 물적 기초를 제공한다. 좋은 일자리를 많이 만들기 위해서는 이러한 일자리를 창출할 수 있는 산업을 일으켜야 한다.

도시의 활동성(activity)과 살기 좋은 환경(livability)은 상호작용한다. 안전하고(安), 아름답고(美), 풍요로운(豊) 곳에서는 사람들이 사회활동을 할 수 있는 환경과 시설이 좋기 때문에 자연스럽게 다양한 활동이 이루어질 가능성이 높다. 살기 좋은 환경, 기업하기 좋은 환경을 만들 수 있는 '리더십'이 필요하다. 도시의 VITAL은 자생적으로 형성될 수도 있지만, 리더십에 의해 형성될 수도 있다. 특히, 도시의 리더십은 자연스럽게 형성된 VITAL을 보다 더 활성화시킬 수도 있다.

VITAL의 상호의존성과 보완성

창조도시의 5대조건 VITAL은 상호의존성이 높고 상호보완적이다. VITAL이 상호의존적이라는 것은 다양성(V), 혁신정체성(I), 인재(T), 활동(A), 살기 좋은 환경(L) 가운데 어느 하나만 잘 갖추어서는 창조도시를 건설하기 어렵다는 것이다. 상호보완적이라는 것은 VITAL을 모두 갖추었을 때 시너지효과를 낼 수 있다는 것이다. 다양성(V)과 혁신정체성(I)이 있는 살기 좋은 지역 (L)에 창의적 인재(T)들이 양성, 유입되고, 그들의 교류활동(A) 이 활발해진다.

VITAL의 상호의존성과 상호보완성이 '메디치효과(Medici effect)'를 크게 하여 도시의 창조성을 높인다. 메디치효과는 15 세기 이탈리아 피렌체의 메디치 가문이 문화예술가, 철학자, 과 학자, 상인 등 다양한 전문가를 지원하면서, 서로 이질적인 전문 가들이 교류를 통해 융합의 시너지효과를 내면서 르네상스 시대 를 열게 된 데서 비롯된 말이다.

VITAL지수가 높은 도시에서는 다양한 산업과 다양한 직종 (V)이 존재하고, 여기에 종사하는 혁신정체성(I)이 분명한 창 의적 인재(T)들은 다양한 교류활동(A)을 하기 좋은 환경(L)에 서 끊임없이 창조적 변화를 일으킨다. 즉 창조도시의 5대조건 'VITAL'은 서로 시너지효과를 내면서 '활력이 넘치는 도시(vital city)'를 만든다. '창조도시(creative city)'가 곧 '활력이 넘치는 바 이탈 도시(vital city)'이다.

창조도시와 바이탈지수

도시의 바이탈지수(The Vital Index)는 다양성지수(the Variety

Index), 혁신지수(the Innovation Index), 인재지수(the Talent Index), 활동지수(the Activity Index), 살기 좋은 환경지수(the Livability Index)로 측정할 수 있다.

다양성지수(Variety index)는 광역경제권 외부 지역의 출신자 비율, 외국인 거주자 비율, 대학생 가운데 외국인 대학생 비율, '산업-직종 다양성 지수'[3] 등으로 측정할 수 있다. 플로리다 교수는 우리의 '다양성지수'와 같은 의미로 '관용성지수(the Tolerance Index)'를 개발 사용하고 있다. 관용성 지수는 이민자 또는 해외출생자 지수, 게이지수(the Gay Index), 통합지수로 구성되어 있다.[4]

도시의 혁신적 정체성지수, 즉 '혁신지수(Innovation Index)'를 어떻게 측정할 수 있을까? 도시의 혁신지수는 그 지역의 지식재산 출원건수와 지식재산의 상대적 연평균 증감률[5]로 측정한다. 지식재산은 특허, 실용신안, 디자인, 상표 등의 출원건수로 측정한다. 그리고 지역이 어떤 산업이나 기술로 특화되어 있는지를 알아보기 위해 보조지표로서 특허활동지수[6]를 사용할 수 있다.

'창의적인재지수(Talent Index)'는 경제활동인구 가운데 창조계급이 차지하는 비중으로 측정한다. 플로리다 교수는 학사학위 이상자의 비율을 인재지수로 사용하고 있지만, 고학력 실업이 높은 사회에서는 고학력자가 하향취업으로 창의적 업무에 종사하지 못하는 경우도 많기 때문에 창조계급 비중을 사용하는 것이 바람직하다.

'활동성지수(Activity Index)'는 창조적 활동을 위한 사람들의 상호교류, 상호학습, 상호작용, 상호협력의 정도를 측정해야 하는데 이것은 어려운 과제이다. 창조적 활동을 목적으로 한 도시 주민의 각종 세미나, 미팅, 설명회, 액셀러레이터 활동 등의 자료를 확보하기 쉽지 않다. 그래서 비교적 이러한 활동의 비중이 높은 30대 인구의 비중을 대리변수로 사용한다.

'살기 좋은 환경지수(Livability Index)'는 어떻게 측정할 것인가? 살기 좋은 환경을 정량적으로 평가하는 것은 쉬운 일이 아니다. 살기 좋은 도시는 문화시설과 의료서비스 등이 발달되어 있을 가능성이 높다. 그래서 대리지표로 인구 10만 명당 문화기반시설 수, 1만 명당 의료종사자수 등을 사용할 수 있을 것이다.

분명한 것은 살기 좋은 곳에는 유출자보다 유입자가 많을 것이다. 그래서 대리지표로서 '인구 순유입률'을 사용하는 것도 한 가지 방법이 될 것이다. 이것은 전체 인구 중 새로 유입된 인구의 비율을 나타낸다.

바이탈지수가 높은 지역이 창조도시로 성공할 가능성이 높다. 바이탈지수가 높다는 것은 살기 좋은 환경(livability)에 모여든 창의적 인재(talent)들이 다양성(variety)을 바탕으로 창조적 상호작용(activity)을 통해 창조적 혁신을 활발하게 한다는 것을 의미한다.

한국 도시의 바이탈지수

인구 10만 명 이상의 128개 시군구 '바이탈지수'를 측정한 결과의 상위 5개 지역이 [표20-2]에 나타나 있다. 다양성지수(VI)는 외국인 비율, 혁신정체성지수(II)는 특허출원건수 비율, 창의인재지수(TI)는 창조계급비율, 활동지수(AI)는 25~39세 인구비율, 환경지수(LI)는 의료종사자비율로 측정했다.

바이탈지수(VITAL index)를 구하기 위해서는 다양성지수, 혁신정체성지수, 창의인재지수, 활동지수, 환경지수를 결합해야 한다. 그런데 다섯 가지 항목은 각자 서로 다른 분산을 가지고 있으므로 종합지수를 산출할 때 단순가중방식(1/n)을 사용하면 편이(bias)가 발생할 수 있다. 따라서 '주성분 분석'을 이용해 가중

[표 20-2] 한국 도시의 바이탈지수 순위

바이탈지수 (VITAL Index)	서울 중구 > 서울 종로구 > 대전 유성구 > 서울 영등포구 > 서울 강남구
다양성지수(VI)	서울 영등포구 > 서울 금천구 > 서울 용산구 > 경기 안산시 > 서울 구로구
혁신정체성지수(II)	서울 중구 > 대전 유성구 > 서울 영등포구 > 서울 서초구 > 서울 용산구
창의인재지수(TI)	서울 서초구 > 대전 유성구 > 서울 강남구 > 서울 송파구 > 경기 용인시
활동지수(AI)	서울 관악구 > 경기 오산시 > 서울 마포구 > 경남 거제시 > 경기 화성시
환경지수(LI)	서울 종로구 > 부산 서구 > 서울 중구 > 광주 동구 > 서울 강남구

치를 산출하고 5개 항목을 카이저 기준의 지수로 재생성해 순위를 산정하였다.

바이탈지수 순위가 높은 상위 5개 지역 중 4개 지역이 모두 서울에 집중되어 있다. 상위 10개 지역으로 확대하면 서울특별시 서초구, 서울특별시 용산구, 광주광역시 동구, 부산광역시 서구, 수원시가 포함된다. 이것은 수도권 집중화 현상이 얼마나 심각한 수준에 있는가를 잘 보여준다.

바이탈지수 순위가 높다는 것은 창조도시가 될 수 있는 여건을 상대적으로 잘 갖추고 있다는 것을 의미한다. 영국의 테크시티 사례에서 보는 바와 같이 바이탈지수가 높은 지역에서는 바이탈(VITAL)을 융합 활성화하는 리더십만 발휘되면 그 지역은 빠른 속도로 창조도시로 전환될 수 있다.

한국이 창조경제로 이행하기 위해서는 중앙정부와 지방정부가 광역경제권역별로 바이탈지수를 높일 수 있는 지역을 선정해 집중 육성할 필요가 있다. 특히 지방도시는 바이탈지수가 낮아, 자연히 창조도시로 발전될 것이라고 기대하기 어렵기 때문이다.

영국 런던 테크시티 사례

도시의 VITAL은 정량적 접근법이 아닌 정성적 접근법으로도 파악할 수 있다. 세계에서 가장 대표적인 창조도시 가운데 하나인 영국 런던 '테크시티(Tech City)'를 중심으로 정성적 접근법으로 VITAL를 분석해 보고자 한다. 테크시티는 런던 동부의 해크니(Hackney) 자치구의 쇼디치(Shoreditch) 지역을 중심으로 형성되어 있는데, 이 지역은 불과 몇 년 전만 해도 문 닫은 방직공장 및 창고건물들이 늘어서 있는 낙후지역이었다.

이 낙후지역이 어떻게 영국의 가장 대표적인 창조도시 테크시티로 거듭나게 되었을까? 쇼디치는 VITAL 조건을 갖춘 런던 시내에 걸어서 갈 수 있는 거리에 인접해 있으면서도 낙후지역이라 임대료가 저렴했기 때문이다. 창업자금이 부족한 스타트업들이 임대료가 싼 이곳에 창고 등을 개조해 문을 열기 시작해 2008년에 15개 정도가 설립되었고 2010년에 200개로 늘어났다. 같은 해 영국정부는 이 지역을 미디어 및 기술허브로 육성하기로 하고 감세 등 각종 혜택을 제공하면서 불과 3년만인 2013년에 1,300개 업체로 늘어났다. 정부가 지원 프로그램을 시행하면서 스타트업이 급속도로 증가하자, 구글, 아마존, 페이스북 등 글로벌 IT 기업들이 참여하면서 세계적인 창조도시로 부상하고 있다.

테크시티의 VITAL을 분석해 보면, VITAL이 큰 도시라는 것을 바로 알 수 있다. 첫째, 테크시티는 '인재다양성', '문화다양성', '산업다양성'을 지니고 있어 '다양성(Variety)'이 큰 도시다. 10년마다 실시되는 영국 2011 센서스에 의하면, 런던 인구의

36.7%, 런던 경제활동인구의 42.7%가 유럽, 미주지역, 아시아, 아프리카의 다양한 국가에서 온 해외 출생자이다. 기독교 인구 비중은 2001년 72%에서 2011년 59%로 낮아졌다. 종교의 다양성이 빠른 속도로 증가하고 있다는 것이다.[7] 세계 각국에서 모여든 사람들이 다양한 문화를 형성하고 있다. 미국의 실리콘밸리보다 산업의 '다양성'이 더 크다. 실리콘밸리가 IT산업 중심이라면, 테크시티는 IT산업은 물론, 이와 연계할 수 있는 금융, 광고, 음악, 영화 산업 등이 모두 모인 런던 시내에 위치하고 있다.

둘째, 테크시티는 5년 사이에 스타트업이 1,300개나 생성될 정도로 '혁신정체성(Innovative Identity)'을 갖고 있다. 거리에서 유·무명 작가들의 다양한 낙서 작품들을 볼 수 있다. 슬럼가의 낙서가 아니라, 창의성과 혁신성을 담은 낙서들이다. 컨테이너 박스를 쌓아 만든 상가, '컨테이너 팝업 샵(BOXPARK)'이 도시의 혁신정체성, 개방성을 상징적으로 보여준다.

셋째, 스타트업 창업수의 증가가 상징적으로 보여주듯이 '창의적 인재(Talent)'들이 몰려들고 있다. 테크시티 즉 '쇼디치는 돈이 되는 창조산업에 종사하는 젊은 전문가들의 영지'라고 불리고 있다.[8]

넷째, 스타트업을 주제로 한 네트워크와 미팅이 곳곳에서 활발하게 이루어질 정도로 도시의 '활동성(Activity)'이 대단히 높다. 창업보육센터인 센트럴 워킹이라는 지하공간에서 수많은 워크숍, 발표, 공동작업 등이 이루어지고, '런던 앤 파트너' 등이 많은 전문가를 네트워크로 연결해 자문이나 전문 서비스를 제공하고, 액셀러레이터들과 투자펀드 등이 가능성 높은 스타트업을 적극적으로 찾고 있다. 구글 런던캠퍼스도 다양한 네트워크 미팅을 활발하게 하고 있다. 창의적 아이디어를 교환하고 새로운 지식과 정보를 접할 수 있는 워크숍, 카페 등이 발달되어 있고, 창의적 지식을 가치화하는 데 필요한 전문가 네트워크 및 전문 서비스를 쉽게 받을 수 있을 정도로 도시의 '활동성'이 높다.

스타트업의 창의적 기술과 그러한 새로운 기술을 필요로 하는 대기업을 서로 연결해 주는 중매업체(matchmaker)도 있다. 또한 쇼디치 트러스트(Shoreditch Trust)는 해커니 지역의 경제 사회적 불평등을 줄이기 위해 사회적 약자들이 지식, 기술, 기회를 획득할 수 있도록 다양한 지원활동을 하고 있다.

이러한 '활동성'이야말로 창업생태계의 생명력이다. 다양한 네트워크가 존재하고 다양한 미팅이 도시 곳곳에서 수시로 열리고 있으며, 이러한 활동을 통해 창의적 아이디어를 교환하고, 인재와 액셀러레이터를 찾고, 다른 스타트업과의 협력과 투자가 이루어진다.

다섯째, 테크시티는 '젊은 전문가들(young professionals)'이 '살기 좋은 환경(Livability)'을 제공하고 있다. 테크시티는 특히 젊은이들이 일하면서 즐길 수 있는 카페, 갤러리, 칵테일 바, 음악, 패션, 피트니스 및 댄스 스튜디오, 식당 등이 발달되어 있다. 출근하면서 모닝커피와 빵을 픽업하기 편리하고, 퇴근길에 즐길 수 있는 칵테일과 젊은 문화가 살아 있다. 표준화된 프랜차이즈 식당이 아니라, 독특한 문화가 살아 있는 특색 있는 골목 식당들이 발달되어 있다. 쇼디치는 그곳을 벗어나지 않고도 살 수 있는 하나의 세계라는 말이 있을 정도로[9] 젊은이들이 필요로 하는 모든 것이 쇼디치 트라이앵글(Shoreditch Triangle) 지역에서 10분 거리 이내에 밀집 분포하고 있다. '쇼디치 거리 파티', '쇼디치 카니발 및 차 없는 날' 등 젊은이들을 위한 거리축제도 다양하게 열린다.

도시발전을 위한 '리더십'도 분명하다. 데이비드 캐머런 영국 총리는 2010년에 이 지역을 세계적인 기술 허브로 키우겠다는 테크시티 비전을 제시하였고, 이에 따라 중앙정부는 세금혜택, 인프라 구축 등 다양한 정책지원을 하고 있다.

VITAL지수의 기대효과

VITAL지수는 창조도시의 요건을 명확히 하고, 창조도시 건설을 위한 하드웨어와 소프트웨어의 구축방향을 분명히 제시하고 있다. 따라서 VITAL지수는 창조도시 건설을 위한 정책을 수립하고 실시하는 데 유용하게 활용될 수 있다.

VITAL지수는 도시재생사업이나 신도시 건설에 있어서도 중요한 시사점을 제공하고 있다. 즉, 창조생태계를 무시한 무분별한 고층건물 중심의 도시재개발사업은 창조활동의 서식지를 파괴한다는 것을 보여주고 있다.

VITAL의 기본철학은 기본적으로 사람 사는 냄새가 나는 동네, 주민들 상호간에 긴밀한 상호학습과 상호협력을 통해 끊임없이 창의적 아이디어로 창조적 변화를 추구하는 생동감 넘치는 도시를 지향한다. 우리는 VITAL지수가 높은 창조도시를 건설함으로써 창조경제 생태계가 잘 조성되고 스타트업과 창조산업이 역동적으로 피어나는 창조경제를 일구어 갈 수 있을 것이다.

창조경제혁신클러스터와 GALIC 모델

창조도시 동심원 모델에서 본 바와 같이 창조산업을 활성화하기 위해 창조경제혁신클러스터를 구축할 필요가 있다. VITAL지수가 높은 창조도시에서는 창조경제혁신클러스터가 자연스럽게 조성될 수도 있으나, 반드시 그렇게 된다는 보장이 없으므로 정책적으로 조성할 필요가 있다. 우리는 제19장에서 지역경제의 경쟁력 강화를 위해 혁신클러스터의 기능, 중요성, 효과 등에 대해서 이미 살펴보았다. 그러나 창조경제혁신클러스터는 기업중심의 산업클러스터나 혁신클러스터와는 다른 접근이 필요하다. 창조경제혁신클러스터는 창의적 지식을 제공할 수 있는 '비전제시자(VP, Vision Provider)'의 창조상품 또는 창조서비스의 생산과 이를 활성화할 수 있어야 한다. 그래서 우리는 [표20-3]에서 창조경제혁신클러스터 조성을 위한 'GALIC 모델'을 제시하고 있다.

'GALIC'은 창조경제혁신클러스터의 거버넌스(Governance), 행위주체(Actors), 클러스터 조성을 위한 지역화(Localization), 혁신환경(Innovation Milieu), 클러스터 융합(Cluster Convergency) 등의 첫 글자로 만든 용어로, 창조경제혁신클러스터의 구성과 기능을 집약적으로 나타내고 있다.

GALIC 모델에 의하면, 창조경제혁신클러스터를 성공적으로 구축하기 위해서 첫째, 거버넌스를 구축해야 한다. 창조경제혁신클러스터는 단순한 산업클러스터와 달리 기본적으로 기업, 대학, 지방정부 등 다양한 주체들의 참여와 협력(collaboration)으로 형성되고 작동되어야 하기 때문에 그들의 파트너십이 극대화할 수 있도록 거버넌스(Governance)를 구축할 필요가 있다. 거버넌스는 클러스터의 비전, 전략, 정책을 수립하고 집행한다.

둘째, 클러스터에 참여하는 혁신주체(Actors)의 역할을 분명히 하고, 그들의 파트너십을 잘 구축해야 한다. 혁신주체들은 크게 '비전 제시자(VP, Vision Provider)', '인프라 공급자(IP, Infra

[표 20-3] 창조경제혁신클러스터와 GALIC 모델

성공요소		내용과 기능	주체, 기본원리
지배구조(Governance)		클러스터 비전·전략·정책을 수립 집행	파트너십
혁신주체 (Actors) 파트너십	비전제시자 (VP)	창조상품(서비스) 비전제시, Y형인재양성, R&D(원천 및 첨단기술 공급)	대학, 연구소, 창조계급
	인프라공급자 (IP)	혁신환경조성, VP와 PP에 필요한 인프라 제공, 경영·법률서비스 제공(SP), 자본제공(CP)	정부, 지방정부, 금융기관, 참여 대기업, 벤처자본
	생산공급자 (PP)	창조상품 및 창조서비스 생산	스타트업, 중소기업
	시스템통합자 (SO)	혁신주체의 역할, 기능 설정 및 통합	창조경제혁신센터 등
지역화(Localization)		지역특화, 혁신주체들의 지역 밀집도	외부경제효과, 거래비용 최소화
혁신환경 (Innovation Milieu)		학습과 교류의 문화, 경쟁과 협력의 문화, 혁신문화	혁신확산과 시너지효과, RIS
클러스터 융합 (Cluster Convergency)		기업클러스터, RHRD클러스터, R&D 클러스터의 융합, 산업클러스터 융합, 기술융합	분업과 전문화 원리, 네트워크 효과, 전후방연관효과

출처: Lee, Hyo-Soo(2008), OECD

Provider)', '생산 공급자(PP, Production Provider)', '시스템 통합자(SO, Systems Organizer)'로 구성되어 있다. 혁신주체와 그들의 파트너십에 대해서는 아래에서 전개될 '창조경제혁신센터와 커넥터 모델'에서 보다 구체적으로 다룬다.

셋째, 클러스터는 특정한 공간구조에서 형성되므로 '지역화경제(localization economies)' 전략을 구사해야 한다. '지역화경제'는 일정한 지역공간에 동일한 산업에 종사하는 많은 기업들, 관련 연구 및 교육기관 등이 집적되어 있는 '집적경제(agglomeration economies)'를 의미한다. 혁신 클러스터가 성공하기 위해서는 클러스터에 참여하는 주체들이 지리적 접근성이 높은 일정지역에 집중 분포할 필요가 있다.

정보통신혁명으로 공간개념이 무너지고 정보거래비용이 크게 감소하고 있기 때문에 지역화의 중요성이 크게 약화되고 있다고 주장할 수 있다. 그러나 창조경제혁신클러스터를 형성하기 위해서 지역화는 반드시 필요하다. 창조혁신에 필요한 지식은 대부분 암묵지(tacit knowledge)로서 대면접촉에 의한 상호작용을 통해 창의적 지식 즉 명시지(explicit knowledge)로 전환될 수 있기 때문이다. '지역화 경제'는 또한 외부경제효과를 크게 해 주고 거래비용을 줄여주는 효과를 갖고 있다.

넷째, 혁신환경(Innovation Milieu)을 조성해야 한다. 단순한 클러스터나 지역화는 혁신클러스터 조성을 위한 필요조건이지 충분조건이 아니다. 창조경제혁신클러스터가 형성되기 위해서는 창조와 혁신이 활발하게 이루지고 확산될 수 있는 혁신환경이 조성되어 있어야 한다.

혁신은 서로 다른 인자의 결합을 통해 이루어진다. 즉, 혁신은 자신의 아이디어와 다른 사람의 아이디어가 결합되거나, 서로 다른 생산방식이 결합되거나, 서로 다른 문화가 결합되는 과정에서 이루어진다. 서로 다른 인자의 이러한 결합은 교류와 학습을 통해 가능하다. 경쟁과 협력은 한편으로 혁신을 촉진시키고, 다른 한편으로 혁신을 확산시켜 혁신시너지를 극대화 시키는 기능을 한다.

따라서 혁신클러스터가 형성되기 위해서는 클러스터 내에 학습 환경 내지 학습문화가 정착되어 있어야 하고, 혁신주체들 사이에 열린 마음으로 경쟁과 협력을 하는 문화가 자리 잡고 있어야 한다. 이러한 혁신환경이 조성되어 있지 않으면 단순히 네트워킹만으로 혁신의 생성도 확산도 어렵고 혁신시너지는 더더욱 기대하기 어렵다.

다섯째, 클러스터 융합(Cluster Convergency)이 필요하다. 창조경제혁신클러스터를 성공적으로 구축하기 위해서는 산업 및 기업의 전후방연관 효과를 극대화할 수 있는 산업클러스터(Industry Cluster)는 물론 새로운 지식과 기술을 창출할 수 있는 연구개발클러스터(R&D Cluster), 지식노동력 및 직업능력을 지속적 체계적으로 개발할 수 있는 인적자원개발클러스터(Human Resources Development Cluster: HRD Cluster)를 구축하고, 이들을 융합하는 전략이 필요하다. 물론 산업클러스터, R&D클러스터, HRD클러스터가 별도로 구축되지 않고, 특정 산업, 대학, 연구소, 기타 관련 기관들이 단순한 하나의 클러스터로 형성할 수도 있다. 그러나 산업클러스터는 전후방연관효과, R&D클러스터는 브레인스토밍효과, HRD클러스터는 교육기관의 수직적 및 수평적 협력을 통한 인재형성의 체계성과 산학협력을 통한 교육의 실용성이 극대화되도록 구축될 때 클러스터의 시너지 효과가 극대화될 수 있다. 따라서 클러스터의 시너지 효과를 극대화하고 자기 추동적인 혁신동력을 확보하기 위해서는 산업클러스터, 연구개발 클러스터, 인적자원개발 클러스터를 구축되고 이들 3자 클러스터를 융합해야 한다.

창조경제혁신센터와 커넥트 모델

창조경제혁신클러스터가 번창하려면 끊임없이 새로운 스타트업이 생성되어야 한다. 그런데 제12장 창업과 스타트업에서 본 바와 같이 스타트업은 두 번의 죽음의 계곡을 건너야 할 뿐만 아니라, 성공 또한 쉽지 않다. 스타트업의 활성화를 지원할 수 있는 창조경제혁신센터가 필요한 이유이다. 창조경제혁신센터의 구축 모델이 바로 [그림 20-2]에 나타나 있는 커넥트 모델(Connect model)이다.

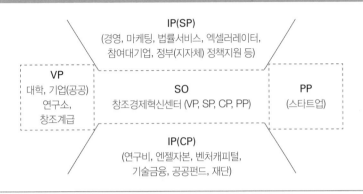

IP(SP)
(경영, 마케팅, 법률서비스, 엑셀러레이터,
참여대기업, 정부(지자체) 정책지원 등)

VP
대학, 기업(공공)
연구소,
창조계급

SO
창조경제혁신센터 (VP, SP, CP, PP)

PP
(스타트업)

IP(CP)
(연구비, 엔젤자본, 벤처캐피털,
기술금융, 공공펀드, 재단)

출처: Lee, Hyo-Soo(2008), OECD

커넥트 모델은 [표 20-3]의 혁신주체들과 그들의 파트너십을 중심으로 모형화되어 있다. 창조혁신클러스터에서 스타트업이 활성화되려면, 혁신주체들의 파트너십에 의한 협력(collaboration)이 절대적으로 필요한데, 이를 촉진시키는 시스템이 바로 창조경제혁신센터이다.

창조경제혁신센터는 창조경제혁신클러스터([표20-3])의 혁신주체, 즉 비전제시자(VP), 인프라 공급자(IP), 생산공급자(PP), 시스템 통합자(SO)들의 협력시스템(collaboration system)이다. 창조경제혁신센터의 핵심적 기능이 바로 혁신주체들을 서로 연결(connect)해 협력활동을 극대화하는 것이므로 커넥트 모델이라 한다.

비전 제시자(VP)는 창업자, 창조계급, 대학, 연구소 등 창조상품 및 창조서비스 개발을 위한 비전을 제시하는 주체이다. 비전 제시자는 R&D, I&D를 통해 창조상품과 창조서비스를 생산하는 데 필요한 창의적 지식을 창출한다.

창의적 지식의 산업화를 지원하는 혁신주체가 바로 인프라 공급자(IP)이다. 인프라 공급자(IP)는 서비스공급자(SP, Service Provider)와 자본공급자(CP, Capital Provider)로 구성되어 있다. 서비스공급자(SP)는 스타트업이 필요로 하는 경영, 마케팅, 법률서비스 등을 제공한다. 정부나 지방정부도 서비스공급자로서 창업에 필요한 각종 정책지원을 한다. 미래창조과학부와 전국경제인연합회가 17개 광역자치단체별 창조혁신센터에 인프라 공급자로서 참여 대기업을 선정한 것은 훌륭한 접근법이다.

자본공급자(CP)는 스타트업이 필요로 하는 자본을 공급한다. 제7장 창조금융시장과 제12장 창업과 스타트업에서 본 바와 같이 스타트업이 죽음의 계곡에 빠지는 가장 중요한 원인 가운데 하나가 적기 자본조달 실패이다. 이러한 문제를 해결하기 위해서는 엔젤자본, 벤처자본, 기술금융 등 자본공급이 원활하게 이루어질 수 있어야 한다.

비전 제시자(VP), 즉 스타트업을 시작하는 창업자에게 서비스공급자(SP)들과 자본 공급자(CP)들을 연결시켜 줄 수 있는 시스템 통합자(SO, System Organizer)가 필요하다. 실리콘밸리처럼 창조경제혁신클러스터가 자연발생적으로 형성된 곳에서는 엑셀러레이터가 시스템 통합자(SO)로서 기능을 한다.

스타트업 액셀러레이터(startup accelerator)'는 축적된 경험과 노하우를 바탕으로 사업성 평가, 초기투자, 멘토링 및 네트워킹, 해외진출 등을 지원하는 창업지원 민간전문기관 및 기업으로 창업기업의 성공률을 높이고 성장을 가속화하는 역할을 한다.

창업자가 창업과정에 직면하는 가장 큰 어려움은 사업성 평가, 투자자금 확보, 효율적 생산방법, 경영 및 마케팅 노하우 등이다. 액셀러레이터는 이러한 문제를 해결해 준다. 액셀러레이터는 창업의 튼실한 씨앗을 찾아내고 잘 발아시키는 역할을 하므로, 창조경제 생태계에 중요한 요소이다.

액셀러레이터는 실리콘밸리의 'Y-Combinator'와 같은 '전문업체형 액셀러레이터', 구글 등 대기업이 직접 스타트업을 발굴 육성하는 '기업형 액셀러레이터', 샌디에이고 'CONNECT'와 같은 '대학형 액셀러레이터' 등이 있다.[10]

한국에서는 현재 17개 광역자치단체별로 설립하고 있는 창조경제혁신센터가 시스템 통합자(SO)로서 역할과 기능을 수행할 것으로 보인다.

[그림 20-2]를 보면 시스템통합자(SO)가 비전제시자(VP)를 인프라 공급자인 서비스 공급자(SP) 및 자본공급자(CP)와 서로 연결해 주고, 비전제시자(창업자)는 서비스공급자 및 자본공급

자의 도움을 받아 창조상품 또는 창조서비스를 생산하는 생산공급자(PP), 즉 스타트업으로 탄생한다는 것을 알 수 있다.

포터, 플로리다 그리고 이효수

제19장에서 본 바와 같이, 하버드대학교의 마이클 포터 교수는 다이아몬드모델을 제시해 경영전략과 혁신클러스터를 통해 기업 및 지역이 전략적으로 경쟁우위를 확보할 수 있다는 것을 보여주었다. 그리고 토론토대학교의 플로리다 교수는 지역발전을 위한 핵심전략으로 3T론에 기초한 창조도시의 형성을 제시하고 있다.

이효수의 동심원 모델은 스타트업 지원을 위한 커넥트 모델, 창조산업 육성을 위한 GALIC 모델, 창조도시 조성을 위한 VITAL 모델로 구성되어 있다. 동심원 모델은 묘목장(스타트업), 숲(창조산업), 이를 둘러싸고 있는 환경(창조도시)이 각각 건강하게 성장하고 조화를 이룰 수 있는 정책방향을 제시하고 있다.

특히 바이탈 모델의 바이탈지수를 활용하면 창조도시 형성 전략을 구체적으로 수립할 수 있을 뿐만 아니라, 창조도시의 국제비교도 용이해 국제간 상호학습을 통한 공동번영을 추구할 수 있다.

주

1장

1 A. Smith(1759), The Theory of Moral Sentiments, London: A. Miller. Economic Classics (EMP), 2013.

2 The Rise & Fall of Kodak: A Brief History of The Eastman Kodak Company, 1880 to 2012, http://photosecrets.com/the-rise-and-fall-of-kodak

3 에드워드 로렌츠(Edward Norton Lorenz, 1917~2008)는 컴퓨터시뮬레이션을 이용한 기상현상 연구과정에서 나비효과현상을 발견하고, 1963년 기상과학회지에 발표. Edward N. Lorenz(1963), 'Deterministic nonperiodic flow', Journal of the Atmospheric Sciences 20, 130-141.

2장

1 창의성의 종류는 연구목적 또는 학자에 따라 다양하게 분류된다. 우리의 분류체계는 기본적으로 EU 및 UN의 분류체계인 경제적 창의성(economic creativity), 문화적 창의성(cultural creativity), 과학적 창의성(scientific creativity), 기술적 창의성(technological creativity)과 비슷하다. 이 분류개념은 KEA가 2006년에 사용했는데, 그 후 UN보고서에서 그대로 사용하고 있다. KEA European Affairs(2006), The Economy of Culture in Europe. pp.40-42. UN(2010), Creative Economy, Report 2010, UNDP & UNCTAD, p.3.

2 본문 ([그림 2-1])은 원래 KEA European Affairs(2006) '현대경제의 창의성(Creativity in today's economy)'에서 인용했지만, '창의성의 상호작용과 융합'을 설명하는 데 유용하게 사용할 수 있다. KEA European Affairs(2006), ibid.

3 제1세대 딱정벌레가 녹색이었는데 변이로 갈색 딱정벌레가 태어났다 하자. 그런데 녹색 딱정벌레가 새들 눈에 잘 띄어서 쉽게 새들의 먹이가 된다면, 세대를 거듭할수록 갈색 딱정벌레가 더 번식하게 될 것이다. 이것을 자연선택이라 한다. 다윈에 의하면 생물의 종은 다산성을 원칙으로 하며 생존경쟁에서 환경에 잘 적응한 변이를 갖는 개체가 생존해 자손을 남기고 그 변이를 전하는 확률이 높다. 그러므로 각각의 종은 환경에 적응한 방향으로 진화한다. Charles Darwin(1859), On the Origin of Species, Signet Classics; Rep Anv. edition, 2003.

4 Thomas Kuhn(1962), The Structure of Scientific Revolution. The University of

Chicago Press; 3rd edition, 1996.

5 이효수(2012), 《Y형인재에 투자하라》, 매경출판.

6 Encyclopedia of World Biography(2008), encyclopedia.com

7 다이나 택은 무게 794g, 길이 33cm, 10시간 충전에 연속 30분 통화 가능하였고, 가격 은 4,000달러에 육박했다. Wikipedia.

8 Ira Sager(2012), 'Before IPhone and Android Came Simon, the First Smart phone', Bloomberg Business Week, June 29, 2012.

9 세계 최대 무선 네트워크 장비 업체인 스웨덴 다국적기업 에릭슨(Ericsson)이 1997년 에 '스마트폰'이라는 용어를 처음 사용했다.

10 이효수(2012), ibid, 매경출판, pp. 55-59.

11 웹 브라우저(web browser)는 인터넷에 문자, 영상, 음향 등 다양한 형태로 저장되어 있 는 정보를 찾는 데 사용되는 검색 소프트웨어를 말한다. 일반적으로 웹 페이지 열기, 최 근 방문한 URL 및 즐겨찾기, 웹 페이지 저장 기능 등을 갖고 있다. 인터넷 문서는 하이 퍼텍스트(Hypertext)방식으로 만들어지며, 이 문서를 웹 브라우저가 잘 이해해 제대로 연결시켜줄 수 있도록 사용되는 언어가 HTML이다. 네이버 지식백과.

12 세계 최초의 웹 브라우저는 1991년 등장한 '월드와이드웹(WorldWideWeb)'이다. 유 럽입자물리학연구소(CERN)의 연구원 Tim Berners Lee가 정보 공유를 쉽게 하기 위 해 하이퍼 텍스트의 개념을 처음 제안했고, 이것을 바탕으로 만들어진 것이 바로 월드와 이드웹이다. 이후 월드와이드웹은 인터넷을 의미하는 'WWW(World Wide Web)'와의 명확한 구분을 위해 '넥서스(Nexus)'로 명칭이 변경됐다. 1993년에는 그래픽 기반 웹 브라우저인 '모자이크(Mosaic)'가 등장했으며, 1994년에는 최초의 상용화 웹 브라우저 인 '넷스케이프(Netscape)'가 나타나 폭발적인 인기를 끌었다. 넷스케이프는 모자이크 의 개발자 마크 엔드리슨(Marc Andreessen)이 창업해 만들었다. 한 때 전 세계 웹 브 라우저 점유율 90%에 달했던 넷스케이프는 1995년에 등장한 마이크로소프트의 '인터 넷 익스플로러(Internet Explorer)'와의 전쟁에서 패배한 후 역사의 뒤안길로 사라졌다 (2008년 공식 종료). 이후 인터넷 익스플로러의 독주가 한동안 계속됐다. 하지만 넷스케 이프의 후계자격인 '파이어폭스(Firefox)', 애플 고유의 웹 브라우저 '사파리(Safari)', 구 글이 내놓은 신흥 강자 '크롬(Chrome)' 등 경쟁자가 등장하면서 인터넷 익스플로러의 점유율은 점차 낮아지고 있는 추세다. 서동민, http://navercast.naver.com/contents. nhn?rid=122&contents_id=5301

13 Ira Sager(2012), ibid.

14 Nokia, Wikipedia.

3장

1 '변화의 확산'과 '변화의 체인'에 대해서는 제1장 변화의 법칙 참조.

2 이것은 고전학파의 개인주의와 자유무역론에 대항해 그가 주장하는 국민주의와 보호무역론의 기초 위에서 독일의 후진성을 극복코자 한 정책의 이론적 기초로서 논의된 것이다.

3 Walt Whitman Rostow(1958), The Stages of Economic Growth: A non-communist manifesto, Cambridge University Press.

4 미국 펜실베이니아대학 John Mauchly와 J. Presper Eckert가 1946년에 에니악(ENIAC : Electronic Numerical Integrator And Computer)이라는 다용도 디지털 컴퓨터를 개발했는데, 포탄의 궤적을 계산하거나 수소폭탄의 폭발을 예측하는 등 군사적 목적으로 사용되었다. 이것은 1만 8,000여 개의 진공관과 1,500개의 계전기를 사용하였고, 무게가 30톤이나 되는 거대한 기계였다. Wikipedia.

5 최초의 개인용 컴퓨터는 1974년 미국 MITS사의 에드 로버츠에 의해 설계된 알테어 8800(Altair 8800)이었다. Wikipedia.

6 미국 국방부 '고등연구계획국(ARPA: Advanced Research Projects Agency)'은 1968년부터 핵전쟁에 대비하기 위한 목적으로 UCLA-스탠퍼드-유타-UC 산타바바라 등 4개 대학을 잇는 아르파넷 프로젝트를 추진했다.

7 Walter Isaacson(2011), Steve Jobs, 안진환 역, 민음사.

8 베이식(BASIC)은 Beginner's All-purpose Symbolic Instruction Code의 약자로, 초보자도 쉽게 배울 수 있고 사용하기 편리한, 인터프리터 형태의 프로그래밍 언어. 마이크로 컴퓨터나 개인용 컴퓨터에 널리 사용되었다.

9 빌 게이츠와 폴 앨런은 알테어에 관한 기사를 보고, MITS사를 찾아가 운영체제가 없는 컴퓨터는 깡통에 불과하다고 설득해 라이선스 계약을 체결하고 알테어의 운영체제로 베이식을 만들었다. Walter Isaacson(2011), ibid.

10 Walter Isaacson(2011), ibid, pp.109-14.

11 Walter Isaacson(2011), ibid, pp.109-124.

12 Walter Isaacson(2011), ibid, pp.159-297.

13 잡스는 게이츠를 불러 "당신을 믿었네, 그런데 우리 걸 도둑질하다니"하며 소리쳤다. 그러자 게이츠가 "글쎄요, 스티브, 이 문제는 이렇게 볼 수 있어요. 우리 둘에겐 제록스라는 부유한 이웃이 있었는데, 내가 텔레비전을 훔치려고 그 집에 침입했다가 당신이 이미 훔쳐 갔다는 사실을 발견한 것으로 볼 수 있는 것이에요." Walter Isaacson(2011), ibid, pp.294-95.

14 인터넷의 아버지로 불리는 존 리클라이더(John C. R. Licklider) MIT교수는 1962년 세

계를 컴퓨터로 연결하는 '은하계 컴퓨터 네트워크(Intergalactic Computer Network)' 개념을 제시했는데, 이는 현재의 인터넷 개념과 매우 유사한 것이었다. 그는 같은 해 미국 국방부 고등연구계획국(ARPA: Advanced Research Projects Agency)의 정보처리기술실 책임자를 맡아 오늘날 인터넷의 출발점이 된 아르파넷(ARPANet) 프로젝트를 이끌게 된다. Barry M. Leiner, et al. (2003). 'Origins of the Internet' in A Brief History of the Internet version 3.32". The Internet Society. Retrieved 2007.

15 NSFNET: The Partnership That Changed The World, http://www.nsfnet-legacy.org/

16 Commercial Internet eXchange, Wikipedia.

17 Ananda Mitra & Cohen, Elisia(1999). 'Analyzing the Web: Directions and Challenges'. In Jones, Steve(ed.), Doing Internet Research: Critical Issues and Methods for Examining the Net. Sage, pp.179~202.

18 인터페이스는 인간과 사물의 사이를 이어주는 언어 또는 매체로서, 인간의 세계와 제품, 정보, 공간등 사물의 세계 사이에 존재하는 접촉면 또는 의사소통 공간이다. 즉 서로 다른 두 시스템, 장치, 소프트웨어 따위를 서로 이어 주는 부분, 또는 그런 접속 장치로서, 인간과 컴퓨터를 연결해 주는 장치인 키보드나 디스플레이도 일종의 인터페이스다. Jef Raskin은 인터페이스를 "제품을 가지고 하고자 하는 것을 행하는 방식"이라고 정의했고, Joann T. Hackos는 "제품 또는 시스템의 세계와 사용자의 세계를 연결하는 다리"로 정의했다. Jef Raskin(2000), The Humane Interface: New Direction for Designing Interactive System. Addison Wesley. JoAnn T. Hackos & Janice C. Redish(1988). User and Task Analysis for Interface Design. Wiley, New York. 신동희(2013), 휴머니타스 테크놀로지, 커뮤니케이션북스.

19 컴퓨터의 프로그램 용어로, 처리하려는 데이터나 프로그램 등이 기억되어 있는 기억 장치의 주소를 지정하는 것이다. 데이터 구조의 항목 A가 다른 항목 B의 어드레스를 보유하고 있을 때 A를 B의 포인터라고 한다. 컴퓨터인터넷IT용어대사전, 전자용어사전.

20 http://navercast.naver.com/contents.nhn?rid=122&contents_id=7048

21 사이버 공간이라는 개념은 미국계 캐나다 소설가 윌리엄 깁슨(William Ford Gibson, 1948~)이 1981년 쓴 단편소설《불타는 크롬(Burning Chrome)》에 최초로 등장했고, 그 뒤 1984년에 나온《뉴로맨서(Neuromancer)》로 인해 널리 알려지게 되었다.

22 Kroker, Arthur & Weinstein, Michael A.(1994). The Political Economy of Virtual Reality: Pan-Capitalism. Arthur Kroker & Michael A. Weinstein(1994), Data Trash: The Theory of the Virtual Class. New York: St. Martin's Press, 63-93 (Chapter 4). http://www.ctheory.com/a-political_economy.html.

Richard Barbrook & Andy Cameron(1996). 'The Californian Ideology'. Science as Culture 6.1 (1996): pp.44-72. 홍성태 (엮음)(1996). 《사이버공간, 사이버문화》. 문화과학사, 74-102.

이재현(2013), 《인터넷》, 커뮤니케이션북스.

23 Kristina Grifantini(2010), 'Real-World Virtual Reality', MIT Technology Review. 두산백과.

24 R. Carlile(1829), ed. 'Thirty Second Discourse', The Lion, London, p.539.

25 Peter Coy(2000), 'The Creative Economy', Business Week, August 28, 2000.

26 Richard E. Caves(2000), Creative Industries: contracts between arts and commerce, Harvard University Press.

27 John Howkins(2001), The Creative Economy: How People Make Money From Ideas, Penguin Global; 2 edition (November 13, 2013)

28 Terry Flew(2012), 'Origins of Creative Industries Policy', The Creative Industries, Sage Publications.

29 DCMS(2001), Creative Industries Mapping Documents 1998.

30 National Advisory Committee on Creative and Cultural Education(1999), All Our Futures: Creativity, Culture and Education, the Secretary of State for Education and Employment, the Secretary of State for Culture, Media and Sport

31 DCMS(2008), Creative Britain: New Talents for the New Economy.

32 Commonwealth of Australia(1994), Creative Nation: Commonwealth Cultural Policy, October 1994

33 UNCTAD(2004), Creative Industry and Development, June 4, 2004.

34 Dan Senor, Saul Singer(2010), Start-up Nation, Grand Central Publishing, 2010.

35 Richard Florida(2002), The Rise of the Creative Class, revised, Basic Books, 2012.

36 1980년에 제정된 바이-돌법 (Bayh-Dole Act)은 대학 중소기업 비영리기관 등이 연방정부 지원 연구 및 개발 협약의 결과로 발생된 발명에 대해 특정 요건(certain requirements)을 준수하면, 발명에 대한 권리 및 그 수익을 보유할 수 있도록 했다. 즉 기존의 국가소유 원칙을 버리고, 대학의 특허권을 인정하고 사유재산화할 수 있게 함으로써 대학들이 지식재산권을 창출하고 기술 거래에 적극 나서게 되었다. 이 법이 미국의 창조경제 생태계 형성에 결정적인 기여를 한 것으로 보인다. Bayh-Dole Act, Wikipedia.

37 임근영(2003), 〈미국의 지식재산권 정책에 관한 연구〉, 연구보고서 2003-10, 한국발명 진흥회 지식재산권연구센터.

38 Enrico Moretti(2013), The New Geography of Jobs. Mariner Books.

39 바이-돌 법에 대해 주 36) 참조.

40 김주경, 유영철(2013), '주요국 콘텐츠산업 진흥정책 비교연구', 한국행정학회.

41 KEA(2011), 'Mapping the Cultural and Creative Sectors in the EU and China', 2011

42 KEA(2011), 'Mapping the Cultural and Creative Sectors in the EU and China', EU-China Project on the Protection of Intellectual Property Rights(IPR2),

43 전자신문, 2012. 12. 31.

44 OECD(1996), Knowledge-based Economy, 1996.

45 정보통신부(1999), 'CYBER KOREA 21'. 1999. 3.31.

46 문화산업진흥기본법, [시행 1999.5.9] [법률 제5927호, 1999.2.8, 제정]

47 박근혜대통령 취임사

48 '박, 창조경제는 과감한 패러다임 전환', 세계일보, 2013. 4. 3.

4장

1 우리는 여기서 세 명의 위대한 경제학자의 자본주의에 대한 직관과 거대한 사상체계의 차이를 볼 수 있다. 자본주의의 미래에 대해, 마르크스는 생산력과 생산관계의 모순에 의해 자본주의는 멸망할 수밖에 없고, 프롤레타리아 계급혁명을 통해 사회주의를 건설해야 한다고 보았다. 케인즈는 반대로 사회주의경제는 비효율성이 높아 자본주의경제를 이길 수 없다고 보았다. 슘페터는 자본주의가 성숙단계에 이르고 기업가 정신이 쇠퇴하면 지식인집단에 의해 사회주의로 이행한다는 것이다. 마르크스의 주장대로 1911년 소련에서 볼셰비키혁명이 성공하면서 20세기 전반에 수많은 국가들이 공산화되었다. 그러나 케인즈의 예측대로, 사회주의경제의 비효율성으로 1991년 소련이 공산주의를 포기하면서 사회주의 경제체제는 급속도로 붕괴되기 시작했다.

2 Karl Marx(1867), Capitai: A Critique of Political Economy, Vol. I. The Process of Capitalist Production, Chicago: Charles H. Kerr and Co. 김수행(2004), 《자본론 I, II, III》, 비봉출판사.

3 John Maynard Keynes(1936), The General Theory of Employment, Interest and Money, Palgrave Macmillan.

4 Joseph A. Schumpeter(1911), The Theory of Economic Development: An Inquiry into Profits, Capital, Credit, Interest, and the Business Cycle (Social

Science Classics Series), Transaction Publishers (January 1, 1982).

5 Joseph A. Schumpeter(1911), ibid.

6 Joseph A. Schumpeter(1911), ibid.

7 John Howkins(2001), The Creative Economy, Penguin Books.

8 UN(2010), Creative Economy Report, 2010.

9 이민화, 차두원(2013)은 창조경제의 3대 동인으로 메타기술, 혁신생태계, 시장플랫폼을 들고 있다. 이민화, 차두원(2013), 《창조경제》, 북콘서트

10 Lee, Hyo-Soo(1996), The Interaction of Production, Distribution, and Rule-Making Systems in Industrial Relations, invited paper, the IIRA 10th World Congress(June 3, 1995), Relation Industrielles/Industrial Relations 51-2, 1996. 6. pp. 302-332.

11 이효수(2012), 《Y형인재에 투자하라》, 매경출판, pp. 116-123.

12 윌버 라이트(Wilbur Wright)와 오빌 라이트(Orville Wright) 형제는 기계완구와 자전거 점을 경영하다가 독일의 릴리엔탈이 글라이더 시험 중 추락사한 것을 알고 항공에 흥미를 가져 비행기 연구를 시작하였다. 형제는 1900년부터 1902년에 걸쳐 1,000회가 넘는 글라이더 시험비행을 하였다. 같은 해 12월 데이턴에 돌아와 형제가 직접 만든 가솔린기관을 기체에 장치해 1903년 12월 17일 키티호크에서 역사상 처음으로 동력비행기를 조종해 지속적인 비행에 성공하였고, 1906년 5월 22일에 '나는 기계'로 미국 특허를 획득했다. Wikipedia.

13 Otto Lilienthal은 독일 항공의 개척자로서 새의 비상을 관찰해, 1877년 첫 글라이더를 시험제작, 1891년 처음으로 사람이 탈 수 있는 글라이더를 개발했다. 그로 인해 항공비행과 비행기 탄생의 길이 열렸다. Wikipedia.

14 J.W. Tukey(1958), 'The Teaching of Concrete Mathematics', Amer. Mathematical Monthly, vol. 65, pp. 1?9, 1958: "Today the 'software' comprising the carefully planned interpretive routines, compilers, and other aspects of automative programming are at least as important to the modern electronic calculator as its "hardware" of tubes, transistors, wires, tapes, and the like."

15 Graeme Philipson, 'A History of Software', http://www.thecorememory.com/SHOS.pdf

16 Archicad, What is BIM? YouTube.

17 증기기관은 그리스 물리학자 Heron이 기원전에 증기력을 이용한 후 수많은 창조적 진화를 거듭해 제임스 와트에 이른 것이다. 와트는 뉴커먼이 개발한 증기기관의 수리를 부

탁받고 대폭 개량에 착수해 1769년 1월 5일, '화력기관에서 증기와 연료의 소모를 줄이는 새롭게 고안한 방법'에 관한 특허를 취득했다. 표정훈, 네이버 인물세계사.

18 와트의 증기기관은 산업혁명 시대를 연 주역들 가운데 하나이자, 증기기관을 바탕으로 한 다양한 기술 혁신과 발명의 플랫폼 구실을 했다. 그것은 연료와 원료를 먼 거리의 생산 공장까지 대량으로 빠르게 운반할 수 있게 했고, 공장을 자동화시키고 그 입지 조건을 크게 넓혀놓았으며, 수력에 의지하느라 가동이 중단되곤 했던 공장들이 1년 내내 돌아갈 수 있게 했다. 대량 생산과 대량 운송은 규모의 경제를 낳으면서 자본의 효율적이고 집중적인 운용과 생산 체제의 혁명적 변화를 가속화시켰다. 표정훈, 네이버 인물세계사.

19 네트워크효과(network effect)는 미국 경제학자 Harvey Leivenstein(1922~1994)에 의해 처음으로 규정됐다. 이는 누군가의 특정상품에 대한 수요가 주위 사람들에게 영향을 미치게 되고, 이로 인해 그 상품을 선택하는 사람들이 증가하는 효과를 말한다. 네트워크효과는 어떤 사람들이 유행을 이끌면 다른 사람들이 그에 따라가는 편성효과(bandwagon effect)와 다수의 소비자가 구매하는 제품의 구매보다 값이 비싸고 희소성이 있는 상품에 집착하는 속물효과(snob effect)로 나누어진다. Harvey Leivenstein(1950), 'Bandwagon, Snob and Veblen Effects in the Theory of Consumer Demand', Quarterly Journal of Economics, Vol.64 No.2: pp. 183-207.

20 David P. Reed는 대규모 네트워크 특히 소셜네트워크의 효용은 그 네트워크의 크기에 따라 기하급수적으로 커진다는 이른바 리드의 법칙을 밝혔다. 리드의 법칙(Reed's law)은 네트워크의 가치가 N의 제곱(Metcalfe's law)으로 증가하는 것이 아니라 2의 N제곱으로 증가한다는 규칙이다. Robert Metcalfe는 네트워크에서 정보의 쌍방교류에 착안해 메트칼프 법칙을 발표했고, 리드는 네트워크에서 참여자들이 다양한 집단을 형성할 수 있다는 이른바 라인골드의 집단형성 네트워크(group-forming network, GFN)에 착안해서 리드의 법칙을 발표했다. 이에 앞서 David Sarnoff는 방송네트워크의 가치는 시청자의 수에 비례한다는 사노프의 법칙을 이야기했다. 즉 100명이 보는 네트워크는 10명이 보는 네트워크의 10배의 가치가 있다는 것이다. David P. Reed(1999), "That Sneaky Exponential - Beyond Metcalfe's Law to the Power of Community Building". Retrieved 2010-12-09.

21 CATIA(Computer Aided Three dimensional Interactive Application)는 프랑스 다쏘(Dassault Systemes)에서 개발한 3차원 CAD 프로그램으로 자동차나 항공기를 설계, 개발하는 데 사용하는 프로그램이다.

22 Richard Florida(2012a), The Rise of the Creative Class, Basic Books. pp.35-61.

23 Michael Porter(1998), On Competition, Cambridge, MA: Harvard Business

School Press.

24 Richard Florida(2012a), ibid

25 John Howkins(2013), The Creative Economy, new edition, 김혜진 역, pp. 34-37.

26 Abraham Harold Maslow(1943). A theory of human motivation. Psychological Review, 50(4), 370?96. Retrieved from http://psychclassics.yorku.ca/Maslow/motivation.htm

5장

1 President's Council of Advisors on Science and Technology(2010), 'Designing a Digital Future: Federally Funded Research and Development in Networking and Information Technology', Report to the President and Congress. Executive Office of the President.

2 http://www.ihs.com/index.aspx

3 O'Reilly Radar Team(2011), Big Data Now: Current Perspectives from O'Reilly Radar, O'Reilly Media.

4 정용찬(2012). 《빅데이터 혁명과 미디어 정책 이슈》(KISDI Premium Report 12-02). 정보통신정책연구원. 네이버 지식백과.

5 S. A. Billings(2013), 'Nonlinear System Identification: NARMAX Methods in the Time, Frequency, and Spatio-Temporal Domains.' Wiley.

6 McKinsey Global Institute(2011), Big data: The next frontier for innovation, competition, and productivity, Mckinsey & Company.

7 President's Council of Advisors on Science and Technology(2010), ibid

8 Vital Wave Consulting(2012), Big Data, Big Impact: New Possibilities for International Development, The World Economic Forum.

6장

1 저작권법, 제4조.

2 www.wipo.int/

3 대통령소속 국가지식재산위원회(2013), 〈2013년도 지식재산 침해대응 및 보호집행보고서〉 p. 3.

4 대통령소속 국가지식재산위원회(2013), ibid, pp. 20-23

5 WIPO(2014), 'Who field the most PCT patent applications in 2013', filings under the Patent Cooperation Treaty(PCT).

6 서울경제, 2014. 3.6.

7 노충식, 홍경희, 김수혜(2013), '우리나라의 지적재산권수지 현황 및 향후과제', Issue Paper Series 2013-12, 한국은행.

8 노충식, 홍경희, 김수혜(2013), ibid.

9 The Wall Street Journal, '네스트랩 인수에 숨겨진 구글의 야망', 2014. 1. 16.

10 http://techcrunch.com/2014/04/23/apple-acquired-24-companies-in-the-last-18-months.

11 한국일보, '한국기업 국제특허분쟁 급증', 2013. 8.7.

12 연합뉴스, '특허전쟁 삼성, 미국 특허건수 4년 만에 1.5배 증가', 2014. 4. 4.

7장

1 벤처기업협회(2013), 〈2013년 벤처기업정밀실태조사〉.

2 위키백과

3 Jared Newman(2012), "Pebble Smartwatch Pre-Orders Are Sold Out, $10+ Million Pledged", Time Techland, 10 May 2012.

4 장지호(2005), '김대중 정부의 벤처기업 지원정책에 관한 고찰', 한국행정학보, 39-3, pp. 21-41

5 매일경제신문, '벤처기업 육성자금이 샌다', 1999. 10. 25.

6 이성복(2013), '이스라엘의 요즈마펀드에 대한 고찰 및 시사점', 자본시장연구원.

7 중소기업청(2013), '2013년 벤처기업정밀실태조사. p. 118

8 김광희(2011), '기술금융의 현황과 과제', 《과학기술정책》 제21권 제3호, 과학기술정책연구원.

9 역 선택(adverse selection)은 거래관계에서 정보의 비대칭 속에서 정보의 부족으로 잘못된 선택을 하는 것을 말한다. 기술평가에서 기술의 경제적 가치 등이 과대평가되어 있으면, 은행은 역 선택을 하게 된다. 노벨경제학수상자 George A. Akerlof 교수가 그의 고전적 논문 〈The Market for Lemons〉에서 역 선택 문제와 이것이 어떻게 시장의 효율성을 저하시키는가를 다루고 있다. George A. Akerlof(1970). "The Market for 'Lemons': Quality Uncertainty and the Market nism". Quarterly Journal of Economics (The MIT Press) 84 (3): 488?500.

10 주인-대리인 문제(principle-agent problem)는 계약관계에서 권한위임자를 '주인(principle)'이라 하고 권한을 위임받은 자를 '대리인(agent)'이라 하는데, 대리인이 정보의 비대칭성 및 감시의 불완전성을 이용해 주인을 위해 성실하게 일을 수행하지 않거나 속이는 '도덕적 해이(moral hazard)'가 발생할 수 있고, 이 과정에서 주인이 피해를 입

을 수 있는데 이것을 '대리인 문제(agency problem or agency dilemma)'라 한다.

11 구축효과(crowding-out effect)는 정부의 재정지출 확대가 민간기업의 투자위축을 불러오는 것을 말한다.

12 Barth, James R.; Brumbaugh, R. Dan, Jr. & Wilcox, James A. (2000), "Policy Watch: The Repeal of Glass?Steagall and the Advent of Broad Banking", Journal of Economic Perspectives 14 (2): 191?204; Reem Heakal, What Was The Glass-Steagall Act? Investopedia.

13 Broome, Lissa Lamkin; & Markham, Jerry W. (2001). The Gramm?Leach?Bliley Act: An Overview. Retrieved from http://www.symtrex.com/pdfdocs/glb_paper.pdf

8장

1 창조경제위원회 설치 및 운영에 관한 규정, 2013. 9. 26.

2 안전행정부(2014), '정부3.0 길라잡이'.

3 이혜정(2007), '미래 유비쿼터스 정부의 진화, Government3.0'. 유비쿼터스사회연구 시리즈 제29호.

4 안전행정부(2014), ibid.

5 안전행정부(2014), ibid.

6 공공데이터의 제공 및 이용 활성화에 관한 법률, 제1조(목적) 이 법은 공공기관이 보유 관리하는 데이터의 제공 및 그 이용 활성화에 관한 사항을 규정함으로써 국민의 공공데 이터에 대한 이용권을 보장하고, 공공데이터의 민간 활용을 통한 삶의 질 향상과 국민경 제 발전에 이바지함을 목적으로 한다.

7 네이버 지식백과, 오픈 API(open application program interface), 한경 경제용어사 전, 한국경제신문/한경닷컴.

8 네이버 지식백과, 매시업 (Mashup), 두산백과.

9 이민화 차두원(2013), 《창조경제》, 북콘서트.

9장

1 Lee, Hyo-Soo(1996), "The Interaction of Production, Distribution, and Rule-Making Systems in Industrial Relations," invited paper, the IIRA 10th World Congress(June 3, 1995), Relation Industrielles/Industrial Relations 51-2, pp. 302-332. 이효수(2012), 《Y형인재에 투자하라》, 매경출판.

2 아서 찰스 클라크 경(Sir Arthur Charles Clarke, CBE, 1917~2008)은 영국의 작가,

발명가이자 미래학자이다. 그는 로버트 A. 하인라인과 아이작 아시모프와 함께 과학소설계의 '세 거물(Big Three)'로 불릴 정도로 유명하다.

3 이 과학소설의 줄거리는 다음과 같다. "인류에게 문명의 지혜를 가르쳐 준 검은 돌기둥의 정체를 밝히기 위해서 우주왕복선 디스커버리호는 목성을 향해서 날아간다. 평온하던 디스커버리호에 갑자기 재난이 찾아온다. 슈퍼컴퓨터 할(HAL 9000)이 반란을 일으킨 것이다. 할은 승무원들을 우주선 밖으로 던져버리지만 결국 제압되어 해체 당한다. 그리고 디스커버리호의 숨겨진 비밀이 밝혀진다." http://ch.yes24.com/Article/View/21693.

4 왓슨은 IBM의 초대 회장 토머스 왓슨(Thomas John Watson)에서 그 이름을 따온 것이다.

5 미국의 IBM이 할9000보다 13년 늦게 1981년 8월 12일 최초로 '개인용 컴퓨터(Personal Computer: PC)'라는 이름으로 'IBM PC 5150'을 1,568달러에 출시했다. 애플이 이보다 5년 앞서 8비트 개인용 컴퓨터를 내놓았지만 애플컴퓨터는 이를 '마이크로컴퓨터'라고 불렀으며 일부 마니아층만 이용했다. 'IBM PC 5150' 시스템의 CPU는 인텔(Intel)의 16비트 마이크로프로세서인 4.77㎒의 8088이었고 운영체제(OS)로는 마이크로소프트(MS)의 도스(DOS)를 탑재했다. 휴대용 타자기의 크기였으며 흑백 모니터에 5.25인치 플로피디스크가 있었으나 하드디스크나 CD롬드라이브와 같은 저장장치는 없었다. 네이버 지식백과.

6 Lee, Hyo-Soo(1996), ibid.

7 Nowak MA (2006). Five rules for the evolution of cooperation. Science 314 (5805): 1560~1563.
Nowak, MA (2006). Evolutionary Dynamics. Cambridge, MA: Harvard University Press.

8 Thomas A. Kochan(2006), 대구경북 고용인적자원포럼 창립대회 특별강연, 2006. 5. 11.

9 Lee, Hyo-Soo(2001), "Paternalistic Human Resource Practices: Their Emergence and Characteristics", Journal of Economics Issues, vol. 35, No.4, Association of Evolutionary Economics, 2001. 12, pp. 841-869.

10 Douglas M. McGregor(1960), The Human Side of Enterprise, McGraw-Hill.

11 이효수(2012), 《Y형인재에 투자하라》, 매경출판.

10장

1 이효수(1984), 《노동시장구조론》, 법문사.

2 Congressional Research Service(2012), 'Science, Technology, Engineering,

and Mathematics (STEM) Education: A Primer', CRS Report for Congress.

3　http://www.whitehouse.gov/blog/2012/07/18/, President Obama Announces New Plan to Create STEM Master Teaching Corps.

4　http://www.steamedu.com

5　The Wall Street Journal(2013), 'STEAM Blends Science and the Arts in Public Education', Dec. 2. 2013.

6　교육과학기술부(2010). '창의인재와 선진과학기술로 여는 미래 대한민국 2011년 업무 보고'.

11장

1　Charles E. Eesley & William F. Miller(2012), 'Impact: Stanford University's Economic Impact via Innovation and Entrepreneurship', Stanford University.

2　이효수(2012), 《Y형인재에 투자하라》, 매경출판. 이효수, 이병완(2005), 〈대구경북지역 직업능력개발 추진체계 구축방안 연구: 별권 선진국 사례연구〉, 영남대학교 산경연구소.

3　이효수(2012), ibid, pp. 212-218.

4　이효수(2012), ibid, pp. 264-271.

5　이효수(2012), ibid, pp. 193-195, pp. 359-363.

12장

1　Geoffrey A. Moore(1991, revised 1999), Crossing the Chasm: Marketing and Selling High-tech Products to Mainstream Customers. 캐즘은 본래 지질학 용어로 지각변동 등으로 인해 지층 사이에 깊고 넓은 큰 틈이 생겨 단절되어 있는 현상을 말한다. 이것이 바로 여기서 말하는 '죽음의 계곡'이다.

2　Shikhar Ghosh(2012), 'The Venture Capital Secret: 3 out of 4 Start-Ups Fail', The Wall Street Journal, Sept. 20, 2012.

3　The Wall Street Journal, Sept. 20, 2012.

4　Eric Ries(2011), The Lean Startup: How Today's Entrepreneurs Use Continuous Innovation to Create Radically Successful Businesses, Crown Business. 이창수·송우일(역). 《린 스타트업》, 인사이트.

5　Eric Ries(2011), ibid.

6　이효수(1887), 《노사공동선 경제학》, 한국노동교육원. pp. 53-54, pp. 171-172

7　Dinah Eng(2012), 'Nick Swinmurn: Zappos' silent founder', Fortune, Sept. 5. 2012.

8   Eric Ries(2011), ibid, pp. 52-53.

9   http://www.businessmodelgeneration.com/toolbox

10 Ash Maurya(2012), Running Lean, O'Reilly Media, 위선주 역, 《린 스타트업》, 한 빛미디어.

11 Simon O. Sinek(2009), Start with Why: How Great Leaders Inspire Everyone to Take Action, Portfolio Hardcover

12 Jessica Livingston(2012), "What goes wrong", Startup School.

13 Chip Heath & Dan Heath(2007), Made to Stick: Why Some Ideas Survive and Others Die, Random House.

14 House of Commons, Science and Technology Committee(2013), 'Bridging the valley of death: improving the commercialization of research, 2012-13'. the House of Commons.

13장

1   PDR시스템이론은 MIT 객원교수 시절 개발해, '국제고용 및 노사관계학회(IIRA)' 제 10차 워싱턴 세계대회에서 발표했다. 이 분야 세계최고 석학인 MIT의 Thomas A. Kochan 교수는 개막연설에서 "이 논문은 서양이론가들과 다른 접근으로 이 분야의 새 로운 획을 긋는 '획기적 논문(Hyo-Soo Lee's provocative paper)'"이라고 소개했다 (IIRA 10th World Congress, Presidential Address, pp.8-9). 또 캐나다의 Jean Sexton 교수도 "이효수는 서양의 이론가들과 달리 '휴먼웨어(Humanware)에 기초한 이론을 제시했고, 이것은 '신선한 획기적 논문(a refreshingly provocative paper)'"이 라고 평가했다(RI/IR 51-2, pp.275-6). 캐나다의 Jean Boivin 교수는 "이 이론은 아시 아뿐만 아니라 북미지역 기업현장에서도 유용하게 적용될 수 있다"고 하였으며, 미국 와 튼스쿨의 Chip Hunter 교수는 "이 모델로부터 미국인들이 많은 것을 배울 수 있다"고 평가했다.

2   Lee, Hyo-Soo(1996), "The Interaction of Production, Distribution, and Rule-Making Systems in Industrial Relations", invited paper, the IIRA 10th World Congress(June 3, 1995), Relation Industrielles/Industrial Relations 51-2, Universite de Laval, 1996. 6. pp. 302-332.
    이효수(1998), "노사관계와 기업의 총체적 경쟁력", 《경제학연구》제46집 제2호, 한국 경제학회, 1998. pp.195-221.

3   와튼스쿨의 Chip Hunter교수는 "'PDR시스템이론'에서 환경변수의 이러한 구분이 환경 과 노사관계와의 상호작용 메커니즘을 체계적으로 분석할 수 있는 길을 열어 놓았을 뿐

만 아니라, 노사관계의 동태적 분석(경쟁환경변수)과 인접 학문과의 학제적 연구(일반환경변수)를 가능하도록 함으로써 노사관계이론 발전에 크게 기여할 것"이라고 지적한 바 있다(IIRA의 노사관계이론 스터디 그룹 세미나와 E-mail을 통한 Hunter교수의 코멘트).

4 IBM(2010), Capitalizing on Complexity: Insights from the Global Chief Executive Officer Study, IBM Global Business Services.

5 Walter Isaacson(2011), Steve Jobs, 안진환 역, 민음사.

6 이효수(1998)는 'PDR시스템이 잘 구축되어 있으면, 기업의 총체적 경쟁력이 높고 그 결과 노사공동선(mutual gains)이 실현된다'는 것을 다변량판별함수분석을 통해 실증적으로 분석하고 있다. 이효수(1998), "노사관계와 기업의 총체적 경쟁력", 경제학연구 제46집 제2호, 한국경제학회, pp. 195-221.

7 Henry W. Chesbrough(2003), Open Innovation: The New Imperative for Creating and Profiting from Technology, Boston: Harvard Business School Press.
Heanry W. Chesbrough(2006), Open Business Models: How to Thrive in the New Innovation Landscape, Boston: Harvard Business School Press.

8 김석관(2009), '개방형 혁신은 새로운 혁신 방법론인가?: Chesbrough의 개방형 혁신 이론에 대한 비판적 평가', 《기술혁신연구》. 2009, 특별호. pp. 99-133.

9 http://www.pg.com

10 http://www.innocentive.com/

14장

1 UK(1997), Creative Industries Task Force.

2 Theodor Adorno & Max Horkheimer(1944), Dialectic of Enlightenment. Stanford University Press (2002)

3 UN(2013), Creative Economy Report 2010.

4 UK Department of Culture, Media and Sport(2001), The Creative Industries Mapping Document, DCMS.

5 David Throsby(2001), Economics and Culture, Cambridge University Press.

6 World Intellectual Property Organization(2003), Guide on Surveying the Economic Contribution of the Copyright-based Industries, Geneva: WIPO.

7 David Hesmondhalgh(2002), The Cultural Industries, 2nd edit.(2007), SAGE Publications.

8 한국콘텐츠진흥원(2012), '창조산업 무역구조와 한국 영국 일본 경쟁력 비교', 코카포커

스 통권 59호.

9 창조상품은 카펫, 기념품, 기타 공예품, 종이제품, 목공예품, 실공예품, 영화, 건축, 패션, 유리제품, 인테리어, 장신구, 장난감, 레코드 미디어, 비디오게임, 음악, 음악출판, 책, 신문, 기타 인쇄매체, 골동품, 그림, 사진, 조각 등 26개 품목임

10 창조서비스는 광고·시장조사·여론조사, 건축·엔지니어링·기타 테크니컬 서비스, 개인·문화·오락서비스, 오디오 비주얼과 관련 서비스, 기타 개인·문화·오락서비스, 연구개발 서비스 등 6개 항목임

11 UNCTAD(2010), Creative Economy Report 2010. 한국콘텐츠진흥원(2012).

12 정미경(2012), '창조산업 무역구조와 한국·영국·일본 경쟁력 비교', 코카포커스 2012-11, 한국콘텐츠진흥원.

13 http://navercast.naver.com/contents.nhn?rid=122&contents_id=40446

14 A third industrial revolution, The Economist, 2012. 4. 21.

15 미국 제조업 부흥을 위해 발족했던 Advanced Manufacturing Partnership에서는 차세대 유망 생산 기술 11가지 중 하나로 Additive manufacturing을 언급했으며, 8월에는 오하이오 주의 Youngstown에 3D 프린팅 연구기관인 NAMII(National Additive Manufacturing Innovation Institute)를 설립했다. 올해 초, 오바마 대통령이 국정연설에서 3D 프린팅을 언급하면서 거의 모든 것의 생산 방식을 바꿀 잠재력을 가진 기술로 평가했다. http://www.kmobile.co.kr/k_mnews/news/news_view.asp?tableid=IT&idx=426480

16 EU 역시 제조업 혁신의 기회 중 하나로 3D 프린팅을 주목하고 있다. Reuters에 따르면 지난 해 10월 EU는 첨단 기술 육성을 통해 2020년까지 GDP의 제조업 비중을 16%에서 20%로 늘릴 계획을 세웠으며, 대안으로 3D 프린팅을 언급했다. http://www.kmobile.co.kr/k_mnews/news/news_view.asp?tableid=IT&idx=426480

17 영국 정부는 3D 프린팅이 항공에서 주얼리에 이르기까지 다양한 산업에 영향을 미칠 수 있는 잠재력을 가진 기술로 평가하면서 기술전략위원회(Technology Strategy Board)를 통해 700만 파운드를 투자하기로 했다. http://www.kmobile.co.kr/k_mnews/news/news_view.asp?tableid=IT&idx=426480

18 중국 공업신식화부의 부부장 쑤보는 2012년말 3D 프린팅 기술 개발을 위해 장기적인 국가 전략을 수립할 계획이라고 언급했다. 관련 표준을 마련하고, 규제를 정비하며, 기술 혁신을 위한 세제혜택도 고려되고 있다. http://www.kmobile.co.kr/k_mnews/news/news_view.asp?tableid=IT&idx=426480

19 Wohlers Associates Report 2012.〈헤럴드경제〉, 2014. 1. 10.

20 http://www.etnews.com/news/home_mobile/living/2776741_1482.html.

FDM(Fused Deposition Modeling)은 필라멘트 형태의 플라스틱 소재를 녹여 노즐을 통해 분사, 재료를 층층이 쌓아 물체를 만드는 방식이다. DLP(Digital Light Processing)방식은 액체나 분말을 분사한 뒤 빛을 쏘아 굳히는 기술이다. SLS(Selective Laser Sintering)는 나일론, 석고, 금속 등 다양한 가루 형태의 소재를 분사한 뒤 레이저를 통해 굳힌다. 해럴드경제, 2014. 1. 10.

21 이보경, 심수민, 김형수, 이정환(2012), ICT와 3D 프린팅에 의한 제3차 산업혁명, 한국디자인진흥원 보고서.

22 매일경제, 2013. 7. 26.

23 http://news.newsway.co.kr/view.php?tp=1&ud=2013112718111329199&md=20131130110031_AO

24 네이버 지식백과, 나노기술.

25 이효수(2012), 《Y형인재에 투자하라》, 매경출판.

15장

1 이효수(1984), 《노동시장구조론》, 법문사.

2 이효수(1984), ibid.

3 Peter B. Doeringer and Michael J. Piore(1972), Internal Labor Markets and Manpower Analysis, Lexington, Mass.
   Michael Reich, David M. Gordon, and Richard C. Edwards(1973), 'Dual Labor Markets: A Theory of Labor Market Segmentation', American Economic Review 63(2), pp. 359-365.

4 이효수(1990)는 단층별 승진기회의 차이를 실증적으로 분석하고 있다. 이효수(1990), "단층별 승격확률의 추정", 노동경제논집, 제13집, 한국노동경제학회, pp. 21-50.

5 이효수(2002)는 정규직 노동시장과 비정규직 노동시장의 특성차이, 비정규직 노동시장의 비대화 원인과 문제점 등을 구명하고 있다. 이효수(2002), "노동시장 환경변화와 노동시장의 구조변동", 《경제학연구》제50권, 제1호, pp.243-274.

6 이효수(1991), "하위단층 비조직부문에 관한 연구", 경제학연구 제39집 1호, 한국경제학회, pp. 69-107.

7 이효수(1990), "단층별 임금함수 추정과 단층간 임금격차 분해", 경제학연구, 제38집 1호, 한국경제학회, pp. 101-123.

16장

1 Hyo-Soo Lee(2008), 'Proposal for a New Type of Partnership', More than Just

Jobs: Workforce Development in a Skills-Based Economy, OECD.

2   Hyo-Soo Lee(2008), ibid.

3   Hyo-Soo Lee(2008), ibid.

4   Hyo-Soo Lee(2008), ibid.

5   The Pocket Oxford Latin Dictionary: English-Latin, 3ed., Online version, Oxford University Press. 2012.

6   송종국(1994), '독일의 중소기업 기술인력 육성 지원제도', 과학기술정책동향. 윤종학 (2010), 《독일 자격제도》, 한국산업인력공단.

7   Weekly Biz, 2013. 8. 10.

8   대학의 Y형인재육성 패러다임에 대한 구체적인 내용은 다음 참조. 이효수(2012), 《Y형 인재에 투자하라》, 매경출판.

17장

1   Frank Levy and Richard Murnane(2013), 'Dancing with Robots: Human Skills for Computerized Work', Third Way Next.

2   비정형적 분석업무(non routine analytic tasks), 비정형적 쌍방업무(non routine interactive tasks), 정형적 인지업무, 정형적 생산업무, 비정형적 생산업무로 구분하기도 한다. 비정형적 분석업무에는 연구 및 개발, 디자인, 조사, 정보수집평가 등이 속하고, 비정형적 쌍방업무에는 정보제공, 상담, 교육 및 훈련, 조직, 기획, 판촉, 마케팅, 관리감독, 정형적 인지업무에는 계측, 검수, 품질검사, 정형적 생산 업무에는 생산 및 조립가공, 기계 및 컨베이어 관리 조작, 비정형적 생산 업무에는 수리, 분해검사, 서빙 등이 속한다. Peer Ederer, Philipp Schuller and Arne Jonas Warnke(2012), 'Cognitive skills, tasks and job mobility', ZEW.

3   Richard Florida(2012a), The Rise of the Creative Class, 2nd edition, Basic Books.
    Richard Florida(2012b), 'America's Leading Creative Class Metros', Citylab, July 9. 2012.

4   Richard Florida(2012a), ibid.

5   Richard Florida(2011), Creative Class, 이길태 역, 북콘서트, p. 177.

6   Richard Florida(2011), ibid, pp. 219-225.

7   한국경제, 2014. 6. 16.

8   Richard Florida(2011), ibid, pp. 244.

9   이효수(2012), 《Y형인재에 투자하라》, 매경출판.

이효수(1984),《노동시장구조론》, 법문사.

18장

1 우리나라에서는 15세 이상 인구를 '생산가능인구'라 한다. 그리고 '15세 이상 생산가능
   인구' 가운데 경제활동을 할 '의사'와 '능력'을 가진 인구를 '경제활동인구'라 하고, 학생,
   가정주부, 노약자와 같이 경제활동을 할 의사나 능력이 없는 인구를 '비경제활동인구'라
   한다. 경제활동인구는 다시 취업자와 실업자로 구분된다. 여기서 고용률(employment
   to population ratio)은 '15세 이상 생산가능인구 중 취업자 수의 비율'이고, '실업률
   (unemployment rate)'은 경제활동인구 중 실업자 수의 비율이다.

2 이효수(2012),《Y형인재에 투자하라》, 매경출판

3 Lee, Hyo-Soo(2000), "A Critical Evaluation of the Government-Sponsored
   Internship Program of Korea", The Journal of the Korean Economy, vol.1,
   No.2, The Association of Korean Economic Studies, 2000. 12, pp.393-407.

4 Lee, Hyo-Soo(2008), 'Korea: Proposal for a New Type of Partnership', More
   than Just Jobs, Workforce Development in a Skills-based Economy, OECD,
   pp.227-249.

5 Hermann Simon(2009): Hidden Champions of the 21st Century: Success
   Strategies of unknown World Market Leaders. London: Springer.

6 www.simon-kucher.com

19장

1 Michael E. Porter(1990) The Competitive Advantage of Nations, Free Press,
   New York, 1998.

2 Council on Competitiveness(2001), 'Clusters of Innovation: Regional
   Foundations of U.S. Competitiveness', the United States of America.

3 Michael Porter(1998), Clusters and the New Economics of Competition',
   Harvard Business Review, November-December, pp.77-90.

4 Kevin Kelly(1998), New Rules for the New Economy, Penguin Books.

5 Abraham Harold Maslow(1943), 'A Theory of Human Motivation',
   Psychological Review, 50(4), pp.370-96. Abraham Harold Maslow(1987),
   Motivation and Personality, Longman.

6 Richard Florida((2008), Who's Your City, Basic Books.

7 Jane Jacobs(1961), The death and life of great American Cities, New York:

Random House.

8　Charles Landry and Franco Bianchini(1995), The Creative City, DEMO.
Charles Landry(1995), The Creative City: A toolkit for urban innovators,
Routledge.

9　UNESCO(2013), Creative Cities Network, Applicant's Handbook.

10　Richard Florida((2011), ibid.

11　Robert D. Putnam(1995). "Bowling Alone: America's Declining Social Capital".
Journal of Democracy 6 (1): 65–78.

12　Robert D. Putnam(1993). Making Democracy Work: Civic Traditions in Modern
Italy, Princeton: Princeton University Press.

13　Robert D. Putnam(2000). Bowling Alone: The Collapse and Revival of
American Community. New York: Simon & Schuster.

14　Theodore Schultz(1962), Investment in Human Beings, Chicago: University of
Chicago Press.
Gary S. Becker (1964). Human Capital: A Theoretical and Empirical Analysis,
with Special Reference to Education. 1993, 3rd ed. Chicago, University of
Chicago Press

15　Robert Lucas(1988), 'On the Mechanics of Economic Development'. Journal
of Monetary Economics 22 (1): pp. 3–42.

16　Richard Florida((2011), ibid.

20장

1　Erick Hornburger Erikson(1956), The problem of ego identity. Journal of the
American Psychoanalytic Association, Vol 4, 1956, pp. 56-121

2　이효수(2010), '안安미美풍豊', 《도시문제》, 권두언, 행정공제회.

3　산업-직종 다양성 지수는 어떤 지역의 산업 및 직종의 다양성 정도를 나타내는 지수로
산업별로 직종의 분산정도를 측정해 모든 산업의 가중평균값을 구한 것이다.

4　플로리다 교수는 초기에 도시의 관용성을 측정하기 위한 방법으로 도시의 이민자 비율
을 측정하는 밀켄연구소의 멜팅팟지수(the Melting Pot Index), 게이들의 밀집도를 측
정하는 게이지수(the Gay Index), 그리고 작가, 디자이너, 음악가, 배우, 감독, 화가,
조각가, 사진가, 무용수들의 수를 집계한 보헤미안지수(the Bohemian Index)를 사용
했다. 플로리다는 게이츠와 함께 멜팅팟지수, 게이지수, 보헤미안지수를 통합해 '복잡
다양성지수(the Composite Diversity Index, CDI)'를 개발했다. 그리고 2004년에

Stolarick과 함께 CDI를 수정해 게이지수, 보헤미안지수, 해외출생자지수(the Foreign-Born Index), 인종통합도를 측정하는 통합지수(the Integration Index)를 결합해 '관용성지수(the Tolerance Index)'를 개발 사용했다. 그리고 2010년 연구에서 관용성지수에서 보헤미안지수를 제외시켰다. Richard Florida(2012), The Rise of the Creative Class, revised, Basic Book, pp.228-65.

5 상대적 연평균 증감률: 연평균 증감률을 상대적인 수치로 살펴보기 위한 지표로서, 평균보다 높게 증가하는지 낮게 증가하는 지를 살펴볼 수 있다. 그 값이 0보다 크면 연평균 증감률이 전체 평균 대비 높음을 나타내며, 구하는 방법은 다음과 같다. $Gr = G1 - Gave$, Gr: 상대적 연평균 증감률, G1: 특정기술분야 또는 특정지역의 출원증감률, Gave: 전체 기술분야 또는 전체 지역의 출원증감률. 예) 2001년~2012년 동안 서울특별시에서 출원한 특허에 대해 전자상거래 분야의 연평균 증감률이 7.00%이고, 서울특별시 전체 특허의 연평균 증감률이 5.00%일 때 서울특별시의 전자상거래 분야에 대한 상대적 연평균 증감률은 다음과 같이 구할 수 있다. 상대적 연평균 증감률 = 7.00% - 5.00% = 2.00%. 자료: 특허청, 2013년 한국의 특허동향보고서.

6 특허활동지수(Activity Index, AI): 특허활동지수는 특정 지역에서 특정 기술 분야의 상대적 집중도를 살펴보기 위한 지표로써, 그 값이 1보다 큰 경우에는 특정 지역에서 특정 기술 분야의 특허활동이 상대적으로 활발하다고 할 수 있다. 자료: 특허청, 2013년 한국의 특허동향보고서.

7 Office for National Statistics(2014), the 2011 Census for England and Wales.

8 Petter Larsson(2012), 'Live in Shoreditch EC2: London's hip and trendy haven', TNT Magazine, Oct. 13th.

9 Adam Dant's Map of Shoreditch as the Globe, 2010.

10 http://www.ycombinator.com/, http://connect.org/connect-team/

색인

3

3D 프린터　108, 331

A

activity　458
Alex Osterwalder　286
Ash Maurya　286
A. Smith　28

B

B. Hildebrand　61

C

CATIA　126
C. Darwin　43
Charles E. Eesley　253
Charles Landry　445
Charles W. Eliot　257
Charles W. Hull　332
Chip Heath　291
CONNECT　481
CPND　134, 144
creative culture　458

D

Dan senor　82
David P. Reed　125
DCMS 모델　320
decent job　411

divide & rule policy　365

DOS체제　69
Douglas M. McGregor　226

E

entrepreneurship　424
Eric Ries　280
Erik Erikson　457

F

F. List　61
Frank Levy　384

G

GALIC 모델　474
Gary S. Becker　448
Geoffrey A. Moore　277
GIU　133, 251
Glocal Initiative Company　425
Gordon Earle Moore　67

H

Harvey Leivenstein　124
Henry Chesbrough　311
Hermann Simon　426

I

IBM　219
I&D(Imagination and Development)　134

incremental innovation   423

Infra Provider   474

innovative culture   457

IP금융   164

IT 융합(IT convergency)   330

J

James Watt   118

Jane Jacobs   445

job mismatch   354, 422

John Howkins   79

John M. Keynes   95

John Wilder Tukey   109

Joseph A. Schumpeter   95

K

Karl H. Marx   95

Kevin Kelly   441

knowledge workers   387

L

Larry Page   253

Leonard Kleinrock   69

Local Governance Initiative   419

M

M&A   168

Martin Cooper   47

Martin Nowak   221

M&A시장   184

Michael J. Piore   351

Michael Porter   138, 435

Michael Reich   351

MIT   220

MS-DOS(Microsoft-Disk Operating
   System)   68

mutual gains   420

N

NBIC 융합산업(NBIC convergences)
   337

non-routine and creative tasks   384

NPEs(Non-Practicing Entities)   168

O

OECD   89

Otto Lilienthal   106

P

Paul Keating   81

PDR시스템이론   104, 220, 299, 308

Peter B. Doeringer   351

Peter Coy   78

Peter Ferdinand Drucker   387

R

R&D(Research and Development)   134

Regional Innovation System   459

RESAP 모델   420

Richard C. Atkinson   254

Richard C. Edwards   351

Richard E. Caves   79

Richard Florida   84, 387

Richard Murnane   384

Robert D. Putnam   447

Robert Lucas   448

Robert Maynard Hutchins   257
Robert Metcalfe   125
routine and typical tasks   384

S
Sergey Brin   253
skill mismatch   354, 422
smart work   398
social activities   458
social cohesion   423
startup financing cycle   288
STEAM 융합교육   244
STEM교육   244, 245
SWOT 분석   288
Systems Organizer   475

T
Talent   446
Technology   446
Theodore Schultz   448
Thomas A. Kochan   223
Thomas Kuhn   44
Tim Berners-Lee   70
Tolerance   446
Tony Blair   79

U
UNCTAD 모델   320

V
VIP 리더십   32, 256, 306
VIP 총장   257
Vision Provider   474

VITAL   454
VITAL지수   472

W
wage mismatch   354, 422
William F. Miller   253
WIPO저작권 모델(WIPO copyright model)   322
W. W. Rostow   61

X
X(Xerox)형인재   133, 216, 225
X·Y이론(Theory of X and Y)   226
X이론   227
X형인재육성 패러다임   232

Y
Y Combinator   290
Y(Yield)형인재   131, 132, 216, 225, 229
Y형인재론   215, 216, 225, 226, 228, 260

ㄱ
가상경제(virtual economy)   72, 149
가상계급(virtual class)   72
가상공간(cyber space)   149, 432
가상재화(virtual goods)   73
가상현실(virtual reality)   74
가상화폐(cyber money)   73
가용자본   276
가치가설   285
가치가설 검증   284

가치사슬(value chain)　342, 434
가치성　281
감성(Emotions)　292
개방정부　143
개방플랫폼(open platform)　111, 121,
　273
개방혁신(open innovation)　127, 315
개방형 비즈니스 모델　311
개인정보관리(PDA: Personal Digital
　Assistant)　48
개인 창조성(individual creativity)　299
거래비용(transaction cost)　171, 208,
　373
거버넌스(Governance)　474
거시고용정책　416
건강한 노동시장(Healthy Labor Market)
　368
건축정보모델링(BIM, Building
　Information Modeling)　108, 110
검색엔진(search engine)　75
게임의 법칙　59
경쟁교육 패러다임　237
경쟁우위론(competitive advantage)
　127, 421
경쟁질서　59, 298
경쟁환경(Competitive Environment)
　299
경제민주화　203
경제발전단계설　57
경제발전의 이론　95
경제성　282
경제의식(economic consciousness)　58
경제적 가치　269

경제적 규제　418
경제적 창의력　244
경제적 창의성　39
경제·제도적 창의성(economic &
　institutional creativity)　39
경제주체　119
경제패러다임　58, 263, 297
경제패러다임 6대 구성요소　58, 118
경제패러다임 이행　58, 140
경제패러다임 이행론　116
고기술균형(high skill equilibrium)　370
고든(David M. Gordon)　351
고용계수　426
고용관리관행　367
고용률　408
고용 불일치　354
고용 없는 성장(jobless growth)　385
고용유연화　357
고용의 질　408
고용, 이자 및 화폐의 일반이론　95
공간　432
공개 API　202
공공데이터　203
공공영역 정보(Public Sector Information)
　201
공공영역 콘텐츠(Public Sector Content)
　201
공정거래위원회　206
공정경쟁질서　204
과학기반 창조산업　318, 327, 328
과학기술적 창의력　243
과학·기술적 창의성(scientific &
　technological creativity)　38

과학적 창의성　39
관계　20
관계의 법칙　21, 30
관료적 통제　122
괜찮은 일자리(decent jobs)　358, 374
교육의 본질　234
구체성(Concreteness)　291
구축효과(crowding-out effect)　187
국제수지　159
권력이동　364
규모의 경제　124
규제　209
규제개혁　419
규제비용　418
규제의 딜레마　418
규제의 실패　208
그래픽 유저 인터페이스(GUI)　68
그램-리치-블라일리 법 (GLBA, Gramm-
　Leach-Bliley Act)　188
그리드 패리티(grid parity)　340
그린에너지기술(GET, Green Energy
　Technology)산업　340
글래스-스티걸법(GSA, Glass-Steagall
　Act)　188
글로벌 시티즌십　262
글로컬리즘(Glocalism)　262
글로컬 선도기업　425
글로컬 선도대학(GIU, Glocal Initiative
　University)　131, 251, 254, 255
글로컬 이니셔티브(Glocal Initiative)
　253
금융지주회사제도　189
기능유연화　357

기능적 창조물(functional creations)
　320
기득권의 함정　33
기술금융(innovation financing)　171,
　185
기술보증기금제도　185
기술애로(technical barriers)　107
기술의 창조적 진화　306
기술이전(technology transfer)　161
기술이전전담조직(TLO)　263
기술적 창의성　39
기술적 통제　121
기술 죽음의 계곡(technological valley of
　death)　276
기술평가인증서부 신용대출제도　186
기술혁신　412
기업　412
기업가(entrepreneur)　97
기업가정신(entrepreneurship)　96, 253
기업공개(IPO)　183
기업생태 간 경쟁　207
기업의 창조적 진화　306
기업특수기술(firm specific skill)　370
기회 및 접근의 불평등(inequality of
　access and opportunity)　368
기후변화　340

ㄴ

나노기술(nano technology)　337
나노스(nanos)　338
나비효과(butterfly effect)　34
나쁜 사회습관(bad social habits)　26
내적네트워크 최적화(optimization of

internal network)   125

내향형 개방혁신(outside-in open
  innovation)   311

네트워크(Network)   146

네트워크생산체제(network production
  system)   121

네트워크효과(network effect)   124

노동력 수급 불균형(quantity gap, job
  mismatch)   368

노동력의 질적 불균형(quality gap, skill
  mismatch)   368

노동시장구조론   349

노동시장구조분석론   349, 350

노동시장구조의 단층성   347

노마드(nomad)   394

노키아   51

녹색혁신산업(green innovation industry)
  340

ㄷ

다양성(Variety)   469

다이나 택(Dyna TAC)   47

다이아몬드 모델   435

단절의 시대(The Age of Discontinuity)
  387

단층노동시장   233

단층노동시장론   347, 351

단층별 입직기준   367

닷컴 버블   269

대량생산방식(mass production system)
  65, 121, 283

대리인 문제(principal-agent problem)
  187

대응변화   23

도덕적 해이(moral hazard)   178, 187

도덕정조론   28

독점이윤   209

동감(sympathy)   28

동감의 이론(theory of sympathy)   28

동심원 모델(Concentric circles model)
  321

디바이스(Device)   146

디지털 민주주의(digital democracy)
  365

ㄹ

라이트형제(Wright brothers)   106

라이프 사이클(life cycle)   326

로우로드(low road)   376

로우로드전략(low road strategies)
  271

로우로드 함정(low road trap)   309

리드의 법칙   125

린 생산시스템(lean production system)
  283

린 스타트업   280, 284

린 캔버스(lean canvas)   287

ㅁ

마이스터(Meister)제도   377

마이크로소프트   67

마이크로 택(Micro TAC)   47

마인드-셋   104, 220, 222

마인드-셋(mind-set)   300

매슬로   139

매시업(Mashup)   202

맥그리거의 X·Y이론　226

메디치효과(Medici effect)　464

메타기술(meta technology)　60, 107, 273

메타산업(meta industry)　328

메타창조산업　329, 331

메트칼프의 법칙　125

명시지(explicit knowledge)　476

모방창업　270, 271

무대응변화　23

무형자산(intangible assets)　123, 135, 222

문화기반 창조산업　318, 319, 324

문화산업(culture industry)　319

문화·예술적 창의력　243

문화유산(heritage)　320

문화 창조산업(CCIs, Cultural and Creative Industries)　82

미국 국립과학재단(NSF, National Science Foundation)　69

미디어(media)　320

미시정책　417

미텔슈탄트(Mittelstand)　377

밀넷(MILNET, Military Network)　69

ㅂ

바이-돌 법(Bayh-Dole Act)　84

바이오 기술(bio-technology)　338

바이탈 모델(VITAL model)　139, 452

박근혜 대통령　91

방향전환(pivot)　288

베이식(BASIC)　66

벤처자본(venture capital)　173

벤처캐피탈　294

변화　17, 22

변화 속도(speed of change)　302

변화의 변이　34

변화의 원리　21, 30

변화의 체인(chain of change)　25, 60

변화의 확산(diffusion of change)　25, 34, 60

변화의 효과　30

보이지 않는 자산(invisible assets)　104, 222

복잡성(complexity)　302, 305

분단노동시장론　351

분사(spinoff)　158

불공정행위　205

불확실성(uncertainty)　302

비교우위론(comparative advantage)　127

비전　275

비전제시(vision provider)　306

비정규직 노동시장　356

비정형문제 해결업무(solving unstructured problems)　385

비정형적 생산업무(non-routine manual tasks)　385

비즈니스융합생태계(business convergency ecology)　105

빅데이터　153, 200

빈튼 서프(Vinton Gray Cerf)　147

ㅅ

사람중심의 경제　9

사물인터넷(IoT, Internet of Things)

168, 329

사업모델 캔버스   287

사용료(royalty)   161

사용허가(license)   161

사울싱어(Saul Singer)   82

사이먼 퍼스널 커뮤니케이터(IBM Simon
  Personal Communicator)   48

사이버공간(cyber space)   72

사적이익   209

사회권력   365

사회비용(social cost)   26

사회선택가설(Hypothesis of social
  selection)   43

사회습관(social habits)   26

사회자본(social capital)   26, 447

사회자본론   447

사회적 DNA   43

사회적 DNA의 변이   43

사회적 규제   418

사회적 비용   209

사회지능(SQ)   260, 261

사회환경   19

산업클러스터(industrial cluster)   434,
  477

산업혁명1.0   65

산업혁명2.0   65

살기 좋은 환경(Livability)   471

살아 있는 지식(working knowledge)
  355

삶의 질(quality of life)   408

상보성   437

상상력   217, 218

상생경제(mutual gains)   204

상업용 인터넷 교환망(CIX, Commercial
  Internet eXchange)   70

상업은행(CB, Commercial Bank)   188

상업화 죽음의 계곡(commercialization
  valley of death)   277, 278

상징적 텍스트 모델(Symbolic text model)
  322

상표권   156

상호학습(mutual learning)   113, 261,
  459

새로운 결합(new combination)   97

새로운 범용기술(new versatile
  technology)   60

새로운 정보를 다루는 업무(working with
  new information)   384

생산주체   119

생산혁명   335

성장가설   285

성장가설 검증   284

성장단계   275

성장성   281

성적서열경쟁   234

세계경제포럼(WEF, World Economic
  Forum)   162

세계지식재산권기구(WIPO, World
  Intellectual Property Organization)
  157

세일즈·라이선스 백(Sales & License
  Back)   164

소셜 네트워크   269

소셜 네트워크 서비스(SNS, Social
  Network Service)   149

소자본창업   270

소프트웨어(software)　108
소프트웨어 개발키트(SDK)　112
수량적 유연성(quantity flexibility)　370
수요착시현상　296
수직적 피라미드 조직　365
수평적 네트워크 구조　366
수확체감의 법칙　124
스마트기기(smart device)　73
스마트워크　398
스마트 융합(smart convergency)　330
스마트융합산업　329
스마트폰(smart phone)　52
스킬 불일치　355
스타트업(startup)　269, 270, 271,
　272
스타트업 성장단계　275
스타트업의 씨앗　272
스탠퍼드대학교　252
스티브 잡스　52, 306, 307
스틱　291
시간부족　404
시멘틱 웹(semantic web)　199
시스템 소프트웨어(system software)
　109
시스템 통합자　475
시장개척단계　275
시장성　328
시장실패　418
시장지향 이동　415
시장진입단계　275
시제품(prototype)　107
신뢰성(Credibility)　292
신성장동력산업　326

신성한 직업(divine callings)　375
실리콘밸리　252, 269
실망실업자　408
실업률　408

ㅇ
아르파넷(ARPAnet　66
아이폰　52
알테어(Altair) 8800　65
암묵지(implicit knowledge)　101
암묵지(tacit knowledge)　476
압축성장　92
애플　306
앱스토어(App store)　112
에너지절약기술(EST, Energy Saving
　Technology)산업　340
엔젤자본(angel capital)　173, 293
역 선택(adverse selection)　187
연계개발(C&D, Connect and Develop)
　315
연구개발클러스터(R&D Cluster)　477
예술(arts)　320
예술·문화적 창의성(artistic & cultural
　creativity)　38
예술적 창의성　39
오픈소스 소프트웨어(open source
　software)　110
왓슨(Watson)　217, 218
외적네트워크 최적화(optimization of
　external network)　126
외향형 개방혁신(inside-out open
　innovation)　311
요르마 올릴라　51

요즈마펀드 181

욕구단계설 139

운영체제(OS) 플랫폼 150

워즈니악 67

월드와이드웹(WWW, World Wide Web) 70, 72

웨어러블 디바이스(wearable device) 330

웹 브라우저(web browser, 71

유럽연합(EU) 82

유럽입자물리연구소(CERN) 70

유목민 394

유엔무역개발회의(UNCTAD) 81, 318

유연노동시장 369

유저 인터페이스(GUI) 72

융합 37

융합생태계(convergency ecology) 105, 272

융합연구 패러다임 259

응용 소프트웨어(application software) 109

의외성(Unexpectedness) 291

이중노동시장론 351

이행비용(transition cost) 373

이효수 215, 220, 227, 349

이효수의 경제발전단계설 63

인적자본론 448

인적자원개발(HRD: Human Resource Development) 228

인적자원개발클러스터 477

인적자원관리(HRM: Human Resource Management) 228

인지과학(cognitive science) 338

인터넷 72, 149

인터페이스(interface) 70, 432

인프라 공급자 474

일반환경(General Environment) 299

일시해고제도(layoff system) 357

일자리 붕괴 298

일자리 생성(job creation) 411

일자리 소멸(job destruction) 411

일자리 전쟁 414, 415

일체형 생산방식 335

임금 불일치 355

임금유연화 357

ㅈ

자기조직화(self-organization)원리 126

자만의 함정 33

자본경쟁 263

자본론 95

자연선택론(Theory of natural selection) 43

자연환경 19

자원재생기술(RRT, Resource Recycling Technology)산업 340

저비용지향 이동 415

저작권 156

적기(JIT, just-in time)생산방식 283

적층가공(additive manufacturing) 방식 332

전사적 자원관리(ERP, Enterprise Resource Planning) 109

절삭가공(subtractive manufacturing) 방식 332

정규직 노동시장 352

정보통신기술(information & communication technology)   338
정보통신혁명(ICT Revolution)   328
정부실패   418
정형적 생산업무(routine manual tasks)   385
정형적 인지업무(routine cognitive tasks)   385
제퍼디!(Jeopardy!)   218
조직관리   227
종자돈(seed capital)   292
좋은 사회습관(good social habits)   26
죄수의 딜레마   221
주류시장   275, 277
주류시장 고객   275
죽음의 계곡(the valley of death)   273, 276
준거임금(reference wage)   356
증강현실(augmented reality)   74
지능형 웹(Intelligent Web)   199
지식경쟁   263
지식경제보고서   89
지식융합생태계(knowledge convergency ecology)   105
지식재산(IP, Intellectual Property)   161
지식재산권(IPR, Intellectual Property Right)   155
지식재산권수지   164
지식혁명   76
지역화경제(localization economies)   476
직업능력(vocational abilities)   375
직업윤리(vocational ethics)   375

직접금융   176
진화론   43
집단지식(collective knowledge)   259
집단창조성(collective creativity)   299, 306, 307
집적경제(agglomeration economies)   476
집적화   259

ㅊ
차입경영   175
창업국가(Startup Nation)   82
창업단계   275
창업지원센터   263
창의력   217, 218, 241, 262
창의성   36
창의성 격차(creative divide)   220
창의적 마인드(creative mind)   306
창의적 아이디어   242
창의적 인재   114, 223, 470
창의적 지식creative knowledge)   100, 120
창의적 표현(creative expression)   247
창의지능(CQ, Creativity Quotient(Intelligence))   241
창조   57
창조경제(Creative Economy)   57, 78
창조경제 보고서   319
창조경제 생태계   128, 130, 210
창조경제 패러다임   297
창조경제 패러다임 모형   128
창조경제혁신센터   451
창조경제혁신클러스터   451

창조계급(creative class) 132, 133, 387, 424

창조국가(creative nation) 81

창조도시 445

창조도시 네트워크(Creative Cities Network) 446

창조도시 동심원모델 450

창조마인드(creative mind) 220

창조산업(creative industry) 79, 317, 318

창조산업 통합모델 341

창조상품(creative product) 39

창조서비스(creative service) 39

창조의 속도 57

창조자본론 448

창조적 리더십(creative leadership) 305

창조적 변화 24, 34, 41, 298

창조적 자원(creative resources) 104

창조적 전문가(creative professionals) 387

창조적 진화 35, 46, 140, 298

창조적 진화론 140

창조적 파괴(creative destruction) 96, 101

창조지향 이동 415

창조 플로우(creation flow) 114

창조학습 패러다임 237

창조혁명(creative revolution) 101, 102, 112, 119

체험적 학습(experience-based learning) 261

초기개발비용(NRE, non-recurring engineering) 107

초기시장 275, 277

초기시장 고객 275

초 네트워크 사회(hyper-network society) 149

초연결성(hyperconnectivity) 302

초연결세계(hyperconnected world) 302

최소 요건 제품(MVP, Minimum Viable Product) 284, 285

ㅋ

카페창업 270

캐즘(chasm) 276, 277, 412

커넥트 모델(Connect model) 478

컴퓨터지원설계(CAD, Computer Aided Design) 108

컴퓨터지원제조(CAM, Computer Aided Manufacturing) 108

코넥스 183

코스닥 183

콘텐츠(Contents) 145

콘텐츠 유통 플랫폼 150

쿨 재팬(Cool Japan) 86

크라우드 파이낸싱 293

크라우드 펀딩(crowd funding 173

클러스터 융합(Cluster Convergency) 477

킥스타터(kickstarter) 174

ㅌ

테크시티(Tech City) 469

투자은행(IB, Investment Bank) 188

투자환경 413

특성화　259
특허　168
특허괴물(patent troll)　169
특허권　156
특허전문비즈니스업체　168
특허전쟁　168

ㅍ

파라데이그마(paradeigma)　44
파생성　329
파생수요(derived demand)　411
팔로알토연구센터(PARC)　68
패러다임(paradigm)　44
패러다임 전환기　49
패킷교환방식(packet switching)　69
폐쇄형 플랫폼(closed platform)　121
폐쇄형 혁신(closed innovation)　312
포인터(pointer)　71
프랜차이즈창업　270
프로슈머(prosumer)　114, 335
플랫폼(Platform)　145
필요자본　276

ㅎ

하이로드(high road)　376
하이로드전략(high road strategies)
　271, 310
하이퍼텍스트(Hyper Text)　71
학력병(diploma disease)　359, 360
학습　284
학습고용정보센터　422
학습마인드(learning mind)　220, 224,
　239

학습적 변화　24
학습중심 교육　239
학습·창조·협력마인드　222
한국전자통신연구원(ETRI)　164
할(HAL)9000　217, 218
핵심창조계급(super-creative core)
　387
혁명성　329
혁신(innovation)　96
혁신정체성(Innovative Identity)　470
혁신추진(innovation driver)　306
혁신 클러스터(innovative cluster)
　138, 435
혁신환경(Innovation Milieu)　476
현실공간　414
협력마인드(cooperative mind)　220,
　222
협력의 진화(the evolution of
　cooperation)　221
홈브루 컴퓨터 클럽(Homebrew
　Computer Club)　67
활동성(Activity)　470
회로연결교환방식(circuit switching)　69
횡재이익(windfall gains)　208
휴렛팩커드(HP)　67, 252
휴먼웨어(humanware)　114, 216,
　220, 223, 272
휴먼웨어론　215, 227
히든 챔피언(hidden champion)　426